Thorsten Ingo Schmidt
Beamtenrecht

Thorsten Ingo Schmidt

Beamtenrecht

Mohr Siebeck

Thorsten Ingo Schmidt, geboren 1972, 1998 Promotion, 2004 Habilitation, 2006–2009 Richter am VG Hannover, seit 2009 Professor an der Universität Potsdam für Öffentliches Recht, insbesondere Staatsrecht, Verwaltungs- und Kommunalrecht, 2015–2016 Richter am OVG Berlin/Brandenburg.

ISBN 978-3-16-154747-8

Die Deutsche Nationalbibliothek verzeichnet diese Publikation in der Deutschen Nationalbibliographie; detaillierte bibliographische Daten sind im Internet über *http://dnb.dnb.de* abrufbar.

© 2017 Mohr Siebeck Tübingen.

Das Werk einschließlich aller seiner Teile ist urheberrechtlich geschützt. Jede Verwertung außerhalb der engen Grenzen des Urheberrechtsgesetzes ist ohne Zustimmung des Verlags unzulässig und strafbar. Das gilt insbesondere für Vervielfältigungen, Übersetzungen, Mikroverfilmungen und die Einspeicherung und Verarbeitung in elektronischen Systemen.

Das Buch wurde von Gulde-Druck in Tübingen gesetzt und auf alterungsbeständiges Werkdruckpapier gedruckt gebunden.

Vorwort

Dieses Lehrbuch ist hervorgegangen aus meinen Vorlesungen zum Beamtenrecht an der Universität Potsdam sowie meiner mehrjährigen Tätigkeit als Verwaltungsrichter zunächst in der ersten Instanz am VG Hannover in einer Kammer für Beamtenrecht und sodann in der zweiten Instanz am OVG Berlin/Brandenburg ebenfalls in einem Senat für Beamtenrecht. So vereint es Theorie und Praxis.

Das Werk orientiert sich am Recht der Bundesbeamten, wobei zudem Seitenblicke auf das Recht der Landesbeamten sowie der Richter und Soldaten geworfen werden. Durchgängig werden Gemeinsamkeiten und Unterschiede zum privaten Arbeitsrecht herausgearbeitet, um an vorhandenes Vorwissen anzuknüpfen und das Verständnis für die Besonderheiten des Beamtenrechts zu wecken. Großes Augenmerk wird auf die systematische Aufbereitung und Präsentation des Stoffes gelegt. Dafür wurden auch mehr als zwanzig Übersichten eingefügt. Zahlreiche Wiederholungs- und Vertiefungsfragen erleichtern das Durchdringen des Stoffes.

Für ihre Unterstützung bei der Erstellung dieses Buches danke ich herzlich meiner Sekretärin Maria Augustin sowie meinen Mitarbeiterinnen und Mitarbeitern Claudia Grummt, Kristian Heise, Timo Sebastian Heller, Philip Matuschka, Anna Moschke, Paul Platzek, Réda Rerbal, Anne Scherer und Sebastian Segmiller. Ein besonderer Dank gilt auch meinem Senatskollegen Dr. Andreas Koch vom OVG Berlin / Brandenburg für die kritische Durchsicht des Manuskripts.

Ich hoffe, dass dieses Werk vielen Studierenden den Zugang zu der ihnen doch oftmals recht fremdartig anmutenden Materie des Beamtenrechts erleichtert, und freue mich auf Hinweise, Anregungen und Kritik, die zu seiner Verbesserung beitragen.

Potsdam, im November 2016 *Thorsten Ingo Schmidt*

Inhaltsübersicht

Vorwort V
Inhaltsverzeichnis IX
Literaturverzeichnis XXIII
Abkürzungsverzeichnis XXVII
Übersichtenverzeichnis XXXII

Erster Teil: Grundlagen 1

§ 1 Einführung 3
§ 2 Geschichte des Beamtentums 6
§ 3 Grundbegriffe des Beamtenrechts und
 des Beamtenverhältnisses 17
§ 4 Grundgesetzliche Vorgaben 33
§ 5 Einflüsse des EU-Rechts 46

Zweiter Teil: Das Beamtenverhältnis 51

§ 6 Grundlagen des Beamtenverhältnisses 53
§ 7 Begründung des Beamtenverhältnisses 56
§ 8 Veränderung des Beamtenverhältnisses 71
§ 9 Beendigung des Beamtenverhältnisses 82

Dritter Teil: Die Pflichten der Beamten aus dem Beamtenverhältnis 91

§ 10 Überblick über die Pflichten der Beamten und die Folgen
 ihrer Verletzung 93
§ 11 Rechtsgehorsam und Treue 95
§ 12 Dienstleistungspflicht 101
§ 13 Volle Hingabe an den Dienst 106
§ 14 Sorgsame Amtsführung 111

§ 15	Pflichten in der Beamtenhierarchie	120
§ 16	Äußere Umstände der Diensterfüllung	123
§ 17	Vermögensrechtliche Folgen von Pflichtverletzungen	127
§ 18	Strafrechtliche Folgen von Pflichtverletzungen	135
§ 19	Disziplinarrechtliche Folgen von Pflichtverletzungen	143

Vierter Teil: Die Rechte der Beamten aus dem Beamtenverhältnis 159

§ 20	Überblick über die Rechte der Beamten	161
§ 21	Anspruch auf Besoldung	163
§ 22	Anspruch auf Versorgung	175
§ 23	Weitere vermögenswerte Rechte	185
§ 24	Amtsangemessene Beschäftigung	190
§ 25	Amtsbezeichnung	194
§ 26	Nebentätigkeiten	197
§ 27	Urlaub	202
§ 28	Beurteilung und Personalakten	206
§ 29	Fürsorgepflicht des Dienstherrn	212

Fünfter Teil: Die Mitwirkung der Beamten an der Willensbildung der Behörde 217

§ 30	Mitbestimmung der Beamten	219
§ 31	Beauftragte	225

Sechster Teil: Rechtsschutz im Beamtenrecht 229

§ 32	Überblick über die Rechtsschutzmöglichkeiten	231
§ 33	Förmliche Rechtsbehelfe	234
§ 34	Nichtförmliche Rechtsbehelfe	245

Siebenter Teil: Ausblick 249

§ 35	Zukunft des Beamtenrechts	251

Sachverzeichnis 255

Inhaltsverzeichnis

Vorwort V
Inhaltsübersicht VII
Literaturverzeichnis XXIII
Abkürzungsverzeichnis XXVII
Übersichtenverzeichnis XXXII

Erster Teil: Grundlagen 1

§ 1 Einführung 3

    I. Begriff des Beamtenrechts 3
    II. Gang der Darstellung 4
    III. Wiederholungs- und Vertiefungsfragen 5

§ 2 Geschichte des Beamtentums 6

    I. Frühe Neuzeit und Absolutismus 6
    II. Preußisches Allgemeines Landrecht 1794 7
    III. Bayerische Regelungen ab 1805 7
    IV. Deutsche Mittelstaaten 8
    V. Paulskirchenverfassung 1849 9
    VI. Deutsches Reich 9
    VII. Weimarer Republik 10
    VIII. Nationalsozialismus 11
    IX. Nachkriegszeit 12
    X. Bundesrepublik Deutschland bis 1990 12
    XI. DDR bis 1990 13
    XII. Seit der Wiedervereinigung 1990 13
    XIII. Föderalismusreformen 2006 und 2009 14
    XIV. Wiederholungs- und Vertiefungsfragen 15

§ 3 Grundbegriffe des Beamtenrechts und des Beamtenverhältnisses ... 17

- I. Arten von Beamten ... 17
  1. Beamtenbegriffe in verschiedenen Rechtsgebieten ... 17
  2. Einteilung der Beamten nach ihrem Dienstherrn ... 18
  3. Einteilung der Beamten nach ihrer Rechtsstellung ... 19
     - a) Beamte auf Lebenszeit ... 19
     - b) Beamte auf Widerruf ... 19
     - c) Beamte auf Probe ... 19
     - d) Beamte auf Zeit ... 20
     - e) „Politische Beamte" ... 20
     - f) Ehrenbeamte ... 20
  4. Einteilung der Beamten nach ihrer Laufbahn ... 21
  5. Einteilung der Beamten nach ihrer Fachrichtung ... 22
- II. Amt, Dienstposten und Planstelle ... 22
  1. Amt im statusrechtlichen Sinne ... 22
  2. Amt im abstrakt-funktionalen Sinne ... 23
  3. Amt im konkret-funktionalen Sinne ... 23
  4. Amt im organisatorischen Sinne ... 23
  5. Dienstposten ... 24
  6. Planstelle ... 24
  7. Organ und Organwalter ... 25
  8. Behörde ... 25
- III. Dienstherr ... 25
- IV. Organe des Dienstherrn ... 26
  1. Vorgesetzter ... 26
  2. Dienstvorgesetzter ... 27
  3. Oberste Dienstbehörde ... 27
- V. Beamtenverhältnis ... 27
- VI. Überblick über sonstige Beschäftigungsverhältnisse ... 29
  1. Richter ... 29
  2. Soldaten ... 29
  3. Minister und Staatssekretäre ... 29
  4. Arbeitnehmer im öffentlichen Dienst ... 30
  5. Kirchenbeamte und Pfarrer ... 30
- VII. Vergleich mit dem Arbeitsverhältnis ... 30
- VIII. Wiederholungs- und Vertiefungsfragen ... 30

§ 4	Grundgesetzliche Vorgaben	33
	I. Funktionsvorbehalt	33
	1. Ausübung hoheitsrechtlicher Befugnisse	33
	2. Sonderregelungen für Bahn- und Postbeamte	34
	II. Die hergebrachten Grundsätze des Berufsbeamtentums nach Art. 33 V GG	34
	1. Rechtsinstitutsprägende Grundsätze	35
	2. Pflichtenbestimmende Grundsätze	36
	3. Rechtegewährleistende Grundsätze	36
	4. Nicht anerkannte Grundsätze	37
	III. Rechtsbindung und Staatshaftung	37
	1. Rechtsbindung	37
	2. Staatshaftung	37
	IV. Zugang zum öffentlichen Dienst	38
	1. Gebotene Kriterien	38
	2. Verbotene Kriterien	38
	3. Regionaler Proporz	39
	4. Kriegsbedingte Sonderregelungen	39
	V. Grundrechtsgeltung	39
	VI. Die Gesetzgebungszuständigkeit für das Beamtenrecht	40
	1. Ausschließliche Gesetzgebungskompetenzen des Bundes	40
	2. Konkurrierende Gesetzgebungskompetenz des Bundes	41
	3. Gesetzgebungskompetenzen der Länder	42
	VII. Vergleich mit den verfassungsrechtlichen Vorgaben für das Arbeitsrecht	43
	VIII. Wiederholungs- und Vertiefungsfragen	43
§ 5	Einflüsse des EU-Rechts	46
	I. Zugang zum öffentlichen Dienst	46
	II. Behandlung im öffentlichen Dienst	47
	III. Exkurs: Die Rechtsstellung der EU-Beamten	48
	IV. Vergleich mit den europarechtlichen Einflüssen auf das Arbeitsrecht	49
	V. Wiederholungs- und Vertiefungsfragen	49

Zweiter Teil: Das Beamtenverhältnis 51

§ 6	Grundlagen des Beamtenverhältnisses	53
	I. Begriff des Beamtenverhältnisses	53
	II. Arten von Beamtenverhältnissen	53

	III.	Mehrzahl von Beamtenverhältnissen	54
	IV.	Vergleich mit dem privatrechtlichen Arbeitsverhältnis	54
	V.	Wiederholungs- und Vertiefungsfragen	54

§ 7 Begründung des Beamtenverhältnisses 56

- I. Auswahl unter den Bewerbern 56
  1. Eignung 57
  2. Befähigung 57
  3. Fachliche Leistung 57
  4. Gleichberechtigung der Geschlechter 58
  5. Schwerbehinderte Bewerber 58
  6. Bewerbungsverfahrensanspruch 59
- II. Voraussetzungen der Ernennung 59
  1. Formelle Voraussetzungen 60
  2. Inhaltliche Voraussetzungen 60
     - a) Deutscher 60
     - b) Eintreten für die freiheitliche demokratische Grundordnung 61
     - c) Entsprechende Vorbildung 61
     - d) Bewährung in der Probezeit 61
     - e) Keine Entfernung im Disziplinarverfahren 62
- III. Fallgruppen der Ernennung 62
  1. Einstellung 62
  2. Umwandlung 63
  3. Beförderung 63
  4. Laufbahnwechsel 63
- IV. Rechtsfolgen der Ernennung 64
- V. Fehlerhafte Ernennung 65
  1. Rücknehmbare Ernennung 65
  2. Nichtige Ernennung 67
  3. Nichternennung 67
- VI. Vergleich mit der Begründung des Arbeitsverhältnisses . . . 68
- VII. Wiederholungs- und Vertiefungsfragen 68

§ 8 Veränderung des Beamtenverhältnisses 71

- I. Umsetzung 71
- II. Abordnung 72
- III. Versetzung 72
- IV. Zuweisung 73
- V. Beförderung 75

VI.	Rückernennung	76
VII.	Laufbahnwechsel	76
VIII.	Übertritt bzw. Übernahme	77
IX.	Ruhen des Beamtenverhältnisses	77
X.	Exkurs: Örtliche Folgepflicht	77
XI.	Besonderheiten bei bestimmten Beamtengruppen	78
	1. Überweisung von Referendaren	78
	2. Vergabe von Führungsämtern	79
XII.	Vergleich mit der Veränderung des Arbeitsverhältnisses	79
XIII.	Wiederholungs- und Vertiefungsfragen	79

§ 9 Beendigung des Beamtenverhältnisses ... 82

I.	Entlassung	82
	1. Entlassung kraft Gesetzes	82
	2. Entlassungsbescheid	83
	3. Sonderregelungen für bestimmte Beamtengruppen	84
II.	Verlust der Beamtenrechte	85
III.	Entfernung aus dem Dienst	85
IV.	Ruhestand	86
	1. Eintritt in den Ruhestand	86
	2. Versetzung in den Ruhestand	87
	3. Hinausschieben der Altersgrenze	87
	4. Einstweiliger Ruhestand	87
V.	Übernahme politischer Ämter	88
VI.	Vergleich mit der Beendigung des Arbeitsverhältnisses	88
VII.	Wiederholungs- und Vertiefungsfragen	89

Dritter Teil: Die Pflichten der Beamten aus dem Beamtenverhältnis ... 91

§ 10 Überblick über die Pflichten der Beamten und die Folgen ihrer Verletzung ... 93

I.	Pflichten der Beamten	93
II.	Folgen von Pflichtverletzungen	94
III.	Wiederholungs- und Vertiefungsfragen	94

§ 11 Rechtsgehorsam und Treue ... 95

I.	Pflicht zum Rechtsgehorsam	95
II.	Remonstration	96
III.	Treuepflicht	97

	IV.	Eidespflicht	98
	V.	Vergleich mit dem Arbeitsrecht	98
	VI.	Wiederholungs- und Vertiefungsfragen	99

§ 12 Dienstleistungspflicht ... 101

	I.	Hauptamtliche Tätigkeit	101
	II.	Teilzeitbeschäftigung	102
		1. Voraussetzungslose Teilzeit	102
		2. Familienpolitische Teilzeit	103
		3. Altersteilzeit	104
	III.	Vergleich mit dem Arbeitsrecht	104
	IV.	Wiederholungs- und Vertiefungsfragen	105

§ 13 Volle Hingabe an den Dienst ... 106

	I.	Voller persönlicher Einsatz	106
	II.	Streikrecht?	107
	III.	Pflicht zur Gesunderhaltung	108
	IV.	Fortbildungspflicht	109
	V.	Vergleich mit dem Arbeitsrecht	109
	VI.	Wiederholungs- und Vertiefungsfragen	109

§ 14 Sorgsame Amtsführung ... 111

	I.	Unparteiische Amtsführung	111
	II.	Parteipolitische Mäßigung	111
	III.	Gerechte Amtsführung	113
	IV.	Gemeinwohlorientierte Amtsführung	114
	V.	Uneigennützige Amtsführung	114
	VI.	Keine Annahme von Vorteilen	115
	VII.	Achtungswürdiges Verhalten	115
	VIII.	Verschwiegenheitspflicht	117
	IX.	Vergleich mit dem Arbeitsrecht	118
	X.	Wiederholungs- und Vertiefungsfragen	118

§ 15 Pflichten in der Beamtenhierarchie ... 120

	I.	Pflichten der Vorgesetzten	120
	II.	Pflichten der Untergebenen	121
	III.	Pflichten der Kollegen	121
	IV.	Vergleich mit den arbeitsrechtlichen Pflichten	121
	V.	Wiederholungs- und Vertiefungsfragen	121

§ 16	Äußere Umstände der Diensterfüllung		123
	I. Äußeres Erscheinungsbild		123
	II. Erreichbarkeit		124
	III. Vergleich mit dem Arbeitsrecht		125
	IV. Wiederholungs- und Vertiefungsfragen		125
§ 17	Vermögensrechtliche Folgen von Pflichtverletzungen		127
	I. Ansprüche der Bürger		127
	1. Anspruch aus öffentlich-rechtlicher Sonderverbindung		128
	2. Anspruch auf Schadensersatz aus mittelbarer Staatshaftung		128
	3. Anspruch aus enteignungsgleichem Eingriff		129
	4. Sonstige Ansprüche der Bürger		129
	a) Öffentlich-rechtlicher Erstattungsanspruch		129
	b) Exkurs: Sonstige Aufopferungsansprüche		130
	c) Exkurs: Öffentlich-rechtliche Beseitigungs- und Unterlassungsansprüche		130
	II. Ansprüche der Kollegen		130
	III. Ansprüche des Dienstherrn		131
	1. Eigene Schadensersatzansprüche		131
	2. Rückgriffsansprüche		132
	a) Regress bei fremden Schadensersatzansprüchen		132
	b) Regress bei Entschädigungsansprüchen		133
	IV. Eigenschäden des Beamten		133
	V. Vergleich mit dem Arbeitsrecht		133
	VI. Wiederholungs- und Vertiefungsfragen		134
§ 18	Strafrechtliche Folgen von Pflichtverletzungen		135
	I. Allgemeiner Teil		135
	1. Tatbestandsmäßigkeit		136
	2. Rechtswidrigkeit		136
	3. Verschulden		137
	4. Strafantrag und Ermächtigung		137
	II. Einzelne Amtsträgerdelikte		138
	1. Straftaten im Amt		138
	2. Weitere Amtsträgerdelikte		139
	III. Rechtsfolgen der Straftat eines Beamten		140
	IV. Exkurs: Straftaten gegen Beamte		140
	V. Vergleich mit dem Arbeitsrecht		141
	VI. Wiederholungs- und Vertiefungsfragen		142

§ 19 Disziplinarrechtliche Folgen von Pflichtverletzungen 143
- I. Hintergrund des Disziplinarrechts 143
- II. Dienstvergehen 144
  - 1. Vergehen aktiver Beamter 144
  - 2. Vergehen von Ruhestandsbeamten 145
- III. Disziplinarmaßnahmen 145
  - 1. Einzelne Disziplinarmaßnahmen 146
    - a) Maßnahmen gegen aktive Beamte 146
    - b) Maßnahmen gegen Ruhestandsbeamte 147
  - 2. Auswahl zwischen den Disziplinarmaßnahmen 147
  - 3. Abschwächung der Folgen der Disziplinarmaßnahmen .. 148
- IV. Disziplinarverfahren 149
  - 1. Behördliches Verfahren 149
    - a) Eröffnung des behördlichen Verfahrens 149
    - b) Durchführung des behördlichen Verfahrens 149
    - c) Abschluss des behördlichen Verfahrens 150
    - d) Veränderung der Disziplinarmaßnahme 150
    - e) Widerspruchsverfahren 151
  - 2. Gerichtliches Verfahren 151
    - a) Verfahren vor dem VG 151
    - b) Verfahren vor dem OVG 152
    - c) Verfahren vor dem BVerwG 152
    - d) Wiederaufnahme des Verfahrens 153
- V. Vorläufige Maßnahmen 153
  - 1. Behördliches Verfahren 153
    - a) Verbot der Führung der Dienstgeschäfte 153
    - b) Vorläufige Dienstenthebung 153
    - c) Einbehaltung von Bezügen 154
  - 2. Gerichtliches Verfahren 154
    - a) Rechtsschutz gegen das Verbot der Führung der Dienstgeschäfte 155
    - b) Rechtsschutz gegen die vorläufige Dienstenthebung und die Einbehaltung von Bezügen 155
- VI. Verhältnis des Disziplinarverfahrens zum Strafverfahren .. 155
- VII. Vergleich mit dem Arbeitsrecht 156
- VIII. Wiederholungs- und Vertiefungsfragen 156

Vierter Teil: Die Rechte der Beamten aus dem Beamtenverhältnis 159

§ 20 Überblick über die Rechte der Beamten 161

- I. Rechte der Beamten 161
- II. Geltendmachung der Rechte der Beamten 161
- III. Wiederholungs- und Vertiefungsfragen 162

§ 21 Anspruch auf Besoldung 163

- I. Grundsätze der Besoldung 163
    1. Gesetzmäßigkeit der Besoldung 163
    2. Funktionsgerechtigkeit der Besoldung 164
    3. Angemessenheit der Besoldung 165
    4. Wertungsgesichtspunkte 166
- II. Besoldungsordnungen 166
- III. Bestandteile der Besoldung 167
    1. Grundgehalt 167
    2. Weitere Dienstbezüge 167
        a) Zuschläge 168
        b) Zulagen 168
        c) Leistungsbezüge 168
        d) Vergütungen 169
        e) Auslandsbesoldung 169
    3. Sonstige Bezüge 169
        a) Jährliche Sonderzahlungen 169
        b) Vermögenswirksame Leistungen 170
        c) Anwärterbezüge für Beamte auf Widerruf 170
- IV. Geltendmachung der Besoldung 171
- V. Überzahlte Besoldung 171
- VI. Vergleich mit der Zahlungspflicht des Arbeitgebers 172
- VII. Wiederholungs- und Vertiefungsfragen 172

§ 22 Anspruch auf Versorgung 175

- I. Grundsätze der Versorgung 175
    1. Gesetzmäßigkeit der Versorgung 176
    2. Funktionsgerechtigkeit der Versorgung 176
    3. Angemessenheit der Versorgung 176
    4. Wertungsgesichtspunkte 177
- II. Überblick über die Arten der Versorgung 177

	III.	Ruhegehalt	177
		1. Ruhegehaltfähige Dienstbezüge	178
		2. Ruhegehaltfähige Dienstzeit	178
		3. Maßgeblicher Prozentsatz	178
		4. Modifikationen	179
		a) Minderungen und Erhöhungen	179
		b) Versorgungskorridor	179
	IV.	Andere Arten der Versorgung	180
		1. Versorgung der Hinterbliebenen	180
		2. Bezüge bei Verschollenheit	180
		3. Unfallfürsorge	181
		4. Übergangsgeld und Ausgleichsleistungen	181
	V.	Geltendmachung der Versorgung	182
	VI.	Überzahlte Versorgung	182
	VII.	Vergleich mit der gesetzlichen Rentenversicherung	182
	VIII.	Wiederholungs- und Vertiefungsfragen	182
§ 23		Weitere vermögenswerte Rechte	185
	I.	Fürsorge im Krankheitsfall	185
	II.	Entfernungsbedingte Aufwendungen	186
		1. Reisekosten	186
		2. Umzugskosten	187
		3. Trennungsgeld	187
	III.	Ersatz sonstiger Aufwendungen	187
	IV.	Ersatz von Eigenschäden des Beamten	188
	V.	Vergleich mit dem Arbeits- und Sozialrecht	188
	VI.	Wiederholungs- und Vertiefungsfragen	188
§ 24		Amtsangemessene Beschäftigung	190
	I.	Tatbestandliche Voraussetzungen	190
	II.	Rechtsfolgen des Anspruchs auf amtsangemessene Beschäftigung	190
	III.	Grenzen des Anspruchs auf amtsangemessene Beschäftigung	191
	IV.	Einfluss der Verwaltungsmodernisierung	191
	V.	Vergleich mit dem Anspruch auf Beschäftigung im Arbeitsrecht	192
	VI.	Wiederholungs- und Vertiefungsfragen	193

§ 25 Amtsbezeichnung 194

    I.   Begriff der Amtsbezeichnung 194
    II. Anspruch auf die Amtsbezeichnung 194
    III. Anspruch aus der Amtsbezeichnung 195
    IV. Vergleich mit dem Arbeitsrecht 195
    V.   Wiederholungs- und Vertiefungsfragen 195

§ 26 Nebentätigkeiten 197

    I.   Begriffliche Klärungen 197
    II. Recht auf Nebentätigkeit 198
    III. Pflicht zur Nebentätigkeit 199
    IV. Rechtsfolgen der Nebentätigkeit 199
    V.   Vergleich mit der Nebenbeschäftigung im Arbeitsrecht 200
    VI. Wiederholungs- und Vertiefungsfragen 200

§ 27 Urlaub 202

    I.   Erholungsurlaub 202
    II. Sonderurlaub 203
    III. Beurlaubung ohne Besoldung 203
    IV. Abgeltung des Urlaubsanspruchs 204
    V.   Vergleich mit dem Arbeitsrecht 204
    VI. Wiederholungs- und Vertiefungsfragen 204

§ 28 Beurteilung und Personalakten 206

    I.   Dienstliche Beurteilung 206
    II. Zeugnis 208
    III. Personalakten 208
         1. Grundsätze des Personalaktenrechts 208
         2. Verfahrensmäßige Sicherungen 209
    IV. Vergleich mit dem Arbeitsrecht 210
    V.   Wiederholungs- und Vertiefungsfragen 210

§ 29 Fürsorgepflicht des Dienstherrn 212

    I.   Funktionen der Fürsorgepflicht 212
    II. Erfüllung der Fürsorgepflicht 213
    III. Folgen der Nichterfüllung der Fürsorgepflicht 213
    IV. Vergleich mit der Fürsorgepflicht des Arbeitgebers 214
    V.   Wiederholungs- und Vertiefungsfragen 214

Fünfter Teil: Die Mitwirkung der Beamten an der Willensbildung der Behörde ... 217

§ 30 Mitbestimmung der Beamten ... 219
I. Verfassungsrechtliche Vorgaben der Mitbestimmung ... 219
II. Organe der Personalvertretung ... 220
III. Beteiligung der Personalvertretung ... 221
IV. Rechtsfolgen unterbliebener Beteiligung ... 222
V. Vergleich mit der arbeitsrechtlichen Mitbestimmung ... 223
VI. Wiederholungs- und Vertiefungsfragen ... 223

§ 31 Beauftragte ... 225
I. Gleichstellungsbeauftragte ... 225
II. Vertrauensperson der Schwerbehinderten ... 226
III. Vergleich mit den Beauftragten in der Privatwirtschaft ... 227
IV. Wiederholungs- und Vertiefungsfragen ... 227

Sechster Teil: Rechtsschutz im Beamtenrecht ... 229

§ 32 Überblick über die Rechtsschutzmöglichkeiten ... 231
I. Verfassungsrechtliche Grundlagen ... 231
II. Arten der Rechtsbehelfe ... 232
III. Vergleich mit den arbeitsgerichtlichen Rechtsbehelfen ... 232
IV. Wiederholungs- und Vertiefungsfragen ... 232

§ 33 Förmliche Rechtsbehelfe ... 234
I. Vorverfahren ... 234
II. Hauptsacheverfahren ... 235
    1. Zulässigkeit ... 235
        a) Rechtsweg ... 235
        b) Statthafte Rechtsschutzform ... 235
        c) Feststellungsinteresse und Klagebefugnis ... 236
        d) Vorverfahren ... 236
        e) Form und Frist ... 237
        f) Allgemeines Rechtsschutzbedürfnis ... 237
    2. Begründetheit ... 237
III. Vorläufiger Rechtsschutz ... 237
IV. Der beamtenrechtliche Konkurrentenstreit ... 239
    1. Streit vor Ernennung ... 239

		a) Klagen in der Hauptsache	239
		b) Anträge im vorläufigen Rechtsschutz	239
		2. Streit nach Ernennung	240
		a) Klagen in der Hauptsache	240
		b) Anträge im vorläufigen Rechtsschutz	241
		3. Verfahrensrechtliche Konsequenzen	242
	V.	Vergleich mit den arbeitsgerichtlichen Rechtsbehelfen	242
	VI.	Wiederholungs- und Vertiefungsfragen	242

§ 34 Nichtförmliche Rechtsbehelfe ... 245

I.	Anträge	245
II.	Beschwerden	245
III.	Petitionen	246
IV.	Gegenvorstellung	246
V.	Anrufung des Personalrates	246
VI.	Anrufung von Beauftragten	247
VII.	Gnadengesuche	247
VIII.	Vergleich mit den nichtförmlichen Rechtsbehelfen im Arbeitsrecht	248
IX.	Wiederholungs- und Vertiefungsfragen	248

Siebenter Teil: Ausblick ... 249

§ 35 Zukunft des Beamtenrechts ... 251

I.	Privatisierung	251
II.	Fragmentierung	252
III.	Europäisierung	252
IV.	Annäherung an das Arbeitsrecht	252
V.	Schwächung der geistigen Grundlagen	253
VI.	Wiederholungs- und Vertiefungsfragen	253

Sachverzeichnis ... 255

Literaturverzeichnis

I. Lehr- und Handbücher

Battis, Ulrich, § 87 Beamtenrecht, § 88 Arbeiter und Angestellte im öffentlichen Dienst, § 89 Personalvertretungsrecht, in: Ehlers, Dirk / Fehling, Michael / Pünder, Hermann, (Hrsg.), Besonderes Verwaltungsrecht, Bd. 3, Kommunalrecht, Haushalts- und Abgabenrecht, Ordnungsrecht, Sozialrecht, Bildungsrecht, Recht des öffentlichen Dienstes, 3. Auflage, Heidelberg, 2013
Hattenhauer, Hans, Geschichte des deutschen Beamtentums, 2. Auflage, Köln, Berlin, Bonn, München, 1993
Kunig, Philip, 6. Kapitel. Das Recht des öffentlichen Dienstes, in: Schoch, Friedrich (Hrsg.), Besonderes Verwaltungsrecht, 15. Auflage, Berlin, Boston, 2013
Lenders, Dirk / Peters, Cornelia / Weber, Klaus, Das neue Dienstrecht des Bundes. Handbuch für die Praxis, Köln, 2009
Leppek, Sabine, Beamtenrecht, 12. Auflage, Heidelberg u. a., 2015
Schnellenbach, Helmut, Beamtenrecht in der Praxis, 8. Auflage, München, 2013
Summer, Rudolf, Beiträge zum Beamtenrecht, hrsg. von Pechstein, Matthias, Tübingen, 2007
Summer, Rudolf, Dokumente zur Geschichte des Beamtenrechts, Bonn, 1986
Wichmann, Manfred / Langer, Karl-Ulrich, Öffentliches Dienstrecht, 7. Auflage, Stuttgart, 2014

II. Kommentare

1. Bundesbeamtengesetz

Battis, Ulrich, BBG, Bundesbeamtengesetz, 4. Auflage, München, 2009
Kugele, Dieter, Kommentar zum Bundesbeamtengesetz, Beamtenrechtliche Praxiskommentare, Bd. 1, bearbeitet von *Buchheister, Joachim / Kugele, Dieter / Tegethoff, Carsten,* Münster, 2011

2. Beamtenstatusgesetz

Kugele, Dieter, Kommentar zum Beamtenstatusgesetz, Beamtenrechtliche Praxiskommentare, Bd. 3, bearbeitet von *Kugele, Dieter / Tegethoff, Carsten,* Münster, 2011

Metzler-Müller, Karin / Rieger, Reinhard / Seeck, Erich / Zentgraf, Renate, Beamtenstatusgesetz, 3. Auflage, Wiesbaden, 2014

Reich, Andreas, BeamtStG, Beamtenstatusgesetz, 2. Auflage, München, 2012

3. Bundesdisziplinargesetz

Herrmann, Klaus / Sandkuhl, Heide, Beamtendisziplinarrecht, Beamtenstrafrecht, München, 2014

Hummel, Dieter / Köhler, Daniel / Mayer, Dietrich / Baunack, Sebastian, BDG – Bundesdisziplinargesetz und materielles Disziplinargesetz, 6. Auflage, Köln, 2016

Müller, Hellmuth, Beamtendisziplinarrecht, Grundzüge des Beamtendisziplinarrechts – am Beispiel der Bundesbeamten unter besonderer Berücksichtigung der Rechtsprechung des Bundesverwaltungsgerichts, Berlin, 2010

Urban, Richard / Wittkowski, Bernd, Bundesdisziplinargesetz, München, 2011

4. Bundesbesoldungsgesetz

Kugele, Dieter, Kommentar zum Bundesbesoldungsgesetz, Beamtenrechtliche Praxiskommentare, Bd. 2, bearbeitet von *Dawin, Michael,* Münster 2011

5. Beamtenversorgungsgesetz

Kugele, Dieter, Kommentar zum Beamtenversorgungsgesetz, Beamtenrechtliche Praxiskommentare, Bd. 4, bearbeitet von *Brinktrine, Ralf,* unter Mitarbeit von *Dürrschmidt, Robert* und *Rauscher, Felix Wolfgang,* Münster, 2011

6. Sonstige Kommentare

Reich, Andreas, Bundesreisekostengesetz, München, 2012

Schmidt-Räntsch, Günther / Schmidt-Räntsch, Jürgen, Deutsches Richtergesetz, Richterwahlgesetz, 6. Auflage, München, 2009

III. Zeitschriften mit beamtenrechtlichem Schwerpunkt

Der öffentliche Dienst (DÖD)
Der Personalrat
Die Personalvertretung (PersV)
Recht im Amt (RiA)
Zeitschrift für Beamtenrecht (ZBR)

Daneben finden sich beamtenrechtliche Aufsätze auch in den allgemeinen Zeitschriften mit öffentlich-rechtlichem Schwerpunkt, v.a. in DÖV, DVBl., NVwZ.

Abkürzungsverzeichnis

a. E.	am Ende
a. F.	alte Fassung
AbgG	Abgeordnetengesetz
Abs.	Absatz
AEUV	Vertrag über die Arbeitsweise der Europäischen Union
AG	Aktiengesellschaft
ALR	Allgemeines Landrecht
Alt.	Alternative
AO	Abgabenordnung
AöR	Anstalt öffentlichen Rechts; Archiv des öffentlichen Rechts (Zs.)
Art.	Artikel
AZV	Arbeitszeitverordnung
BAG	Bundesarbeitsgericht
BATZV	Beamtenaltersteilzeitverordnung
Bay.	Bayern, bayerisch
BayVBl.	Bayerische Verwaltungsblätter (Zs.)
BBesG	Bundesbesoldungsgesetz
BBG	Bundesbeamtengesetz
Bbg.	Brandenburg, brandenburgisch
BBhV	Bundesbeihilfeverordnung
BDG	Bundesdisziplinargesetz
BeamtStG	Beamtenstatusgesetz
BeamtVG	Beamtenversorgungsgesetz
ber.	berichtigt
BGB	Bürgerliches Gesetzbuch
BGBl.	Bundesgesetzblatt
BGG	Behindertengleichstellungsgesetz
BGH	Bundesgerichtshof
BGHSt.	Entscheidungen des Bundesgerichtshofs in Strafsachen
BGHZ	Entscheidungen des Bundesgerichtshofs in Zivilsachen
BGleiG	Bundesgleichstellungsgesetz
BHO	Bundeshaushaltsordnung
Bln.	Berliner
BLV	Bundeslaufbahnverordnung
BNV	Bundesnebentätigkeitsverordnung
BPolBG	Bundespolizeibeamtengesetz
BPersVG	Bundespersonalvertretungsgesetz
Brem.	Bremen, bremisch

BRKG	Bundesreisekostengesetz
BRRG	Beamtenrechtsrahmengesetz
BSG	Bundessozialgericht
BSt.	Beamtenstatut
BSZG	Bundessonderzahlungsgesetz
BUKG	Bundesumzugskostengesetz
BVerfG	Bundesverfassungsgericht
BVerfGE	Entscheidungssammlung des Bundesverfassungsgerichts
BVerfGG	Bundesverfassungsgerichtsgesetz
BVerfGK	Kammerentscheidung des Bundesverfassungsgerichts
BVerwG	Bundesverwaltungsgericht
BVerwGE	Entscheidungssammlung des Bundesverwaltungsgerichts
BW	Baden-Württemberg, baden-württembergisch
d. h.	das heißt
DDR	Deutsche Demokratische Republik
DöD	Der öffentliche Dienst (Zs.)
DÖV	Die Öffentliche Verwaltung (Zs.)
DRiG	Deutsches Richtergesetz
Drs.	Drucksache
DV	Die Verwaltung (Zs.)
DVBl.	Deutsches Verwaltungsblatt (Zs.)
E	Entwurf
EinlPrALR	Einleitung Preußisches Allgemeines Landrecht
EL	Ergänzungslieferung
EntgFG	Entgeltfortzahlungsgesetz
EStG	Einkommensteuergesetz
etc.	et cetera
EU	Europäische Union
EuGH	Europäischer Gerichtshof
EUrlV	Erholungsurlaubsverordnung
EUV	Vertrag über die Europäische Union
EV	Einigungsvertrag
f.; ff.	folgende(r)
FG	Finanzgericht; Festgabe
FGO	Finanzgerichtsordnung
FS	Festschrift
G	Gesetz
GBl.	Gesetzblatt
GewO	Gewerbeordnung
GG	Grundgesetz
GmbH	Gesellschaft mit beschränkter Haftung
GmbHG	Gesetz über die Gesellschaften mit beschränkter Haftung
GOBT	Geschäftsordnung des Bundestages
grds.	grundsätzlich
GS	Gesetzessammlung; Gedächtnisschrift
GVBl.	Gesetz- und Verordnungsblatt
GVG	Gerichtsverfassungsgesetz
Hamb.	Hamburg, hamburgisch
HChE	Entwurf des Verfassungskonvents von Herrenchiemsee

Hess.	Hessen, hessisch
HGrG	Haushaltsgrundsätzegesetz
HLP	Hauptlandespragmatik
h.M.	herrschende Meinung
Hrsg.; hrsg.	Herausgeber; herausgegeben
Hs.	Halbsatz
HStR	Handbuch des Staatsrechts
i.d.F.	in der Fassung
i.e.	id est (das heißt)
i.E.	im Erscheinen
IfSG	Infektionsschutzgesetz
i.V.m.	in Verbindung mit
JA	Juristische Arbeitsblätter (Zs.)
Jhd.	Jahrhundert
Jura	Juristische Ausbildung (Zs.)
JuS	Juristische Schulung (Zs.)
JZ	Juristenzeitung (Zs.)
KG	Kommanditgesellschaft
KommJur	Kommunaljurist (Zs.)
KStZ	Kommunale Steuerzeitschrift (Zs.)
LAGVwGO	Landesausführungsgesetz zur VwGO
lit.	littera (Buchstabe)
LKV	Landes- und Kommunalverwaltung (Zs.)
LOG	Landesorganisationsgesetz
LReg.	Landesregierung
LSA	Land Sachsen-Anhalt, sachsen-anhaltinisch
LV	Landesverfassung
LVerfG	Landesverfassungsgericht
LVerfGG	Landesverfassungsgerichtsgesetz
MedR	Medizinrecht (Zs.)
m.w.N.	mit weiteren Nachweisen
MV	Mecklenburg-Vorpommern, mecklenburg-vorpommersch
n.F.	neue Fassung
NatSchG	Naturschutzgesetz
Nds.	Niedersächsisch
NdsVBl.	Niedersächsische Verwaltungsblätter (Zs.)
NJW	Neue Juristische Wochenschrift (Zs.)
Nr.	Nummer
NRW	Nordrhein-Westfalen, nordrhein-westfälisch
NVwZ	Neue Zeitschrift für Verwaltungsrecht (Zs.)
NWVBl.	Nordrhein-Westfälische Verwaltungsblätter (Zs.)
OHG	Offene Handelsgesellschaft
OLG	Oberlandesgericht
OVG	Oberverwaltungsgericht
OVGE	Entscheidungssammlung der Oberverwaltungsgerichte
PartG	Parteiengesetz
PaulskirchenV	Paulskirchenverfassung
PersV	Die Personalvertretung (Zs.)
PKV	Paulskirchenverfassung

Pr.	Preußen, preußisch
Prot.	Protokoll
RBG	Reichsbeamtengesetz
RBl.	Regierungsblatt
RGBl.	Reichsgesetzblatt
RiA	Recht im Amt (Zs.)
Rn.	Randnummer
RP	Rheinland-Pfalz, rheinland-pfälzisch
RZVG	Reichszweckverbandsgesetz
S.	Satz; Seite
s.	siehe
s. o.	siehe oben
Saarl.	Saarland, saarländisch
Sächs.	sächsisch
SächsVBl.	Sächsische Verwaltungsblätter (Zs.)
SG	Soldatengesetz
SGB	Sozialgesetzbuch
SGG	Sozialgerichtsgesetz
SH	Schleswig-Holsteinisch, schleswig-holsteinisch
SKV	Staats- und Kommunalverwaltung (Zs.)
sog.	so genannte
Sp.	Spalte
StGB	Strafgesetzbuch
StGH	Staatsgerichtshof
StGHG	Staatsgerichtshofsgesetz
StRR	Strafrechtsreport (Zs.)
SUrlV	Sonderurlaubsverordnung
SVG	Soldatenversorgungsgesetz
TGV	Trennungsgeldverordnung
TKG	Telekommunikationsgesetz
Thür.	Thüringen, thüringisch
ThürVBl.	Thüringische Verwaltungsblätter (Zs.)
TKG	Telekommunikationsgesetz
TzBfG	Teilzeit- und Befristungsgesetz
u. a.	und andere
UStG	Umsatzsteuergesetz
usw.	und so weiter
UZwG	Gesetz über den unmittelbaren Zwang
V	Verfassung
v.	vom
Var.	Variante
VBlBW	Verwaltungsblätter Baden-Württemberg (Zs.)
VereinsG	Vereinsgesetz
VerfGG	Verfassungsgerichtsgesetz
VerfGHG	Verfassungsgerichtshofsgesetz
VersG	Versammlungsgesetz
VerwArch	Verwaltungsarchiv (Zs.)
VG	Verwaltungsgericht
vgl.	vergleiche

VR	Verwaltungsrundschau (Zs.)
VwGG	Verwaltungsgerichtsgesetz
VwGO	Verwaltungsgerichtsordnung
VwMiStufG	Gesetz über die Mittelstufe der Verwaltung und den Landeswohlfahrtsverband
VwVfG	Verwaltungsverfahrensgesetz
VwVG	Verwaltungsvollstreckungsgesetz
VwZG	Verwaltungszustellungsgesetz
VwZVG	Verwaltungszustellungs- und Vollstreckungsgesetz
WahlG	Wahlgesetz
WahlprüfG	Wahlprüfungsgesetz
WRV	Weimarer Reichsverfassung
Wü.	Württemberg, württembergisch
z. B.	zum Beispiel
ZBR	Zeitschrift für Beamtenrecht (Zs.)
ZfPR	Zeitschrift für Personalvertretungsrecht (Zs.)
ZG	Zeitschrift für Gesetzgebung (Zs.)
ZKF	Zeitschrift für Kommunalfinanzen (Zs.)
ZPO	Zivilprozessordnung
Zs.	Zeitschrift
ZVG	Zweckverbandsgesetz
zzgl.	zuzüglich

Römische Ziffern hinter Artikeln oder Paragraphen bezeichnen Absätze, arabische Ziffern Sätze innerhalb eines Absatzes.

Übersichtenverzeichnis

		Seite	Rn.
Übersicht 1-1:	Stellung des Beamtenrechts in der Rechtsordnung	4	4
Übersicht 2-1:	Zeittafel zum Beamtenrecht	14	29
Übersicht 3-1:	Beamtenbegriffe	18	39
Übersicht 3-2:	Beamte nach ihrer Rechtsstellung	20	48
Übersicht 3-3:	Laufbahnen	22	51
Übersicht 3-4:	Amtsbegriffe	24	59
Übersicht 3-5:	Dienstherrnfähigkeit	26	65
Übersicht 3-6:	Beamtenverhältnis	28	76
Übersicht 7-1:	Auswahl unter den Bewerbern	59	156
Übersicht 7-2:	Voraussetzungen der Ernennung	62	169
Übersicht 7-3:	Fallgruppen der Ernennung	64	176
Übersicht 7-4:	Rechtsfolgen der Ernennung	65	180
Übersicht 7-5:	Fallgruppen der fehlerhaften Ernennung	68	192
Übersicht 7-6:	Rechtsfolgen der nichtigen oder zurückgenommenen Ernennung	68	193
Übersicht 8-1:	Veränderungen des Beamtenverhältnisses	78	222
Übersicht 9-1:	Beendigung des Beamtenverhältnisses	88	261
Übersicht 11-1:	Remonstrationsverfahren	97	282
Übersicht 14-1:	Parteimitgliedschaft von Beamten	112	325
Übersicht 16-1:	Räumliche Erreichbarkeit des Beamten	125	363
Übersicht 19-1:	Disziplinarmaßnahmen	147	457
Übersicht 21-1:	Bestandteile der Besoldung	170	549
Übersicht 22-1:	Berechnung des Ruhegehalts	179	576
Übersicht 22-2:	Arten der Versorgung	181	585
Übersicht 30-1:	Beteiligung der Personalvertretung	222	704
Übersicht 33-1:	Förmliche Rechtsbehelfe	238	745
Übersicht 34-1:	Nichtförmliche Rechtsbehelfe	247	772

**Erster Teil:
Grundlagen**

§ 1 Einführung

I. Begriff des Beamtenrechts

Das Beamtenrecht ist das Recht der Beschäftigungsverhältnisse der Beamten des Bundes, der Länder, der Kommunen und der sonstigen öffentlich-rechtlichen Dienstherrn und gilt für mehr als 1,8 Mio. Beamte[1]. Beamte sind Beschäftigte des öffentlichen Dienstes, die in einem besonderen öffentlich-rechtlichen Dienst- und Treueverhältnis stehen, welches durch Aushändigung einer Ernennungsurkunde begründet wird. Sie sind v. a. in den Bereichen der allgemeinen inneren Verwaltung, der Finanz- und Sozialverwaltung, der Schulen und Hochschulen, der Polizei und Feuerwehr sowie im Ministerialbereich tätig. Vor der Privatisierung von Bahn und Post wurden auch deren Aufgaben der Daseinsvorsorge vorwiegend mit Beamten betrieben.

1

Das Beamtenrecht ist ein klassisches Teilgebiet des Verwaltungsrechts und eng verwandt mit seinen Nebengebieten des Richterdienst- und des Soldatenrechts, die vielfach Anleihen beim Beamtenrecht nehmen. Weil im öffentlichen Dienst neben den Beamten auch Arbeiter und Angestellte beschäftigt sind, gilt für diese Arbeitnehmer das privatrechtliche Arbeitsrecht. Den Oberbegriff für das Beamtenrecht sowie für das Arbeitsrecht dieser Arbeitnehmer stellt das öffentliche Dienstrecht dar.

2

Keine Beamten sind hingegen u. a. der Bundespräsident[2], der Bundeskanzler und die Bundesminister[3], die Ministerpräsidenten der Länder und die Landesminister, die Parlamentarischen Staatssekretäre[4], die Abgeordneten des Bundestages[5] und der Landtage, der Wehrbeauftragte[6] und der Bundesdatenschutzbe-

3

---

[1] Siehe Statistisches Bundesamt, Fachserie 14, Reihe 6, 2014, S. 29. Es entfallen auf den Bund ca. 350.000, auf die Länder 1,3 Mio., auf die Kommunen gut 180.000 sowie auf die gesetzlichen Sozialversicherungen gut 30.000 Beamte.
[2] Art. 54 bis 61 GG sowie das BPräsWahlG, ein Ansatz im Haushaltsplan des Bundes und das BPräsRuhebezG.
[3] Art. 62 bis 69 GG und das BMinG.
[4] Siehe das ParlStG. Die Parlamentarischen Staatssekretäre dürfen nicht mit den verbeamteten Staatssekretären verwechselt werden.
[5] Siehe Art. 38; 46 bis 48 GG sowie das AbgG.
[6] Vgl. Art. 45b GG und das WBeauftrG.

auftragte[7] sowie die Mitglieder des Direktoriums der Bundesbank[8], für die jeweils Sonderregelungen in nur loser Anlehnung an das Beamtenrecht gelten.

Übersicht 1-1: Stellung des Beamtenrechts in der Rechtsordnung

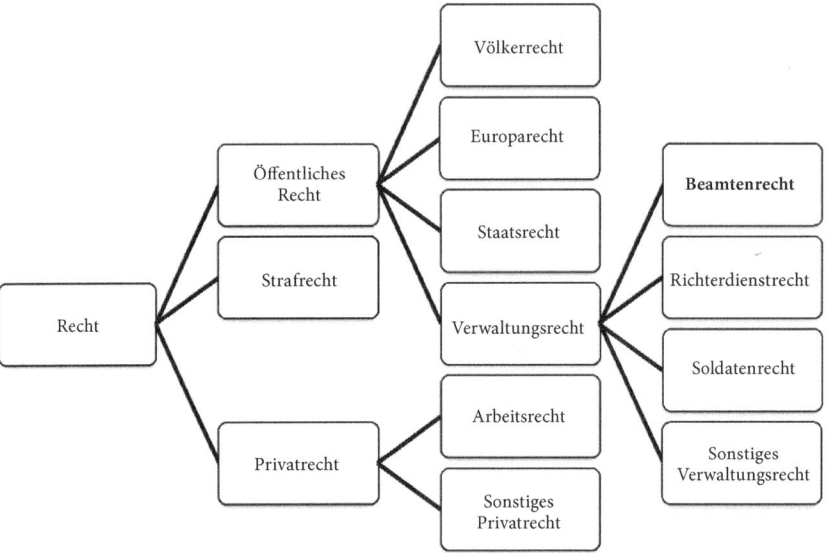

II. Gang der Darstellung

Im ersten Teil dieses Werkes werden zunächst die Grundlagen des Beamtenrechts, also v. a. seine Geschichte (→ § 2), seine Grundbegriffe (→ § 3) und Rechtsquellen (→ § 4 bis § 5) dargestellt. Im zweiten Teil wird die Begründung, Veränderung und Beendigung des Beamtenverhältnisses erläutert (→ § 6 bis § 9). Der zentrale dritte Teil betrachtet die Pflichten der Beamten (→ § 10 bis § 16) und die Rechtsfolgen von Pflichtverletzungen (→ § 17 bis § 19). Spiegelbildlich ist der vierte Teil den Rechten der Beamten gewidmet (→ § 20 bis § 29). Der fünfte Teil hat die Mitwirkung der Beamten an der Willensbildung der Behörde zum Gegenstand (→ § 30 bis § 31). Der sechste Teil wendet sich den Besonderheiten des Rechtsschutzes im Beamtenrecht (→ § 32 bis § 34) zu, bevor der siebente Teil einen Ausblick auf die Zukunft des Beamtenrechts wagt (→ § 35).

---

[7] Siehe §§ 22 bis 26 BDSG.
[8] Vgl. Art. 88 GG sowie § 7 BBankG.

III. Wiederholungs- und Vertiefungsfragen

1) Was regelt das Beamtenrecht und zu welchem übergeordneten Rechtsgebiet gehört es? (Rn. 2)
2) Welche öffentlich-rechtlichen Rechtsverhältnisse werden nicht unmittelbar durch das Beamtenrecht geregelt? (Rn. 3)

Rechtsprechung zu § 1

BVerfG, Urt. v. 18.01.2012 – 2 BvR 133/10 –, BVerfGE 130, 76–130 (Vitos Haina, Maßregelvollzug)
BVerfG, Beschluss vom 02. März 1993 – 1 BvR 1213/85 –, BVerfGE 88, 103–117 (Postbeamter, Beamteneinsatz bei Streik)
BVerfG, Beschl. v. 22.05.1975 – 2 BvL 13/73 –, BVerfGE 39, 334–391 (Radikale im öffentlichen Dienst, Extremistenbeschluss, Radikalenerlass)
BVerfG, Beschl. v. 27.10.1964 – 2 BvR 319/61 –, BVerfGE 18, 172–186 (Inkompatibilität (Oberstadtdirektor))
BVerfG, Beschluss vom 20. Februar 1957 – 1 BvR 413/53, 1 BvR 422/53 –, BVerfGE 6, 246–257 (Reichsapotheker- und Reichsärztekammer)
BVerfG, Urt. v. 23.10.1951 – 2 BvG 1/51 –, BVerfGE 1, 14–66 (Südweststaat)

Literatur zu § 1

Bull, Hans Peter, Beamte – die vernachlässigten Hüter des Gemeinwohls? – Die Dienstrechtsdiskussion zwischen Standespolitik und Staatstheorie, DÖV 2007, 1029–1038
Bull, Hans Peter Die Zukunft des Beamtentums: Zwischen Recht und Politik, Staats- und Verwaltungslehre, DV 42 (2009), 1–26
Frenzel, Eike-Michael, Das öffentlich-rechtliche Amtsverhältnis und das Recht des öffentlichen Dienstes. Abschied vom Prinzipiellen, ZBR 2008, 243–253
Kucsko-Stadlmayer, Gabriele, Die Zukunft des Beamtentums: Zwischen Recht und Politik, Staats- und Verwaltungslehre, Die Verwaltung 42 (2009), 27–53
Landau, Herbert / Steinkühler, Martin, Zur Zukunft des Berufsbeamtentums in Deutschland, DVBl. 2007, 133–143
Lindner, Josef Franz, Unabhängigkeit als Paradigma des Berufsbeamtentums, ZBR 2013, 145–155
Meixner, Hanns Eberhard / Meixner, Juliane, Dienen statt Verdienen – Ein Anachronismus?, DÖD 2013, 110–117
Steiner, Harald, Die sozialen Funktionen des Bundesbeamtengesetzes: Lösung und Regelung von Konflikten, DÖD 2009, 137–151

§ 2 Geschichte des Beamtentums

9 Die Geschichte des Beamtenrechts kann angesichts der Fülle der Regelungen auf gesamtstaatlicher sowie einzelstaatlicher Ebene in Deutschland über einen erheblichen Zeitraum im Folgenden nur in den Grundzügen erläutert werden. Die Darstellung konzentriert sich auf besonders markante Regelungen sowie auf solche, die – vermittelt über die hergebrachten Grundsätze des Berufsbeamtentums nach Art. 33 V GG (→ Rn. 92) – auch das heutige Beamtenrecht prägen. Für die Schilderung maßgebend sind die Fragen nach einer gesetzlichen Regelung des Beamtenverhältnisses und seiner öffentlich-rechtlichen oder privatrechtlichen Rechtsnatur, den Pflichten der Beamten gegenüber dem Monarchen oder einer anderen Stelle, was insbesondere in ihrer Eidespflicht zum Ausdruck kommt, ihren Rechten sowie deren gerichtlichem Schutz.

I. Frühe Neuzeit und Absolutismus

10 In der frühen Neuzeit und im beginnenden Absolutismus[1] beschäftigten die Monarchen ihre Gefolgsleute auf lehns- oder privatrechtlicher Vertragsgrundlage. Es fehlte an ausdrücklichen gesetzlichen Regelungen der Rechtsverhältnisse, die nur unter Rückgriff auf Vertragstypen des Gemeinen Rechts, d.h. aber letztlich des Römischen Rechts, geregelt wurden. Dabei waren der staatliche und der private Bereich des Herrschers noch nicht strikt getrennt. Den vorwiegend aus dem Bürgertum stammenden Beamten wurden Pflichterfüllung, Gehorsam, Zucht, Sparsamkeit und Hingabe an den Herrscher eingeschärft. Auf der anderen Seite war ihre dauerhafte, auskömmliche Besoldung noch nicht gesichert und sie konnten jederzeit entlassen werden, ohne dass sie um wirksamen Rechtsschutz nachsuchen konnten.

---

[1] *Battis*, Beamtenrecht, in: Ehlers/Fehling/Pünder (Hrsg.), Besonderes Verwaltungsrecht, Bd. 3, 3. Auflage, 2013, § 87 Rn. 2; *Battis*, BBG, Einleitung, Rn. 1; *Hattenhauer*, Geschichte des deutschen Beamtentums, S. 47 ff., 99 ff.; *Leppek*, Beamtenrecht, 12. Auflage, 2015, Rn. 12.

II. Preußisches Allgemeines Landrecht 1794

Eine erste umfassende gesetzliche Regelung des Rechts der Staatsdiener erfolgt in Preußen im Allgemeinen Landrecht[2] von 1794. Zwar bleibt die Frage nach der Rechtsnatur des durch Vertrag begründeten Beamtenverhältnisses immer noch offen, aber es werden immerhin Vorschriften gegen Amtsanmaßung[3] und die Veräußerung des Amtes[4] erlassen; zudem finden sich umfangreiche Regelungen für Kollegialentscheidungen[5] und die Haftung der Mitglieder von Kollegien[6]. Das Gesetz stellt die Pflichten der Beamten in den Vordergrund, v. a. die Pflicht zur besonders sorgfältigen Amtsführung[7] und eine besondere Treuepflicht der Beamten gegenüber dem Monarchen[8]. Das Leistungsprinzip[9] findet Eingang in die Gesetzgebung und die Entlassung eines Beamten ist nur noch durch Mehrheitsentscheidung des Staatsrates bei Bestätigung durch den Landesherrn[10] möglich.

11

III. Bayerische Regelungen ab 1805

Im Unterschied zum preußischen Recht betonen die Bayerische Hauptlandespragmatik von 1805[11] im Geiste des aufgeklärten Spätabsolutismus und die ihr folgenden verfassungsrechtlichen[12] Regelungen die Rechte der Beamten.[13] Das Beamtenverhältnis wird in Bayern öffentlich-rechtlich ausgestaltet und jedem Bayern wird der gleiche Zugang zum öffentlichen Dienst gewährleistet[14], was einen Vor-

12

---

[2] Battis, Beamtenrecht, in: Ehlers/Fehling/Pünder (Hrsg.), Besonderes Verwaltungsrecht, Bd. 3, 3. Auflage, 2013, § 87 Rn. 2; Battis, BBG, Einleitung, Rn. 1; Hattenhauer, Geschichte des deutschen Beamtentums, S. 156; Leppek, Beamtenrecht, 12. Auflage, 2015, Rn. 14.
[3] Teil II Titel 10, §§ 76 bis 84 PrALR 1794.
[4] Teil II Titel 10, § 74 PrALR 1794.
[5] Teil II Titel 10, §§ 114 bis 126 PrALR 1794.
[6] Teil II Titel 10, §§ 127 bis 145 PrALR 1794.
[7] Teil II Titel 10, § 88 PrALR 1794.
[8] Teil II Titel 10, § 2 PrALR 1794.
[9] Teil II Titel 10, § 70 PrALR 1794.
[10] Teil II Titel 10, §§ 98 bis 101 PrALR 1794.
[11] Bayerische Hauptlandespragmatik vom 1.6.1805, RBl. Sp. 225.
[12] Verfassungsurkunde des Königreiches Bayern vom 26.5.1818, GBl. Sp. 101, mit dem Bayerischen Staatsdiener-Edikt vom 26.5.1818, GBl. Sp. 333, als Anlage.
[13] Battis, Beamtenrecht, in: Ehlers/Fehling/Pünder (Hrsg.), Besonderes Verwaltungsrecht, Bd. 3, 3. Auflage, 2013, § 87 Rn. 3; Battis, BBG, Einleitung, Rn. 2; Hattenhauer, Geschichte des deutschen Beamtentums, S. 198; Leppek, Beamtenrecht, 12. Auflage, 2015, Rn. 15.
[14] Titel IV § 5 Verfassungsurkunde des Königreiches Bayern vom 26.5.1818.

läufer des heutigen Art. 33 II GG darstellt. Die Besoldung[15] und Versorgung[16] der Beamten werden detailliert gewährleistet, was auch die Sorge für die Hinterbliebenen[17] einschließt. Nebentätigkeiten[18] werden großzügig erlaubt und die Versetzung[19] eines Beamten ist nur in den gesetzlich geregelten Fällen zulässig. Die Beamten werden auf Treue zum König und Beachtung der Verfassung vereidigt.[20] Disziplinarmaßnahmen dürfen nur in einem rechtlich geordneten Verfahren erfolgen.[21] Zudem wird den Beamten eine umfassende Rechtsweggarantie eingeräumt.[22]

IV. Deutsche Mittelstaaten

13 Kurz nach der bayerischen Hauptlandespragmatik, aber schon ganz geprägt vom Frühliberalismus, finden sich beamtenrechtliche Regelungen in den übrigen deutschen Mittelstaaten, wofür exemplarisch Württemberg herangezogen werden soll. Hier wird im Geiste der naturrechtlichen Staatsphilosophie des Gesellschaftsvertrages die geschriebene Verfassung von 1819[23] als Vertrag zwischen Monarch und Volk betrachtet. Die Beamten werden weniger als Werkzeug des Königs denn vielmehr als Instrument zur Wahrung der Verfassung gesehen. Daraus erklärt sich die Vereidigung[24] der Beamten auf die Verfassung, die diese nicht nur selbst wahren, sondern für ihren Schutz auch gegen Dritte eintreten müssen. Zudem wird die Verantwortlichkeit der Beamten für die Rechtmäßigkeit ihres Handelns[25] festgeschrieben, worin sich eine Wurzel der Pflicht und des Rechts der heutigen Beamten zur Remonstration (→ Rn. 279) zeigt.

---

[15] Art. II ff. BayHLP 1805 mit der Trennung zwischen dem nur durch richterliche Entscheidung entziehbaren Standesgehalt und dem unter erleichterten Voraussetzungen entziehbaren Dienstgehalt.
[16] Art. XVII BayHLP 1805.
[17] Art. XXIV BayHLP 1805.
[18] Art. XVI BayHLP 1805.
[19] Art. XIII BayHLP 1805.
[20] Titel X § 3 Verfassungsurkunde des Königreiches Bayern vom 26.5.1818, GBl. Sp. 101.
[21] §§ 10 ff. Bayerisches Staatsdiener-Edikt 1818.
[22] § 29 Bayerisches Staatsdiener-Edikt 1818.
[23] Württembergische Verfassung vom 15.9.1819, StRBl. S. 634.
[24] § 45 WüV 1819.
[25] § 53 WüV 1819.

V. Paulskirchenverfassung 1849

Auch die in Folge der Revolution von 1848 entworfene, bekanntlich nicht in Kraft getretene Paulskirchenverfassung von 1849[26] enthielt wichtige beamtenrechtliche Bestimmungen, die auf die Weimarer Reichsverfassung und das Grundgesetz Einfluss ausübten. Dem Reich wurde die Kompetenz zum Erlass eines eigenen Beamtengesetzes eingeräumt[27], was einen Vorläufer der Regelung in Art. 73 I Nr. 8 GG darstellt (→ Rn. 24, 115). Die Anstellung der Beamten sollte vom Reich selbst ausgehen[28], also nicht durch die Einzelstaaten vermittelt werden, was dem Konzept des Art. 33 I, II GG entspricht. Die Pflichten der Beamten sollten durch die Vereidigung auf die Verfassung abgesichert werden.[29] Dabei wurde allen Deutschen nach Befähigung – wie heute gemäß Art. 33 II GG (→ Rn. 104, 149 ff.) – der Zugang zu öffentlichen Ämtern gewährleistet[30]. Bemerkenswert erscheint, dass den Lehrern ausdrücklich die Rechte der Staatsbeamten zugesichert wurden[31], was einen Anhaltspunkt für die Reichweite des Funktionsvorbehalts in Art. 33 IV GG (→ Rn. 88) liefert. Schließlich wurden Ansätze eines Amtshaftungsrechts entwickelt[32], welches nach der Regelung in § 839 BGB später durch Art. 34 GG zu einer mittelbaren Staatshaftung weiterentwickelt wurde.

14

VI. Deutsches Reich

Die Deutsche Einheit wurde dann nicht auf der Grundlage der Paulskirchenverfassung, sondern mit dem Norddeutschen Bund von 1866 bzw. dem Deutschen Reich von 1870/71 erreicht. Die Reichsverfassung von 1871 sah – ebenso wie heute Art. 33 I, II GG – das gemeinsame Indigenat aller Deutschen vor[33], so dass jeder Deutsche nach seiner Befähigung gleichen Zugang zu jedem öffentlichen Amt erhielt. Mit dem Reichsbeamtengesetz von 1873[34] wurde die Rechtsstellung der Reichsbeamten, nicht aber der Beamten in den Einzelstaaten, einheitlich öffentlich-rechtlich geregelt. Die Beamten wurden zu sorgfältiger Amtsführung verpflichtet[35] und trugen die Verantwortung für die Gesetzmäßigkeit ihrer amt-

15

---

[26] Verfassung des Deutschen Reiches vom 28.3.1949.
[27] § 67 II PKV 1849 „Dienstpragmatik".
[28] § 67 I PKV 1849.
[29] § 191 PKV 1849.
[30] § 137 VI PKV 1849.
[31] § 156 I PKV 1849.
[32] § 160 PKV 1849.
[33] Art. 3 I Reichsverfassung vom 16.4.1871, RGBl. S. 63.
[34] Reichsbeamtengesetz vom 31.3.1873, RGBl. S. 61.
[35] § 10 RBG 1873.

lichen Handlungen[36]. Die Dienstvergehen[37] und das Disziplinarverfahren[38] wurden gesetzlich bestimmt, wobei eine Sonderregelung für Kassenfehlbestände, sog. „Defekte"[39], geschaffen wurde. Im Unterschied zum Konzept der Paulskirchenverfassung wurden die Beamten nicht auf die Verfassung, sondern auf die Amtserfüllung[40] vereidigt.

16   Die persönliche Rechtsstellung der Beamten wurde gesetzlich gesichert. Sie wurden grundsätzlich auf Lebenszeit angestellt[41], was durch gesetzliche Regelungen der Versetzung[42] sowie des einstweiligen Ruhestandes[43] abgerundet wurde. Nicht nur die Besoldung[44] und die Pension[45], sondern auch die Versorgung der Witwen und Waisen[46] der Beamten wurde gewährleistet. Hinzu trat eine umfassende Rechtsweggarantie[47], so dass das Reichsbeamtengesetz 1873 im Ergebnis bereits zahlreiche Rechtspositionen, die auch heute den Beamten zustehen, vorwegnahm. Im Jahr 1907 wurde das Reichsbeamtengesetz dann neugefasst.[48]

VII. Weimarer Republik

17   In der Zeit der Weimarer Republik[49] wurde das bereits bekannte Indigenat[50] als Vorläufer von Art. 33 I, II GG um die Garantie erweitert, dass die Zulassung zu öffentlichen Ämtern unabhängig vom religiösen Bekenntnis[51] zu erfolgen habe, wobei diese Bestimmung über Art. 140 GG als Teil des Grundgesetzes fortgilt und zudem in Art. 33 III GG wiederholt wird. Zusätzlich wurden zahlreiche bislang einfachgesetzliche Regelungen auf die Ebene der Reichsverfassung gehoben.

---

[36] § 13 RBG 1873.
[37] §§ 72 ff. RBG 1873.
[38] §§ 80 ff. RBG 1873.
[39] §§ 134 ff. RBG 1873.
[40] § 3 RBG 1873.
[41] § 2 RBG 1873.
[42] § 23 RBG 1873.
[43] §§ 24 ff. RBG 1873.
[44] §§ 5 f. RBG 1873.
[45] §§ 34 ff. RBG 1873.
[46] §§ 7 ff.; § 69 RBG 1873.
[47] §§ 149 ff. RBG 1873.
[48] Reichsbeamtengesetz vom 17.5.1907, RGBl. S. 245.
[49] *Battis*, Beamtenrecht, in: Ehlers/Fehling/Pünder (Hrsg.), Besonderes Verwaltungsrecht, Bd. 3, 3. Auflage, 2013, § 87 Rn. 5; *Battis*, BBG, Einleitung, Rn. 3; *Hattenhauer*, Geschichte des deutschen Beamtentums, S. 319 ff.; *Leppek*, Beamtenrecht, 12. Auflage, 2015, Rn. 17.
[50] Art. 128 I WRV.
[51] Art. 136 II WRV, über Art. 140 GG heute noch in Kraft.

Das gesamte Beamtenrecht wurde unter einen umfassenden Gesetzesvorbehalt gestellt und zugleich dem Reich die Gesetzgebungskompetenz zugewiesen.⁵²

Ausdrückliche beamtenrechtliche Pflichten finden sich auf Ebene der Weimarer Reichsverfassung kaum; hervorzuheben ist aber, dass die Beamten Diener der Gesamtheit, nicht einer Partei sein sollten⁵³, worin sich die skeptische Einstellung dieser Verfassung gegenüber den politischen Parteien offenbart.

Als Rechte der Beamten wurden ihnen die Einstellung auf Lebenszeit⁵⁴ sowie neben der Besoldung auch das Ruhegehalt und die Versorgung ihrer Hinterbliebenen⁵⁵ garantiert. Ihre „wohlerworbenen Rechte" galten als unverletzlich.⁵⁶

Zudem wurden die Grundsätze des Personalaktenrechts geregelt.⁵⁷ Für das Disziplinarrecht bestand ein ausdrücklicher Gesetzesvorbehalt, und es wurde eine Beschwerdemöglichkeit gegen Disziplinarmaßnahmen gewährleistet.⁵⁸ Die persönliche Amtshaftung der Beamten für rechtswidrige und schuldhafte Pflichtverletzungen bei Ausübung ihres Amtes wurde übergeleitet in eine mittelbare Staatshaftung ihrer jeweiligen Anstellungskörperschaft⁵⁹, was als Vorbild für Art. 34 GG diente. Die Stellung der Beamten als Grundrechtsträger wurde anerkannt durch die Garantie ihrer Vereinigungsfreiheit.⁶⁰ Schließlich stand ihnen der Rechtsweg für vermögensrechtliche Ansprüche offen.⁶¹ Die verfassungsrechtlich außerdem vorgesehenen Personalvertretungen⁶² wurden indes einfachgesetzlich nicht mehr umgesetzt.

VIII. Nationalsozialismus

Im Nationalsozialismus⁶³ wurde schon sehr frühzeitig begonnen, das Beamtentum als eine politisch neutrale, dem Rechtsstaat verpflichtete Institution zu beseitigen. Durch das Gesetz zur Wiederherstellung des Berufsbeamtentums aus dem Jahr 1933⁶⁴ wurden politisch missliebige Beamte sowie solche jüdischer Re-

---

⁵² Art. 128 III WRV.
⁵³ Art. 130 I WRV.
⁵⁴ Art. 129 I 1 WRV.
⁵⁵ Art. 129 I 2 WRV.
⁵⁶ Art. 129 I 3 WRV.
⁵⁷ Art. 129 III 2, IV WRV.
⁵⁸ Art. 129 II, III WRV.
⁵⁹ Art. 131 WRV.
⁶⁰ Art. 130 II WRV.
⁶¹ Art. 129 I 4 WRV.
⁶² Art. 130 III WRV.
⁶³ *Battis*, Beamtenrecht, in: Ehlers/Fehling/Pünder (Hrsg.), Besonderes Verwaltungsrecht, Bd. 3, 3. Auflage, 2013, § 87 Rn. 6; *Battis*, BBG, Einleitung, Rn. 4; *Hattenhauer*, Geschichte des deutschen Beamtentums, S. 399 ff.; *Leppek*, Beamtenrecht, 12. Auflage, 2015, Rn. 18 ff.
⁶⁴ Gesetz zur Wiederherstellung des Berufsbeamtentums vom 7.4.1933, RGBl. I S. 175.

ligionszugehörigkeit entgegen der ausdrücklichen Garantie der Weimarer Reichsverfassung aus dem Dienst entfernt. Auch auf die verbliebenen Beamten übte dies mittelbar einen erheblichen Druck aus, sich politisch konform zu verhalten. Nach dem Deutschen Beamtengesetz von 1937[65] standen die Beamten in einem öffentlich-rechtlichen Dienst- und Treueverhältnis sowohl zum Reich als auch zum „Führer", was in einem Treueeid der Beamten zum Führer gipfelte.

IX. Nachkriegszeit

22 Unmittelbar nach der Übernahme der Regierungsgewalt in Deutschland durch die Alliierten[66] wurden von den Zonenbefehlshabern diejenigen Bestimmungen des Deutschen Beamtengesetzes aufgehoben, die offensichtlich von der Ideologie des Nationalsozialismus bestimmt waren.
23 Was die einzelnen Beamtenverhältnisse angeht, so erloschen diese nach der Rechtsprechung des BVerfG[67] mit dem deutschen Zusammenbruch am 8.5.1945 und konnten deshalb trotz des Eintretens der Bundesrepublik Deutschland in die Rechtsstellung des Deutschen Reiches nicht mit der Bundesrepublik fortgesetzt werden.

X. Bundesrepublik Deutschland bis 1990

24 In der Bundesrepublik Deutschland wurde mit Inkrafttreten des Grundgesetzes durch Art. 33 IV, V GG auch die Entscheidung für die Weiterführung des Berufsbeamtentums an Stelle eines einheitlichen öffentlichen Dienstrechts auf der Grundlage des Arbeitsrechts für alle Beschäftigten im öffentlichen Dienst getroffen. Zunächst wurde eine „Bundesfassung des Deutschen Beamtengesetzes"[68] erlassen, das endgültig aufgehoben und ersetzt wurde durch das in Ausschöpfung der Bundesgesetzgebungskompetenz nach Art. 73 I Nr. 8 GG erlassene Bundesbeamtengesetz von 1953[69]. Die Übergangsvorschrift des Art. 131 GG sah den Erlass einer gesetzlichen Regelung zur Wiederverwendung der ausgeschiedenen Beamten vor. Diesem Regelungsauftrag kam der Bundesgesetzgeber mit dem Gesetz zur Regelung der Rechtsverhältnisse der unter Art. 131 GG fallenden Perso-

---

[65] Deutsches Beamtengesetz vom 26.1.1937, RGBl. I S. 39, ber. S. 186.
[66] *Battis*, Beamtenrecht, in: Ehlers/Fehling/Pünder (Hrsg.), Besonderes Verwaltungsrecht, Bd. 3, 3. Auflage, 2013, § 87 Rn. 7; *Hattenhauer*, Geschichte des deutschen Beamtentums, S. 455 ff.
[67] So BVerfGE 3, 58; 6, 134; 15, 112.
[68] Gesetz vom 30.6.1950, BGBl. I S. 279.
[69] Bundesbeamtengesetz vom 14.7.1953, BGBl. I S. 551.

nen (G 131)⁷⁰ nach. Bis zum Inkrafttreten dieses Gesetzes erließ der Bundesgesetzgeber für die Zwischenzeit das „Gesetz über Sofortmaßnahmen zur Sicherung der Unterbringung der unter Artikel Art. 131 des Grundgesetzes fallenden Personen".⁷¹ Zudem erging im Jahr 1957 auf der Grundlage von Art. 75 GG a. F. das Beamtenrechtsrahmengesetz 1957⁷², welches jeweils durch Landesbeamtengesetze ergänzt wurde. Mit Einfügung des Art. 74a GG im Jahr 1971⁷³ erhielt der Bund außerdem die Gesetzgebungskompetenz für das Besoldungsrecht auch in den Ländern, welche im Zuge der Föderalismusreform I 2006⁷⁴ wieder gestrichen wurde.

XI. DDR bis 1990

In der DDR⁷⁵ erfolgte ein deutlich stärkerer Bruch mit dem Beamtentum des Nationalsozialismus als in der Bundesrepublik Deutschland. Zum einen gab es überhaupt kein Berufsbeamtentum im klassischen Sinne mehr, sondern für alle Beschäftigten im öffentlichen Dienst galten die Vorschriften des Arbeitsgesetzbuches der DDR⁷⁶ mit einigen Sonderregelungen. Zum anderen wurden viel weniger frühere Beamte in diesen öffentlichen Dienst übernommen. **25**

XII. Seit der Wiedervereinigung 1990

So stellte sich mit der deutschen Wiedervereinigung 1990 die Frage der Etablierung des Berufsbeamtentums auch auf dem Gebiet der neuen Länder.⁷⁷ Der Einigungsvertrag sah eine möglichst rasche (Wieder-)Einführung des Beamtenrechts vor.⁷⁸ Zu diesem Zweck wurde die Geltung sowohl des Bundesbeamtengesetzes als auch des Beamtenrechtsrahmengesetzes auf die neuen Länder erstreckt, die alsbald eigene Landesbeamtengesetze nach westdeutschem Vorbild erließen. Die bisherigen Arbeitnehmer im öffentlichen Dienst der DDR wurden nach Maß- **26**

---

⁷⁰ Gesetz zur Regelung der Rechtsverhältnisse der unter Art. 131 fallenden Personen vom 11.5.1951, BGBl. I S. 307.
⁷¹ Vom 14.3.1951, BGBl. I S. 186.
⁷² Beamtenrechtsrahmengesetz vom 1.7.1957, BGBl. I S. 667.
⁷³ 28. Gesetz zur Änderung des Grundgesetzes vom 18.3.1971, BGBl. I S. 206.
⁷⁴ 52. Gesetz zur Änderung des Grundgesetzes vom 28.8.2006, BGBl. I S. 2034.
⁷⁵ *Battis*, Beamtenrecht, in: Ehlers/Fehling/Pünder (Hrsg.), Besonderes Verwaltungsrecht, Bd. 3, 3. Auflage, 2013, § 87 Rn. 7; *Battis*, BBG, Einleitung, Rn. 6; *Leppek*, Beamtenrecht, 12. Auflage, 2015, Rn. 21.
⁷⁶ Arbeitsgesetzbuch der DDR vom 16.6.1977, GBl. I S. 185.
⁷⁷ Vgl. *Battis*, BBG, Einleitung, Rn. 11 ff.
⁷⁸ Art. 20 II EV 1990 sowie Protokollnotiz Nr. I.11.

gabe der Übergangsregelungen des Einigungsvertrages[79] grundsätzlich übernommen, wobei allerdings Sonderkündigungsrechte für eine ordentliche oder außerordentliche Kündigung vorgesehen waren, die je nach Verwaltungszweig und Land zu ganz unterschiedlichen Übernahmequoten führten.

XIII. Föderalismusreformen 2006 und 2009

27 Die Föderalismusreform I 2006[80] beeinflusste auch grundlegend das Beamtenrecht. Zum einen wurde die Garantie der hergebrachten Grundsätze des Berufsbeamtentums in Art. 33 V GG um das Gebot der Fortentwicklung ergänzt[81], was neue beamtenrechtliche Rechtsinstitute wie die Zuweisung (→ Rn. 205 ff.) absichert und eine stärkere Berücksichtigung leistungsbezogener Besoldungselemente (→ Rn. 542) ermöglicht. Zum anderen verlor der Bund, wie bereits angedeutet, die Gesetzgebungskompetenz für die Laufbahnen, Besoldung und Versorgung der Beamten der Länder, Kommunen und sonstigen unterstaatlichen öffentlich-rechtlichen Körperschaften durch Aufhebung des Art. 75 GG a. F. und die Neufassung des Art. 74 I Nr. 27 GG mit der dort vorgenommenen Beschränkung auf die Statusrechte und -pflichten dieser Beamten. Die dem Bund ausdrücklich vorenthaltenen Regelungsgegenstände stehen den Ländern nach Art. 30; 70 GG zu.

28 Die Föderalismusreform II 2009[82] hingegen hat das Beamtenrecht nicht unmittelbar betroffen. Mittelbar können sich aber Auswirkungen auf die Ausgestaltung der Besoldung und Versorgung der Beamten ergeben angesichts der durch die Einführung der sogenannten „Schuldenbremse" allgemein für den Bund und die Länder in Art. 109 III GG sowie speziell für den Bund in Art. 115 II GG notwendig werdenden Einsparungen auch bei den staatlichen Personalaufwendungen.

29 **Übersicht 2-1: Zeittafel zum Beamtenrecht**
1794 Preußisches Allgemeines Landrecht
1805 Bayerische Hauptlandespragmatik
1819 Württembergische Verfassung
1849 Paulskirchenverfassung
1871 Reichsverfassung

---

[79] Einigungsvertrag vom 23.9.1990, BGBl. II S. 885, speziell zum öffentlichen Dienstrecht siehe Anlage I, Kapitel XIX, Sachgebiet A, Abschnitt III, S. 1140.
[80] 52. Gesetz zur Änderung des Grundgesetzes vom 28.8.2006, BGBl. I S. 2034.
[81] Siehe dazu *Beilke*, „und fortzuentwickeln". Optionen zur Fortentwicklung der hergebrachten Grundsätze des Berufsbeamtentums, 2011.
[82] 57. Gesetz zur Änderung des Grundgesetzes vom 29.7.2009, BGBl. I S. 2248.

1873 Reichsbeamtengesetz
1919 Weimarer Reichsverfassung
1933 Gesetz zur Wiederherstellung des Berufsbeamtentums
1937 Deutsches Beamtengesetz
1945 Erlöschen der Beamtenverhältnisse
1949 Grundgesetz
1953 Bundesbeamtengesetz
1957 Beamtenrechtsrahmengesetz
1971 Einfügung des Art. 74a GG
1990 Einigungsvertrag
2006 Föderalismusreform I, seitdem Landesgesetze über Besoldung, Versorgung und Laufbahnen
2009 Föderalismusreform II

XIV. Wiederholungs- und Vertiefungsfragen

1) Auf welcher Grundlage wurden Beamte in der frühen Neuzeit und noch im beginnenden Absolutismus beschäftigt? (Rn. 10) 30
2) Wo wurden erstmalig explizit beamtenrechtliche Regelungen im Gebiet des Heiligen Römischen Reiches getroffen? Wie unterscheidet sich davon die etwas später getroffene bayerische Regelung? Wie lässt sich dieser Unterschied erklären? (Rn. 12)
3) Wie änderte sich die Sicht auf den Beamten in den württembergischen Regelungen als Exempel der deutschen Mittelstaaten und wie lässt sich diese Änderung erklären? (Rn. 13)
4) Welche Neuerungen brachte die Paulskirchenverfassung von 1849, insbesondere im Hinblick auf das Verhältnis des Reichs zu den Einzelstaaten? (Rn. 14)
5) Wo wurde das Beamtenrecht des Deutschen Reiches geregelt? Wie unterschied sich die Stellung des Beamten im Vergleich zur Paulskirchenverfassung? (Rn. 15)
6) Inwiefern wurde das Indigenat durch die Weimarer Reichsverfassung erweitert? Welche Neuerung brachte letztere im Bereich des Staatshaftungsrechts? Inwieweit wurden die Rechte der Beamten gestärkt? (Rn. 17 ff.)
7) Inwiefern wurden die Beamten im Nationalsozialismus „gleichgeschaltet"? (Rn. 21)
8) Wie wurde diese Fehlentwicklung in der Nachkriegszeit korrigiert? (Rn. 22 ff.)
9) Wie entwickelte sich das Beamtenrecht in der Bundesrepublik bis zur Wiedervereinigung? (Rn. 24)

10) Wie unterschied sich das Verständnis des öffentlichen Dienstes in der DDR von demjenigen in der Bundesrepublik? (Rn. 25)
11) Wie wurde nach der Wiedervereinigung verfahren? (Rn. 26 ff.)
12) Welche Auswirkungen ergaben sich durch die Föderalismusreform I 2006 und die Föderalismusreform II 2009 auf das Beamtenrecht? (Rn. 26)

Rechtsprechung zu § 2

31 BVerfG, Beschl. v. 19.2.1957 – 1 BvR 357/52 –, BVerfGE 6, 132–222 (Gestapo)
BVerfG, Urt. v. 1.12.1954 – 2 BvG 1/54 –, BVerfGE 4, 115–142 (Besoldungsneuregelung)
BVerfG, Urt. v. 17.12.1953 – 1 BvR 147/52 –, BVerfGE 3, 58–162 (Beamtenurteil, Gesetz Art. 131 GG)

Literatur zu § 2

32 *Battis, Ulrich / Grigoleit, Klaus Joachim / Hebeler, Timo,* Entwicklung des Beamtenrechts in den Jahren 2010–2015, NVwZ 2016, 194–201
Günther, Hellmuth, Über das Fünfmännerbuch – Sein Stellenwert für die Ermittlung preußischen Beamtenrechts vom Vormärz bis ins Kaiserreich, DÖD 2014, 164–176
Günther, Hellmuth, Gehorsam und Verantwortlichkeit von Reichsbeamten: Skizze zum Konzept von Reichstag und Bundesrat im RBG, Teil 1, DÖD 2004, 154–162, Teil 2, DÖD 2004, 195–204
Günther, Hellmuth, Gesetzgebungskompetenzen für das Beamtenrecht. Kodifikationen des allgemeinen Beamtenrechts – Vom Kaiserreich bis zur Bundesrepublik nach der Föderalismusreform, ZBR 2010, 1–21
Günther, Hellmuth, Das Recht der „preußischen Staatsbeamten" im Vormärz nebst „Aphorismen" über den Dienst, DÖD 2009, 14–31
Günther, Hellmuth, Zum Reichsbeamtengesetz, DÖV 2007, 357–367
Günther, Hellmuth, Reichstag, Entwurf des RBG und Rechtsschutz von Beamten, ZBR 2003, 401–412
Lemhöfer, Bernt, Nach der Föderalismusreform: Das kommende Beamtenstatusgesetz für Länder- und Gemeindebeamte, RiA 2007, 49–52
Peters, Cornelia, Das Dienstrecht des Bundes nach der Föderalismusreform, RiA 2008, 97–110
Wunder, Bernd, Das erste deutsche Beamtengesetz: Die bayerische Hauptlandespragmatik vom 1. Januar 1805, ZBR 2005, 2–13

§ 3 Grundbegriffe des Beamtenrechts und des Beamtenverhältnisses

Das Beamtenrecht baut auf den Begriffen des Beamten, des Dienstherrn und seiner Organe sowie des zwischen dem Beamten und seinem Dienstherrn bestehenden Beamtenverhältnisses auf.

I. Arten von Beamten

Der Begriff des Beamten ist in verschiedenen Rechtsgebieten unterschiedlich zu bestimmen. Zudem unterscheidet sich die persönliche Rechtsstellung der einzelnen Beamtengruppen erheblich. Schließlich können Beamte nach ihrem Dienstherrn differenziert werden.

1. Beamtenbegriffe in verschiedenen Rechtsgebieten

Es ist zwischen den Beamten im status-, haftungs- und strafrechtlichen Sinne zu unterscheiden.[1]

Beamte im statusrechtlichen Sinne werden durch Aushändigung einer Ernennungsurkunde ernannt, stehen in einem öffentlich-rechtlichen Dienst- und Treueverhältnis und können nur unter sehr erschwerten Bedingungen aus diesem Verhältnis wieder entfernt werden. Auf sie findet das Beamtenrecht des Bundes und der Länder Anwendung. Sofern nichts anderes bestimmt ist, wird in diesem Werk der Beamtenbegriff in dieser Bedeutung verstanden.

Beamte im haftungsrechtlichen Sinne sind die für die öffentliche Verwaltung tätigen Personen, unabhängig davon, ob sie nun auch Beamte im statusrechtlichen Sinne, Arbeitnehmer im öffentlichen Dienst, Beliehene oder andere Private sind, die eine öffentlich-rechtliche Tätigkeit ausüben. Dieser Beamtenbegriff ist

---

[1] Vgl. hierzu auch *Battis*, Beamtenrecht, in: Ehlers/Fehling/Pünder (Hrsg.), Besonderes Verwaltungsrecht, Bd. 3, 3. Auflage, 2013, § 87 Rn. 48; *Battis*, BBG, § 4 Rn. 2; *Leppek*, Beamtenrecht, 12. Auflage, 2015, Rn. 39; *Zentgraf* in: Metzler-Müller/Rieger/Seeck/Zentgraf (Hrsg.), BeamtStG, § 3 Erl. 1.1.

für das Staatshaftungsrecht maßgebend, insbesondere für den Anspruch aus mittelbarer Staatshaftung gemäß § 839 BGB; Art. 34 GG.

38 Beamte im strafrechtlichen Sinne sind über die Beamten im statusrechtlichen Sinne hinaus auch alle anderen Amtsträger nach § 11 I Nr. 2 StGB. Dieser Beamtenbegriff entfaltet Bedeutung für die so genannten Amtsträgerdelikte, die als echte Amtsträgerdelikte, wie die Verletzung des Steuergeheimnisses gemäß § 355 StGB, nur durch Amtsträger begangen werden können, oder bei denen als unechte Amtsträgerdelikte, wie bei der Körperverletzung im Amt gemäß § 340 StGB, für Amtsträger eine Strafschärfung im Vergleich zu dem von jedermann begehbaren Grunddelikt, im Beispiel Körperverletzung nach § 223 StGB, eintritt. Zudem spielt der Amtsträgerbegriff eine Rolle bei Delikten, die gegen Amtsträger begangen werden, z. B. beim Widerstand gegen Vollstreckungsbeamte nach § 113 StGB.

39 Übersicht 3-1: Beamtenbegriffe

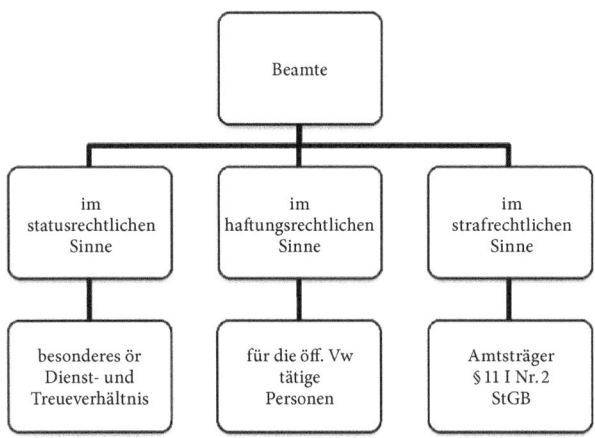

2. Einteilung der Beamten nach ihrem Dienstherrn

40 Beamte können außerdem nach ihrem Dienstherrn (→ Rn. 64) unterschieden werden. So gibt es Bundes-, Landes- und Kommunalbeamte. Seit der Föderalismusreform I 2006 kommt dieser Unterscheidung zunehmend größere Bedeutung zu, weil für Bundesbeamte das BBG samt seiner Nebengesetze gilt, für Landes- und Kommunalbeamte aber das BeamtStG im Zusammenspiel mit den landesrechtlichen Regelungen, insbesondere in den Bereichen der Besoldung, Versorgung und Laufbahnen.

3. Einteilung der Beamten nach ihrer Rechtsstellung

Nach der persönlichen Rechtsstellung der Beamten sind Beamte auf Lebenszeit, auf Widerruf, auf Probe, auf Zeit sowie politische Beamte und Ehrenbeamte zu unterscheiden.[2]

41

a) Beamte auf Lebenszeit

Beamte auf Lebenszeit nehmen dauernd öffentliche Aufgaben wahr und stellen gemäß § 6 I BBG; § 4 I BeamtStG den Regelfall und den Idealtypus des Beamten dar. Sie können gegen ihren Willen nur im Rahmen eines förmlichen Disziplinarverfahrens aus dem Dienst entfernt werden. Sofern beamtenrechtliche Regelungen nichts Abweichendes bestimmen, sind sie auf Beamte auf Lebenszeit zugeschnitten.

42

b) Beamte auf Widerruf

Beamte auf Widerruf nach § 6 IV BBG; § 4 IV BeamtStG sind Beamte im Vorbereitungsdienst, der mit einer Laufbahnprüfung abschließt. Beispiele sind Studienreferendare. Für sie gelten grundsätzlich die allgemeinen beamtenrechtlichen Regelungen, die aber durch den Ausbildungszweck des Vorbereitungsdienstes modifiziert werden. Mit Bestehen oder endgültigem Nichtbestehen der Laufbahnprüfung endet der Vorbereitungsdienst und die Beamtenstellung wird ex nunc widerrufen.

43

c) Beamte auf Probe

Beamte auf Probe gemäß § 6 III BBG; § 4 III BeamtStG erfüllen bereits alle laufbahnrechtlichen Voraussetzungen einschließlich einer bestandenen Zugangsprüfung. Sie waren also regelmäßig zuvor Beamte auf Widerruf. Sie werden als Berufseinsteiger für die Dauer einer von der jeweiligen Laufbahn abhängigen Zeit von bis zu drei Jahren erprobt und können in dieser Zeit bei Nichtbewährung entlassen werden. Ein Probeverhältnis neben dem allgemeinen Rechtsverhältnis als Beamter auf Lebenszeit ist neuerdings auch bei der Übertragung besonderer Leitungsämter gemäß § 24 BBG vorgesehen. Im Übrigen gelten für Beamte auf Probe die allgemeinen beamtenrechtlichen Regelungen. Nach erfolgreichem Bestehen der Probezeit sind sie zu Beamten auf Lebenszeit zu ernennen.

44

---

[2] *Battis*, Beamtenrecht, in: Ehlers/Fehling/Pünder (Hrsg.), Besonderes Verwaltungsrecht, Bd. 3, 3. Auflage, 2013, § 87 Rn. 48 ff.; *Leppek*, Beamtenrecht, 12. Auflage, 2015, Rn. 46 ff.; *Reich*, BeamtStG, § 4 Rn. 2 ff.; *Zentgraf* in: Metzler-Müller/Rieger/Seeck/Zentgraf (Hrsg.), BeamtStG, § 4 Erl. 1 ff.

d) Beamte auf Zeit

45 Beamte auf Zeit nach § 6 II BBG; § 4 II BeamtStG erfüllen befristet öffentliche Aufgaben. Zu ihnen zählen vor allem kommunale Wahlbeamte und Beamte des akademischen Mittelbaus an den Universitäten. Diese beiden Ausnahmen vom Lebenszeitprinzip rechtfertigen sich bei den Wahlbeamten durch das Demokratieprinzip, das auch auf der kommunalen Ebene immer nur eine Herrschaft auf Zeit bedeutet, und bei den universitären Beamten durch die mit ihrer Stelle verbundene Möglichkeit zur akademischen Weiterqualifikation. Vor allem in den Landesbeamtengesetzen finden sich Sonderregelungen für diese beiden Beamtengruppen. Im Übrigen sind – abgesehen von den durch die Befristung erzwungenen Besonderheiten – die allgemeinen beamtenrechtlichen Vorschriften auf sie anwendbar.

e) „Politische Beamte"

46 Politische Beamte nach § 54 BBG; § 30 BeamtStG sind Beamte höherer Hierarchiestufen in der Verwaltung, die sich jederzeit in Übereinstimmung mit den politischen Grundsätzen und Zielen der Regierung befinden müssen. Beispiele sind etwa ein verbeamteter Staatssekretär oder ein Abteilungsleiter in einem Ministerium. Abgesehen von der Möglichkeit, sie jederzeit in den einstweiligen Ruhestand zu versetzen (→ Rn. 256 ff.), gelten auch für sie die allgemeinen beamtenrechtlichen Regelungen wie für Beamte auf Lebenszeit.

f) Ehrenbeamte

47 Ehrenbeamte gemäß § 6 V BBG; § 5 BeamtStG üben einen anderen Beruf als Haupterwerbsquelle aus und sind nur nebenberuflich als Beamte tätig. Beispiele sind ehrenamtliche Ortsvorsteher und Wehrführer der Freiwilligen Feuerwehr im kommunalen Bereich oder Honorarkonsuln. Weil ihr Lebensunterhalt anderweitig gesichert ist, erhalten sie keine Besoldung oder Versorgung, sondern nur eine Aufwandsentschädigung und Unfallfürsorge. In der Praxis spielen sie nur eine geringe Rolle.

48 Übersicht 3-2: Beamte nach ihrer Rechtsstellung

Art des Beamten	Funktion	Gesetzliche Regelung in
Beamter auf Lebenszeit	Dauernde Wahrnehmung öffentlicher Aufgaben	§ 6 I BBG; § 4 I BeamtStG
Beamter auf Zeit	Befristete Wahrnehmung öffentlicher Aufgaben	§ 6 II BBG; § 4 II; § 6 BeamtStG
Beamter auf Probe	Probezeit vor Lebenszeiternennung oder Führungsaufgabe	§ 6 III BBG; § 4 III BeamtStG

Beamter auf Widerruf	Vorbereitungszeit oder vorübergehende Wahrnehmung öffentlicher Aufgaben	§ 6 IV BBG; § 4 IV BeamtStG
Ehrenbeamte	Unentgeltliche Wahrnehmung öffentlicher Aufgaben	§ 6 V BBG; § 5 BeamtStG
Politische Beamte	Fortdauernde Übereinstimmung mit grundsätzlichen Ansichten und Zielen der Regierung erforderlich	§ 54 BBG; § 30 BeamtStG

4. Einteilung der Beamten nach ihrer Laufbahn

49 Die Beamten können auch nach ihrer Laufbahn in Beamte des einfachen, mittleren, gehobenen und höheren Dienstes eingeteilt werden. Die Laufbahn ist gemäß § 16 I BBG eine Zusammenfassung von Ämtern im statusrechtlichen Sinne, die verwandte oder gleichwertige Vor- und Ausbildungen voraussetzen. Die Laufbahn des einfachen Dienstes verlangt gemäß § 17 II BBG mindestens einen Hauptschulabschluss sowie eine abgeschlossene Berufsausbildung. Für die Laufbahn des mittleren Dienstes ist gemäß § 17 III BBG mindestens ein Realschulabschluss sowie ein mit einer Laufbahnprüfung abgeschlossener Vorbereitungsdienst zu fordern. Für die Laufbahn des gehobenen Dienstes wird nach § 17 IV BBG mindestens das Abitur sowie ein Bachelorstudium oder ein mit einer Laufbahnprüfung abgeschlossener Vorbereitungsdienst gefordert. Im höheren Dienst schließlich ist gemäß § 17 V BBG neben einem abgeschlossenen Masterstudium ebenso ein mit einer Laufbahnprüfung abgeschlossener Vorbereitungsdienst zu verlangen. Innerhalb einer Laufbahn kann ein Beamter von dem Eingangsamt über die Beförderungsämter bis zum Endamt der Laufbahn aufsteigen. Aus dem Endamt der einen Laufbahn gibt es die Möglichkeit des Laufbahnwechsels in das Eingangsamt der nächsthöheren Laufbahn.

50 Seit der Föderalismusreform I 2006 gehört das Laufbahnrecht für Landesbeamte in den Kompetenzbereich der Landesgesetzgeber, Art. 74 I Nr. 27 GG. Die o.g. Unterscheidung in einfacher, mittlerer, gehobener und höherer Dienst muss daher nicht mehr auf Landesebene umgesetzt werden. Einige Bundesländer unterteilen insofern nur noch in zwei Laufbahngruppen.[3]

---

[3] So kennt bspw. das Land Berlin nach dem Gesetz über die Laufbahnen der Beamtinnen und Beamten (Laufbahngesetz – LfbG) vom 21.6.2011, GVBl. 2011, 266 zwei Laufbahngruppen, wobei nach § 5 II 2 LfbG innerhalb der jeweiligen Laufbahngruppe ein erstes und ein zweites Einstiegsamt vorgesehen ist.

51 **Übersicht 3-3: Laufbahnen**

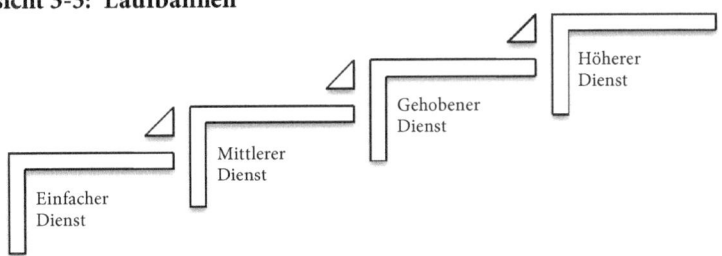

5. Einteilung der Beamten nach ihrer Fachrichtung

52 Innerhalb der Laufbahnen können gemäß § 6 II BLV je nach der Fachrichtung des Beamten verschiedene Laufbahngruppen des nichttechnischen, technischen, kulturwissenschaftlichen, naturwissenschaftlichen, agrarwissenschaftlichen, ärztlichen, sportwissenschaftlichen, kunstwissenschaftlichen und tierärztlichen Dienstes eingerichtet werden. In den Ländern, die seit der Föderalismusreform I 2006 gemäß Art. 74 I Nr. 27 GG für das Laufbahnrecht der Landesbeamten zuständig sind, finden sich zum Teil abweichende Laufbahngruppen. Regelfall ist indes sowohl im Bund als auch in den Ländern der nichttechnische Verwaltungsdienst.

II. Amt, Dienstposten und Planstelle

53 Jeder Beamte hat ein Amt inne. Dabei ist zwischen dem Amt im statusrechtlichen, im abstrakt-funktionalen und im konkret-funktionalen Sinne zu unterscheiden, und diese sind alle von dem Amt im organisatorischen Sinne abzugrenzen.[4] Zudem sind die Begriffe des Dienstpostens und der Planstelle zu klären und es ist schließlich eine Einordnung in die aus dem allgemeinen Verwaltungsrecht bekannten Kategorien des Organs und der Behörde vorzunehmen.

1. Amt im statusrechtlichen Sinne

54 Das Amt im statusrechtlichen Sinne umfasst die persönliche Rechtsstellung des Beamten. Es beinhaltet die Amtsbezeichnung, die Laufbahn, die Laufbahngruppe sowie die Besoldungsgruppe. Ist bspw. Beamter X „Technischer Oberamtsrat

---

[4] *Battis*, Beamtenrecht, in: Ehlers/Fehling/Pünder (Hrsg.), Besonderes Verwaltungsrecht, Bd. 3, 3. Auflage, 2013, § 87 Rn. 57 ff.; *Leppek*, Beamtenrecht, 12. Auflage, 2015, Rn. 54 ff.

des gehobenen Dienstes A 13", beschreibt „technisch" die Laufbahngruppe, „Oberamtsrat" die Amtsbezeichnung, „gehobener Dienst" die Laufbahn und „A 13" die Besoldungsgruppe.

Dem Amt im statusrechtlichen Sinne kommt für einen Beamten herausragende Bedeutung zu, weil sich danach sein Pflichtenkreis, seine Besoldung und seine Versorgung bestimmen. Das Amt im statusrechtlichen Sinne ändert sich u. a. durch eine Beförderung (→ Rn. 173).   55

2. Amt im abstrakt-funktionalen Sinne

Das Amt im abstrakt-funktionalen Sinne beschreibt die Zuordnung des Beamten zu einer Behörde. Ist Ministerialrat M bspw. Leiter des Grundlagenreferats im Arbeitsministerium, stellt die Zugehörigkeit zum Arbeitsministerium sein Amt im abstrakt-funktionalen Sinne dar. Das Amt im abstrakt-funktionalen Sinne ändert sich u. a. durch die vorübergehende Abordnung (→ Rn. 200 f.) oder die dauernde Versetzung (→ Rn. 202 ff.) eines Beamten von einer Behörde zu einer anderen desselben oder eines anderen Dienstherrn.   56

3. Amt im konkret-funktionalen Sinne

Das Amt im konkret-funktionalen Sinne stellt den Aufgabenkreis eines Beamten innerhalb einer Behörde dar. Im vorherigen Beispiel ist die Leitung des Grundlagenreferats das Amt im konkret-funktionalen Sinne. Nur das Amt im konkret-funktionalen Sinne, nicht aber das im abstrakt-funktionalen Sinne, ändert sich durch eine Umsetzung (→ Rn. 199) innerhalb der Behörde.   57

4. Amt im organisatorischen Sinne

Von diesen drei beamtenrechtlichen Amtsbegriffen ist das Amt im organisatorischen Sinne als kleinste funktionale Organisationseinheit der Verwaltung abzugrenzen. Dabei kann es sich um ein selbstständiges Amt, wie das Finanzamt, oder um ein unselbstständiges Amt als Teil einer größeren Verwaltung auch mit anderen Aufgaben, wie das Sozialamt als Teil der Landkreisverwaltung, handeln.   58

59 **Übersicht 3-4: Amtsbegriffe**

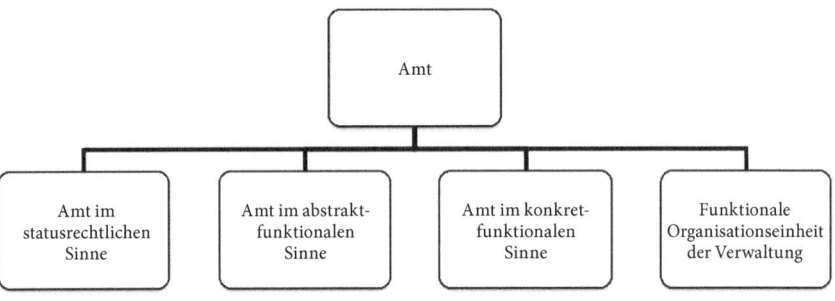

5. Dienstposten

60 Der Dienstposten ist die Bezeichnung für den Aufgabenkreis eines Beschäftigten im öffentlichen Dienst. Ein Dienstposten kann von einem Beamten oder in den Grenzen des grundgesetzlichen Funktionsvorbehalts des Art. 33 IV GG auch von einem Arbeitnehmer besetzt werden. Bezogen auf einen Beamten setzt sich der Dienstposten zusammen aus dessen Amt im konkret-funktionalen Sinne und dessen Amtsbezeichnung. Bei einem Arbeitnehmer tritt an die Stelle des Amtes im konkret-funktionalen Sinne dessen Aufgabenkreis.

6. Planstelle

61 Eine Planstelle ist die im Stellenplan als Anlage zum Haushaltsplan[5] des jeweiligen Verwaltungsträgers nach dem Amt im statusrechtlichen Sinne, insbesondere nach der Besoldungsgruppe, ausgewiesene Stelle eines Beamten. Damit stellt die Planstelle die Verbindung zwischen Beamten- und Haushaltsrecht dar. Ein Amt im statusrechtlichen Sinne darf gemäß § 28 I HGrG; § 49 I BHO nur zusammen mit der Einweisung in eine besetzbare Planstelle verliehen werden, um die dauerhafte Finanzierung der Dienstbezüge des regelmäßig auf Lebenszeit ernannten Beamten zu gewährleisten. Weil eine Planstelle auch finanzielle Bindungen für künftige Haushaltsjahre begründet, handelt es sich bei ihr haushaltsrechtlich um eine Verpflichtungsermächtigung i. S. d. § 22 HGrG; § 38 BHO.

---

[5] Eine Besonderheit bildet insofern Art. 87a I 2 GG, wonach sich die zahlenmäßige Stärke und die Grundzüge der Organisation der Streitkräfte aus dem Haushaltsplan ergeben müssen. Diese werden im Haushaltsplan des Bundes 2016 im Einzelplan 14 aufgeschlüsselt.

7. Organ und Organwalter

Ein Organ (von altgriechisch to organon – das Werkzeug) ist das Instrument, durch das eine juristische Person handelt. Organwalter ist die natürliche Person, die die Stellung des Organs einnimmt. Im kommunalen Bereich sind die Bürgermeister und Landräte als Organwalter zugleich Beamte im statusrechtlichen Sinne, während den Gemeindevertretern bzw. den Kreistagsabgeordneten als Organwaltern der kommunalen Vertretungskörperschaften keine Beamtenstellung zukommt. Bei Bund und Land stehen der Regierungschef und die Minister in einem öffentlich-rechtlichen Dienstverhältnis eigener Art. Im Übrigen sind Behördenleiter sowohl im kommunalen als auch im staatlichen Bereich als Organwalter regelmäßig Beamte im statusrechtlichen Sinne.

62

8. Behörde

Eine Behörde im funktionalen Sinne schließlich ist gemäß § 1 IV VwVfG jede Stelle, die Aufgaben der öffentlichen Verwaltung wahrnimmt. Zur Erfüllung dieser Aufgaben benötigt die Behörde Beschäftigte, welche Beamte oder auch Arbeitnehmer sein können.

63

III. Dienstherr

Gegenpol des Beamten ist sein Dienstherr.[6] Während dies in früheren Jahrhunderten der Monarch als natürliche Person war, ist seit dem Übergang zum demokratischen Rechtsstaat der Staat selbst oder eine andere juristische Person des öffentlichen Rechts Dienstherr. Dienstherrnfähig, also fähig, Beamte zu haben, sind demnach der Bund nach § 2 Alt. 1 BBG sowie die Länder und die kommunalen Gebietskörperschaften gemäß § 2 Nr. 1 BeamtStG. Sonstige Körperschaften, Anstalten und Stiftungen des öffentlichen Rechts sind gemäß § 2 Alt. 2 BBG bzw. § 2 Nr. 2 BeamtStG dienstherrnfähig, wenn ihnen dieses Recht historisch bereits zustand oder es ihnen gesetzlich verliehen wird. Während früher relativ großzügig die Dienstherrnfähigkeit zugestanden wurde, wird in den letzten Jahren deutlich restriktiver diese Fähigkeit verliehen, um das Problem zu vermeiden, bei einer künftigen Auflösung einer Körperschaft, Anstalt oder Stiftung des öffentlichen Rechts, z. B. eines kommunalen Zweckverbandes, deren Beamte unter anderen Hoheitsträgern nach §§ 16 ff. BeamtStG verteilen zu müssen.

64

---

[6] *Battis*, Beamtenrecht, in: Ehlers/Fehling/Pünder (Hrsg.), Besonderes Verwaltungsrecht, Bd. 3, 3. Auflage, 2013, § 87 Rn. 55 f.

65 **Übersicht 3-5: Dienstherrnfähigkeit**

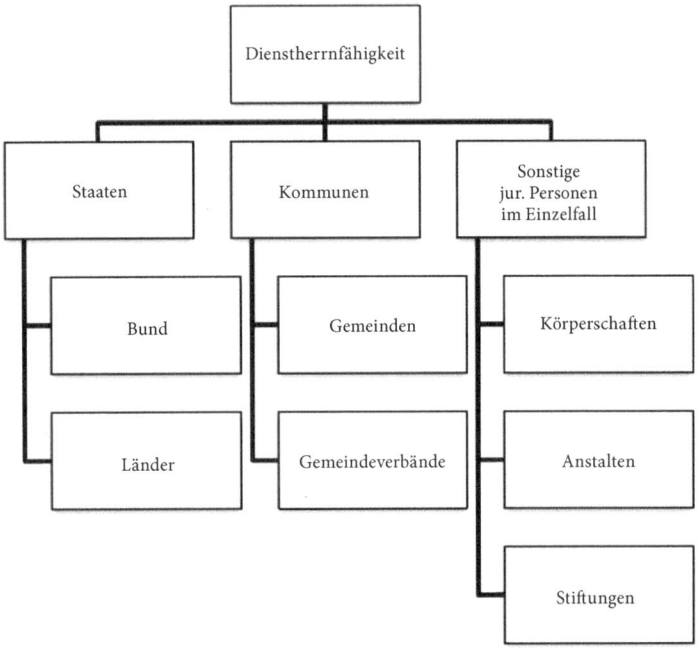

IV. Organe des Dienstherrn

66 Der Dienstherr als juristische Person handelt durch seine Organe. Diese sind u. a. der Vorgesetzte, der Dienstvorgesetzte und die oberste Dienstbehörde.[7]

1. Vorgesetzter

67 Vorgesetzter ist gemäß § 3 III BBG, wer dienstliche Anordnungen erteilen darf. Dabei sind unmittelbare Vorgesetzte und mittelbare Vorgesetzte als Vorgesetzte des Vorgesetzten zu unterscheiden. Die Existenz von Vorgesetzten ist dem hierarchischen Aufbau der öffentlichen Verwaltung geschuldet und unmittelbare Folge des verfassungsrechtlichen Demokratieprinzips nach Art. 20 I GG. Denn eine parlamentarische Verantwortlichkeit der Regierung für die ihr unterstehende Verwaltung kann nur gewährleistet sein, wenn es innerhalb der Verwaltung eine Weisungskette gibt von dem Fachminister über den Leiter der jeweiligen

---

[7] *Battis*, BBG, § 3 Rn. 4 ff.; *Leppek*, Beamtenrecht, 12. Auflage, 2015, Rn. 44 f.; *Metzler-Müller* in: Metzler-Müller/Rieger/Seeck/Zentgraf (Hrsg.), BeamtStG, § 35 Erl. 2; *Reich*, BeamtStG, § 35 Rn. 2.

Behörde, den Abteilungsleiter und den Referatsleiter bis hin zu dem ausführenden Beamten.

Vorgesetzte treffen die allgemeinen beamtenrechtlichen Pflichten und zusätzlich besondere Pflichten, die sich aus ihrer Vorgesetzteneigenschaft ergeben (→ Rn. 347 ff.). 68

2. Dienstvorgesetzter

Dienstvorgesetzter ist gemäß § 3 II BBG, wer für beamtenrechtliche Entscheidungen über die persönlichen Angelegenheiten der ihm nachgeordneten Beamten zuständig ist. Dies betrifft Veränderungen des Beamtenverhältnisses wie Abordnungen, Versetzungen oder Beförderungen, aber auch alltägliche Angelegenheiten wie die Gewährung von Urlaub. Angesichts des Funktionsvorbehalts des Art. 33 IV GG ist zu fordern, dass der Dienstvorgesetzte eines Beamten im statusrechtlichen Sinne regelmäßig seinerseits einen solchen Beamtenstatus innehaben muss. Der Kreis der Dienstvorgesetzten ist wesentlich enger gezogen als derjenige der Vorgesetzten und betrifft nur die höheren Beamten: Jeder Dienstvorgesetzte ist auch Vorgesetzter, aber umgekehrt ist nicht jeder Vorgesetzte auch Dienstvorgesetzter. 69

3. Oberste Dienstbehörde

Oberste Dienstbehörde eines Beamten ist gemäß § 3 I BBG die oberste Behörde eines Dienstherrn, in deren Geschäftsbereich der Beamte ein Amt wahrnimmt, also das jeweilige Fachministerium. 70

V. Beamtenverhältnis

Zwischen dem Beamten und seinem Dienstherrn besteht das Beamtenverhältnis als öffentlich-rechtliches Dienst- und Treueverhältnis.[8] Daraus schuldet der Beamte dem Dienstherrn umfassend Dienst und Treue und der Dienstherr seinerseits schuldet dem Beamten umfassende Fürsorge für ihn und seine Familie. Aus diesen beiden Grundpflichten ergeben sich alle weiteren Pflichten und Rechte des Beamten. 71

---

[8] *Battis*, Beamtenrecht, in: Ehlers/Fehling/Pünder (Hrsg.), Besonderes Verwaltungsrecht, Bd. 3, 3. Auflage, 2013, § 87 Rn. 48; *Leppek*, Beamtenrecht, 12. Auflage, 2015, Rn. 40 f.; *Reich*, BeamtStG, § 3 Rn. 3; *Zentgraf* in: Metzler-Müller/Rieger/Seeck/Zentgraf (Hrsg.), BeamtStG, § 4 Erl. 1.

28 Erster Teil: Grundlagen

72 Das Beamtenverhältnis ist ein weitgehend gesetzlich geregeltes subordinationsrechtliches Verhältnis, in dem der Beamte seinem Dienstherrn untergeordnet ist. Dabei wird im Rahmen des Beamtenverhältnisses zwischen dem Grund- und dem Betriebsverhältnis unterschieden. Das Grundverhältnis betrifft den Beamten in seiner persönlichen Rechtsstellung und wird durch Verwaltungsakte geregelt. Das Betriebsverhältnis hingegen hat den alltäglichen Geschäftsgang in der Behörde zum Gegenstand, könnte auch einen anderen Beamten in gleicher Weise betreffen und wird durch Weisungen der Vorgesetzten bestimmt. Um die Weisungsgebundenheit der Beamten zu gewährleisten, können im Beamtenverhältnis weder privatrechtliche noch verwaltungsrechtliche Verträge geschlossen werden und die §§ 54 ff. VwVfG finden keine Anwendung.

73 Grundsätzlich besteht jeweils nur genau *ein* Beamtenverhältnis. Ausnahmsweise, etwa bei der Vergabe von Führungsämtern auf Probe gemäß § 24 BBG, können zwei Beamtenverhältnisse zum selben Dienstherrn bestehen, in besonderen Ausnahmefällen, wie § 31 I 2 Nr. 2 BBG, auch zwei Beamtenverhältnisse zu verschiedenen Dienstherren.

74 Das Beamtenverhältnis der Bundesbeamten wird im Rahmen der grundgesetzlichen Vorgaben (→ Rn. 87 ff.) einfachgesetzlich im Wesentlichen geregelt durch das Bundesbeamtengesetz, das Bundesbesoldungsgesetz, das Beamtenversorgungsgesetz, das Bundesdisziplinargesetz, das Bundespersonalvertretungsgesetz, das Bundesreisekostengesetz und das Bundesumzugskostengesetz. Hinzu treten Rechtsverordnungen über Arbeitszeit, Nebentätigkeiten, Erholungs- und Sonderurlaub, Altersteilzeit, Mutterschutz, Beihilfe und Trennungsgeld.

75 Für das Beamtenverhältnis der Landesbeamten sind maßgebend das Beamtenstatusgesetz des Bundes sowie die Regelungen in der jeweiligen Landesverfassung, dem Landesbeamtengesetz, den Landesgesetzen über Besoldung, Versorgung und Laufbahnen sowie in den übrigen nach den bundesrechtlichen Vorbildern erlassenen Gesetzen und Rechtsverordnungen, etwa zum Disziplinar- oder Personalvertretungsrecht.

76 Übersicht 3-6: **Beamtenverhältnis**

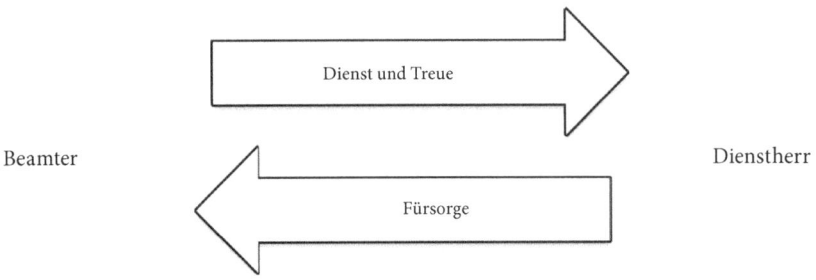

VI. Überblick über sonstige Beschäftigungsverhältnisse

Neben den Beamten gibt es eine ganze Reihe weiterer Beschäftigter des öffentlichen Dienstes, die jeweils in spezifischen, zumeist öffentlich-rechtlichen, Dienstverhältnissen zum Dienstherrn stehen.[9] Dazu gehören die Richter, Soldaten, Minister und Staatssekretäre sowie die Arbeitnehmer des öffentlichen Dienstes. Daneben können auch Kirchenbeamte und Pfarrer in einem den staatlichen Beamten ähnlichen Verhältnis beschäftigt werden.

77

1. Richter

Das Richterdienstverhältnis ist in weitem Umfang an das Beamtenverhältnis angelehnt, und die Regelungen des DRiG und die in Ausführung des Gesetzgebungsauftrags des Art. 98 III GG ergangenen Landesrichtergesetze verweisen auf die beamtenrechtlichen Vorschriften, soweit nicht die Besonderheiten des Richteramtes, insbesondere die persönliche und sachliche Unabhängigkeit gemäß Art. 97 GG, dem entgegenstehen.

78

2. Soldaten

Eine noch größere Parallele zum Beamtenverhältnis zeigt sich bei den Soldaten des Bundes, deren Soldatenverhältnis gleichfalls ein öffentlich-rechtliches Dienstverhältnis darstellt. In diesem Verhältnis wird aber einerseits die Weisungsgebundenheit starker betont, andererseits die Versorgung bei Gesundheitsschäden großzügiger geregelt. Die maßgebenden Regelungen finden sich in dem Soldatengesetz, dem Soldatenversorgungsgesetz sowie der Wehrdisziplinarordnung.

79

3. Minister und Staatssekretäre

In einem öffentlich-rechtlichen Dienstverhältnis eigener Art befinden sich die Minister und Parlamentarischen Staatssekretäre in Bund und Ländern. Die Ministergesetze nehmen auf deren fehlende Weisungsgebundenheit, ihre politische Verantwortlichkeit, die häufig zeitgleiche Stellung der Minister als Abgeordnete sowie die regelmäßig vergleichsweise kurze Amtszeit Rücksicht. Für die beamte-

80

---

[9] *Battis*, Beamtenrecht, in: Ehlers/Fehling/Pünder (Hrsg.), Besonderes Verwaltungsrecht, Bd. 3, Auflage, 2013, § 87 Rn. 193 ff.; *Battis*, Arbeiter und Angestellte im Öffentlichen Dienst, in: Ehlers/Fehling/Pünder (Hrsg.), Besonderes Verwaltungsrecht, Bd. 3, 3. Auflage, 2013, § 88; *Leppek*, Beamtenrecht, 12. Auflage, 2015, Rn. 2.

ten Staatssekretäre hingegen gilt das herkömmliche Beamtenrecht, allerdings mit seinen Sonderregelungen für Politische Beamte (→ Rn. 46).

4. Arbeitnehmer im öffentlichen Dienst

81 Die Arbeiter und Angestellten im öffentlichen Dienst hingegen stehen nicht in einem öffentlich-rechtlichen Dienstverhältnis, sondern in einem privatrechtlichen Beschäftigungsverhältnis als Arbeitnehmer. Für sie gelten die besonderen Tarifverträge des öffentlichen Dienstes und im Übrigen das allgemeine Arbeitsrecht.

5. Kirchenbeamte und Pfarrer

82 Schließlich soll darauf hingewiesen werden, dass soweit die Kirchen oder andere Religionsgemeinschaften Körperschaften des öffentlichen Rechts sind, sie auch dienstherrnfähig sind. Vor allem bei den evangelischen Landeskirchen orientieren sich die Regelungen für die Kirchenbeamten und Pfarrer weitgehend an dem staatlichen Beamtenrecht, sehen aber zum Teil eine etwas niedrigere Besoldung vor.

VII. Vergleich mit dem Arbeitsverhältnis

83 Vergleicht man das Beamtenverhältnis mit einem privatrechtlichen Arbeitsverhältnis, so zeigen sich vor allem drei Unterschiede: Das Beamtenverhältnis wird einseitig durch Verwaltungsakt begründet und geändert, ist grundsätzlich auf Lebenszeit angelegt und ergreift den Beamten umfassend, während das Arbeitsverhältnis vor allem vertraglich geregelt wird, prinzipiell kündbar ist und den Arbeitnehmer nur im Rahmen der abgegrenzt geschuldeten Arbeitsleistung, nicht aber darüber hinaus, erfasst.

VIII. Wiederholungs- und Vertiefungsfragen

84 1) Wie unterscheiden sich Beamte im statusrechtlichen, im haftungsrechtlichen und im strafrechtlichen Sinn voneinander? (Rn. 35 ff.)
2) Inwiefern ist die Unterscheidung der Beamten nach ihrem Dienstherrn (Bund, Land, Kommune) von Bedeutung? (Rn. 40)

3) Welche Rechtsstellung liegt im Regelfall bei einem Beamten vor? Inwiefern wird davon in den wichtigen Fällen der kommunalen Wahlbeamten und der politischen Beamten abgewichen? (Rn. 41 ff.)

4) Was versteht man unter einer Laufbahn im beamtenrechtlichen Sinne und auf welche Weise wird innerhalb der Laufbahnen weiter differenziert? (Rn. 49 ff.)

5) Vortragender Legationsrat I. Klasse Mayer ist Referatsleiter des Referats für Allgemeines Völkerrecht in der Rechtsabteilung des Auswärtigen Amts und als solcher Beamter im nichttechnischen höheren Dienst in Besoldungsgruppe A 16. Wie beschreibt sich danach sein Amt im statusrechtlichen, im abstrakt-funktionalen und konkret-funktionalen Sinne sowie sein Dienstposten? Wie sind diese Begriffe zum Amt im organisatorischen Sinne abzugrenzen? Was ist eine Planstelle? Welcher Behörde gehört Mayer an? Wer ist sein Dienstherr, wer sein Dienstvorgesetzter? Ist Mayer Organ bzw. Organwalter? (Rn. 52 ff.)

6) Zwischen wem besteht das Beamtenverhältnis? (Rn. 71)

7) Welche Grundpflichten ergeben sich daraus? (Rn. 72)

8) Wie unterscheiden sich Grund- und Betriebsverhältnis? (Rn. 72)

9) Wo finden sich die maßgeblichen Regelungen zum Beamtenverhältnis a) für Bundesbeamte und b) für Landesbeamte? (Rn. 74 f.)

10) Welche anderen Beschäftigungsverhältnisse sind vom Beamtenverhältnis zu unterscheiden? (Rn. 77 ff.)

11) Worin liegen die wesentlichen Unterschiede zwischen privatrechtlichem Arbeitsverhältnis und Beamtenverhältnis? (Rn. 83)

Rechtsprechung zu § 3

BVerfG, Beschl. v 19.9.2007 – 2 BvF 3/02 –, BVerfGE 119, 247–292 (Beamtenverhältnisse in Teilzeit)

BVerfG, Nichtannahmebeschluss v. 30.7.2003 – 2 BvR 2116/01 (Politischer Beamter, einstweiliger Ruhestand)

BVerfG, Beschl. v. 17.10.1957 – 1 BvL 1/57 –, BVerfGE 7, 155–171 (Hauptamtlicher Bürgermeister)

BVerwG, Urt. v. 13.9.2001 – 2 C 39/00 –, BVerwGE 115, 89–97 (Politischer Beamter, einstweiliger Ruhestand)

BVerwG, Urt. v. 27.1.1977 – II C 70.73 –, BVerwGE 52, 33–42 (Beamte des auswärtigen Dienstes, einstweiliger Ruhestand)

Literatur zu § 3

Zu den Arten von Beamten:

Franz, Wolfgang, Zur Geltung des Leistungsprinzips bei sog. politischen Beamten, DÖV 2009, 1141–1143

Franz, Wolfgang, Staatssekretäre und das Leistungsprinzip – Ein Bereich massiven Rechtsbruchs der politischen Klasse, ZBR 2008, 236–243

Herrmann, Klaus, Staatssekretäre ohne Beamtenverhältnis – organisationsrechtlicher Pragmatismus oder Verstoß gegen Art. 33 Abs. 4 und 5 GG?, VerwArch 101 (2010), 377–398

Kugele, Dieter, Die politischen Beamten in der Bundesrepublik Deutschland, ZBR 2007, 109–115

Lindner, Josef Franz, Der politische Beamte als Systemfehler, ZBR 2011, 150–161

Lindner, Josef Franz, Politische Beamte auch im Freistaat Bayern?, BayVBl. 2012, 581–588

Zu den Laufbahnen:

Eck, Angelika, Leistungsgerechte Entwicklung in der Laufbahn, RiA 2012, 102–108

Grunewald, Beate / Lösch, Bettina / Peters, Cornelia, Paradigmenwechsel im Laufbahnrecht des Bundes, ZBR 2009, 1–8

Hoffmann, Boris, Neues Laufbahnrecht in Bund und Ländern, DÖD 2012, 25–30

§ 4 Grundgesetzliche Vorgaben

Das Berufsbeamtentum ist eine Säule des demokratischen und sozialen Rechtsstaates. Daher macht das Grundgesetz zahlreiche Vorgaben zur Regelung dieser Institution. Im Zentrum stehen der Funktionsvorbehalt des Art. 33 IV GG und die hergebrachten Grundsätze des Berufsbeamtentums nach Art. 33 V GG. Daraus ergeben sich einerseits besondere Pflichten, andererseits besondere Rechte der Beamten. Die besonderen Pflichten werden ergänzt durch die allgemeinen Pflichten aus dem Rechtsstaatsprinzip und die daran anknüpfende mittelbare Staatshaftung. Die besonderen Rechte werden insbesondere im Hinblick auf den Zugang zum öffentlichen Dienst nach Art. 33 I bis III; 36 GG hervorgehoben und unterfüttert durch die Geltung der Grundrechte auch für Beamte. Schließlich regelt das Grundgesetz die Verteilung der Gesetzgebungskompetenzen im Beamtenrecht.

87

I. Funktionsvorbehalt

1. Ausübung hoheitsrechtlicher Befugnisse

Gemäß Art. 33 IV GG ist die Ausübung hoheitsrechtlicher Befugnisse als ständige Aufgabe in der Regel Angehörigen des öffentlichen Dienstes zu übertragen, die in einem öffentlich-rechtlichen Dienst- und Treueverhältnis stehen. Diese Vorschrift stellt eine Grundentscheidung für das Berufsbeamtentum dar und zugleich eine Absage an ein einheitliches Arbeitsrecht des öffentlichen Dienstes, wie es in der vorgrundgesetzlichen hessischen Landesverfassung[1] vorgesehen war.

88

Dieser Funktionsvorbehalt[2] gilt uneingeschränkt für die gesamte Eingriffsverwaltung, also insbesondere für die Polizei- und Ordnungs- sowie die Finanzverwaltung. Im Rahmen der Leistungsverwaltung, bspw. bei Schulen und Uni-

89

---

[1] Art. 29 I; 135 HessLV.
[2] *Battis*, Beamtenrecht, in: Ehlers/Fehling/Pünder (Hrsg.), Besonderes Verwaltungsrecht, Bd. 3, 3. Auflage, 2013, § 87 Rn. 39 ff.; *Leppek*, Beamtenrecht, 12. Auflage, 2015, Rn. 27; *Reich*, BeamtStG, § 3 Rn. 7; *Zentgraf* in: Metzler-Müller/Rieger/Seeck/Zentgraf (Hrsg.), BeamtStG, § 3 Erl. 2.1.

versitäten oder der Sozialverwaltung, können eher Arbeitnehmer beschäftigt werden. Auch hier gilt aber, dass je höher ein Dienstposten in der Hierarchie angesiedelt ist, desto eher er von einem Berufsbeamten besetzt werden muss.

90 Damit begrenzt der Funktionsvorbehalt die Möglichkeit der Privatisierung. Obwohl sich eine gewisse Öffnung dadurch ergibt, dass die Aufgabenübertragung nur „in der Regel" auf Beamte zu erfolgen hat, darf doch die Ausnahme nicht zur Regel werden. Allerdings wirkt der Funktionsvorbehalt nur objektivrechtlich und räumt dem einzelnen Bewerber kein subjektives Recht auf Verbeamtung ein.

2. Sonderregelungen für Bahn- und Postbeamte

91 Sonderregelungen auch zum Funktionsvorbehalt des Art. 33 IV GG finden sich für Bahnbeamte in Art. 143a GG und für Postbeamte in Art. 143b GG. Danach konnten sowohl die Bundesbahn als auch die Bundespost nicht nur formell und ggf. auch materiell privatisiert werden, sondern es ist auch möglich, diese beiden bedeutenden Bereiche der Leistungsverwaltung nicht mehr durch Beamte, sondern durch privatrechtlich beschäftigte Arbeitnehmer wahrnehmen zu lassen. Für die vorhandenen Bahn- und Postbeamten wurde mit dem Rechtsinstitut der Zuweisung (→Rn. 205 ff.) die Möglichkeit geschaffen, sie auch bei den privatisierten Nachfolgeunternehmen einzusetzen.

II. Die hergebrachten Grundsätze des Berufsbeamtentums nach Art. 33 V GG

92 Gemäß Art. 33 V GG ist das Recht des öffentlichen Dienstes unter Berücksichtigung der hergebrachten Grundsätze des Berufsbeamtentums[3] zu regeln und fortzuentwickeln. Die hergebrachten Grundsätze sind ein Kernbestand von Strukturprinzipien des Beamtenrechts, die allgemein oder doch ganz überwiegend und während eines längeren Zeitraums, mindestens seit der Weimarer Reichsverfassung, als verbindlich anerkannt und gewährleistet worden sind. Damit wird die geschichtliche Entwicklung des Berufsbeamtentums (→ Rn. 9 ff.) aufgegriffen und als verfassungsrechtliche Vorgabe fruchtbar gemacht. In der Zeit des Nationalsozialismus konnten indes keine hergebrachten Grundsätze entwickelt werden, weil diese stets auch rechtsstaatlichen Kriterien nach Art. 20; 79 III GG zu genügen haben.

---

[3] *Battis*, Beamtenrecht, in: Ehlers/Fehling/Pünder (Hrsg.), Besonderes Verwaltungsrecht, Bd. 3, 3. Auflage, 2013, § 87 Rn. 19 ff.; *Leppek*, Beamtenrecht, 12. Auflage, 2015, Rn. 28 ff.; *Zentgraf* in: Metzler-Müller/Rieger/Seeck/Zentgraf (Hrsg.), BeamtStG, § 3 Erl. 1.2.

Mit der Bestimmung des Art. 33 V GG hat der Verfassungsgeber es unternommen, einen ganzen Lebensbereich zu prägen und dem einfachen Gesetzgeber erhebliche Vorgaben zu machen. Der verfassungsändernde Gesetzgeber der Föderalismusreform I 2006 hat dann eine gewisse Öffnung des Beamtenrechts durch die Anfügung der Wendung „und fortzuentwickeln" ermöglicht. Dadurch können die Grundsätze auf aktuelle Anforderungen des öffentlichen Dienstes angepasst werden, was sich z. B. bei der Zuweisung (→ Rn. 205 ff.) zeigt. Zudem lassen Grundsätze auch Raum für verschiedenartige Ausgestaltungen des Beamtenrechts im Detail.

93

Inhaltlich ist zwischen Grundsätzen, die das Rechtsinstitut als solches betreffen, Grundsätzen, die Pflichten der Beamten aufstellen, und Grundsätzen, die Rechte der Beamten gewährleisten, zu unterscheiden. Nach dem Grad der Verbindlichkeit der Grundsätze differenziert das BVerfG[4] zwischen besonders wichtigen Grundsätzen, die zu beachten sind, und weniger bedeutsamen Grundsätzen, die nur zu berücksichtigen sind. Diese Unterscheidung wird allerdings von der überwiegenden Meinung in der Literatur[5] abgelehnt, weil sie im Wortlaut des Art. 33 V GG keine Stütze findet.

94

1. Rechtsinstitutsprägende Grundsätze

Zu den Grundsätzen, die das Rechtsinstitut des Berufsbeamtentums prägen, gehört vor allem, dass das Beamtenverhältnis als öffentlich-rechtliches Dienst- und Treueverhältnis ausgestaltet ist und insofern dem privatrechtlichen Arbeitsrecht gegenübersteht. Die Beamtenverhältnisse werden durch Gesetz geregelt und nicht durch Tarifvertrag und individuellen Arbeitsvertrag. Beamte werden grundsätzlich auf Lebenszeit ernannt, während eine privatrechtliche Beschäftigung prinzipiell kündbar ist. Gewisse Ausnahmen ergeben sich von diesem Lebenszeitprinzip für Beamte auf Widerruf (→ Rn. 43) und auf Zeit (→ Rn. 45). Das Berufsbeamtentum ist zudem durch den Grundsatz der Hauptberuflichkeit geprägt, der erst in jüngerer Zeit durch vermehrte Möglichkeiten der gerade auch familienbedingten Teilzeit aufgelockert wird. Im Grundsatz wird das Beamtenrecht durch das Leistungsprinzip beherrscht, das aber Raum lässt für die Berücksichtigung von Erfahrungszeiten und sozialen Gründen.

95

---

[4] BVerfG, Beschl. v. 2.5.2016 – 2 BvR 1137/14; BVerfG, Beschl. v. 16.12.2015 – 2 BvR 1958/13 –, NVwZ 2016, 682; BVerfG, Beschl. v. 18.6.2008 – 2 BvL 6/07 –, BVerfGE 121, 241 (262 f.); BVerfG, Beschl. v. 2.12.1958 – 1 BvL 27/55 –, BVerfGE 8, 332 (332 ff.).
[5] *Leppek*, Beamtenrecht, 12. Auflage, 2015, Rn. 29; *Panzer*, Die aktuelle Rechtsprechung des Bundesverfassungsgerichts zum öffentlichen Dienstrecht zwischen Bewahrung und Fortentwicklung, DÖV 2008, S. 707 (714).

2. Pflichtenbestimmende Grundsätze

96 Zentral für das Beamtenverhältnis sind die Pflicht der Beamten zum Rechtsgehorsam sowie ihre umfassende Treuepflicht, während ein privatrechtliches Arbeitsverhältnis durch einzelne arbeitsvertragliche Pflichten geprägt wird. Ein vollzeitbeschäftigter Beamter hat sich mit voller Hingabe dem Dienst zu widmen, während ein Arbeitnehmer nur die Erfüllung der von ihm arbeitsvertraglich übernommenen Pflichten schuldet. Bei teilzeitbeschäftigten Beamten sind gewisse zeitliche Einschränkungen dieser Pflicht unausweichlich. Beamte haben stets neutral und unparteilich zu handeln, womit allerdings die verlangte fortdauernde Übereinstimmung politischer Beamter (→ Rn. 46) mit der Regierungspolitik vereinbar sein soll. Schließlich kommt Beamten im Gegensatz zu privatrechtlich Beschäftigten kein Streikrecht zu, was in der jüngsten Rechtsprechung des EGMR[6] allerdings in Bewegung zu geraten scheint.

3. Rechtegewährleistende Grundsätze

97 Der Treuepflicht der Beamten steht die umfassende Fürsorgepflicht des Dienstherrn für die Beamten und ihre Familien gegenüber, die auch jedem einzelnen Beamten entsprechende Ansprüche einräumt. Aus dieser Fürsorgepflicht ergibt sich in Ausprägung des Alimentationsprinzips der Anspruch der Beamten auf Besoldung im aktiven Dienst (→ Rn. 518 ff.), Versorgung im Ruhestand (→ Rn. 558 ff.) sowie auf Beihilfe in beiden Abschnitten des Beamtenverhältnisses (→ Rn. 593 ff). Ein privatrechtlicher Arbeitnehmer hingegen hat nur einzelne vertraglich geregelte Ansprüche gegen seinen Arbeitgeber auf Lohn als Gegenleistung für die von ihm erbrachte Arbeit, während Leistungsansprüche bei Alter und Krankheit gegen die gesetzlichen Sozialversicherungsträger bestehen. Während im Beamtenrecht diese Ansprüche alle gesetzlich geregelt werden, sind die arbeitsrechtlichen Entgeltansprüche Gegenstand von Tarif- und Arbeitsverträgen. Beamte haben zusätzlich einen Anspruch auf eine amtsangemessene Amtsbezeichnung und Beschäftigung, sind gegen jede willkürliche Beendigung des Beamtenverhältnisses geschützt und können um umfassenden verwaltungsgerichtlichen Rechtsschutz nachsuchen.

---

[6] EGMR, Urt. v. 21.4.2009 – 68959/01 (Enerji Yapi-Yol Sen) –, NVwZ 2010, 1018; EGMR (GK), Urt. v. 12.11.2008 – Nr. 34503/97 (Demir und Baykara) –, NZA 2010, 1425; BVerwG, Urt. v. 27.2.2014 – 2 C 1/13 –, BVerwGE 149, 117 (122 ff.)

4. Nicht anerkannte Grundsätze

Keine anerkannten Grundsätze[7] des Berufsbeamtentums sind hingegen die Regelungen über die Arbeitszeit oder das Urlaubs- und Weihnachtsgeld. Sie stehen zur Verfügung des Gesetzgebers, sofern nur insgesamt noch bei erträglicher Dienstbelastung der Beamten eine amtsangemessene Alimentation gewährleistet bleibt. Umstritten ist, ob auch die Versetzung politischer Beamter in den Ruhestand als hergebrachter Grundsatz des Berufsbeamtentums anzusehen ist.[8]

98

III. Rechtsbindung und Staatshaftung

1. Rechtsbindung

Die Beamten sind als Amtswalter Teil der vollziehenden Gewalt und als solche an Gesetz und Recht gemäß Art. 20 III GG sowie speziell an die Grundrechte gemäß Art. 1 III GG gebunden. Dabei haben die Beamten sowohl wie jeder Staatsbürger die außenwirksamen Gesetze, Rechtsverordnungen und andere Rechtsnormen zu beachten als auch darüber hinaus Verwaltungsvorschriften und Weisungen des Innenrechts zu befolgen.

99

Diese Pflicht besteht gegenüber dem Dienstherrn, aber auch gegenüber jedem Dritten, der durch die Norm, die der Beamte zu befolgen hat, geschützt wird.

100

Diese allgemeine Pflicht zum Rechtsgehorsam wird durch die in Art. 33 V GG besonders hervorgehobene Treuepflicht als Teil der hergebrachten Grundsätze des Berufsbeamtentums noch einmal gesteigert. Während der Rechtsgehorsam sich auch schon in der bloß äußerlichen, innerlich aber unbeteiligten Befolgung von Rechtsnormen äußern kann, verlangt die Treuepflicht zusätzlich eine positive innere Einstellung zu der grundgesetzlichen Werteordnung und die daraus folgende Bereitschaft, auch durch das gesamte Verhalten inner- und außerdienstlich dafür einzustehen.

101

2. Staatshaftung

Wird die Pflicht zum Rechtsgehorsam rechtswidrig und schuldhaft verletzt, sieht das Grundgesetz in Art. 34 GG eine mittelbare Staatshaftung vor. Zunächst trifft den einzelnen Beamten gemäß § 839 BGB eine Schadensersatzpflicht bei Amts-

102

---

[7] *Battis*, BBG, § 4 Rn. 14; *Leppek*, Beamtenrecht, 12. Auflage, 2015, Rn. 31; *Zentgraf* in: Metzler-Müller/Rieger/Seeck/Zentgraf (Hrsg.), BeamtStG, § 3 Erl. 1.2 a. E.
[8] Ablehnend: *Battis*, BBG, § 54 Rn. 3 mit Verweis auf das bejahende OVG Münster, DÖV 1974, 166.

pflichtverletzung, diese wird dann aber gemäß Art. 34 S. 1 GG auf die Körperschaft übergeleitet, in deren Dienst der Beamte steht. Unter den Voraussetzungen des Art. 34 S. 2 GG kann die Körperschaft im Innenverhältnis zum Beamten jedoch Rückgriff nehmen.

IV. Zugang zum öffentlichen Dienst

103 Auch für den Zugang[9] zu dem durch eine besondere Pflichten- und Rechtestellung hervorgehobenen öffentlichen Dienst finden sich im Grundgesetz über die allgemeinen Grundrechte hinausgehend (→ Rn. 87 ff.) besondere Regelungen. Dabei werden einerseits positive Anforderungen normiert, andererseits bestimmte Auswahlkriterien von Verfassung wegen untersagt und schließlich ein regionaler Proporz gefordert. Zudem bestehen kriegsbedingte Sonderregelungen.

1. Gebotene Kriterien

104 Die zentrale Norm für den Zugang zum öffentlichen Dienst stellt Art. 33 II GG dar. Nach diesem grundrechtsgleichen Recht hat jeder Deutsche nach Eignung, Befähigung und fachlicher Leistung gleichen Zugang zu jedem öffentlichen Amt. In diesem Zusammenhang beschreibt Eignung die körperlichen, geistigen und persönlichen Voraussetzungen, Befähigung die geforderte Allgemeinbildung und fachliche Leistung das Fachwissen und die übrigen fachspezifischen Anforderungen an den Bewerber. Ergänzend kommen Maßnahmen zur Förderung der tatsächlichen Durchsetzung der Gleichberechtigung von Frauen und Männern gemäß Art. 3 II 2 GG in Betracht. Einzelheiten werden im Abschnitt über die Begründung von Beamtenverhältnissen behandelt (→ Rn. 147 ff).

2. Verbotene Kriterien

105 Ausdrücklich verboten wird hingegen durch Art. 33 III GG, die Zulassung zu öffentlichen Ämtern sowie die im öffentlichen Dienst erworbenen Rechte von dem religiösen Bekenntnis abhängig zu machen. Diese Bestimmung stellt eine nahezu wortgleiche Wiederholung von Art. 136 II WRV dar, der über Art. 140 GG gleichfalls in das Grundgesetz inkorporiert wurde. Diese Doppelnormierung ist zwar verfassungstechnisch betrachtet misslungen, wegen des inhaltlichen Gleichlaufs beider Regelungen in der Rechtsanwendung aber unproblematisch.

---

[9] *Battis*, Beamtenrecht, in: Ehlers/Fehling/Pünder (Hrsg.), Besonderes Verwaltungsrecht, Bd. 3, Auflage, 2013, § 87 Rn. 36 f.; *Leppek*, Beamtenrecht, 12. Auflage, 2015, Rn. 25.

3. Regionaler Proporz

Ergänzend normiert Art. 36 I 1 GG, dass bei den obersten Bundesbehörden Beamte aus allen Ländern in einem angemessenen Verhältnis zu verwenden sind. Dabei handelt es sich um eine objektive Verpflichtung des Dienstherrn, die aber kein subjektives Recht des einzelnen Bewerbers begründet. Bei nachgeordneten Bundesbehörden sollen gemäß Art. 36 I 2 GG die Beschäftigten in der Regel aus dem Sitzland genommen werden. Beide Bestimmungen haben einen ausgeprägt föderalistischen Hintergrund, sichern eine mittelbare Vertretung der Länder auch in der Bundesverwaltung und sollen ermöglichen, dass besondere regionale Kenntnisse in der Verwaltungspraxis angemessen zur Geltung kommen. Angesichts zunehmender innerdeutscher Mobilität erscheinen sie aus Sicht der Bewerber kaum noch zeitgemäß. **106**

4. Kriegsbedingte Sonderregelungen

Schließlich bestehen kriegsbedingte Sonderregelungen in Art. 131 und 132 GG. Nach Art. 131 GG wurde der Bundesgesetzgeber verpflichtet, die Rechtsverhältnisse nach dem 8. Mai 1945 ausgeschiedener Beamter und Versorgungsempfänger neu zu regeln. Zudem sah Art. 132 GG bis sechs Monate nach dem ersten Zusammentritt des Bundestages besondere Möglichkeiten der Versetzung von Beamten mit fehlender persönlicher oder fachlicher Eignung in den Ruhestand oder Wartestand oder in ein Amt mit niedrigerem Endgrundgehalt vor. Beide Regelungen entfalten wegen Zeitablaufs inzwischen kaum noch Bedeutung. **107**

V. Grundrechtsgeltung

Auf die Frage nach der Grundrechtsgeltung für Beamte[10] wurden im Laufe der Zeit drei verschiedene Antworten gegeben: **108**

Nach der Lehre vom besonderen Gewaltverhältnis[11] waren Beamte wie Soldaten oder Strafgefangene in den Staat eingegliedert. Als Teil der Staatsgewalt konnten sie sich nach dieser Auffassung nicht auf Grundrechte berufen, weil die Grundrechte zwar den Staat verpflichten, aber nicht berechtigen. **109**

---

[10] *Battis*, Beamtenrecht, in: Ehlers/Fehling/Pünder (Hrsg.), Besonderes Verwaltungsrecht, Bd. 3, Auflage, 2013, § 87 Rn. 26 f.; *Leppek*, Beamtenrecht, 12. Auflage, 2015, Rn. 200 ff.; *Zentgraf* in: Metzler-Müller/Rieger/Seeck/Zentgraf (Hrsg.), BeamtStG, § 3 Erl. 1.3.

[11] Vgl. dazu *Battis*, BBG, § 4 Rn. 23, 29.

110 Die zeitlich folgende Ansicht vom Beamtenverhältnis als Sonderstatusverhältnis[12] unterschied genauer zwischen dem Staat und seinen Beamten und erkannte den Beamten grundsätzlich Grundrechte zu, hielt aber Eingriffe in deren Grundrechte auch ohne besondere gesetzliche Regelung allein aus dienstlichen Gründen für möglich.

111 Nach der heute herrschenden Auffassung gelten die Grundrechte grundsätzlich uneingeschränkt auch für Beamte[13] und Eingriffe in deren Grundrechte bedürfen auch einer parlamentsgesetzlichen Grundlage. Allerdings können die besonderen Erfordernisse des Dienstes als sonstiger verfassungsrechtlicher Grund in stärkerem Maße als bei anderen Grundrechtsträgern Einschränkungen rechtfertigen.

112 Beamte können also bspw. ihre Meinung gemäß Art. 5 I GG äußern, an Versammlungen nach Art. 8 GG teilnehmen, einer Gewerkschaft gemäß Art. 9 III GG beitreten oder sich mit Petitionen an das Parlament oder eine andere zuständige Stelle laut Art. 17 GG wenden. Beamte können gemäß Art. 38 GG auch wählen oder selbst gewählt werden, wobei allerdings die Wählbarkeit gemäß Art. 137 I GG beschränkt werden kann.

113 Diese Grundrechte treten ergänzend zu den Rechten der Beamten aus Art. 33 GG hinzu, wobei Art. 33 GG die speziellere Vorschrift darstellt. Sowohl die besonderen Rechte aus Art. 33 GG als auch die allgemeinen Grundrechte können von den Beamten jeweils mit der Individualverfassungsbeschwerde nach Art. 93 I Nr. 4a GG; § 13 Nr. 8a; §§ 90 ff. BVerfGG sowie verwaltungsgerichtlich geltend gemacht werden.

VI. Die Gesetzgebungszuständigkeit für das Beamtenrecht

114 Schließlich verteilt das Grundgesetz die Gesetzgebungskompetenzen für das Beamtenrecht.[14] Insofern ist zwischen ausschließlichen und konkurrierenden Gesetzgebungskompetenzen des Bundes einschließlich der Übergangsregelungen und den Landesgesetzgebungskompetenzen zu unterscheiden.

1. Ausschließliche Gesetzgebungskompetenzen des Bundes

115 Die zentrale Kompetenzbestimmung für das Recht der Bundesbeamten ist Art. 73 I Nr. 8 GG. Danach hat der Bund die ausschließliche Gesetzgebungskom-

---

[12] *Battis*, BBG, § 4 Rn. 23.
[13] *Battis*, BBG, § 4 Rn. 29; *Leppek*, Beamtenrecht, 12. Auflage, 2015, Rn. 201.
[14] *Battis*, Beamtenrecht, in: Ehlers/Fehling/Pünder (Hrsg.), Besonderes Verwaltungsrecht, Bd. 3, 3. Auflage, 2013, § 87 Rn. 14 ff.; *Leppek*, Beamtenrecht, 12. Auflage, 2015, Rn. 24.

petenz für die Rechtsverhältnisse der im Dienste des Bundes und der bundesunmittelbaren Körperschaften des öffentlichen Rechts stehenden Personen. Auf dieser Grundlage sind unter anderem das Bundesbeamtengesetz, das Bundesdisziplinargesetz, das Bundesbesoldungsgesetz, das Beamtenversorgungsgesetz, das Bundesreisekostengesetz sowie das Bundespersonalvertretungsgesetz ergangen. Es handelt sich jeweils um Einspruchsgesetze.

Daneben lassen sich auf die ausschließliche Gesetzgebungskompetenz des Bundes nach Art. 73 I Nr. 7 GG für das Postwesen und die Telekommunikation i. V. m. der Überleitungsvorschrift des Art. 143b I 2, III 3 GG auch Regelungen der Rechtsverhältnisse der Postbeamten durch das Post-Personalrechtsgesetz stützen. Für die Bahnbeamten finden sich Sonderregelungen im Eisenbahnneuordnungsgesetz, das auf Grundlage der Kompetenz nach Art. 143a I 3 GG ergangen ist. In den Grenzen der Art. 87e V; 143a I 2, III 3 GG ist die Zustimmung des Bundesrates erforderlich. **116**

Zusätzlich sind für die Bundesbeamten Rechtsverordnungen unter Beachtung der weiteren Voraussetzungen des Art. 80 GG erlassen worden, wonach Inhalt, Zweck und Ausmaß einer Ermächtigung parlamentsgesetzlich bestimmt sein müssen. Dazu zählen u. a. Verordnungen über Laufbahnen, Leistungsbesoldung, Sonderzahlungen, Mehrarbeitsvergütung, Erschwerniszulagen, Beihilfe, Trennungsgeld, Arbeitszeiten, Nebentätigkeiten, Altersteilzeit, Erholungs- und Sonderurlaub. Auch Verordnungen über Mutterschutz und Elternzeit beziehen sich auf Beamte. **117**

2. Konkurrierende Gesetzgebungskompetenz des Bundes

Die bedeutendsten konkurrierenden Gesetzgebungskompetenzen des Bundes im Bereich des Beamtenrechts sind die Statusregelungskompetenz nach Art. 74 I Nr. 27 GG und die Kompetenz für die Staatshaftung gemäß Art. 74 I Nr. 25 GG. **118**

Nach Art. 74 I Nr. 27 GG kommt dem Bund die konkurrierende Gesetzgebungskompetenz zu für die Statusrechte und -pflichten der Beamten der Länder, Gemeinden und anderen Körperschaften des öffentlichen Rechts sowie der Richter in den Ländern mit Ausnahme der Laufbahnen, Besoldung und Versorgung. Der Bundesrat muss gemäß Art. 74 II GG zustimmen, es ist aber weder ein Bedürfnis nach einer bundeseinheitlichen Regelung gemäß Art. 72 II GG zu prüfen noch haben die Länder ein Abweichungsrecht gemäß Art. 72 III GG. Auf dieser Grundlage ist das Beamtenstatusgesetz ergangen. **119**

Diese durch die Föderalismusreform I 2006 eingeführte konkurrierende Gesetzgebungskompetenz hat die alte konkurrierende Gesetzgebungskompetenz des Bundes für die Besoldung und Versorgung der Landesbeamten nach Art. 74a GG a. F. sowie die Rahmengesetzgebungskompetenz des Bundes für die Rechts- **120** verhältnisse der im öffentlichen Dienste der Länder, Gemeinden und anderen Körperschaften des öffentlichen Rechtes stehenden Personen nach Art. 75 I Nr. 1 GG abgelöst. Auf diesen Kompetenzen beruhten die Regelungen im Bundesbesoldungsgesetz auch für die Landes- und Kommunalbeamten sowie das Beamtenrechtsrahmengesetz. Die besoldungs- und versorgungsrechtlichen Regelungen gelten zwar gemäß Art. 125a I 1 GG als Bundesrecht fort, können aber gemäß Art. 125a I 2 GG, der eine Ausnahme zu Art. 31 GG darstellt, durch Landesrecht ersetzt werden. Das Beamtenrechtsrahmengesetz wiederum wurde im Wesentlichen durch das Beamtenstatusgesetz abgelöst.

121 Zudem besteht eine konkurrierende Gesetzgebungskompetenz des Bundes für die Staatshaftung gemäß Art. 74 I Nr. 25 GG. Von dieser Kompetenz hat der Bund bislang keinen Gebrauch gemacht, insbesondere ist die historisch tradierte Regelung der Amtshaftung in § 839 BGB auf die Kompetenz für das Bürgerliche Recht nach Art. 74 I Nr. 1 GG zu stützen.[15] Sollte der Bund aber diese Kompetenz dereinst nutzen, bedürfte ein entsprechendes Gesetz der Zustimmung des Bundesrates gemäß Art. 74 II GG, und der Bund hätte zudem die Erforderlichkeit des Gesetzes nach Art. 72 II GG nachzuweisen.

3. Gesetzgebungskompetenzen der Länder

122 Trotz der umfangreichen Gesetzgebungskompetenzen des Bundes verbleiben für die Länder im Bereich des Beamtenrechts zahlreiche Regelungskompetenzen. Zum einen sind sie ohnehin nach Art. 30; 70 GG zur Gesetzgebung befugt, soweit das Grundgesetz keine andere Regelung getroffen oder zugelassen hat. Zum anderen nimmt Art. 74 I Nr. 27 GG seit der Föderalismusreform I 2006 ausdrücklich die Bestimmung der Laufbahnen, Besoldung und Versorgung der Landes- und Kommunalbeamten von einer bundesrechtlichen Normierung aus. So verbleibt den Ländern in den Grenzen des Beamtenstatusgesetzes der Erlass eigener Landesbeamtengesetze. Im Laufbahnrecht haben die Länder zum Teil die Laufbahnen des einfachen und des mittleren sowie des gehobenen und des höheren Dienstes jeweils zu einer Laufbahn – allerdings mit verschiedenen Eingangsämtern – zusammengefasst, was durch den Wegfall eines Laufbahnwechsels den Aufstieg der Beamten erleichtert. Im Besoldungs- und Versorgungsrecht haben sie indes nur selten die grundlegenden Regelungsstrukturen des Bundesbesoldungs- und des Beamtenversorgungsgesetzes verlassen, vielmehr vor allem die jeweilige Besoldungs- und Versorgungshöhe eigenständig – und aus fiskalischen Gründen meist niedriger als auf Bundesebene – bestimmt. Im Übrigen finden

---

[15] Zu einem ersten Versuch des Bundes – vor der Geltung des Art. 74 I Nr. 25 GG – ein Staatshaftungsgesetz auf Art. 34; 74 I Nr. 1 GG zu stützen: BVerfG, Urt. v. 19.10.1982 – 2 BvF 1/81 –, BVerfGE 61, 149–208 (Amtshaftung).

sich auch auf Landesebene weitere beamtenrechtliche Gesetze nach dem Vorbild der bundesrechtlichen Regelungen, insbesondere über das Disziplinarverfahren gegen Landesbeamte und das Personalvertretungsrecht. Soweit es an eigenständigen landesrechtlichen Vorschriften fehlt, wird regelmäßig auf das entsprechende Bundesrecht verwiesen, z. B. im Bereich des Reisekostenrechts.

VII. Vergleich mit den verfassungsrechtlichen Vorgaben für das Arbeitsrecht

Vergleicht man die verfassungsrechtlichen Vorgaben für das Beamtenrecht mit denjenigen für das Arbeitsrecht, so fallen der Funktionsvorbehalt des Art. 33 IV GG und die hergebrachten Grundsätze des Berufsbeamtentums nach Art. 33 V GG ins Auge, welche im Arbeitsrecht keine Parallele finden. Vielmehr ist der Gesetzgeber im Arbeitsrecht in den Grenzen der allgemeinen Grundrechte wesentlich freier als im Beamtenrecht. Das Arbeitsrecht ist dabei allerdings fast ausschließlich Bundesrecht, während im Beamtenrecht in den Grenzen des Beamtenstatusgesetzes doch gewisse Regelungsspielräume für die Landesgesetzgeber verbleiben. **123**

VIII. Wiederholungs- und Vertiefungsfragen

1) Was versteht man unter dem Funktionsvorbehalt und wo ist dieser normiert? Wirkt er auch subjektiv-rechtlich? Wo bestehen Ausnahmen zum Funktionsvorbehalt? (Rn. 88) **124**
2) Wie können die hergebrachten Grundsätze des Berufsbeamtentums i. S. d. Art. 33 V GG systematisiert werden? (Rn. 92 ff.)
3) Was sind die wesentlichen Grundsätze und wie unterscheiden sie sich gegenüber den üblichen Regelungen eines privatrechtlichen Arbeitsverhältnisses? (Rn. 95 ff., 123)
4) Woraus folgt die Pflicht des Beamten zum Rechtsgehorsam? (Rn. 101)
5) In welchem Verhältnis stehen die Pflicht zum Rechtsgehorsam und die Treuepflicht des Beamten zueinander? (Rn. 101)
6) Was versteht man unter dem Begriff „Staatshaftung"? Wo ist diese geregelt? (Rn. 102)
7) Welche Vorgaben macht das Grundgesetz hinsichtlich des Zugangs zum öffentlichen Dienst? (Rn. 103 ff.)
8) Wie hat sich die Beurteilung der Grundrechtsberechtigung von Beamten im Laufe der Zeit gewandelt? Was ist heute h.M.? (Rn. 108)

9) Wie sind die Gesetzgebungskompetenzen im Bereich des Beamtenrechts zwischen Bund und Ländern aufgeteilt? Welche Änderungen ergaben sich durch die Föderalismusreform I 2006? (Rn. 28)

10) Wie unterscheiden sich die verfassungsrechtlichen Vorgaben für das Arbeitsrecht von denjenigen für das Beamtenrecht? (Rn. 123)

Rechtsprechung zu § 4

125   EGMR, Urt. v. 21.4.2009 – 68959/01 (Enerji Yapi-Yol Sen)
EGMR (GK), Urt. v. 12.11.2008 – Nr. 34503/97 (Demir und Baykara)
BVerfG, Beschl. v. 2.5.2016 – 2 BvR 1137/14 (Dienstherrnbefugnisse)
BVerfG, Beschl. v. 16.12.2015 – 2 BvR 1958/13 (Dienstpostenbündelung)
BVerfG, Beschl. v. 18.6.2008 – 2 BvL 6/07 –, BVerfGE 121, 241–266 (Versorgungsabschlag)
BVerfG, Urt. v. 19.10.1982 – 2 BvF 1/81 –, BVerfGE 61, 149–208 (Amtshaftung)
BVerfG, Beschl. v. 2.12.1958 – 1 BvL 27/55 –, BVerfGE 8, 332–364 (Hergebrachte Grundsätze des Berufsbeamtentums)
BVerwG, Urt. v. 27.2.2014 – 2 C 1/13 –, BVerwGE 149, 117–139 (Streikrecht)

Literatur zu § 4

126   *Zum Funktionsvorbehalt:*
Badura, Peter, Die Weiterbeschäftigungsgarantie des Bundes für die nach der Privatisierung der Deutschen Bundespost bei der Deutsche Telekom AG beschäftigten Beamten, DÖV 2006, 753–761
Günther, Hellmuth, Das öffentlich-rechtliche Dienst- und Treueverhältnis i.S.v. Art. 33 Abs. 4 GG, DÖV 2012, 678–685
Günther, Hellmuth, Die subjektivrechtliche Komponente des Funktionsvorbehalts für das Berufsbeamtentum (Art. 33 Abs. 4, 5 GG), VerwArch 99 (2008), 538–558

Zu den hergebrachten Grundsätzen:
Hebeler, Timo, Die Pflicht zur Berücksichtigung der hergebrachten Grundsätze des Berufsbeamtentums gem. Art. 33 V GG, JA 2014, 731–736
Höfling, Wolfram / Burkiczak, Christian, Die Garantie der hergebrachten Grundsätze des Berufsbeamtentums unter Fortentwicklungsvorbehalt – Erste Überlegungen zur Änderung von Art. 33 Abs. 5 GG, DÖV 2007, 328–334
Nokiel, Werner, Die hergebrachten Grundsätze des Berufsbeamtentums – Ein Hindernis für eine Reform des öffentlichen Dienstes, RiA 2007, 162–167
Panzer, Nicolai, Die aktuelle Rechtsprechung des Bundesverfassungsgerichts zum öffentlichen Dienstrecht zwischen Bewahrung und Fortentwicklung, DÖV 2008, 707–715

Zu den Laufbahnen:
Epping, Volker / Patzke, Frauke, Das Laufbahnrecht im Spiegel des Art. 33 Abs. 5 GG, ZBR 2012, 289–296

Zu den Grundrechten und zum Sonderstatusverhältnis:
Graf von Kielmannsegg, Sebastian, Das Sonderstatusverhältnis, JA 2012, 881–887

Lindner, Josef Franz, Grundrechtssicherung durch das Berufsbeamtentum, ZBR 2006, 1–13
Werres, Stefan, Der Beamte als Grundrechtsträger – unter besonderer Berücksichtigung der Religionsausübungsfreiheit, ZBR 2006, 288–299

Zum Gesetzesvorbehalt:
Summer, Rudolf, Gedanken zum Gesetzesvorbehalt im Beamtenrecht, ZBR 2006, 120–129

Zu den Gesetzgebungskompetenzen:
Auerbach, Bettina, Das Beamtenstatusgesetz in der Praxis, ZBR 2009, 217–222
Battis, Ulrich, Das Dienstrechtsneuordnungsgesetz, NVwZ 2009, 409–412
Battis, Ulrich / Grigoleit, Klaus Joachim, Die Statusgesetzgebung des Bundes – Dienstrechtliche Gesetzgebungskompetenz und Gesetzgebungspflicht des Bundes nach der Föderalismusreform, ZBR 2008, 1–9
Bochmann, Günter, Die verfassungsrechtlichen Grundlagen der Reföderalisierung des öffentlichen Dienstrechts und der Entwurf eines Gesetzes zur Regelung des Statusrechts der Beamtinnen und Beamten in den Ländern (Beamtenstatusgesetz – BeamtStG), ZBR 2007, 1–18
Hebeler, Timo, Die Bundestreue als verfassungsrechtliche Begrenzung für den Gesetzgeber im Beamtenrecht?, ZBR 2015, 1–6
Hebeler, Timo, Die Pflicht zur Berücksichtigung der hergebrachten Grundsätze des Berufsbeamtentums gemäß Art. 33 V GG, JA 2014, 731–736
Heinicke, Thomas / Frank, Götz, Die Auswirkungen der Föderalismusreform auf das öffentliche Dienstrecht – das neue Spannungsfeld von Solidarität, Kooperation und Wettbewerb zwischen den Ländern, ZBR 2009, 34–39
Knopp, Lothar, Föderalismusreform – zurück zur Kleinstaaterei?, DÖD 2006, 237–243
Kathke, Leonhard, Die Gesetzgebungskompetenzen von Bund und Ländern – Neue Schnittstellen im Laufbahnrecht nach der Föderalismusreform I, RiA 2012, 185–189
Lecheler, Helmut, Die Auswirkungen der Föderalismusreform auf die Statusrechte der Beamten, ZBR 2007, 18–23
Pechstein, Matthias, Wie können die Länder ihre neuen beamtenrechtlichen Kompetenzen nutzen?, ZBR 2006, 285–288
Reich, Andreas, Ein Klo für den Wagenmeister – zur Grenze für Rechtsverordnungen des Bundes im Bereich des BeamtStG, LKV 2012, 352–355
Reich, Andreas, Abweichung vom Beamtenstatusgesetz, BayVBl. 2010, 684–687
Wolff, Heinrich Amadeus, Die Aufhebungskompetenz des Bundes für das BRRG, ZBR 2007, 145–147

§ 5 Einflüsse des EU-Rechts

127 Das deutsche Beamtenrecht wird in zunehmendem Maße vom Recht der Europäischen Union beeinflusst. Dieses trifft – in Abweichung vom öffentlichen Dienstrecht in Deutschland – grundsätzlich keine Unterscheidung zwischen Beamten und Angestellten und Arbeitern, sondern geht für alle Beschäftigten von einem einheitlichen Begriff des Arbeitnehmers aus. Schutzvorschriften des primären Europarechts in den europäischen Verträgen EUV, AEUV und der EU-Grundrechtecharta sowie des sekundären Europarechts in den auf der Grundlage dieser Verträge erlassenen Verordnungen und Richtlinien gelten daher nicht nur für Arbeitnehmer im deutschen Rechtssinne, sondern auch für deutsche Beamte. Diese Schutzbestimmungen betreffen v. a. den Zugang zum öffentlichen Dienst, aber auch die Gleichbehandlung im öffentlichen Dienst sowie die weiteren Bedingungen der Beschäftigung. Daneben verfügt die Europäische Union über ein eigenes Dienstrecht für ihre eigenen Beschäftigten, das im Rahmen eines Exkurses skizziert werden soll.

I. Zugang zum öffentlichen Dienst

128 Die wichtigste Vorschrift für den Zugang von Arbeitnehmern zum öffentlichen Dienst in einem Mitgliedstaat der Europäischen Union ist die Arbeitnehmerfreizügigkeit nach Art. 45 I AEUV. Gemäß Art. 45 II AEUV ist jede auf der Staatsangehörigkeit beruhende unterschiedliche Behandlung von Arbeitnehmern der Mitgliedstaaten in Bezug auf Beschäftigung, Entlohnung und sonstige Arbeitsbedingungen verboten. Zwar findet diese Grundfreiheit nach der ausdrücklichen Regelung des Art. 45 IV AEUV keine Anwendung auf die Beschäftigung in der öffentlichen Verwaltung, der EuGH[1] hat diese Ausnahmevorschrift jedoch extrem eng interpretiert und darunter letztlich nur die Beschäftigung im Kernbereich der Hoheitsverwaltung, also in der Eingriffsverwaltung in Form von Polizei

---

[1] EuGH, Urt. v. 30.9.2003 – C-405/01 (Colegio de Oficiales de la Marina Mercante Española) –, DVBl. 2004, 197; EuGH, Urt. v. 3.7.1986 – C-66/85 (Lawrie-Blum); EuGH, Urt. v. 12.2.1974 – 152/73 (Sotgiu).

und Justiz verstanden. In dem gesamten weiten Feld der Leistungsverwaltung, etwa im Kultur- und Sozialbereich, soll daher nach dem EuGH die Beschäftigung auch von EU-Ausländern zu den gleichen Bedingungen wie von eigenen Staatsangehörigen zuzulassen sein. Das deutsche Beamtenrecht berücksichtigt diese Judikatur mittlerweile in den Bestimmungen über die Voraussetzungen des Beamtenverhältnisses gemäß § 7 I Nr. 1 lit. a) BBG und § 7 I Nr. 1 lit. a) BeamtStG.

Weitere Impulse des Europarechts hinsichtlich des Zugangs zum öffentlichen Dienst sind von den Vorschriften über das Verbot der Altersdiskriminierung ausgegangen. Zum einen verbietet Art. 21 EU-Grundrechtecharta unter anderem eine Diskriminierung wegen des Alters, zum anderen ist im Jahr 2000 die Gleichbehandlungsrahmenrichtlinie[2] der Europäischen Union ergangen, die den Mitgliedstaaten aufgibt, die Diskriminierung auch wegen des Alters zu unterbinden. In Umsetzung dieser Richtlinie ist in Deutschland nicht nur das Allgemeine Gleichbehandlungsgesetz[3] ergangen, sondern auch das Besoldungsrecht der Beamten wurde umgestaltet. Die Besoldung bei den aufsteigenden Endgrundgehältern der Besoldungsordnung A orientiert sich nun nicht mehr an dem Lebensalter des Beamten, sondern an seiner Erfahrung, die zwar regelmäßig, aber nicht zwingend mit höherem Lebensalter zunimmt (→ Rn. 531).

129

II. Behandlung im öffentlichen Dienst

Eine zentrale Rolle für das gesamte Beamtenrecht spielt auch das europarechtliche Gebot des gleichen Entgelts für Männer und Frauen bei gleicher oder gleichwertiger Arbeit gemäß Art. 157 AEUV. Unter Entgelt im Sinne dieser Vorschrift sind auch Besoldung und Versorgung der Beamten zu verstehen. Zwar dürften mittlerweile solche ausdrücklichen geschlechtsbezogenen Differenzierungen im deutschen Beamtenrecht vollständig abgebaut sein, allerdings wird insbesondere bei der Besoldung und Versorgung von Teilzeitbeschäftigten, die zumeist Frauen sind, darauf zu achten sein, dass hier gegenüber Vollzeitbeschäftigten keine über den zeitlich unterschiedlichen Beschäftigungsgrad hinausgehenden finanziellen oder sonstigen Unterschiede eintreten.

130

---

[2] Richtlinie des Rates 2000/78/EG vom 27.11.2000 zur Festlegung eines allgemeinen Rahmens für die Verwirklichung der Gleichbehandlung in Beschäftigung und Beruf (ABl. EG Nr. L 303 S. 16).
[3] Allgemeines Gleichbehandlungsgesetz vom 14.8.2006, BGBl. I S. 1897.

III. Exkurs: Die Rechtsstellung der EU-Beamten

131 Auch wenn das Europarecht selbst in Bezug auf die Mitgliedstaaten nicht zwischen Beamten und sonstigen Beschäftigten differenziert, sah sich die Europäische Union doch gezwungen, ein eigenes Beamtenrecht zu entwickeln.[4] Hintergrund ist, dass die Mitgliedstaaten der Union nicht auf Rotationsbasis nationale Beamte in den Dienst der Europäischen Union abordnen, sondern die Union über ein eigenes, ihr auf Dauer zugeordnetes Beamtenkorps verfügt. Die Rechtsgrundlagen sind primärrechtlich Art. 336 AEUV[5] sowie sekundärrechtlich das Europäische Beamtenstatut von 1968[6] mit späteren Änderungen. Dieses Beamtenstatut orientiert sich inhaltlich weitgehend am französischen und am deutschen Beamtenrecht.[7]

132 Die Auswahl der Anwärter erfolgt in einem dem französischen Vorbild nachgebildeten Concours, also einem wettbewerbsähnlichen Verfahren. Neben der individuellen Leistung spielt dabei der Nationalitätenproporz, in Art. 12 I; 27 BSt. als „Prinzip der geographischen Ausgewogenheit" bezeichnet, eine bedeutende Rolle.

133 Die Beamten der Union sind der Europäischen Kommission oder einem anderen Organ als Anstellungsbehörde zugeordnet. Sie werden nach deutschem Modell durch Aushändigung einer Ernennungsurkunde ernannt (→ Rn. 1, 36), in der Regel auf eine Dauerplanstelle eingewiesen (→ Rn. 53) und stehen zu der Union (→ Rn. 127) in einem öffentlich-rechtlichen Dienst- und Treueverhältnis. Ebenfalls deutschen Vorbildern nachgebildet ist das Laufbahnprinzip (→ Rn. 49 ff.), allerdings mittlerweile mit den nur noch zwei Laufbahnen der Administration[8] und Assistenz[9]. Ähnlich wie deutsche Beamte können auch Unionsbeamte durch Beförderung (→ Rn. 173, 209 ff.) innerhalb der Laufbahnen und ausnahmsweise auch von der niedrigeren in die höhere Laufbahn aufsteigen.

---

[4] *Battis*, Beamtenrecht, in: Ehlers/Fehling/Pünder (Hrsg.), Besonderes Verwaltungsrecht, Bd. 3, 3. Auflage, 2013, § 87 Rn. 198 f.
[5] Vormals Art. 283 EGV.
[6] Verordnung 259/68 vom 29.2.1968, ABl. L 56/1 ff.
[7] *Oppermann*, Europarecht, 3. Auflage, 2005, § 10, Rn. 13.
[8] Diese umfasst die zwölf Besoldungsgruppen AD 5 (Dolmetscher) bis AD 16 (Generaldirektor).
[9] Diese beinhaltet die Besoldungsgruppen AST 1 (Sekretariatsassistent) bis AST 11 (Verwaltungsamtsrat).

IV. Vergleich mit den europarechtlichen Einflüssen auf das Arbeitsrecht

Vergleicht man den europarechtlichen Einfluss auf das Beamtenrecht mit der entsprechenden Beeinflussung des privaten Arbeitsrechts, werden beide Rechtsgebiete nahezu in gleicher Weise geprägt, weil das Europarecht gerade seine Augen vor den Spezifika des Beamtenrechts verschließt und der EuGH Art. 45 IV AEUV extrem eng auslegt. Dem wesentlich formstrengeren und auf eigenen Prinzipien aufbauenden Beamtenrecht fällt es aber deutlich schwerer als dem Arbeitsrecht, diese Einflüsse aufzunehmen und sich entsprechend anzupassen. Dabei weist das Dienstrecht der EU-Beamten selbst deutliche Parallelen zum deutschen Beamtenrecht auf.

134

V. Wiederholungs- und Vertiefungsfragen

1) Inwiefern unterscheidet sich der Begriff des Arbeitnehmers im Sinne des Europarechts von demjenigen des deutschen Rechts hinsichtlich der Beamten? (Rn. 127)
2) Wie ist die Ausnahmevorschrift des Art. 45 IV AEUV dem EuGH zufolge auszulegen und welche Konsequenzen ergeben sich daraus für das deutsche Beamtenrecht? (Rn. 128)
3) Welche europarechtlichen Anforderungen ergeben sich in Bezug auf alters- und entgeltbezogene Regelungen? (Rn. 129)
4) Wo und wie ist die Rechtsstellung der EU-Beamten geregelt? (Rn. 131 ff.)
5) Wie ist der europarechtliche Einfluss auf das Beamtenrecht im Vergleich zum Arbeitsrecht zu qualifizieren? (Rn. 134)

135

Rechtsprechung zu § 5

EuGH, Urt. v. 30.9.2003 – C-405/01 (Colegio de Oficiales de la Marina Mercante Española)
EuGH, Urt. v. 3.7.1986 – C-66/85 (Lawrie-Blum)
EuGH, Urt. v. 12.2.1974 – 152/73 (Sotgiu)

136

Literatur zu § 5

Werres, Stefan, Der Einfluss der Menschenrechtskonvention auf das Beamtenrecht – Aktuelle Bestandsaufnahme unter besonderer Berücksichtigung der Rechtsprechung des Europäischen Gerichtshofs für Menschenrechte, DÖV 2011, 873–881
Wolff, Heinrich Amadeus, Die Unionalisierung des Beamtenrechts, ZBR 2014, 1–8

137

**Zweiter Teil:
Das Beamtenverhältnis**

§ 6 Grundlagen des Beamtenverhältnisses

I. Begriff des Beamtenverhältnisses

Das Beamtenverhältnis ist ein wechselseitiges Dienst- und Treueverhältnis zwischen dem Beamten und seinem Dienstherrn. Es wird durch Verwaltungsakt, nicht aber durch Vertrag begründet, geändert und ausnahmsweise beendet. Es versetzt den Beamten in einen besonderen Status, der sich von dem allgemeinen Status der übrigen Rechtsunterworfenen unterscheidet. Aus dem Beamtenverhältnis entstehen Pflichten sowohl für den Beamten (→ Rn. 266) als auch für seinen Dienstherrn (→ Rn. 680 ff.), bei deren Verletzung sich jeweils Sanktionen ergeben (→ Rn. 368 ff., 400 ff., 436 ff.). Das Beamtenverhältnis ähnelt einem privatrechtlichen Dauerschuldverhältnis, das ebenfalls durch ständige Pflichtanspannung gekennzeichnet ist. Im Unterschied dazu kennt es aber keine klar umrissenen, begrenzten Hauptpflichten, um die sich mehr oder minder deutliche Nebenpflichten gruppieren. Vielmehr ist bereits der Kern der beamtenrechtlichen Hauptpflichten mit der Treuepflicht des Beamten (→ Rn. 275, 283 ff.) und der Fürsorgepflicht des Dienstherrn (→ Rn. 97, 680 ff.) generalklauselartig unbestimmt. Um diese Hauptpflichten herum ranken sich weitere Nebenpflichten.

138

Das Beamtenverhältnis beginnt mit der Ernennung des Beamten und endet mit seinem Eintritt in den Ruhestand oder seiner Entlassung aus dem Dienst. Zudem können sich Vorwirkungen bereits vor der Ernennung ergeben, etwa bei einem Konkurrentenstreit um die Ernennung (→ Rn. 746 ff.), sowie Nachwirkungen nach der Entlassung, z. B. bei der Zahlung eines Unterhaltsbeitrages nach der disziplinarischen Entfernung aus dem Dienst[1] oder der Aberkennung des Ruhegehalts[2] (→ Rn. 184, 455, 463).

139

II. Arten von Beamtenverhältnissen

Den verschiedenen Arten der Beamten (→ Rn. 41 ff.) entsprechend gibt es auch verschiedene Beamtenverhältnisse, also als Regelfall das Beamtenverhältnis auf

140

---

[1] Vgl. § 10 III BDG.
[2] Vgl. § 12 II BDG.

Lebenszeit, daneben aber auch Beamtenverhältnisse auf Zeit, auf Probe, auf Widerruf sowie Ehrenbeamtenverhältnisse.

III. Mehrzahl von Beamtenverhältnissen

141 Grundsätzlich besteht genau ein Beamtenverhältnis zwischen einem Beamten und seinem Dienstherrn, ausnahmsweise können aber, wie § 31 I 2 Nr. 2 BBG zeigt, auch mehrere solche zwischen den beiden existieren. So sind bei der Vergabe eines Führungsamtes auf Probe ein aktuelles Beamtenverhältnis aus dem Führungsamt und daneben ein ruhendes aus dem vorherigen Amt vorhanden, das bei keiner dauerhaften Vergabe des Führungsamtes wieder auflebt.

142 Zudem sind auch Beamtenverhältnisse zwischen einem Beamten und mehreren Dienstherren möglich, etwa bei Beamten mit Doppelstellung[3], der Organleihe[4] sowie bei der Vergabe von Haupt- und Nebenamt durch verschiedene Dienstherren.

IV. Vergleich mit dem privatrechtlichen Arbeitsverhältnis

143 Ein privatrechtliches Arbeitsverhältnis stellt ebenso wie das Beamtenverhältnis ein Dauerschuldverhältnis dar. Es wird allerdings durch Vertrag begründet, nicht durch Verwaltungsakt oder eine andere einseitige Maßnahme, und kann durch Vertrag oder Kündigung geändert oder aufgehoben werden. Dabei ist ein Arbeitsverhältnis im Unterschied zu einem Beamtenverhältnis nicht auf Lebenszeit angelegt. Die wechselseitigen Hauptpflichten sind meist klarer umrissen, während arbeitsrechtliche Nebenpflichten ebenfalls relativ unscharf festgelegt sein können. Auch ein Arbeitnehmer kann mehrere Arbeitsverhältnisse zu demselben oder zu verschiedenen Arbeitgebern unterhalten.

V. Wiederholungs- und Vertiefungsfragen

144 1) Was versteht man unter einem Beamtenverhältnis und welche Arten können unterschieden werden? (Rn. 41 ff.)
2) Wie viele Dienstherren hat typischerweise ein Landrat? (Rn. 142)
3) Wo liegen die Unterschiede zwischen einem Beamtenverhältnis und einem privatrechtlichen Arbeitsverhältnis? (Rn. 143)

---

[3] Früher war der Präsident einer Oberfinanzdirektion sowohl Bundes- als auch Landesbeamter, vgl. BVerfG, Beschl. v. 27.6.2002 – 2 BvF 4/98, Rn. 2 – BVerfGE 106, 1 (2).

[4] Der klassische Fall der Organleihe ist die Entleihung eines Landrats, also des Hauptverwaltungsbeamten auf Zeit eines Landkreises, durch das Land zur Erfüllung von Landesaufgaben.

Rechtsprechung zu § 6

BVerfG, Beschl. v. 27.6.2002 – 2 BvF 4/98, Rn. 2 – BVerfGE 106, 1–28 (Aufgabenübertragung) **145**

Literatur zu § 6

Lecheler, Helmut, Das Berufsbeamtentum – Verfassungsrecht und Verfassungswirklichkeit –, in: Badura / Dreier (Hrsg.), Festschrift 50 Jahre Bundesverfassungsgericht, Zweiter Band, S. 359–378 **146**

§ 7 Begründung des Beamtenverhältnisses

147 Das Beamtenverhältnis als wechselseitiges Dienst- und Treueverhältnis zwischen einem Beamten und seinem Dienstherrn wird durch Ernennung begründet.[1] Die Ernennung ist der Oberbegriff für die erstmalige Begründung und die statusrechtliche Veränderung (in aller Regel Verbesserung) des Amtes im statusrechtlichen Sinne. Bevor es zur Ernennung kommt, hat der Dienstherr aus dem Kreis der Bewerber nach Maßgabe der verfassungsrechtlichen Vorgaben von Eignung, Befähigung und fachlicher Leistung eine Auswahlentscheidung zu treffen. An die erfolgte Ernennung knüpfen zahlreiche Rechtsfolgen für den ernannten Beamten persönlich, aber auch hinsichtlich der von diesem vorgenommenen Amtshandlungen an. Ist die Ernennung fehlerhaft, wird grundsätzlich die persönliche Rechtsstellung des Ernannten beeinträchtigt, während die von ihm vorgenommenen Amtshandlungen regelmäßig wirksam bleiben.

I. Auswahl unter den Bewerbern

148 Die Auswahl unter den Bewerbern um eine Stelle als Beamter hat gemäß Art. 33 II GG nach Eignung, Befähigung und fachlicher Leistung zu erfolgen.[2] Außerdem sind Gesichtspunkte der Gleichstellung von Frauen und Männern gemäß Art. 3 II 2 GG sowie der Förderung Behinderter nach Art. 3 III 2 GG zu beachten. Diese Anforderungen sind nicht pauschal für alle Ämter gleich zu bestimmen, sondern abhängig von der jeweiligen Fachrichtung und der Laufbahngruppe.

---

[1] *Battis*, Beamtenrecht, in: Ehlers/Fehling/Pünder (Hrsg.), Besonderes Verwaltungsrecht, Bd. 3, 3. Auflage, 2013, § 87 Rn. 62 ff.

[2] Siehe dazu *Battis*, BBG, § 9 Rn. 1 ff.; *Reich*, BeamtStG, § 9 Rn. 1 ff.; *Leppek*, Beamtenrecht, 12. Auflage, 2015, Rn. 72a; *Zentgraf* in: Metzler-Müller/Rieger/Seeck/Zentgraf (Hrsg.), BeamtStG, § 9, Erl. 1 ff.

1. Eignung

Die Eignung[3] eines Bewerbers im Sinne des Art. 33 II GG meint die körperliche, geistige und charakterliche Eignung. Der Bewerber muss den Anforderungen des Amtes in jeder Hinsicht gewachsen sein. Zum einen muss er je nach Amt besondere körperliche Belastungen, etwa durch das Tragen schwerer Lasten oder Dienst zu ungünstigen Zeiten, erdulden können. Zum anderen muss er die mit dem Amt verbundenen intellektuellen Anforderungen bewältigen können. Schließlich muss er auch zuverlässig sein und die Gewähr dafür bieten, jederzeit für die freiheitliche demokratische Grundordnung und seinen Dienstherrn einzustehen. **149**

2. Befähigung

Unter Befähigung[4] ist die Allgemeinbildung des Bewerbers zu verstehen, wie sie in dem Schulsystem vermittelt wird. Unterschiedliche Schulabschlüsse bedeuten unterschiedliche Stufen der Allgemeinbildung und führen zu verschiedenen Laufbahnen. Für die Laufbahnen des einfachen Dienstes wird ein Hauptschulabschluss gefordert, für die Laufbahnen des mittleren Dienstes der erfolgreiche Besuch einer Realschule, das Abitur mit anschließendem Studium an einer Fachhochschule ist Voraussetzung für die Laufbahnen des gehobenen Dienstes und die Laufbahnen des höheren Dienstes sind nur mit Abitur und Abschluss eines Universitätsstudiums zugänglich. **150**

3. Fachliche Leistung

Die von Art. 33 II GG weiterhin geforderte fachliche Leistung[5] bezieht sich auf das Fachwissen, das aufbauend auf der Allgemeinbildung des Bewerbers in einem speziellen Vorbereitungsdienst vermittelt wird. **151**

---

[3] BVerfG, Urt. v. 8.7.1997 – 1 BvR 1243/95, 1 BvR 1247/95, 1 BvR 744/96 –, BVerfGE 96, 152 (164) (Kündigung von Lehrern); BVerfG, Beschl. v. 21.2.1995 – 1 BvR 1397/93 –, BVerfGE 92, 140 (155) (Sonderkündigung).
[4] BVerfG, Beschl. v. 20.4.2004 – 1 BvR 838/01, 1 BvR 1303/03, 1 BvR 340/02, 1 BvR 1436/01, 1 BvR 1450/01 –, BVerfGE 110, 304 (322 f.).
[5] BVerfG, Beschl. v. 20.4.2004 – 1 BvR 838/01, 1 BvR 1303/03, 1 BvR 340/02, 1 BvR 1436/01, 1 BvR 1450/01 –, BVerfGE 110, 304 (322 f.).

4. Gleichberechtigung der Geschlechter

152 Zu diesen drei Anforderungen des Art. 33 II GG treten die allgemeinen grundrechtlichen Vorgaben hinzu, insbesondere die speziellen Gleichheitssätze der Gleichberechtigung von Männern und Frauen und der Nichtdiskriminierung von Behinderten.

153 Die Gleichberechtigung von Männern und Frauen spielt v. a. bei der Diskussion um Frauenquoten im öffentlichen Dienst eine Rolle. Einerseits sind Männer und Frauen gemäß Art. 3 II 1 GG gleichberechtigt, was es grundsätzlich verbietet, Quoten für das unterrepräsentierte Geschlecht – und das sind in den meisten Ämtern des öffentlichen Dienstes die Frauen – vorzusehen. Denn solche Quoten beeinträchtigen natürlich die Einstellungs- und Aufstiegsmöglichkeiten von Angehörigen des anderen Geschlechts – also meist von Männern. Auf der anderen Seite schreibt Art. 3 II 2 GG vor, dass der Staat die tatsächliche Durchsetzung der Gleichberechtigung von Frauen und Männern fördert und auf die Beseitigung bestehender Nachteile hinwirkt. Dies scheint eher für die Möglichkeit geschlechtsbezogener Quoten zu sprechen, v. a. als Mittel effektiver Frauenförderung.

154 Inzwischen hat sich in der Rechtsprechung[6] folgende Linie herauskristallisiert: Starre Quoten, die einseitig Angehörige eines unterrepräsentierten Geschlechts so lange bevorzugen, bis nahezu Geschlechterparität bei den jeweiligen Ämtern erreicht ist, werden als verfassungswidrig betrachtet. Mit dem Grundgesetz vereinbar sollen jedoch flexible Quoten sein, die eine bevorzugte Einstellung und Beförderung von Angehörigen des unterrepräsentierten Geschlechts vorsehen, sofern nicht in der Person eines Bewerbers des anderen Geschlechts liegende Gründe überwiegen. Praktisch bedeutet dies zumeist, dass bei vollständig gleicher Qualifikation einer Frau und eines Mannes die Frau zu berücksichtigen ist, während bei einem – auch kleinen – Qualifikationsvorsprung des Mannes dieser zum Zuge kommt.

5. Schwerbehinderte Bewerber

155 Was schwerbehinderte Bewerber[7] anbelangt, so dürfen diese bei der Einstellung in den öffentlichen Dienst und bei dem Aufstieg innerhalb des Dienstes gemäß Art. 3 III 2 GG nicht benachteiligt werden. Im Umkehrschluss zu dieser Bestimmung sowie im Vergleich zu Art. 3 II GG ergibt sich allerdings auch, dass Behinderte bevorzugt werden dürfen. Allerdings muss auch ein schwerbehinderter

---

[6] EuGH, Urt. v. 17.10.1995 – C-450/93 –, NJW 1995, 3109; OVG Lüneburg, Beschl. v. 11.8.1995 – 5 M 7720/94 –, NVwZ 1996, 497; *Leppek*, Beamtenrecht, 12. Auflage, 2015, Rn. 26.
[7] BVerfG, Stattgebender Kammerbeschluss v. 10.12.2008 – 2 BvR 2571/07 –, BVerfGK 14, 492 (493 ff.).

Beamter die grundlegenden Anforderungen des ihm übertragenen Amtes erfüllen können. Die einander widerstreitenden Anforderungen des Art. 33 II GG und des Art. 3 III 2 GG werden dadurch zum Ausgleich gebracht, dass insbesondere die Anforderungen an die körperliche Eignung der behinderten Bewerber für das Amt abgesenkt werden und nach der Rechtsprechung des BVerwG[8] von ihnen auch nicht mehr erwartet wird, dass sie in jedem Fall noch die reguläre Altersgrenze im aktiven Dienst erreichen werden. Vielmehr lässt es das BVerwG nunmehr genügen, wenn der behinderte Beamte zusätzlich zum Vorbereitungsdienst sein Amt voraussichtlich mindestens fünf Jahre wird ausüben können.

Übersicht 7-1: Auswahl unter den Bewerbern 156

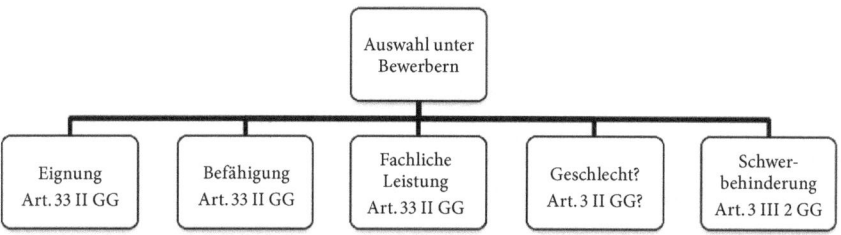

6. Bewerbungsverfahrensanspruch

Auch wenn ein Bewerber all diese Anforderungen erfüllt, hat er keinen Anspruch auf Einstellung. Er kann lediglich beanspruchen, im Rahmen des Bewerbungsverfahrens nach Maßgabe seiner Qualifikation in gleicher Weise wie andere Bewerber berücksichtigt zu werden. Dieser Anspruch kann verwaltungsgerichtlich in der Hauptsache mit einer Verpflichtungsklage als Bescheidungsklage sowie im einstweiligen Rechtsschutz durch eine einstweilige Anordnung durchgesetzt werden. 157

Ausnahmsweise kann sich ein Anspruch auf Einstellung aus einer Zusicherung gemäß § 38 VwVfG ergeben. In solchen Fällen wird aber stets besonders zu prüfen sein, ob die Zusicherung ihrerseits wirksam ist. 158

II. Voraussetzungen der Ernennung

Eine Ernennung als Begründung eines Beamtenverhältnisses ist an formelle und inhaltliche Voraussetzungen geknüpft.[9] 159

---

[8] BVerwG, Urt. v. 30.10.2013 – 2 C 16/12 –, BVerwGE 148, 204 (204 ff.); BVerwG, Urt. v. 25.7.2013 – 2 C 12/11 –, BVerwGE 147, 244 (248 ff.); BVerwG, Urt. v. 25.7.2013 – 2 C 18/12.

[9] *Battis*, Beamtenrecht, in: Ehlers/Fehling/Pünder (Hrsg.), Besonderes Verwaltungsrecht,

1. Formelle Voraussetzungen

160 In formeller Hinsicht bedarf die Ernennung als Verwaltungsakt der Mitwirkung des Beamten. Der Beamte muss sich mit der Ernennung einverstanden erklären und die Ernennungsurkunde entgegennehmen. Die Ernennung wird gemäß § 10 II 1 BBG; § 8 II 1 BeamtStG nur durch Aushändigung einer Ernennungsurkunde wirksam, welche einen bestimmten gesetzlich festgelegten Wortlaut aufweisen muss; insofern handelt es sich um eine Ausnahme zum Grundsatz der Formfreiheit von Verwaltungsakten nach § 37 II VwVfG.

2. Inhaltliche Voraussetzungen

161 In inhaltlicher Hinsicht müssen regelmäßig vier positive und eine negative Voraussetzung erfüllt sein: Der Bewerber muss Deutscher sein, für die freiheitliche demokratische Grundordnung eintreten, eine entsprechende Vorbildung aufweisen und sich in der Probezeit bewährt haben. Zudem darf er nicht zuvor aus einem Beamtenverhältnis im Wege des Disziplinarverfahrens entfernt worden sein.

a) Deutscher

162 Der Bewerber muss die deutsche Staatsangehörigkeit besitzen oder Statusdeutscher im Sinne des Art. 116 GG sein. Weil das Beamtenverhältnis eine besondere Nähebeziehung des Beamten zu seinem Dienstherrn darstellt und die Treuepflicht des Beamten über die allgemeine Pflicht des Staatsbürgers zum Rechtsgehorsam hinausgeht, werden Beamtenstellen – wie in anderen Staaten auch – grundsätzlich nur mit eigenen Staatsangehörigen besetzt. In Anbetracht der europarechtlich gewährleisteten Arbeitnehmerfreizügigkeit gemäß Art. 45 AEUV sind die beamtenrechtlichen Regelungen allerdings inzwischen in der Weise angepasst worden, dass auch die Staatsangehörigkeit eines anderen EU-Mitgliedstaates ausreicht. Den Vorbehalt des Art. 45 IV AEUV, dass die Arbeitnehmerfreizügigkeit keine Anwendung findet auf die Beschäftigung in der öffentlichen Verwaltung, legt der EuGH[10] sehr eng aus und bezieht ihn nur auf die klassische Eingriffsverwaltung, etwa durch die Polizei (→ Rn. 128).

163 Für besonders wichtige Aufgaben, etwa für besondere Geheimnisträger, sehen § 7 II BBG; § 7 II BeamtStG weiterhin eine Beschränkung nur auf Deutsche vor.

Bd. 3, 3. Auflage, 2013, § 87 Rn. 66 ff.; *Leppek*, Beamtenrecht, 12. Auflage, 2015, Rn. 68 ff.; *Zentgraf* in: Metzler-Müller/Rieger/Seeck/Zentgraf (Hrsg.), BeamtStG, § 7 Erl. 1 ff. und § 8 Erl. 1 ff.

[10] EuGH, Urt. v. 30.9.2003 – C-405/01 (Colegio de Oficiales de la Marina Mercante Española) –, DVBl. 2004, 197; EuGH, Urt. v. 3.7.1986 – C-66/85 (Lawrie-Blum); EuGH, Urt. v. 12.2.1974 – 152/73 (Sotgiu).

Andererseits kann auf das Staatsangehörigkeitserfordernis gemäß § 7 III BBG; § 7 III BeamtStG bei einem dringenden dienstlichen Bedürfnis auch verzichtet werden. Dies betrifft vor allem den Hochschulbereich und fördert die weltweite Mobilität im Universitätswesen.

Kommt wegen der Staatsangehörigkeit des Bewerbers keine Beschäftigung als Beamter in Betracht, kann immer noch eine Tätigkeit als Angestellter im öffentlichen Dienst in Frage kommen. **164**

b) Eintreten für die freiheitliche demokratische Grundordnung

Der Bewerber muss gemäß § 7 I Nr. 2 BBG; § 7 I Nr. 2 BeamtStG ferner die Gewähr dafür bieten, jederzeit für die freiheitliche demokratische Grundordnung einzutreten. Darunter versteht man in Umsetzung der Rechtsprechung des BVerfG[11] eine Rechtsordnung mit Volkssouveränität, Gewaltenteilung, parlamentarischer Verantwortlichkeit der Regierung, parlamentarischer Opposition, rechtsstaatlicher Bindung der Staatsgewalt, unabhängiger Justiz, dem Ausschluss jeder Gewalt- und Willkürherrschaft sowie den im Grundgesetz konkretisierten Menschenrechten. Eine detaillierte Auflistung der einzelnen Elemente findet sich in § 4 II BVerfSchG. Dieses Erfordernis ist unmittelbarer Ausdruck der Treuepflicht des Beamten. Ein Beamter darf bei Angriffen auf diese Grundordnung nicht wie ein neutraler Beobachter nur beiseite stehen, sondern er muss aktiv dagegen einschreiten. **165**

c) Entsprechende Vorbildung

Der Bewerber muss weiterhin gemäß § 7 I Nr. 3 BBG; § 7 I Nr. 3 BeamtStG die für das jeweilige Amt erforderliche entsprechende Vorbildung bzw. landesrechtlich vorgeschriebene Befähigung besitzen. Diese Anforderungen gelten laufbahnspezifisch (→ Rn. 49). Zum Teil kann die erforderliche Vorbildung auch durch gleichwertige Lebens- und Berufserfahrung erworben werden. **166**

d) Bewährung in der Probezeit

Für eine Ernennung zum Beamten auf Lebenszeit ist gemäß § 11 I Nr. 2 BBG; § 10 S. 1 BeamtStG weitere Voraussetzung, dass der Beamte sich in der Probezeit unter Anlegung eines strengen Maßstabs bewährt hat. Diese Probezeit beträgt je nach Laufbahngruppe gemäß § 10 BeamtStG zwischen sechs Monaten und fünf Jahren, für Bundesbeamte gemäß § 11 BBG zwischen drei und fünf Jahren. Die vergleichsweise lange und strenge Probezeit erklärt sich daraus, dass ein Beamter auf Lebenszeit nur noch unter sehr erschwerten Bedingungen aus dem Dienst entfernt werden kann, mithin der Dienstherr also mit Ablauf der Probezeit eine Prognose über die Leistung und Verhalten des Beamten bis zum Erreichen der Altersgrenze **167**

---
[11] BVerfGE 2, 1 (12 f.).

anstellen muss. Denn die arbeitsrechtlichen Möglichkeiten einer personen- oder verhaltensbedingten Kündigung bestehen gegenüber Beamten gerade nicht.

e) Keine Entfernung im Disziplinarverfahren

168 Als negative Voraussetzung für eine Ernennung sieht § 10 VI BDG vor, dass der zu ernennende Beamte nicht zuvor im Wege eines Disziplinarverfahrens aus einem anderen Beamtenverhältnis entfernt worden sein durfte. Dadurch soll der öffentliche Dienst vor solchen Bewerbern bewahrt werden, die als ehemalige Beamte sich eines so schweren Dienstvergehens nach § 77 I BBG; § 47 I BeamtStG schuldig gemacht hatten, dass gegen sie auf die härteste Disziplinarmaßnahme überhaupt erkannt worden war. Insofern bietet das Beamtenrecht keine „zweite Chance" und dient nicht der Resozialisierung.

169 Übersicht 7-2: Voraussetzungen der Ernennung

III. Fallgruppen der Ernennung

170 Das Beamtenrecht unterscheidet vier Fallgruppen der Ernennung: Diese sind die Einstellung des Beamten, die Umwandlung des Beamtenverhältnisses, die Beförderung und der Laufbahnwechsel.

1. Einstellung

171 Die Einstellung[12] gemäß § 10 I Nr. 1 BBG; § 8 I Nr. 1 BeamtStG ist die Begründung des Beamtenverhältnisses. Die Einstellung erfolgt in das Eingangsamt der jeweiligen Laufbahngruppe; eine Einstellung in Beförderungs- oder Endämter ist nicht möglich. Dies ist Ausdruck des Laufbahnprinzips, wonach ein Beamter sich zunächst in einem geringerwertigen Amt zu bewähren hat, bevor er in ein höherwertiges Amt aufsteigen kann.

---

[12] *Battis*, BBG, § 10 Rn. 8; *Reich*, BeamtStG, § 8 Rn. 3; *Leppek*, Beamtenrecht, 12. Auflage, 2015, Rn. 68 ff.; *Zentgraf* in: Metzler-Müller/Rieger/Seeck/Zentgraf (Hrsg.), BeamtStG, § 8 Erl. 2.1 und 3.2.

2. Umwandlung

Auch die Umwandlung[13] eines Beamtenverhältnisses kann gemäß § 10 I Nr. 2 BBG; § 8 I Nr. 2 BeamtStG nur durch Ernennung erfolgen. Umwandlung bedeutet die Umgestaltung des einen Beamtenverhältnisses in ein solches anderer Art. Dabei wird der Beamte nicht aus seinem früheren Beamtenverhältnis entlassen und in das neue eingestellt, sondern sein früheres Beamtenverhältnis wird als neues Beamtenverhältnis fortgesetzt. Hintergrund der Umwandlung sind die verschiedenen Beamtenverhältnisse als Beamter auf Widerruf, Probe, Zeit oder Lebenszeit. Die typischen Fälle sind die Umwandlung eines Beamtenverhältnisses auf Widerruf im Vorbereitungsdienst in ein Beamtenverhältnis auf Probe sowie nach Ablauf der Probezeit die weitere Umwandlung in ein Beamtenverhältnis auf Lebenszeit. Das Beamtenverhältnis auf Zeit stellt kein notwendiges Durchgangsstadium dar, weil es speziell auf die Fallgruppen kommunaler Wahlbeamter wie Bürgermeister und akademischer Qualifikationsstellen zugeschnitten ist.

172

3. Beförderung

Die Beförderung[14] eines Beamten erfolgt gemäß § 10 I Nr. 3 BBG; § 8 I Nr. 3 BeamtStG gleichfalls durch Ernennung. Sie stellt die Verleihung eines höherwertigen Amtes mit höherem Endgrundgehalt und anderer Amtsbezeichnung dar. Die Beförderung wird im Rahmen der Änderung des Beamtenverhältnisses ausführlich erörtert (→ Rn. 209 ff.).

173

4. Laufbahnwechsel

Schließlich geschieht auch der Laufbahnwechsel[15] gemäß § 10 I Nr. 4 BBG; § 8 I Nr. 4 BeamtStG durch Ernennung. Das Bundesrecht kennt die Laufbahnen des einfachen, mittleren, gehobenen und höheren Dienstes; im Landesrecht sind zum Teil die Laufbahnen des einfachen und mittleren sowie diejenigen des geho-

174

---

[13] *Battis*, Beamtenrecht, in: Ehlers/Fehling/Pünder (Hrsg.), Besonderes Verwaltungsrecht, Bd. 3, 3. Auflage, 2013, § 87 Rn. 72; *Battis*, BBG, § 10 Rn. 9; *Leppek*, Beamtenrecht, 12. Auflage, 2015, Rn. 82 ff.; *Reich*, BeamtStG, § 8 Rn. 4; *Zentgraf* in: Metzler-Müller/Rieger/Seeck/Zentgraf (Hrsg.), BeamtStG, § 8 Erl. 2.2 und 3.3.
[14] *Battis*, Beamtenrecht, in: Ehlers/Fehling/Pünder (Hrsg.), Besonderes Verwaltungsrecht, Bd. 3, 3. Auflage, 2013, § 87 Rn. 73; *Battis*, BBG, § 10 Rn. 10; *Leppek*, Beamtenrecht, 12. Auflage, 2015, Rn. 84 ff.; *Reich*, BeamtStG, § 8 Rn. 5; *Zentgraf* in: Metzler-Müller/Rieger/Seeck/Zentgraf (Hrsg.), BeamtStG, § 8 Erl. 2.3.
[15] *Battis*, BBG, § 10 Rn. 14; *Leppek*, Beamtenrecht, 12. Auflage, 2015, Rn. 94 f.

benen und höheren Dienstes jeweils zu einer zweistufigen Laufbahn kombiniert worden. Diese vier Laufbahnen überlappen sich in der Form, dass jeweils das Endamt einer unteren Laufbahn dem Eingangsamt der nächsthöheren Laufbahn von der Besoldungsgruppe her (nicht aber unbedingt von der Amtsbezeichnung) entspricht. Diese drei Verzahnungsämter sind bei der Besoldungsgruppe A 5 zwischen dem einfachen und dem mittleren, bei A 9 zwischen dem mittleren und dem gehobenen sowie bei A 13 zwischen dem gehobenen und dem höheren Dienst angesiedelt. Ein Laufbahnwechsel kann also in der Form geschehen, dass der Erste Polizeihauptkommissar des gehobenen Dienstes (A 13) zum Polizeirat des höheren Dienstes (A 13) ernannt wird.

175 Besoldungsmäßig ist mit einem Laufbahnwechsel zunächst kein Vorteil verbunden, vielmehr entfallen häufig Amtszulagen, möglicherweise erhöht sich auch die Altersgrenze für den Eintritt in den Ruhestand. Mittelfristig besteht nach einem Laufbahnwechsel allerdings die Möglichkeit, in den Ämtern der neuen, höheren Laufbahn weiter befördert zu werden. Die Möglichkeit des Laufbahnwechsels ist für besonders leistungsstarke Beamte interessant, denen bei ihrer Einstellung zwar die notwendige Befähigung für eine höhere Laufbahn fehlte, die aber durch ihre langjährige, durch mehrere Beförderungen ausgezeichnete Tätigkeit eine vergleichbare Qualifikation erworben haben.

176 Übersicht 7-3: Fallgruppen der Ernennung

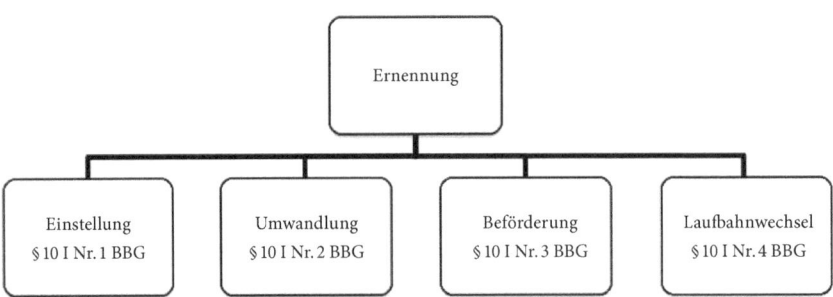

IV. Rechtsfolgen der Ernennung

177 Die Ernennung als statusbegründender bzw. -verändernder Akt zeitigt Rechtsfolgen sowohl für den Beamten persönlich als auch im Hinblick auf die von ihm vorgenommenen Amtshandlungen.

178 Für den Beamten persönlich bedeutet die Ernennung die Begründung bzw. Veränderung eines Beamtenverhältnisses. Daraus ergeben sich die Pflichten des Beamten, vor allem seine Treuepflicht, und seine Rechte, unter anderem der Anspruch auf amtsangemessene Besoldung und Versorgung. Der Beamte erwirbt

zudem ein Recht auf Führung der Dienstgeschäfte, woraus sich der Anspruch auf amtsangemessene Beschäftigung ableiten lässt. Die Ernennung ist stets mit der Verleihung eines Amtes im statusrechtlichen Sinne verbunden; es darf keine Ernennung ohne entsprechende Amtszuweisung geben.
Der ernannte Beamte kann wirksam Amtshandlungen gegenüber Dritten vornehmen. **179**

Übersicht 7-4: Rechtsfolgen der Ernennung **180**

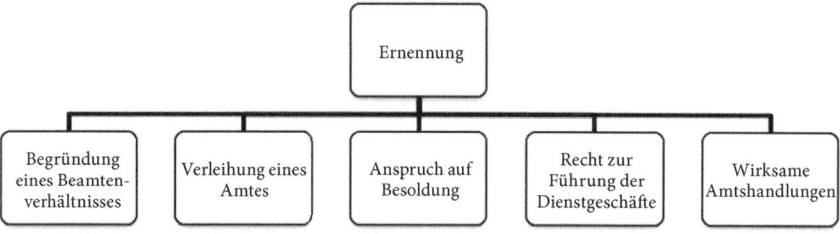

V. Fehlerhafte Ernennung

Die Ernennung kann wie jeder andere Verwaltungsakt auch an Fehlern[16] leiden. **181** Weil die Ernennung an besonders strenge formelle und inhaltliche Voraussetzungen geknüpft ist und zudem die Wirkungen der Ernennung sich über mehrere Jahrzehnte erstrecken können, bedarf es einer gesonderten Fehlerfolgenregelung. Dabei ist nach der Schwere der Fehler in aufsteigender Reihenfolge zwischen der rücknehmbaren Ernennung, der nichtigen Ernennung und der Nichternennung zu unterscheiden.

1. Rücknehmbare Ernennung

Bei der rücknehmbaren Ernennung ist zwischen der obligatorischen und der intendierten Rücknahme zu differenzieren. **182**

Eine Ernennung ist gemäß § 14 I BBG; § 12 I BeamtStG mit Wirkung auch für **183** die Vergangenheit zurückzunehmen, wenn sie durch Zwang, arglistige Täuschung oder Bestechung herbeigeführt wurde, wenn dem Dienstherrn nicht bekannt war, dass der Beamte wegen einer Straftat rechtskräftig verurteilt war und deshalb für die Berufung in das Beamtenverhältnis als unwürdig erscheint oder für die von dem Bewerber zu erfüllenden Aufgaben die Eigenschaft als Deutscher zwingende Voraussetzung ist und eine Ausnahme nicht zugelassen wird. Diesen

---
[16] *Leppek*, Beamtenrecht, 12. Auflage, 2015, Rn. 96 ff.; *Zentgraf* in: Metzler-Müller/Rieger/Seeck/Zentgraf (Hrsg.), BeamtStG, § 8 Erl. 4.

Fallgruppen ist gemeinsam, dass jeweils ein schwerer Fehler, oftmals auch mit strafrechtlichem Hintergrund, in der Person des Beamten vorliegt.

184 Die Ernennung soll gemäß § 14 II BBG; § 12 II BeamtStG zurückgenommen werden, wenn dem Dienstherrn nicht bekannt war, dass gegen den Beamten in einem Disziplinarverfahren auf Entfernung aus dem Beamtenverhältnis oder auf Aberkennung des Ruhegehalts erkannt worden war. Dadurch soll die Wiederernennung entfernter Beamter im Regelfall verhindert werden. Ausnahmsweise kann der Dienstherr von der Entfernung absehen, etwa wenn ein erheblicher Zeitraum zwischen der früheren disziplinarischen Maßnahme und der erneuten Ernennung verstrichen und inzwischen ein grundlegender Gesinnungswandel bei dem Beamten eingetreten ist.

185 Wird die Ernennung zurückgenommen, verliert der Beamte sein Amt im statusrechtlichen Sinne ex tunc und das Beamtenverhältnis endet gleichfalls zu diesem Zeitpunkt. Obwohl der (Ex-)Beamte persönlich damit so gestellt wird, als sei er nie ernannt worden, kann ihm gleichwohl die gezahlte Besoldung gemäß § 15 S. 4 BBG belassen werden. Würde dem (Ex-)Beamten die Besoldung nicht belassen, wäre zu prüfen, ob ihm nicht wenigstens nach den arbeitsrechtlichen Grundsätzen über das faktische Arbeitsverhältnis ein Wertersatz zu leisten wäre.

186 Außerdem ist dem (Ex-)Beamten die weitere Wahrnehmung der Dienstgeschäfte gemäß § 15 S. 1 BBG zu untersagen. Bis zur Zustellung der Rücknahmeerklärung vorgenommene Amtshandlungen des (Ex-)Beamten sind hingegen gemäß § 15 S. 3 BBG gültig. Das Gesetz fingiert deren Vornahme durch einen Beamten und verhindert auf diese Weise, dass Fehler in dem Innenverhältnis zwischen Dienstherrn und (Ex-)Beamten auf das Außenverhältnis der Behörde zum Bürger durchschlagen.

187 Vergleicht man die Rücknahme der Ernennung gemäß §§ 14; 15 BBG; § 12 BeamtStG mit der dadurch verdrängten allgemeinen Vorschrift über die Rücknahme eines begünstigenden Verwaltungsaktes, der keine Geld- oder Sachleistung gewährt, in § 48 III, IV VwVfG, so zeigen sich teils Gemeinsamkeiten, teils Unterschiede. Die Parallele besteht darin, dass in beiden Fällen Täuschung, Drohung oder Bestechung durch den Adressaten des Verwaltungsaktes dessen Vertrauen auf den Bestand des Verwaltungsakts ausschließen. Während nach § 48 I, III, IV VwVfG aber eine Ermessensentscheidung binnen eines Jahres nach Kenntniserlangung des konkreten Sachbearbeiters von allen für die Aufhebung relevanten Tatsachen zu treffen ist, liegt zumindest bei § 14 I, III BBG eine innerhalb eines halben Jahres zu treffende gebundene Rücknahmeentscheidung vor.

2. Nichtige Ernennung

Eine Ernennung ist gemäß § 13 BBG; § 11 BeamtStG nichtig, wenn sie nicht der vorgeschriebenen Form entspricht, also nicht durch Aushändigung einer Urkunde vorgenommen wurde, wenn sie von einer sachlich unzuständigen Behörde ausgesprochen wurde oder wenn dem Ernannten im Zeitpunkt der Ernennung die deutsche Staatsangehörigkeit oder die Fähigkeit zur Bekleidung öffentlicher Ämter fehlte. Das Gleiche gilt, wenn die zu Grunde liegende Wahl – z. B. bei einem Bürgermeister oder einem anderen kommunalen Wahlbeamten – ungültig war. **188**

Die nichtige Ernennung ist hingegen gemäß § 13 II BBG; § 11 II BeamtStG als von Anfang an wirksam anzusehen, wenn die sachlich zuständige Stelle die Wirksamkeit der Ernennung bestätigt bzw. von dem Erfordernis der deutschen Staatsangehörigkeit eine Ausnahme zugelassen wird. Dies ähnelt zivilrechtlich der Bestätigung nichtiger Rechtsgeschäfte nach § 141 BGB. Erfolgt eine solche Bestätigung indes nicht, entsprechen die Rechtsfolgen einer nichtigen Ernennung grundsätzlich den Folgen einer zurückgenommenen Ernennung (→ Rn. 185 f.). **189**

Fraglich ist, ob neben § 13 BBG; § 11 BeamtStG noch § 44 VwVfG anwendbar bleibt. Grundsätzlich dürften diese beamtenrechtlichen Bestimmungen als abschließende Sonderregelungen den Rückgriff auf die allgemeine Vorschrift über nichtige Verwaltungsakte ausschließen. Wegen des besonderen Vertrauens auf den Bestand von Beamtenverhältnissen dürfte allenfalls noch der Rückgriff auf die besonderen Nichtigkeitsgründe der tatsächlichen Unmöglichkeit, der verlangten Begehung einer rechtswidrigen Tat sowie der Sittenwidrigkeit gemäß § 44 II Nr. 4 bis 6 VwVfG in Betracht kommen, ohne dass dies für eine Ernennung große praktische Bedeutung entfalten dürfte. **190**

3. Nichternennung

Die dritte Fallgruppe der fehlerhaften Ernennung stellt die Nichternennung als Unterfall eines Nichtaktes, nicht bloß eines nichtigen Verwaltungsaktes, dar. Dabei fehlt es von vornherein schon an einer der tatbestandlichen Voraussetzungen einer Ernennung, etwa an der Dienstherrnfähigkeit der ernennenden Stelle. Die Nichternennung zeitigt keine Rechtsfolgen. Weder wird ein Amt im statusrechtlichen Sinne verliehen noch ein Beamtenverhältnis begründet. Die Amtshandlungen des Scheinbeamten sind weder wirksam noch werden sie als wirksam fingiert. **191**

192 Übersicht 7-5: Fallgruppen der fehlerhaften Ernennung

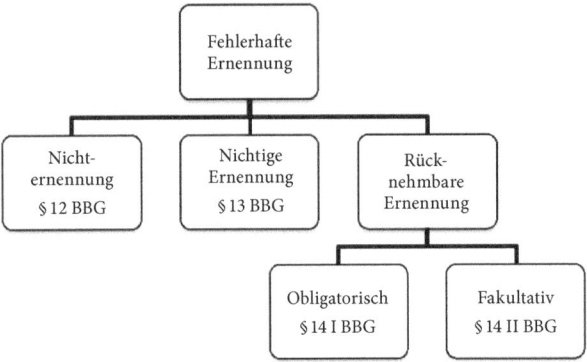

193 Übersicht 7-6: Rechtsfolgen der nichtigen oder zurückgenommenen Ernennung

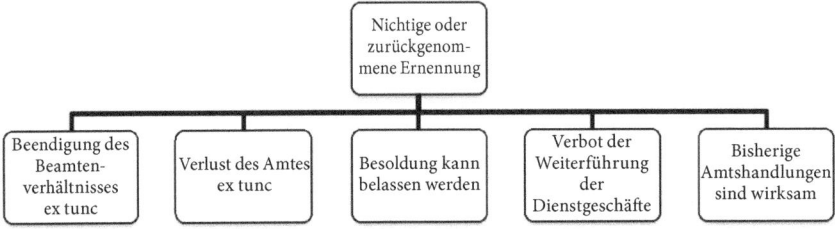

VI. Vergleich mit der Begründung des Arbeitsverhältnisses

194 Die Begründung eines Beamtenverhältnisses unterscheidet sich deutlich von der Begründung eines privatrechtlichen Arbeitsverhältnisses: Mit dem Erfordernis der Aushändigung einer Ernennungsurkunde und der Ernennung nur durch Verwaltungsakt bestehen sehr strenge Formvorschriften, während ein privatrechtliches Arbeitsverhältnis auch durch formfreien Vertrag begründet werden kann. Inhaltlich gehen die Auswahlkriterien von Eignung, Befähigung und fachlicher Leistung deutlich über die arbeitsrechtlichen Diskriminierungsverbote hinaus.

VII. Wiederholungs- und Vertiefungsfragen

195 1) Welche Vorgaben macht Art. 33 Abs. 2 GG hinsichtlich der Auswahl unter den Bewerbern um Beamtenstellen? (Rn. 148 ff.)
2) Dürfen Frauen bei der Einstellung bevorzugt werden? Wenn ja, warum und inwiefern? (Rn. 152 ff.)

3) Dürfen Behinderte bei der Einstellung bevorzugt werden? Wenn ja, warum und inwiefern? (Rn. 155)
4) Was versteht man unter dem „Bewerbungsverfahrensanspruch"? Wie ist er prozessual durchsetzbar? (Rn. 157 f.)
5) Welche formellen und inhaltlichen Voraussetzungen bestehen für eine Ernennung zum Beamten nach dem BBG? (Rn. 159 ff.)
6) Was versteht man unter der „freiheitlich demokratischen Grundordnung"? (Rn. 165)
7) Wie erklärt sich die im Vergleich zum privatrechtlichen Arbeitsverhältnis lange Probezeit des Beamten? (Rn. 167)
8) Nach ihrer Ausbildung zum gehobenen Polizeivollzugsdienst bei der Bundespolizei wird Frau Müller zunächst zur Polizeikommissarin auf Probe, nach vier Jahren dann auf Lebenszeit ernannt, im Laufe der folgenden Jahre mehrfach bis zur Ersten Polizeikommissarin befördert und wechselt schließlich in die Laufbahn des höheren Dienstes als Polizeirätin. Welche Fallgruppen der Ernennung können bei diesem Karriereweg unterschieden werden? (Rn. 170 ff.)
9) Welche Rechtsfolgen zeitigt die Ernennung? (Rn. 177 ff.)
10) Welche rechtlichen Folgen hat eine fehlerhafte Ernennung bzw. kann diese haben? (Rn. 181)
11) Inwiefern ist bei der Rücknahme einer Ernennung zwischen Innenverhältnis (Beamter-Dienstherr) und Außenverhältnis (Dienstherr-Bürger) zu unterscheiden? (Rn. 186)
12) Wann ist eine Ernennung nichtig? Findet § 44 VwVfG Anwendung? (Rn. 190)
13) Was versteht man unter einer „Nichternennung"? (Rn. 191)
14) Inwiefern unterscheidet sich die Begründung eines Beamtenverhältnisses von derjenigen eines privatrechtlichen Arbeitsverhältnisses? (Rn. 194)

Rechtsprechung zu § 7

EuGH, Urt. v. 30.9.2003 – C-405/01 (Colegio de Oficiales de la Marina Mercante Española)   196
EuGH, Urt. v. 17.10.1995 – C-450/93 (Quotenregelung)
EuGH, Urt. v. 3.7.1986 – C-66/85 (Lawrie-Blum)
EuGH, Urt. v. 12.2.1974 – 152/73 (Sotgiu)
BVerfG, Stattgebener Kammerbeschluss v. 10.12.2008 – 2 BvR 2571/07
BVerfG, Beschl. v. 20.4.2004 – 1 BvR 838/01, 1 BvR 1303/03, 1 BvR 340/02, 1 BvR 1436/01, 1 BvR 1450/01 –, BVerfGE 110, 304–338 (Notar im Nebenamt)
BVerfG, Urt. v. 8.7.1997 – 1 BvR 1243/95, 1 BvR 1247/95, 1 BvR 744/96 –, BVerfGE 96, 152–170 (Kündigung von Lehrern)
BVerfG, Beschl. v. 21.2.1995 – 1 BvR 1397/93 –, BVerfGE 92, 140–157 (Sonderkündigung)
BVerwG, Urt. v. 30.10.2013 – 2 C 16/12 –, BVerwGE 148, 204–217 (Gesundheitliche Eignung, Beamte auf Probe)
BVerwG, Urt. v. 25.7.2013 – 2 C 12/11 –, BVerwGE 147, 244–261 (Gesundheitliche Eignung, Beamtenbewerber)
OVG Lüneburg, Beschl. v. 11.8.1995 – 5 M 7720/94

Literatur zu § 7

197 *Zur Eignung:*
Höfling, Wolfram / Stockter, Ulrich, Die gesundheitliche Eignung als Zugangskriterium für ein öffentliches Amt, ZBR 2008, 17–24
Otte, Karl, Gesundheitliche Eignung und Diskriminierung wegen Behinderung, ZBR 2007, 401–405
Rittig, Steffen, Die neuen Maßstäbe des Bundesverwaltungsgerichts zur Beurteilung der gesundheitlichen Eignung von Beamten und die prozessualen Folgen, DÖV 2014, 1054–1056

Zur Bewerberauswahl:
Adam, Roman F., Der sog. Beurteilungsspielraum und die Personalauswahl im öffentlichen Dienst, RiA 2005, 225–231
Eck, Angelika, Die Bestenauswahl gem. Art. 33 Abs. 2 GG, RiA 2012, 16–23
Eckstein, Christoph, Der Grundsatz der Bestenauslese nach Art. 33 Abs. 2 GG in der neuesten verfassungs- und verwaltungsgerichtlichen Rechtsprechung, ZBR 2009, 86–89
Kämmerling, Guido, Leistungsprinzip und Bestenauslese im Lichte der neueren Rechtsprechung, DÖD 2007, 149–162
Lindner, Josef Franz, Der beamtenrechtliche Bewerbungsanspruch, ZBR 2012, 181–187
Neuhäuser, Gert Armin, Die verfassungsrechtliche Pflicht zu einer Ausschreibung öffentlicher Ämter und ihre (allein) verfassungsimmanenten Grenzen, NVwZ 2013, 176–182
von Roetteken, Torsten, Konkretisierung des Prinzips der Bestenauslese in der neueren Rechtsprechung, ZBR 2012, 230–238

Zu den Voraussetzungen der Ernennung:
Günther, Hellmuth, Ernennungen nach neuem Recht der Landesbeamten, RiA 2009, 49–56

Zur Staatsangehörigkeit:
Tabarra, Tarik, Zugänge von Ausländern zur Verbeamtung unter besonderer Berücksichtigung der Rechte von Drittstaatsangehörigen, ZBR 2013, 109–115

Zu Altersgrenzen:
Dombert, Maximilian, Zur Vereinbarkeit von Altersgrenzen mit Europa- und Verfassungsrecht, Jura 2015, 938–950
Gutmann, Rolf, Beamtenrecht und Altersdiskriminierung, VBlBW 2006, 339–345
Kühling, Jürgen / Bertelsmann, Klaus, Höchstaltersgrenzen bei der Einstellung von Beamten, NVwZ 2010, 87–94

Zur fehlerhaften Ernennung:
Günther, Hellmuth, Ernennung zum Beamten und Rechtsformmissbrauch, ZBR 2011, 225–237
Leppek, Sabine, Das Ernennungsrecht in Bundesbeamtengesetz und Beamtenstatusgesetz – Ernennung und Ernennungsfehler unter besonderer Berücksichtigung der Heilbarkeit von Formfehlern, ZBR 2010, 397–406
Leuze, Dieter, Nichternennung eines Beamten und beamtenrechtlicher Schadensersatzanspruch, DÖD 2007, 200–203

§ 8 Veränderung des Beamtenverhältnisses

Das einmal durch Ernennung begründete Beamtenverhältnis kann durch Maßnahmen des Dienstherrn, teils mit, teils ohne Zustimmung des Beamten, verändert werden. Diese Maßnahmen können auf Dauer angelegt oder nur vorübergehender Natur sein. Der Beamte kann bei derselben Behörde verbleiben, zu einer anderen Behörde desselben oder eines anderen Dienstherrn gelangen oder gar ausnahmsweise in der Privatwirtschaft eingesetzt werden. So können diese Maßnahmen das Amt im konkret-funktionalen, im abstrakt-funktionalen oder gar im statusrechtlichen Sinne betreffen. Im Einzelnen sind nach zunehmender Betroffenheit des Beamten in aufsteigender Reihenfolge die Umsetzung, Abordnung, Versetzung und Zuweisung zu unterscheiden. Zudem verändert sich das Beamtenverhältnis auch durch Beförderung und Rückernennung und kann ruhen.

198

I. Umsetzung

Bei der gesetzlich nicht ausdrücklich geregelten Umsetzung[1] wird dem Beamten innerhalb derselben Dienststelle eine andere Aufgabe an einer anderen Position zugewiesen. Im Unterschied zu einer Änderung des Geschäftsverteilungsplans kommt keine neue Aufgabe zu dem Beamten an seiner bisherigen Stelle oder es entfällt eine solche Aufgabe, sondern der Beamte wandert zu der Aufgabe. Eine solche Umsetzung kann vorübergehend oder dauerhaft erfolgen. Sie betrifft lediglich das Amt im konkret-funktionalen Sinne, lässt jedoch das Amt im abstrakt-funktionalen Sinne wegen der fortbestehenden Zugehörigkeit zu derselben Dienststelle sowie das Amt im statusrechtlichen Sinne unberührt. Sie stellt lediglich eine innerdienstliche Maßnahme, aber keinen Verwaltungsakt[2] dar.

199

---

[1] *Battis*, Beamtenrecht, in: Ehlers/Fehling/Pünder (Hrsg.), Besonderes Verwaltungsrecht, Bd. 3, 3. Auflage, 2013, § 87 Rn. 83 ff.; *Leppek*, Beamtenrecht, 12. Auflage, 2015, Rn. 143 ff.; *Reich*, BeamtStG, § 15 Rn. 5; *Rieger* in: Metzler-Müller/Rieger/Seeck/Zentgraf (Hrsg.), BeamtStG, § 13 Erl. 1.

[2] BVerwG, Urt. v. 22.5.1980 – 2 C 30/78 –, BVerwGE 60, 144 (146).

II. Abordnung

200 Die in § 27 BBG; § 14 BeamtStG geregelte Abordnung[3] bedeutet die vorübergehende vollständige oder teilweise Zuordnung einer anderen Aufgabe bei einer anderen Dienststelle desselben oder eines anderen Dienstherrn. Sie betrifft angesichts des Aufgabenwechsels das Amt im konkret-funktionalen Sinne und wegen des Wechsels der Dienststelle auch das Amt im abstrakt-funktionalen Sinne. Das Amt im statusrechtlichen Sinne bleibt hingegen unberührt. Eine Abordnung, die nicht länger als zwei Jahre dauert und bei demselben Dienstherrn zu einer Tätigkeit erfolgt, die einem Amt mit demselben Endgrundgehalt entspricht, bedarf keiner Zustimmung des betroffenen Beamten. Bei einer dienstherrnübergreifenden Abordnung beträgt die Frist fünf Jahre. In den übrigen Fällen richtet sich die Zustimmungsbedürftigkeit nach § 27 III BBG; § 14 III BeamtStG. Die Abordnung stellt einen Verwaltungsakt dar.

201 Weil durch die Abordnung die Zugehörigkeit zu der bisherigen Dienststelle nicht aufgehoben wird, sind für die Dauer der Abordnung drei Rechtsbeziehungen zu unterscheiden, und zwar zwischen dem Beamten und seiner bisherigen Dienststelle, zwischen dem Beamten und der neuen Dienststelle sowie zwischen der alten und der neuen Dienststelle. Das Verhältnis zwischen dem Beamten und seiner bisherigen Dienststelle bleibt maßgebend für sein Amt im statusrechtlichen Sinne sowie für die Rückkehr des Beamten nach Ablauf des Abordnungszeitraums. Auch die Regelungen über Diensteid, Amtsbezeichnung, Besoldung, Versorgung und Krankenfürsorge bestimmen sich nach dieser Beziehung. Die Relation zwischen dem Beamten und seiner neuen Dienststelle ist maßgebend für die übrigen Pflichten und Rechte des Beamten, insbesondere für seine Weisungsgebundenheit. Erfolgt die Abordnung von einem Dienstherrn zum anderen, schließen diese beiden Dienstherrn zumeist einen verwaltungsrechtlichen Vertrag über die Abordnung. Verursacht der abgeordnete Beamte Schäden, kann dieser Vertrag Ausgangspunkt für einen öffentlich-rechtlichen Schadensersatzanspruch des aufnehmenden Dienstherrn gegen den abgebenden sein.

III. Versetzung

202 Die in § 28 BBG; § 15 BeamtStG normierte Versetzung[4] ist die auf Dauer angelegte Übertragung eines anderen Amtes bei einer anderen Dienststelle desselben

---

[3] *Battis*, Beamtenrecht, in: Ehlers/Fehling/Pünder (Hrsg.), Besonderes Verwaltungsrecht, Bd. 3, 3. Auflage, 2013, § 87 Rn. 79; *Leppek*, Beamtenrecht, 12. Auflage, 2015, Rn. 135 ff.; *Reich*, BeamtStG, § 14; *Rieger* in: Metzler-Müller/Rieger/Seeck/Zentgraf (Hrsg.), BeamtStG, § 14.

[4] *Battis*, Beamtenrecht, in: Ehlers/Fehling/Pünder (Hrsg.), Besonderes Verwaltungsrecht, Bd. 3, 3. Auflage, 2013, § 87 Rn. 80 ff.; *Leppek*, Beamtenrecht, 12. Auflage, 2015, Rn. 126 ff.;

oder eines anderen Dienstherrn. Sie betrifft wegen des geänderten Aufgabenkreises das Amt im konkret-funktionalen Sinne und wegen der Zuordnung zu einer anderen Dienststelle auch das Amt im abstrakt-funktionalen Sinne. Das Amt im statusrechtlichen Sinne ist hingegen nur betroffen, wenn die Versetzung mit einem Laufbahnwechsel oder einer Beförderung einhergeht. Eine Versetzung kann gemäß § 15 II 2 BeamtStG ohne Zustimmung des Beamten aus dienstlichen Gründen erfolgen, wenn das neue Amt mit mindestens demselben Grundgehalt verbunden ist wie das bisherige Amt. Ergänzend fordert § 28 II BBG, dass die neue Tätigkeit aufgrund der Vorbildung oder Berufsausbildung des Beamten zumutbar sein muss. In allen übrigen Fällen ist die Zustimmung des Beamten erforderlich. Die Versetzung stellt einen Verwaltungsakt dar.

Durch eine dienstherrnübergreifende Versetzung wird der Dienstherr als einer der beiden Beteiligten des Beamtenverhältnisses ausgetauscht. Der neue Dienstherr tritt an die Stelle des bisherigen Dienstherrn. Dies ähnelt einem arbeitsrechtlichen Betriebsübergang nach § 613a BGB bzw. allgemeiner formuliert einer zivilrechtlichen Vertragsübernahme. Zwischen altem und neuem Dienstherrn können die näheren Umstände der Versetzung durch einen verwaltungsrechtlichen Vertrag geregelt werden.

In Bezug auf den betroffenen Beamten entstehen ähnliche Wirkungen wie bei einer Versetzung durch die Begründung eines neuen öffentlich-rechtlichen Dienst- oder Amtsverhältnisses zu einem anderen Dienstherrn, weil damit gemäß § 31 I Nr. 2 BBG; § 22 II BeamtStG eine Entlassung kraft Gesetzes aus dem bisherigen Beamtenverhältnis eintritt. Im Unterschied zur Versetzung muss es in diesem Fall aber nicht zu einer Übereinstimmung der beiden Dienstherren kommen.

IV. Zuweisung

Die Zuweisung[5] gemäß § 29 BBG; § 20 BeamtStG stellt die vorübergehende Zuordnung des Beamten zu einer anderen Stelle ohne Dienstherrenfähigkeit dar; es handelt sich um eine Art „Abordnung in die Privatwirtschaft". Die Zuweisung betrifft wegen des aufgehobenen Aufgabenkreises das Amt im konkret-funktionalen Sinne und wegen der gelösten Bindung zur Dienststelle auch das Amt im abstrakt-funktionalen Sinne. An deren Stelle treten privatwirtschaftliche Tätig-

---

Reich, BeamtStG, § 15; *Rieger* in: Metzler-Müller/Rieger/Seeck/Zentgraf (Hrsg.), BeamtStG, § 15.

[5] *Battis*, Beamtenrecht, in: Ehlers/Fehling/Pünder (Hrsg.), Besonderes Verwaltungsrecht, Bd. 3, 3. Auflage, 2013, § 87 Rn. 86; *Leppek*, Beamtenrecht, 12. Auflage, 2015, Rn. 142; *Reich*, BeamtStG, § 20; *Rieger* in: Metzler-Müller/Rieger/Seeck/Zentgraf (Hrsg.), BeamtStG, § 20.

keiten und die Beziehung zu einem privaten Arbeitgeber. Das Amt im statusrechtlichen Sinne bleibt hingegen erhalten.

206 Grundsätzlich kann die Zuweisung gemäß § 29 I BBG; § 20 I BeamtStG nur mit Zustimmung des Beamten erfolgen. Ausnahmsweise bedarf es gemäß § 29 II BBG; § 20 II BeamtStG seiner Zustimmung nicht, wenn die bisherige Dienststelle in eine öffentlich-rechtliche Einrichtung ohne Dienstherrneigenschaft oder in eine privatrechtlich organisierte Einrichtung der öffentlichen Hand umgewandelt wird und öffentliche Interessen die Zuweisung erfordern. Darin zeigt sich die Bedeutung dieses Rechtsinstituts als Teil des Privatisierungsfolgenrechts. So sind von Zuweisungen denn auch Beamte der ehemaligen Bundesbahn und Bundespost besonders betroffen, die der Deutschen Bahn AG bzw. der Deutschen Telekom AG zugewiesen worden sind. Dies ist nach Art. 143a I 3 GG für die Bahnbeamten ausdrücklich vorgesehen, und auch Art. 143b III GG wird in Bezug auf die Postbeamten im Sinne einer Zuweisungsmöglichkeit zu verstehen sein.

207 Auch für die Dauer der Zuweisung sind drei Rechtsbeziehungen zu unterscheiden, und zwar zwischen dem Beamten und seiner bisherigen Dienststelle, zwischen dem Beamten und dem neuen privatrechtlichen Arbeitgeber sowie zwischen der bisherigen Dienststelle und dem privatrechtlichen Arbeitgeber. Gemäß § 29 III BBG; § 20 III BeamtStG bleibt die Rechtsstellung des Beamten unberührt. So bleibt das Verhältnis zwischen dem Beamten und seiner bisherigen Dienststelle maßgebend für sein Amt im statusrechtlichen Sinne sowie für die Rückkehr des Beamten nach Ablauf des Zuweisungszeitraums. Ebenso bestimmen sich die Regelungen über Diensteid, Amtsbezeichnung, Besoldung, Versorgung und Krankenfürsorge nach dieser Beziehung. Die Relation zwischen dem Beamten und dem privatrechtlichen Arbeitgeber ist maßgebend für die übrigen Pflichten und Rechte des Beamten, insbesondere für seine Pflicht zur Beachtung des arbeitsrechtlichen Weisungsrechts des Arbeitgebers nach § 315 BGB; § 106 GewO. Soweit kraft ausdrücklicher verfassungsrechtlicher oder gesetzlicher Anordnung der private Arbeitgeber Dienstherrnbefugnisse ausübt, ist er beliehen worden und weitere beamtenrechtliche Aufgaben und Befugnisse können von der bisherigen Dienststelle auf ihn übergehen. Sofern die Zuweisung von Beamten von der bisherigen Dienststelle an den privatrechtlichen Arbeitgeber nicht ausschließlich durch Gesetz erfolgt ist, wird zwischen beiden ein verwaltungsrechtlicher Vertrag über die Zuweisung geschlossen.

208 Das Rechtsinstitut der Zuweisung ist verfassungsrechtlich fragwürdig, weil auf diesem Wege Beamte, deren besondere Rechtsstellung sich nur aus den von ihnen wahrgenommenen öffentlichen Aufgaben erklären lässt, für rein privatwirtschaftliche Tätigkeiten eingesetzt werden. Gleichwohl dürfte die Möglichkeit der Zuweisung sich noch als Fortentwicklung des Rechts des öffentlichen Dienstes nach Art. 33 V GG rechtfertigen lassen. Zudem ist sie in Art. 143a I 3 GG für die Bundesbahnbeamten ausdrücklich erwähnt.

V. Beförderung

Die Beförderung[6] gemäß § 22 BBG und den Parallelvorschriften in den Landesbeamtengesetzen ist die dauerhafte Zuordnung eines neuen, höherwertigen Amtes im statusrechtlichen Sinne. Sie erfolgt durch Verwaltungsakt in Form der Aushändigung einer Ernennungsurkunde. Sie führt regelmäßig zu einem neuen Aufgabenkreis und damit auch zu einem neuen Amt im konkret-funktionalen Sinne. Erfolgt eine Beförderung auf eine Position bei derselben Dienststelle, bleibt das Amt im abstrakt-funktionalen Sinne unverändert. Ist die Beförderung mit einem Wechsel der Dienststelle verbunden, geht sie einher mit einer Versetzung und es ändert sich auch das Amt im abstrakt-funktionalen Sinne.

209

Die Beförderung setzt voraus, dass der Beamte zuvor bereits in ein Eingangsamt oder ein anderes Beförderungsamt dieser Laufbahngruppe ernannt worden war. Im Rahmen einer Laufbahngruppe schließen sich an ein Eingangsamt mehrere Beförderungsämter an. Hat der Beamte das Endamt einer Laufbahngruppe erreicht, ist keine weitere Beförderung mehr möglich, sondern nur noch ein Laufbahnwechsel. Theoretisch kann auch ein Amt mit niedrigerem Endgrundgehalt und anderer Amtsbezeichnung verliehen werden. Weil es sich bei der Ernennung aber um einen mitwirkungsbedürftigen Verwaltungsakt handelt, treten solche Fälle in der Praxis höchst selten auf.

210

Die Beförderung verlangt inhaltlich in gleicher Weise wie die erstmalige Ernennung eine Auswahlentscheidung des Dienstherrn nach den positiven Kriterien Eignung, Befähigung und fachlicher Leistung. Zudem darf als negative Voraussetzung keine Beförderungssperre nach § 8 IV; § 9 III BDG gegeben sein (→ Rn. 452). Zur Absicherung des Laufbahnprinzips sieht § 22 IV Nr. 2 lit. b) BBG vor, dass zwischen zwei Beförderungen mindestens ein Jahr liegen muss.

211

Die Aussicht auf Beförderung ist die wichtigste personalwirtschaftliche Möglichkeit des Dienstherrn, auch bei Beamten auf Lebenszeit die Motivation zur bestmöglichen Diensterfüllung zu erhalten oder zu steigern. Weil viel weniger Beförderungsämter als Eingangsämter einer Laufbahn zur Verfügung stehen, sind solche Stellen unter den Bewerbern hart umkämpft, was oft zu verwaltungsgerichtlichen Verfahren, den sog. beamtenrechtlichen Konkurrentenstreitigkeiten (→ Rn. 746 ff.), führt.

212

---

[6] *Battis*, Beamtenrecht, in: Ehlers/Fehling/Pünder (Hrsg.), Besonderes Verwaltungsrecht, Bd. 3, 3. Auflage, 2013, § 87 Rn. 73 ff.; *Leppek*, Beamtenrecht, 12. Auflage, 2015, Rn. 84; *Reich*, BeamtStG, § 9 Rn. 2–5; *Zentgraf* in: Metzler-Müller/Rieger/Seeck/Zentgraf (Hrsg.), BeamtStG, § 8 Erl. 2.3.

VI. Rückernennung

213 Das Gegenstück zur Beförderung stellt die nur bruchstückhaft gesetzlich geregelte Rückernennung[7] dar. Dabei handelt es sich um die dauerhafte Zuordnung eines neuen, geringerwertigen Amtes im statusrechtlichen Sinne. Weil mit der Rückernennung auch ein anderer Aufgabenkreis verbunden ist, ändert sich auch das Amt im konkret-funktionalen Sinne. Zumeist erfolgt die Rückernennung im Zusammenhang mit der Umbildung von Körperschaften, ist daher mit einem Wechsel der Dienststelle verbunden und verändert auch das Amt im abstrakt-funktionalen Sinne. In einem solchen Fall kann eine Rückernennung gemäß § 18 I BeamtStG erfolgen, weil das dienstliche Bedürfnis zur Beschäftigung eines Beamten mit diesem statusrechtlichen Amt bei dem bisherigen Dienstherrn entfallen ist und auch bei dem neuen Dienstherrn eine entsprechende Verwendung nicht möglich ist.

214 Da die Rückernennung durch Aushändigung einer Ernennungsurkunde zu erfolgen hat, erscheint es möglich, dass der betroffene Beamte die Entgegennahme der Urkunde verweigert, damit die für ihn nachteiligen Folgen nicht eintreten. Vor dem Hintergrund des Rechtsgedankens des § 162 BGB ist in dieser Nichtentgegennahme eine Pflichtverletzung des Beamten zu erblicken, die dann ihrerseits mit den Mitteln des Disziplinarrechts geahndet werden kann.

215 Die Rückernennung kann aber auch auf Antrag des betroffenen Beamten geschehen, etwa wenn dieser die statusrechtliche Verschlechterung in Kauf nehmen möchte wegen der damit verbundenen Vorteile in den Umständen der Diensterfüllung, z. B. wegen kürzerer Wege zur Dienststelle.

216 Die Rückerernennung ist von der Zurückstufung gemäß § 9 BDG zu unterscheiden, die als Disziplinarmaßnahme in einem Disziplinarverfahren wegen schwerer Pflichtverstöße des Beamten verhangen werden kann (→ Rn. 453).

VII. Laufbahnwechsel

217 Auch der Laufbahnwechsel nach § 42 BLV bedeutet eine Veränderung des Beamtenverhältnisses. Ein solcher Wechsel stellt den Übergang von einer zur nächsthöheren Laufbahn der A-Besoldung dar. Wenn ein Beamter nach Durchlaufen einer Laufbahn das Endamt dieser Laufbahn erreicht hat, dann kann er in das Eingangsamt der nächsthöheren Laufbahn übernommen werden. Beide Ämter, End- und Eingangsamt, sind jeweils vom Grundgehalt besoldungsrechtlich gleich bewertet und verzahnen die beiden Laufbahnen (→ Rn. 175).

---

[7] *Leppek*, Beamtenrecht, 12. Auflage, 2015, Rn. 93.

VIII. Übertritt bzw. Übernahme

Das zwischen dem Dienstherrn und dem Beamten bestehende Beamtenverhältnis kann sich nicht nur auf der Seite des Beamten, sondern auch im Bereich des Dienstherrn ändern. Der Dienstherr kann – etwa im Zuge einer kommunalen Gebietsreform – in eine andere Körperschaft eingegliedert oder unter mehreren anderen Körperschaften aufgeteilt werden. Erfolgt eine vollständige Eingliederung, tritt der Beamte gemäß § 16 I BeamtStG in den Dienst der aufnehmenden Körperschaft über. Bei einer Aufgliederung sind die Beamten nach § 16 II 1 BeamtStG anteilig in den Dienst der aufnehmenden Körperschaften zu übernehmen. In beiden Fällen wird das Beamtenverhältnis gemäß § 17 I BeamtStG jeweils mit dem neuen Dienstherrn fortgesetzt.

218

IX. Ruhen des Beamtenverhältnisses

Im Regelfall des Beamtenverhältnisses bestehen die Pflichten und Rechte des Beamten und des Dienstherrn nicht nur potentiell, sondern aktuell. Ausnahmsweise können die wechselseitigen Pflichten und Rechte aber ruhen. Dies ist zum einen bei der Vergabe eines Führungsamtes auf Zeit hinsichtlich des bisherigen Beamtenverhältnisses der Fall (→ Rn. 225). Zum anderen kann bei der Begründung eines weiteren Beamtenverhältnisses zu einem anderen Dienstherrn der bisherige Dienstherr im Einvernehmen mit dem neuen Dienstherrn die Fortdauer des bisherigen Beamtenverhältnisses gemäß § 31 I 2 Nr. 2 BBG anordnen, so dass es zu keiner Entlassung kraft Gesetzes kommt (→ Rn. 233 ff.). Schließlich tritt das Ruhen des Beamtenverhältnisses nach § 40 III BBG ein, wenn der Beamte zu einem kommunalen Wahlbeamten auf Zeit, z. B. als Bürgermeister, gewählt wird.

219

So besteht das ruhende Beamtenverhältnis im Hintergrund weiter, während im Vordergrund ein neues Beamtenverhältnis läuft, aus dem sich die gegenwärtigen Pflichten und Rechte des Beamten und seines neuen Dienstherrn ergeben. Für den Beamten stellt das Ruhen des bisherigen Beamtenverhältnisses einen großen Vorteil dar, weil er bei Beendigung des neuen Beamtenverhältnisses, etwa bei Ablauf der Wahlzeit des Bürgermeisters, in sein bisheriges Beamtenverhältnis zu seinem alten Dienstherrn zurückkehren kann. Lehnt er dies ab, ist er auch aus dem alten Beamtenverhältnis zu entlassen.

220

X. Exkurs: Örtliche Folgepflicht

Wird der Sitz einer Dienststelle verlegt, bleiben die Rechtsstellung des Beamten als sein Amt im statusrechtlichen Sinne, seine Zuordnung zur Dienststelle als

221

Amt im abstrakt-funktionalen Sinne sowie sein Aufgabenkreis als Amt im konkret-funktionalen Sinne gleich. Es ändert sich nicht das Beamtenverhältnis, sondern die Umstände der Diensterfüllung wandeln sich. Den Beamten trifft allerdings eine örtliche Folgepflicht nach § 62 II BBG; er muss seinen Dienst am Ort der Dienststelle erfüllen, selbst wenn dieser Ort verlegt wird.

222 Übersicht 8-1: Veränderungen des Beamtenverhältnisses

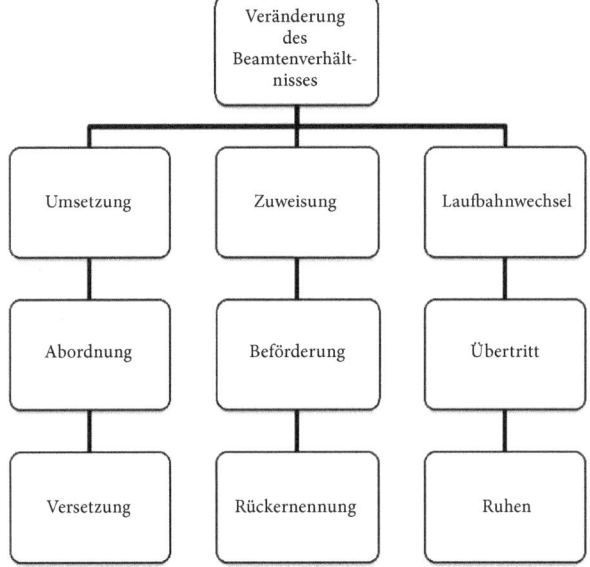

XI. Besonderheiten bei bestimmten Beamtengruppen

223 Zusätzlich zu den bereits erörterten allgemeinen Möglichkeiten der Veränderung des Beamtenverhältnisses bestehen noch Besonderheiten für Referendare sowie bei der Vergabe von Führungsämtern.

1. Überweisung von Referendaren

224 Sofern Referendare noch verbeamtet werden, sind sie Beamte auf Widerruf. Als solche durchlaufen sie jeweils für wenige Monate verschiedene Ausbildungsstationen. Der Wechsel zwischen diesen Stationen unterliegt nicht den strengen Anforderungen an Versetzungen bzw. Abordnungen, sondern erfolgt im Wege der Überweisung[8]. Der Ausbildungszweck rechtfertigt die häufigen Veränderungen.

---
[8] BVerwG, Urt. v. 25.9.2003 – 2 C 49/02 –, NVwZ-RR 2004, 273 f.

2. Vergabe von Führungsämtern

Ein Teil der Führungsämter der Besoldungsgruppe B wird gemäß § 24 BBG einem Beamten auf Lebenszeit zunächst nur im Beamtenverhältnis auf Probe mit einer regulären Probezeit von zwei Jahren übertragen. Dieses Beamtenverhältnis auf Probe überlagert das Beamtenverhältnis auf Lebenszeit, wobei die Pflichten und Rechte aus dem Lebenszeitverhältnis für die Dauer der Probezeit gemäß § 24 II 2 BBG ruhen. Hat der Beamte die Probezeit erfolgreich absolviert, soll ihm gemäß § 24 IV 1 BBG das Führungsamt in einem Beamtenverhältnis auf Lebenszeit übertragen werden. Das bisherige Beamtenverhältnis auf Probe endet gemäß § 35 Nr. 1 BBG und das Beamtenverhältnis auf Lebenszeit wandelt sich nach Maßgabe des Führungsamtes um.

Erfolgt jedoch nach Ablauf der Probezeit keine dauerhafte Übertragung des Führungsamtes, sei es, dass der Beamte die Probezeit nicht bestanden hat, sei es, dass trotz Bestehens der Probezeit ausnahmsweise aus dienstlichen Gründen keine Ernennung erfolgte, erlischt auch hier das Beamtenverhältnis auf Probe nach § 35 Nr. 1 BBG und das Beamtenverhältnis auf Lebenszeit aus dem früheren Amt lebt wieder auf.

XII. Vergleich mit der Veränderung des Arbeitsverhältnisses

Im Vergleich zu einem privaten Arbeitgeber bestehen für einen Dienstherrn insbesondere durch Abordnung, Versetzung und Zuweisung mehr Möglichkeiten, einseitig das Beschäftigungsverhältnis zu ändern. Im Arbeitsrecht bedarf es dafür eines Änderungsvertrages zwischen Arbeitgeber und Arbeitnehmer oder einer Änderungskündigung. Auffällige Parallelen bestehen zwischen dem Übertritt bzw. der Übernahme von Beamten bei der Umbildung von Körperschaften und der Fortsetzung von Arbeitsverhältnissen in den Fällen des Betriebsübergangs nach § 613a BGB.

XIII. Wiederholungs- und Vertiefungsfragen

1) Polizeikommissarin Müller wechselt a) dauerhaft bzw. b) vorübergehend ihre Dienststelle von der Bundespolizeiinspektion Berlin-Hauptbahnhof zur Bundespolizeiinspektion Frankfurt (Oder) unter Beibehaltung der Laufbahn und Besoldungsgruppe, jedoch mit anderem Aufgabenkreis. Worum handelt es sich jeweils? (Rn. 200)
2) Worum handelt es sich, wenn Müller nur innerhalb der Bundespolizeiinspektion Berlin-Hauptbahnhof statt wie bisher für Vandalismus, Eigen-

tums- und Gewaltkriminalität fortan für Sicherungsmaßnahmen im Zusammenhang mit Großveranstaltungen zuständig ist (ohne Veränderung der Laufbahn und Besoldungsgruppe)? (Rn. 199)
3) Wie ist es rechtlich einzuordnen, wenn Müller vorübergehend beratend für die Deutsche Bahn AG tätig werden soll? (Rn. 205 ff.)
4) Welche Rechtsbeziehungen sind in den Fällen 1) bis 3) jeweils zu unterscheiden? (Rn. 198 ff.)
5) Welche Voraussetzungen sind an die Beförderung eines Beamten geknüpft? (Rn. 209 ff.)
6) Gemeinde A wird in die Gemeinde B eingegliedert. Was geschieht mit den Beamten der Gemeinde A? Gibt es Parallelen zum Arbeitsrecht? (Rn. 218)
7) Polizeikommissarin Müller wird zur Bürgermeisterin ihres Heimatortes gewählt. Was geschieht mit ihrem Beamtenverhältnis? (Rn. 219)
8) Heimlich, Erster Direktor beim Bundesnachrichtendienst, verweigert den Umzug von Pullach nach Berlin. Zu Recht? (Rn. 221 ff.)
9) Welche Besonderheiten ergeben sich bei der Vergabe von Führungsämtern und bei Referendaren? (Rn. 223)
10) In welchem wesentlichen Punkt unterscheidet sich (insbesondere) die Veränderung eines Beamtenverhältnisses von der eines privatrechtlichen Arbeitsverhältnisses? (Rn. 227)

Rechtsprechung zu § 8

229 BVerwG, Urt. v. 25.9.2003 – 2 C 49/02 –, NVwZ-RR 2004, 273–274 (Rechtsreferendar, Nichtteilnahme an Ausbildungsveranstaltung)
BVerwG, Urt. v. 22.5.1980 – 2 C 30/78 –, BVerwGE 60, 144–154 (Umsetzung)

Literatur zu § 8

230 *Zur Versetzung:*
Günther, Hellmuth, Der Aspekt Gesundheitsgefährdung des Beamten bei Versetzung und bei Abordnung, RiA 2006, 67–72
Günther, Hellmuth, Zum Einverständnis des aufnehmenden Dienstherrn mit landes- bzw. bundesübergreifender Versetzung, RiA 2009, 193–201
Summer, Rudolf, Ernennung und Versetzung nach neuem Recht – zwei verschiedene Regelungsmodelle eines Gesetzgebers, ZBR 2009, 188–191

Zur Abordnung:
Baßlsperger, Maximilian, Die Abordnung des Beamten, ZBR 2016, 14–26

Zur Zuweisung:
Pfohl, Gerhard, Beamtenverfassungsrechtliche und vertragliche Probleme bei der Dienstleistungsüberlassung, ZBR 2006, 300–306

Nokiel, Werner, Gesetz zur Weiterentwicklung des Personalrechts der Beamtinnen und Beamten der früheren Deutschen Bundespost, DÖD 2015, 59–68

Nokiel, Werner, Rechtsstellung der Beamtinnen und Beamten in den Nachfolgeunternehmen der ehemaligen Deutschen Bundespost, DÖD 2014, 233–243

Schönrock, Sabrina, Versetzung und Zuweisung nach neuem Beamtenrecht, ZBR 2010, 222–229

Wacker, Jörg, Die Zuweisung von Kommunalbeamten an kommunale Gesellschaften – Beamtenbesoldung versus arbeitsvertragliche Vergütung, DVBl. 2015, 1023–1029

Zur Beförderung:
Günther, Hellmuth, Einsatz von Assessment-Centern in der Beförderungsauswahl, DÖD 2016, 117–144

von Laffert, Lisa, Der Bewährungsvorsprung, ZBR 2012, 76–81

Leppin, Angelika, Schadensersatz wegen Nichtbeförderung und Inzidentkontrolle dienstlicher Beurteilungen vor dem Hintergrund aktueller Rechtsprechung, NVwZ 2007, 1241–1246

Scheffer, Markus, Versetzungs- und Beförderungsbewerber. Zur Mängelbehebung im Konkurrentenstreitverfahren, ZBR 2006, 339–342

Szalai, Stephan, Der Anspruch auf Beförderung im Beamtenrecht, DÖD 2009, 297–302

Zeiler, Horst, Bestenauslese nach Art. 33 Abs. 2 GG und Anforderungsprofil – ein unlösbarer Zwiespalt?, ZBR 2010, 191–196

Zur Folgepflicht:
Günther, Hellmuth, Zumutbarkeit und Folgepflicht, RiA 2007, 19–22

§ 9 Beendigung des Beamtenverhältnisses

231 Das durch Ernennung begründete und in der Folge ggf. veränderte Beamtenverhältnis kann auch wieder enden.[1] Greift keiner der besonderen Beendigungsgründe der Entlassung des Beamten, des Verlusts der Beamtenrechte, der Entfernung aus dem Beamtenverhältnis oder der Versetzung in den Ruhestand ein, endet das Beamtenverhältnis des aktiven Beamten in der Regel mit dem Eintritt in den Ruhestand.

I. Entlassung

232 Die Entlassung[2] des Beamten kann kraft Gesetzes oder durch einen konstitutiven Entlassungsbescheid des Dienstherrn eintreten. Dabei bestehen Sonderregelungen für bestimmte Beamtengruppen.

1. Entlassung kraft Gesetzes

233 Ein Beamter ist kraft Gesetzes gemäß § 31 I Nr. 1 BBG; § 22 I Nr. 1 BeamtStG entlassen, wenn er die deutsche Staatsangehörigkeit bzw. die Staatsangehörigkeit eines EU-Mitgliedstaates verliert und eine Ausnahme vom Erfordernis der Staatsangehörigkeit auch nicht nachträglich zugelassen wird. In diesem gesetzlichen Entlassungsgrund zeigt sich die Bedeutung der Staatsangehörigkeit als Grundlage der beamtenrechtlichen Treuepflicht.

234 Die Entlassung tritt kraft Gesetzes ferner im Fall des § 31 I Nr. 2 BBG; § 22 II BeamtStG ein, wenn ein anderes öffentlich-rechtliches Dienst- oder Amtsverhältnis zu einem anderen Dienstherrn begründet wird. Praktisch bedeutet dies, dass ein Beamter auch gegen den Willen seines bisherigen Dienstherrn jederzeit

---

[1] *Battis*, Beamtenrecht, in: Ehlers/Fehling/Pünder (Hrsg.), Besonderes Verwaltungsrecht, Bd. 3, 3. Auflage, 2013, § 87 Rn. 87 ff.; *Leppek*, Beamtenrecht, 12. Auflage, 2015, Rn. 147.

[2] *Battis*, Beamtenrecht, in: Ehlers/Fehling/Pünder (Hrsg.), Besonderes Verwaltungsrecht, Bd. 3, 3. Auflage, 2013, § 87 Rn. 91 ff.; *Leppek*, Beamtenrecht, 12. Auflage, 2015, Rn. 148 ff.; *Reich*, BeamtStG, § 22 f.; *Seeck* in: Metzler-Müller/Rieger/Seeck/Zentgraf (Hrsg.), BeamtStG, § 22 f.

zu einem anderen Dienstherrn wechseln kann. Sind sich die beiden Dienstherrn indes über den Wechsel des Beamten einig, kommt auch eine dienstherrnübergreifende Versetzung nach § 28 V BBG; § 15 III BeamtStG in Betracht.

In beiden Fällen der Entlassung kraft Gesetzes stellt die oberste Dienstbehörde nach § 31 II BBG das Vorliegen der Voraussetzungen der Entlassung sowie den Tag der Beendigung des Beamtenverhältnisses fest. Insoweit handelt es sich um einen feststellenden, keinen gestaltenden Verwaltungsakt. Ausnahmsweise kann die Dienstbehörde auch im Einvernehmen mit dem neuen Dienstherrn die Fortdauer des Beamtenverhältnisses gemäß § 31 I 2 Nr. 2 BBG anordnen. In diesem Fall unterhält der Beamte zwei Beamtenverhältnisse zu zwei verschiedenen Dienstherren. 235

Wird der Beamte kraft Gesetzes entlassen, ist er nicht mehr zur Dienstleistung verpflichtet. Auf der anderen Seite verliert er den Anspruch auf Besoldung und kann keine weiteren versorgungsrechtlichen Ansprüche mehr erwerben. 236

2. Entlassungsbescheid

Ist der Beamte nicht kraft Gesetzes entlassen, kommt immer noch die Entlassung durch einen konstitutiven Entlassungsbescheid des Dienstherrn in Betracht. Dabei ist zu unterscheiden, ob diese Entlassung auf die Initiative des Dienstherrn oder des Beamten zurückgeht. 237

Der Dienstherr hat den Beamten gemäß § 32 I Nr. 1 BBG; § 23 I 1 Nr. 1 BeamtStG zu entlassen, wenn dieser den Diensteid oder das Gelöbnis verweigert. Denn damit bringt der Beamte zum Ausdruck, dass es ihm mit der Erfüllung der dienstrechtlichen Pflichten nicht ernst ist. Eine Entlassung ist gemäß § 32 I Nr. 2 BBG; § 23 I 1 Nr. 2 BeamtStG auch vorzunehmen, wenn der Beamte wegen Nichterfüllung der versorgungsrechtlichen Wartezeit[3] nicht in den Ruhestand versetzt werden kann. Hier muss eine Möglichkeit bestehen, das Dienstverhältnis des aktiven Beamten zu beenden, ohne ein Ruhestandsverhältnis zu begründen. Das Gleiche gilt gemäß § 23 I 1 Nr. 3 BeamtStG bei dauernder Dienstunfähigkeit, wenn keine Versetzung in den Ruhestand in Betracht kommt. Auch in der Übernahme eines Abgeordnetenmandats in Bundestag oder Europaparlament durch den Beamten liegt ein Entlassungsgrund gemäß § 32 I Nr. 3 BBG. Dadurch soll verhindert werden, dass die Legislative von weisungsabhängigen Beamten dominiert wird, die die Exekutive und damit letztlich sich selbst kontrollieren. Schließlich kann der Dienstherr einen Beamten gemäß § 32 II BBG entlassen, wenn für die Aufgabe gemäß § 7 II BBG zwingend nur ein Deutscher in das Beamtenverhältnis berufen werden konnte und diese Eigenschaft verlorengeht. 238

---

[3] Vgl. die Fünfjahresfrist in § 4 I 1 Nr. 1 BeamtVG.

239 Ein Beamter kann zudem jederzeit seine Entlassung gemäß § 33 BBG; § 23 I 1 Nr. 4 BeamtStG verlangen. Dieser Forderung hat sein Dienstherr zu entsprechen, und zwar grundsätzlich zum begehrten Zeitpunkt und nur ausnahmsweise bis zur Erledigung der übertragenen Dienstgeschäfte, längstens aber nach drei Monaten. Diese großzügige Entlassungsmöglichkeit nimmt Rücksicht auf die Situation des einzelnen Beamten, falls dieser sich wegen politischer Differenzen mit der ihm gegenüber weisungsbefugten Regierung oder aus anderen Gründen nicht mehr in der Lage sieht, seine Dienstpflichten treu zu erfüllen. Auf der anderen Seite darf nicht übersehen werden, dass damit dem Beamten eine Möglichkeit eröffnet wird, das grundsätzlich auf Lebenszeit angelegte Beamtenverhältnis zu beenden, die in dieser Form für den Dienstherrn nicht besteht.

240 Die Rechtsfolgen der Entlassung durch Bescheid entsprechen grundsätzlich den Folgen der Entlassung kraft Gesetzes (→ Rn. 233 ff.). Der Beamte ist nicht mehr zur Dienstleistung verpflichtet, er verliert den Anspruch auf Besoldung und kann keine weiteren versorgungsrechtlichen Ansprüche mehr erwerben.

3. Sonderregelungen für bestimmte Beamtengruppen

241 Zusätzliche Entlassungsgründe bestehen für Beamte auf Probe, für Beamte in Führungsämtern auf Probe, für politische Beamte auf Probe sowie für Beamte auf Widerruf.

242 Beamte auf Probe können gemäß § 34 BBG; § 23 III BeamtStG durch gesonderte Entlassungsverfügung auch wegen fehlender Bewährung, bei Dienstunfähigkeit sowie bei Wegfall des Bedarfs für ihre Beschäftigung wegen Auflösung ihrer Beschäftigungsbehörde entlassen werden.

243 Beamte in Führungsämtern auf Probe sind gemäß § 35 BBG; § 22 V BeamtStG kraft Gesetzes mit Ablauf der Probezeit, Beendigung des daneben bestehenden Beamtenverhältnisses auf Lebenszeit oder Versetzung zu einem anderen Dienstherrn aus diesem Probebeamtenverhältnis entlassen. Zudem bestehen für sie auch die anderen Entlassungsgründe wie für sonstige Beamte auf Probe gemäß § 34 I; § 35 S. 3 BBG.

244 Politische Beamte auf Probe, also die Inhaber höchster Beamtenstellen, bei denen ständig eine grundlegende politische Übereinstimmung mit der Regierungspolitik verlangt wird, können aus diesem Probebeamtenverhältnis jederzeit ohne Angabe besonderer Gründe gemäß § 36 BBG; § 30 II BeamtStG entlassen werden. Dies gibt der Regierung die Möglichkeit, Schaltstellen im öffentlichen Dienst mit eigenen Vertrauten zu besetzen. Ist der politische Beamte hingegen schon auf Lebenszeit ernannt, kommt die Versetzung in den einstweiligen Ruhestand nach § 54 BBG; § 30 I BeamtStG in Betracht.

Beamte auf Widerruf, also z. B. Referendare und andere Beamte im Vorberei- **245**
tungsdienst, sind außerdem kraft Gesetzes mit dem Bestehen oder dem endgültigen Nichtbestehen der Laufbahnprüfung gemäß § 37 II BBG; § 22 IV BeamtStG entlassen. Sie können überdies jederzeit gemäß § 37 I BBG; § 23 IV BeamtStG i. V. m. Landesrecht durch gesonderte Verfügung entlassen werden, wobei der Dienstherr aber auf die verfassungsrechtlich verbürgte Ausbildungsfreiheit nach Art. 12 I GG Rücksicht zu nehmen hat.

II. Verlust der Beamtenrechte

Als Folge einer strafgerichtlichen Verurteilung zu einer Freiheitsstrafe von min- **246**
destens einem Jahr oder wegen eines Staatsschutzdeliktes endet das Beamtenverhältnis mit der Rechtskraft des Urteils, und die Beamtenrechte gehen kraft Gesetzes gemäß § 30 Nr. 2; § 41 BBG; § 21 Nr. 2; § 24 BeamtStG verloren.[4] In der Praxis ergeht zumeist noch ein den Verlust lediglich feststellender Bescheid. Der (Ex-)Beamte verliert die Ansprüche auf Besoldung und Versorgung und darf seine bisherige Amtsbezeichnung sowie die im Zusammenhang mit dem Amt verliehenen Titel nicht mehr weiterführen.

III. Entfernung aus dem Dienst

Wird der Beamte zwar strafrechtlich verurteilt, erreicht das Strafmaß aber nicht **247**
die für den Verlust der Beamtenrechte kraft Gesetzes maßgebende Schwelle, kommt noch eine Entfernung des Beamten aus dem Dienst[5] im Rahmen eines (dem Strafverfahren meist nachgeschalteten) Disziplinarverfahrens gemäß § 10 Nr. 3 BBG; § 21 Nr. 3 BeamtStG; § 10 BDG in Betracht (→ Rn. 436 ff.). Dieses Verfahren dient der Beseitigung des sogenannten „disziplinarischen Überhangs", soll also zusätzlich zu der strafrechtlichen Verurteilung die spezifische dienstrechtliche Pflichtwidrigkeit des Beamten ahnden und dadurch die Integrität des öffentlichen Dienstes wahren.

---

[4] *Battis*, Beamtenrecht, in: Ehlers/Fehling/Pünder (Hrsg.), Besonderes Verwaltungsrecht, Bd. 3, 3. Auflage, 2013, § 87 Rn. 111; *Leppek*, Beamtenrecht, 12. Auflage, 2015, Rn. 155; *Reich*, BeamtStG, § 24; *Seeck* in: Metzler-Müller/Rieger/Seeck/Zentgraf (Hrsg.), BeamtStG, § 24.
[5] *Battis*, Beamtenrecht, in: Ehlers/Fehling/Pünder (Hrsg.), Besonderes Verwaltungsrecht, Bd. 3, 3. Auflage, 2013, § 87 Rn. 112; ; *Leppek*, Beamtenrecht, 12. Auflage, 2015, Rn. 156; *Reich*, BeamtStG, § 21 Rn. 6; *Seeck* in: Metzler-Müller/Rieger/Seeck/Zentgraf (Hrsg.), BeamtStG, § 21 Erl. 3.

IV. Ruhestand

248 Das Beamtenverhältnis endet außerdem mit dem Eintritt oder der Versetzung in den Ruhestand[6] gemäß § 30 Nr. 4 BBG; § 21 Nr. 4 BeamtStG. Allerdings kann die Altersgrenze auch hinausgeschoben werden. Schließlich können politische Beamte jederzeit in den einstweiligen Ruhestand versetzt werden.

1. Eintritt in den Ruhestand

249 Hat der Beamte auf Lebenszeit die Altersgrenze erreicht, tritt er gemäß § 51 BBG; § 25 BeamtStG in den Ruhestand und es wird ein neues Ruhebeamtenverhältnis begründet.

250 Die reguläre Altersgrenze liegt für Bundesbeamte derzeit gemäß § 51 I BBG bei der Vollendung des 67. Lebensjahres[7], für Landesbeamte zum Teil darunter. Für bestimmte Beamtengruppen mit besonderen körperlichen Anforderungen, insbesondere für Beamte im Feuerwehrdienst sowie für Polizeivollzugsbeamte, gilt eine niedrigere generelle Altersgrenze von 62 Jahren, im Landesrecht zum Teil noch niedriger.

251 Grundsätzlich bleiben mit Eintritt in den Ruhestand die Pflichten und Rechte des Beamten bestehen. Der Beamte ist aber nicht mehr zur Dienstleistung verpflichtet und sein Anspruch auf Besoldung wird durch einen Anspruch auf Versorgung abgelöst.

2. Versetzung in den Ruhestand

252 Schon vor Erreichen der regulären Altersgrenze können im Einzelfall Bundesbeamte gemäß § 52 III BBG in den Ruhestand versetzt werden, wobei sie mit versorgungsrechtlichen Abschlägen zu rechnen haben. Schwerbehinderte Beamte können nach § 52 I BBG sogar nach Vollendung des 62. Lebensjahres auf Antrag in den Ruhestand versetzt werden.

253 Ein Beamter ist außerdem gemäß § 44 I 1 BBG in den Ruhestand zu versetzen, wenn er dienstunfähig ist, also wegen seines körperlichen Zustands oder aus gesundheitlichen Gründen zur Erfüllung der Dienstpflichten dauernd unfähig ist.

---

[6] *Battis*, Beamtenrecht, in: Ehlers/Fehling/Pünder (Hrsg.), Besonderes Verwaltungsrecht, Bd. 3, 3. Auflage, 2013, § 87 Rn. 100 ff.; *Leppek*, Beamtenrecht, 12. Auflage, 2015, Rn. 157 ff.; *Reich*, BeamtStG, § 21 Rn. 7; *Seeck* in: Metzler-Müller/Rieger/Seeck/Zentgraf (Hrsg.), BeamtStG, § 21 Erl. 5.

[7] BVerfG, Nichtannahmebeschluss v. 23.5.2008 – 2 BvR 1081/07 –, BVerfGK 13, 576 (577); BVerwG, Urt. v. 26.8.1968 – VI C 3.68 –, BVerwGE 30, 167.

Dabei darf weder eine anderweitige Verwendung des Beamten möglich noch die Wahrnehmung einer neuen, geringerwertigen Tätigkeit zumutbar sein.

Wird während des Ruhestandes des dienstunfähigen Beamten dessen Dienstfähigkeit wiederhergestellt, ist er gemäß § 46 BBG wieder in das Beamtenverhältnis zu berufen, es sei denn zwingende dienstliche Gründe stehen dem entgegen. In diesem Fall gilt das frühere Beamtenverhältnis gemäß § 46 VIII BBG als fortgesetzt.

254

3. Hinausschieben der Altersgrenze

Das Gegenstück zum früheren Beginn des Ruhestands stellt das Hinausschieben der Altersgrenze dar. Auf Antrag des Beamten oder auf Initiative des Dienstherrn mit Zustimmung des Beamten kann im Einzelfall die Altersgrenze gemäß § 53 I 1 BBG bis zu drei Jahre hinausgeschoben werden, wenn dies im dienstlichen Interesse liegt.

255

4. Einstweiliger Ruhestand

Zusätzlich zum Eintritt oder der Versetzung in den Ruhestand besteht für den Dienstherrn die Möglichkeit, politische Beamte jederzeit in den einstweiligen Ruhestand gemäß § 54 BBG; § 30 BeamtStG zu versetzen. Dadurch soll die grundlegende Übereinstimmung zwischen der jeweiligen Regierung und ihren Spitzenbeamten gewahrt bleiben.

256

Zudem können Beamte der Besoldungsordnung B, also noch über den Kreis der politischen Beamten im engeren Sinne hinaus, gemäß § 55 BBG; § 31 BeamtStG auch bei wesentlichen organisatorischen Veränderungen ihrer Behörde in den einstweiligen Ruhestand versetzt werden, wenn dadurch eine Planstelle eingespart wird und eine Versetzung nicht möglich ist.

257

Der in den einstweiligen Ruhestand versetzte Beamte kann gemäß § 57 BBG; § 30 III 2 BeamtStG erneut in ein Beamtenverhältnis auf Lebenszeit berufen werden, wenn ihm ein Amt mit mindestens demselben Endgrundgehalt verliehen werden soll. Anderenfalls gilt er mit Erreichen der regulären Altersgrenze gemäß § 58 II BBG; § 30 IV BeamtStG als dauernd in den Ruhestand versetzt.

258

Die Möglichkeit der Versetzung in den einstweiligen Ruhestand stellt eine Durchbrechung des Lebenszeitprinzips des Beamtenrechts als eines hergebrachten Grundsatzes des Berufsbeamtentums aus Art. 33 V GG dar und ist nur aus historischen Gründen zu rechtfertigen. Denn bereits bei Inkrafttreten des Grundgesetzes war diese Möglichkeit bekannt und sie sollte nicht abgeschafft werden. Allerdings ziehen § 54 BBG und die in Ausübung der durch § 30 I 2 BeamtStG übertragenen Gesetzgebungskompetenz erlassenen landesrechtlichen

259

Regelungen den Kreis der politischen Beamten in verfassungswidriger Weise viel zu weit und erfassen davon beispielsweise auch die höchsten Staatsanwälte und die Leiter von Polizeibehörden, bei denen keineswegs erkennbar ist, warum sie sich in einer fortdauernden Übereinstimmung mit den grundsätzlichen politischen Ansichten und Zielen der Regierung befinden müssen.

V. Übernahme politischer Ämter

260 Wird ein Beamter zum Bundestags- oder Europaabgeordneten gewählt, scheidet er kraft Gesetzes gemäß § 40 I 1 BBG aus seinem Amt, nicht aber aus dem Beamtenverhältnis, aus, wenn er die Wahl annimmt. Seine Pflichten und Rechte ruhen gemäß § 5 AbgG. Nach Ausscheiden aus dem Parlament hat er gemäß § 6 AbgG einen Anspruch auf Wiederverwendung in einem gleichwertigen Amt.

261 **Übersicht 9-1: Beendigung des Beamtenverhältnisses**

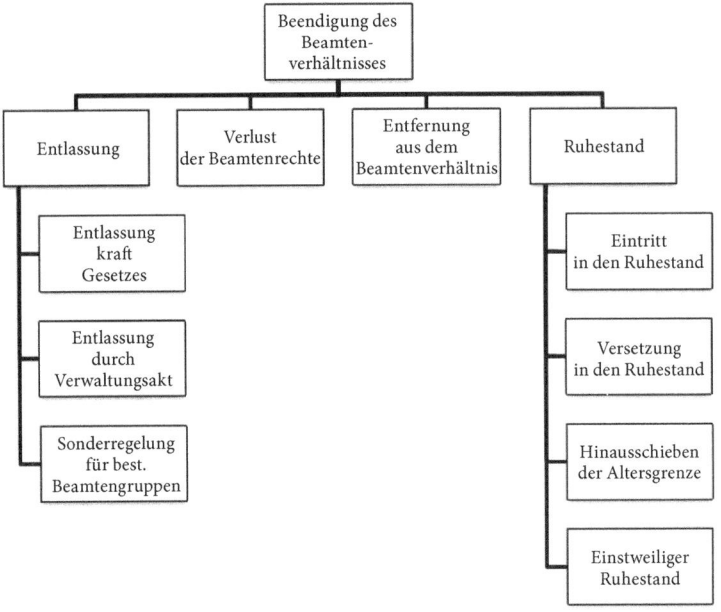

VI. Vergleich mit der Beendigung des Arbeitsverhältnisses

262 Im Vergleich zu privatrechtlichen Arbeitsverhältnissen, die regulär aus betriebs-, verhaltens- und personenbedingten Gründen gekündigt werden können (Anwendbarkeit des KSchG vorausgesetzt), kann ein Beamtenverhältnis nur unter

erheblich erschwerten Bedingungen beendet werden. Fragil ist lediglich die Rechtsstellung der politischen Beamten. Was im Übrigen die Altersgrenze für den Eintritt in den Ruhestand angeht, nähern sich die beamtenrechtlichen und arbeits- / sozialversicherungsrechtlichen Regelungen einander an.

VII. Wiederholungs- und Vertiefungsfragen

1) Welche Beendigungsgründe des Beamtenverhältnisses sind zu unterscheiden? (Rn. 231 ff.) **263**
2) Welche Arten von Entlassungen gibt es? (Rn. 233 ff.)
3) Welche Sonderregelungen bestehen für bestimmte Beamtengruppen und warum? (Rn. 241 ff.)
4) Welche Rechtsfolgen zeitigt die Entlassung? (Rn. 236)
5) Wann tritt der Verlust der Beamtenrechte ein und welche Rechtsfolgen knüpfen sich daran? (Rn. 246)
6) Welche weitere Möglichkeit der Beendigung des Beamtenverhältnisses besteht, wenn eine strafrechtlich relevante Pflichtverletzung die für den Verlust notwendige Strafmaßschwelle nicht überschreitet? (Rn. 247)
7) Wie sind Versetzung und Eintritt in den Ruhestand bei Beamten geregelt? Welches verfassungsrechtliche Problem werfen die Regelungen zur Versetzung in den einstweiligen Ruhestand auf? (Rn. 248 ff.)
8) Endet das Beamtenverhältnis eines Bundesbeamten mit Übernahme eines Mandats im Europäischen Parlament oder im Deutschen Bundestag? (Rn. 260)
9) Welche Unterschiede bestehen zwischen den Beendigungstatbeständen des Beamtenverhältnisses und denen des privatrechtlichen Arbeitsverhältnisses? Inwiefern sind Annäherungen zu erkennen? (Rn. 262)

Rechtsprechung zu § 9

BVerfG, Nichtannahmebeschluss v. 23.5.2008 – 2 BvR 1081/07 –, BVerfGK 13, 576–582 (Pensionsalter) **264**
BVerwG, Urt. v. 26.8.1968 – VI C 3.68 –, BVerwGE 30, 167–172 (Ruhestand, Beginn)
BVerwG, Urt. v. 22.9.1966 – II C 109.64 –, BVerwGE 25, 83–88 (Ruhestand, Hinausschiebung)

Literatur zu § 9

Zur Entlassung: **265**
Baßlsperger, Maximilian, Die Beendigung von Beamtenverhältnissen wegen Krankheit, ZBR 2010, 73–88
Günther, Hellmuth, Macht die wirksame Anfechtung eines Entlassungsantrags die Entlassung auf Verlangen nichtig?, DÖD 2014, 268–275

Zur Dienstunfähigkeit:
Kenntner, Markus, Dienstunfähigkeit, ZBR 2015, 181–188
Loebel, Hans-Christoph, Die Dienstunfähigkeit des Beamten – Über den juristischen Begriff und den medizinischen Befund, RiA 2005, 58–66

Zum Ruhestand:
Baßlsperger, Maximilian, Hinausschieben der Altersgrenze nach Art. 63 BayBG, BayVBl. 2015, 729–735
Baßlsperger, Maximilian, Wartezeit und Ruhestand, ZBR 2013, 335–341
Gaenslen, Rüdiger, Anspruch des Beamten auf Hinausschieben des Ruhestands – Eine Betrachtung der Rechtslage am Beispiel des Dienstrechtsreformgesetzes in Baden-Württemberg, ZBR 2014, 370–375
Poguntke, David, Das Hinausschieben der Altersgrenze auf Initiative des Beamten – Die Verlängerung des Beamtenverhältnisses auf Antrag des Beamten in Nordrhein-Westfalen, Baden-Württemberg, Niedersachsen, Schleswig-Holstein, Hamburg und Bremen, DÖV 2011, 561–568
Summer, Rudolf, Die Altersgrenze für den Eintritt in den Ruhestand – Probleme durch Europarecht, ZBR 2007, 368–371

**Dritter Teil:
Die Pflichten der Beamten
aus dem Beamtenverhältnis**

§ 10 Überblick über die Pflichten der Beamten und die Folgen ihrer Verletzung

I. Pflichten der Beamten

Das Beamtenverhältnis wird durch die besonderen Pflichten der Beamten[1] im Unterschied zu den allgemeinen Pflichten der Bürger geprägt. Diese Pflichten sind das Gegenstück zu den besonderen Rechten der Beamten und die Rechtfertigung für ihre herausgehobene Rechtsstellung.

266

Die Pflichten beruhen auf ausdrücklicher verfassungsrechtlicher und einfachgesetzlicher Regelung. Sie können den Beamten als „einfachen" Amtswalter treffen oder in seiner Funktion als Vorgesetzter oder Dienstvorgesetzter.

267

Die Pflichten bestehen gegenüber dem jeweiligen Dienstherrn, können im Einzelfall aber auch drittgerichtet sein gegenüber den Bürgern, den Kollegen, den Untergebenen und Vorgesetzten, anderen Dienstherren oder sonstigen Stellen.

268

Ihrem Inhalt nach sind die Pflichten teils sehr speziell festgelegt, wie die Pflicht zur Amtsverschwiegenheit, teils weisen die Pflichten eher generalklauselartigen Charakter auf, wie die Treuepflicht. Die Pflichten bestehen größtenteils innerhalb des Dienstes, zu einem erheblichen Teil aber darüber hinaus auch außerhalb des Dienstes.

269

Der geschuldeten Verhaltensmodalität nach handelt es sich größtenteils um Pflichten zum Tun, etwa zur Befolgung von Weisungen, teils auch um Duldungspflichten, z.B. von die Dienstfähigkeit wieder herstellenden Operationen[2], teils um Unterlassungspflichten, bspw. bei der Pflicht zur politischen Zurückhaltung[3].

270

---

[1] *Battis*, Beamtenrecht, in: Ehlers/Fehling/Pünder (Hrsg.), Besonderes Verwaltungsrecht, Bd. 3, 3. Auflage, 2013, § 87 Rn. 116 ff.; *Leppek*, Beamtenrecht, 12. Auflage, 2015, Rn. 166 ff.
[2] BVerwG, Urt. v. 26.7.1983 – 1 D 98/82 –, BVerwGE 76, 103; BVerwG, Urt. v. 4.2.1966 – II C 65.63 –, BVerwGE 23, 201 (206 f.).
[3] BVerwG, Urt. v. 16.6.1999 – 1 D 74/98 –, BVerwGE 113, 347; EGMR, Urt. v. 26.9.1995 – 7/1994/454/535 –, NJW 1996, 375.

II. Folgen von Pflichtverletzungen

271 Während die beamtenrechtlichen Pflichten die Primärebene der Verhaltensregelungen betreffen, sind die Folgen von Pflichtverletzungen auf der Sekundärebene der Sanktionsnormen angesiedelt. Jede beamtenrechtliche Pflicht kann verletzt werden und Sanktionen nach sich ziehen.[1] Allerdings ergibt sich nicht aus jeder Pflichtverletzung nur genau eine sanktionierende Rechtsfolge und umgekehrt ist nicht jede Rechtsfolge nur auf eine spezifische Pflichtverletzung anwendbar. Im Einzelnen sind vermögens- (→ Rn. 368 ff.), straf- (→ Rn. 400 ff.) und disziplinarrechtliche (→ Rn. 436 ff.) Folgen von Pflichtverletzungen zu unterscheiden.

III. Wiederholungs- und Vertiefungsfragen

272 1) Wie lassen sich die besonderen Pflichten eines Beamten charakterisieren und wie lässt sich die gesteigerte Inpflichtnahme des Beamten gegenüber dem normalen Bürger rechtfertigen? (Rn. 266 ff.)
2) Welche Folgen können Pflichtverletzungen nach sich ziehen? Inwiefern spricht man in Zusammenhang mit den Pflichten von Primär- und Sekundärebene? (Rn. 271)

Rechtsprechung zu § 10

273 EGMR, Urt. v. 26.9.1995 – 7/1994/454/535 –, NJW 1996, 375–381 (Politische Aktivitäten, Entlassung)
BVerwG, Urt. v. 16.6.1999 – 1 D 74/98 –, BVerwGE 113, 347–355 (Politische Treuepflicht, Verletzung)
BVerwG, Urt. v. 26.7.1983 – 1 D 98/82 –, BVerwGE 76, 103–106 (Heilbehandlung, Dienstfähigkeitserhaltungspflicht)
BVerwG, Urt. v. 4.2.1966 – II C 65.63 –, BVerwGE 23, 201–210 (Dienstunfall)

Literatur zu § 10

274 *Leisner, Walter Georg*, Gesellschaftliche Verpflichtungen als Dienstpflichten?, ZBR 2005, 371–378
Steiner, Harald, Die Pflichtenstellung des Beamten, ZBR 2014, 238–245

---

[1] *Battis*, Beamtenrecht, in: Ehlers/Fehling/Pünder (Hrsg.), Besonderes Verwaltungsrecht, Bd. 3, 3. Auflage, 2013, § 87 Rn. 167 ff.; *Leppek*, Beamtenrecht, 12. Auflage, 2015, Rn. 184 ff.

§ 11 Rechtsgehorsam und Treue

Im Zentrum der Pflichtenstellung des Beamten stehen die Pflicht zum Rechtsgehorsam, die durch die Möglichkeit der Remonstration modifiziert wird, und die Treuepflicht. Beide Pflichten werden durch die Eidesleistung bekräftigt.

I. Pflicht zum Rechtsgehorsam

Die Pflicht zum Rechtsgehorsam[2] trifft ohnehin jeden Staatsbürger und jede Person, die sich im Hoheitsgebiet eines Staates aufhält. Die Besonderheit der beamtenrechtlichen Pflicht zum Rechtsgehorsam nach § 62 I 2 BBG; § 35 S. 2 BeamtStG liegt nun darin, dass Beamte nicht nur zur Beachtung von Gesetzen und anderer außenwirksamer Rechtsnormen verpflichtet sind, sondern auch innerdienstliche Weisungen und allgemeine Verwaltungsvorschriften zu befolgen haben. An dieser Stelle zeigt sich der grundlegende Unterschied zwischen weisungsabhängigen Beamten und persönlich und sachlich unabhängigen Richtern gemäß Art. 97 I GG.

Von dieser Pflicht zur Befolgung von Rechtsakten mit Innenwirkung, nicht aber von der Gesetzesbindung, werden nur solche Beamte ausgenommen, die ausnahmsweise auf Grund besonderer gesetzlicher Vorschrift weisungsfrei tätig werden, etwa die Mitglieder der Beschlusskammern der Bundesnetzagentur gemäß § 132 TKG; § 62 I 3 BBG; § 35 S. 3 BeamtStG.

Ihrem Inhalt nach stellt die Pflicht zum Rechtsgehorsam zunächst einen Platzhalter dar, der durch das jeweilige rechtliche Gebot bzw. Verbot gefüllt wird. Insofern könnte man die Pflicht zum Rechtsgehorsam auch als eine Pflicht zur Erfüllung von Pflichten bezeichnen. Letztlich lassen sich die anderen Pflichten der Beamten, die gesetzlich normiert sind, auf diese Pflicht zum Rechtsgehorsam zurückführen.

---

[2] *Battis*, Beamtenrecht, in: Ehlers/Fehling/Pünder (Hrsg.), Besonderes Verwaltungsrecht, Bd. 3, 3. Auflage, 2013, § 87 Rn. 118 ff.; *Leppek*, Beamtenrecht, 12. Auflage, 2015, Rn. 178; *Metzler-Müller* in: Metzler-Müller/Rieger/Seeck/Zentgraf (Hrsg.), BeamtStG, § 35 Erl. 3.1; *Reich*, BeamtStG, § 35 Rn. 3 f.

II. Remonstration

279 Weil die Pflicht zum Rechtsgehorsam sich auf die gesamte Rechtsordnung bezieht, nimmt sie auch alle Konflikte, die zwischen verschiedenen Teilen dieser Rechtsordnung bestehen können, in sich auf. So stellt sich bspw. die Frage, ob ein Beamter ein verfassungswidriges Gesetz zu befolgen oder einer gesetzwidrigen Weisung nachzukommen hat.

280 Die Vorschriften der § 63 I BBG; § 36 I BeamtStG lösen diesen Konflikt in der Weise, dass ein Beamter für die Rechtmäßigkeit seiner dienstlichen Handlungen die volle persönliche Verantwortung trägt. Er kann sich also grundsätzlich nicht auf einen Rechtsirrtum, einen Rechtfertigungsgrund des dienstlichen Befehls oder einen rechtfertigenden oder entschuldigenden Notstand berufen. Hält der Beamte aber eine dienstliche Weisung für rechtswidrig, hat er seine Bedenken unverzüglich bei dem unmittelbaren Vorgesetzten gemäß § 63 II 1 BBG; § 36 II 1 BeamtStG geltend zu machen.[3] Hält der unmittelbare Vorgesetzte die Anordnung gleichwohl aufrecht, hat der Beamte, wenn seine Bedenken fortbestehen, sich an den nächsthöheren Vorgesetzten gemäß § 63 II 2 BBG; § 36 II 2 BeamtStG zu wenden. Bestätigt auch dieser die Anordnung, ist der Beamte zwar von der persönlichen Verantwortung befreit, hat aber die Anordnung gemäß § 63 II 3 BBG; § 36 II 3 BeamtStG auszuführen. Dies gilt gemäß § 63 II 4 BBG; § 36 II 4 BeamtStG jedoch nicht, wenn das aufgetragene Verhalten die Menschenwürde nach Art. 1 I GG verletzt oder den Tatbestand einer Straftat oder Ordnungswidrigkeit erfüllt und dies für den Beamten erkennbar ist. Mit diesem Remonstrationsverfahren hat der Gesetzgeber einen sinnvollen Ausgleich zwischen der Gehorsamspflicht des Beamten und dem Gebot der Rechtmäßigkeit des Verwaltungshandelns gefunden.

281 Dieses vergleichsweise langatmige Verfahren kann aber nicht zur Anwendung kommen, wenn besonders schnelles Handeln des Beamten geboten ist. Deshalb enthalten § 7 UZwG für Vollzugsbeamte des Bundes und die Polizeigesetze der Länder für Landespolizisten Sonderregelungen. Hier kommt der Äußerung von Bedenken durch den Beamten gemäß § 7 I 1 UZwG keine aufschiebende Wirkung zu und der Beamte hat die Anordnung unverzüglich zu vollziehen. Eine Ausnahme besteht nur, wenn gemäß § 7 I 1 UZwG die Menschenwürde verletzt würde oder die Anordnung nicht zu dienstlichen Zwecken erteilt wurde oder gemäß § 7 II 1 UZwG eine Straftat begangen werden würde. Vollzieht der Beamte die Anordnung gleichwohl und verwirklicht er einen Straftatbestand, trifft ihn gemäß § 7 II 2 UZwG eine Schuld nur, wenn er die Strafbarkeit erkennt oder diese nach den dem Beamten bekannten Umständen offensichtlich ist.

---

[3] *Battis*, Beamtenrecht, in: Ehlers/Fehling/Pünder (Hrsg.), Besonderes Verwaltungsrecht, Bd. 3, 3. Auflage, 2013, § 87 Rn. 120; *Leppek*, Beamtenrecht, 12. Auflage, 2015, Rn. 179.

Übersicht 11-1: Remonstrationsverfahren

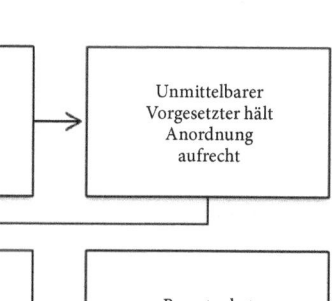

III. Treuepflicht

Gemäß Art. 33 IV GG ist die Ausübung hoheitsrechtlicher Befugnisse als ständige Aufgabe in der Regel Angehörigen des öffentlichen Dienstes zu übertragen, die in einem öffentlich-rechtlichen Dienst- und Treueverhältnis stehen.[4] Daraus ergibt sich die in § 60 BBG; § 33 BeamtStG nur ausschnittsweise geregelte generalklauselartige Treuepflicht der Beamten als Grundpflicht.

Bezugspunkt dieser Treuepflicht ist die freiheitliche demokratische Grundordnung. Der Beamte ist verpflichtet, mit seinem ganzen inner- und außerdienstlichen Verhalten für diese Grundordnung einzustehen. Die Treuepflicht ist eng verwandt mit der Pflicht der Beamten zum Rechtsgehorsam. Sie geht aber letztlich darüber hinaus, weil sie als umfassende Pflicht den Beamten in seiner ganzen Persönlichkeit erfasst und nicht nur das rein äußerliche Befolgen der Rechtsordnung gebietet, sondern eine positive innere Einstellung zu der grundrechtlich geprägten Werteordnung des Grundgesetzes beansprucht.

Die Treuepflicht fordert mit dem Eintreten für die freiheitliche demokratische Grundordnung gemäß § 60 I 3 BBG; § 33 I 3 BeamtStG vor allem aktives Tun. Sie verlangt auf der anderen Seite aber auch das Unterlassen parteilicher Amtsführung gemäß § 60 I 1, 2 BBG; § 33 I 1, 2 BeamtStG und fordert politische Mäßigung und Zurückhaltung[5] gemäß § 60 II BBG; § 33 II BeamtStG.

Zusätzlich zu der beamtenrechtlichen Treuepflicht besteht für die regelmäßig verbeamteten Hochschullehrer auch eine unmittelbar verfassungsrechtlich in Art. 5 III 2 GG normierte Treuepflicht zur Verfassung. Eine allgemeine Treue-

---

[4] *Battis*, Beamtenrecht, in: Ehlers/Fehling/Pünder (Hrsg.), Besonderes Verwaltungsrecht, Bd. 3, 3. Auflage, 2013, § 87 Rn. 28 ff.; *Leppek*, Beamtenrecht, 12. Auflage, 2015, Rn. 167 f.
[5] BVerwG, Urt. v. 16.6.1999 – 1 D 74/98 –, BVerwGE 113, 347 (351 f.); EGMR, Urt. v. 26.9.1995 – 7/1994/454/535 –, NJW 1996, 375.

pflicht aller Staatsbürger, wie ihn noch Art. 19 HChE vorsah, kennt das Grundgesetz hingegen nicht. Die Verfassung lässt es vielmehr genügen, dass die Bürger sich äußerlich gesetzestreu verhalten, selbst wenn sie innerlich die bestehende Rechtsordnung ablehnen.

IV. Eidespflicht

287 Gemäß § 64 BBG haben die Beamten zu schwören[6], das Grundgesetz und alle in der Bundesrepublik Deutschland geltenden Gesetze zu wahren und ihre Amtspflichten gewissenhaft zu erfüllen, so wahr ihnen Gott helfe. Die Landesbeamtengesetze enthalten in Erfüllung der Verpflichtung aus § 38 BeamtStG vergleichbare Eidesregelungen, wobei die Beamten neben dem Grundgesetz auch auf die jeweilige Landesverfassung verpflichtet werden. Diese Eidespflicht begründet keine neuen Pflichten, sondern bekräftigt die bereits anderweitig festgelegten Pflichten der Beamten, ganz so wie der Amtseid des Bundespräsidenten nach Art. 56 GG und der Mitglieder der Bundesregierung gemäß Art. 64 II GG gleichfalls lediglich die bereits anderweitig sich aus der Verfassung ergebenden Pflichten unterstreicht. Der Eid kann auch ohne religiöse Beteuerungsformel geleistet werden.[7] Wird aus religiösen Gründen die Eidesleistung gänzlich abgelehnt, kann an deren Stelle auch ein bloßes Gelöbnis treten. Im Unterschied zu der strafrechtlich unterschiedlichen Ahndung von uneidlicher Falschaussage gemäß § 153 StGB und Meineids nach § 154 StGB ist disziplinarrechtlich keine besondere Verschärfung bei einem Eidesbruch vorgesehen.

V. Vergleich mit dem Arbeitsrecht

288 Im privaten Arbeitsrecht existiert mit dem Arbeitsverhältnis zwischen Arbeitgeber und Arbeitnehmer als Dauerschuldverhältnis zwar ebenfalls eine besondere Nähebeziehung, diese erreicht aber bei weitem nicht das Ausmaß des Dienstverhältnisses zwischen Dienstherrn und Beamten. So ergibt sich aus dem Arbeitsvertrag auch keine allgemeine Pflicht zum Rechtsgehorsam über diejenige hinaus, die ohnehin jeden Arbeitnehmer als Staatsbürger trifft. Allerdings hat auch ein Arbeitnehmer gemäß § 315 BGB; § 106 GewO die arbeitsbezogenen Weisungen seines Arbeitgebers zu befolgen. Eine umfassende, die ganze Person ergreifende Treuepflicht zwischen Arbeitnehmer und Arbeitgeber besteht hingegen nicht, und an eine Vereidigung des Arbeitnehmers ist schon gar nicht zu denken.

---

[6] *Leppek*, Beamtenrecht, 12. Auflage, 2015, Rn. 180.
[7] BVerfG, Beschl. v. 25.10.1988 – 2 BvR 745/88 –, BVerfGE 79, 69; BVerfG, Beschl. v. 11.4.1972 – 2 BvR 75/71 –, BVerfGE 33, 23.

VI. Wiederholungs- und Vertiefungsfragen

1) Was versteht man unter der Pflicht zum Rechtsgehorsam? Inwiefern unterscheidet sich diese Pflicht des Beamten von derjenigen des normalen Bürgers und der eines Richters? (Rn. 276 ff.)
2) Welche Möglichkeit steht dem Beamten offen, wenn er eine Weisung für rechtswidrig hält? (Rn. 279 ff.)
3) Polizeiobermeister Kramer greift am Hauptbahnhof Berlin zusammen mit seiner Vorgesetzten, Polizeikommissarin Müller, eine mutmaßlich aus dem nordafrikanischen Raum stammende Mutter mit ihren zwei Kindern ohne Papiere auf. Nachdem die Mutter sich heftig gegen die beiden Polizeibeamten wehrt, weist Müller Kramer an, sie mit Handschellen zu fesseln. Kramer hält das für völlig unverhältnismäßig und weigert sich. Zu Recht? (Rn. 281)
4) Wie wäre der Fall zu beurteilen, wenn Müller Kramer anweist, der Mutter zusätzlich zu den Handschellen ein Schild umzuhängen mit der Aufschrift „illegal"? (Rn. 281)
5) Was ist Bezugspunkt der Treuepflicht des Beamten? Inwiefern geht sie über die Pflicht zum Rechtsgehorsam hinaus? (Rn. 284)
6) Begründet die Eidespflicht neue Pflichten? (Rn. 287)
7) Besteht auch in einem privatrechtlichen Arbeitsverhältnis eine der beamtenrechtlichen Treuepflicht vergleichbare Pflicht? (Rn. 288)

Rechtsprechung zu § 11

EGMR, Urt. v. 26.9.1995 – 7/1994/454/535 –, NJW 1996, 375
EuGH, Urt. v. 28.8.1986 – 4/1984/75/120 –, NJW 1986, 3005
BVerfG, Beschl. v. 25.10.1988 – 2 BvR 745/88 –, BVerfGE 79, 69–79 (Glaubens- und Gewissensfreiheit)
BVerfG, Beschl. v. 22.5.1975 – 2 BvL 13/73 –, BVerfGE 39, 334–391 (Politische Treuepflicht)
BVerfG, Beschl. v. 11.4.1972 – 2 BvR 75/71 –, BVerfGE 33, 23–42 (Eidesleistung)
BVerwG, Urt. v. 16.6.1999 – 1 D 74/98 –, BVerwGE 113, 347–355 (Politische Treuepflicht, Verletzung)
BVerwG, Beschl. v. 5.3.1981 – 1 WB 155/80 –, BVerwGE 73, 162–165 (Rechte aus Mitgliedschaft in Personalvertretung)

Literatur zu § 11

Zur Pflicht zum Rechtsgehorsam und zur Remonstration:
Günther, Hellmuth, Der Beamte, die fachliche Weisung und sein Gewissen, DÖD 2007, 163–171
Günther, Hellmuth, „Dienstliche Zwecke" und Folgepflicht: Bemerkungen zur fachlichen Weisung, PersV 50 (2007), 384–387

Günther, Hellmuth, Die Folgepflichtschranke „offensichtlich schwerer Rechtsverstoß", Teil 1, DÖD 2011, 32–53; Teil 2, DÖD 2011, 74–83

Günther, Hellmuth, Maßgaben der beamtenrechtlichen Folgepflicht bei fachlicher Weisung: Bewahren und Erneuern in der Nachkriegsgesetzgebung, Verwaltungsarchiv 98 (2007), 356–381

Günther, Hellmuth, Remonstration als Pflicht, Obliegenheit, Recht des Beamten, DÖD 2013, 309–315

Richter, Achim / Gamisch, Annett, Die Stellenbeschreibung und das Weisungsrecht, DÖD 2013, 1–6

Steiner, Harald, Machtkontrolle durch Remonstration: Wirkung eines verwaltungsinternen beamtenrechtlichen Instrumentes, Der Personalrat 29 (2012), 190–197

Zur Treuepflicht:
Kortz, Benedikt / Lubig, Sebastian, Parteienprivileg und öffentlicher Dienst – Zum Spannungsverhältnis zwischen Art. 21 II GG und Art. 33 V GG, ZBR 2006, 397–402

Kortz, Benedikt / Lubig, Sebastian, Parteienprivileg und Verfassungstreue der Beamten – nur eine Scheinkollision? – Eine Erwiderung auf Lindner, ZBR 2006, 412–415

Lindner, Josef Franz, Verfassungstreue und Parteienprivileg – eine Scheinkollision, ZBR 2006, 402–412

§ 12 Dienstleistungspflicht

Der Beamte ist seinem Dienstherrn zur Dienstleistung innerhalb der festgelegten Arbeitszeit verpflichtet. Grundsätzlich sind die Beamten hauptamtlich tätig, ausnahmsweise kann aber auch eine Teilzeitbeschäftigung erfolgen.

I. Hauptamtliche Tätigkeit

Im Regelfall erfolgt die Beschäftigung der Beamten hauptamtlich.[1] § 87 I BBG sieht für Bundesbeamte eine gesetzliche Obergrenze von durchschnittlich höchstens 44 Stunden Wochenarbeitszeit vor. Einzelheiten werden in der auf Grund von § 87 III BBG erlassenen Arbeitszeitverordnung geregelt. Gemäß § 3 I 1; § 2 Nr. 1 AZV gilt für Bundesbeamte derzeit eine durchschnittliche Wochenarbeitszeit von 41 Stunden. In den Ländern finden sich vergleichbare Regelungen, wobei die Wochenarbeitszeiten für die Landesbeamten teilweise um ein bis zwei Stunden abweichen.

Im Übrigen finden sich in der Arbeitszeitverordnung Regelungen für die durchschnittliche tägliche Arbeitszeit, § 4; § 2 Nr. 2 AZV, Ruhepausen, § 5; § 2 Nr. 3 AZV, sowie den Dienst zu ungünstigen Zeiten, sei es als Schichtdienst, § 8; § 2 Nr. 13 AZV, oder Nachtdienst, § 14; § 2 Nr. 14 AZV. Bei Bereitschaftsdienst, bei dem der Beamte sich an einer vom Dienstherrn bestimmten Stelle aufzuhalten hat, um im Bedarfsfall den Dienst aufzunehmen, kann sich die regelmäßige Arbeitszeit angemessen verlängern, § 13; § 2 Nr. 12 AZV. Rufbereitschaft hingegen, bei der der Beamte nur erreichbar sein muss, aber keine Pflicht zum Aufenthalt an einer bestimmten Stelle hat, zählt gemäß § 12 I 1; § 2 Nr. 11 AZV grundsätzlich nicht als Arbeitszeit.

Diese relativ starren Arbeitszeitregelungen werden gemäß § 7 AZV durch Regelungen über Gleit- und Funktionszeit aufgelockert. Soweit dienstliche Belange nicht entgegenstehen, können bei der von der obersten Dienstbehörde eingeführten Gleitzeit die Beamten ihre individuelle Arbeitszeit rund um eine tägliche

---
[1] BVerfG, Beschl. v. 19.9.2007 – 2 BvF 3/02 –, BVerfGE 119, 247 (Teilzeitbeamter, Zwangsteilzeit).

Kernarbeitszeit gemäß § 2 Nr. 6 AZV herum frei bestimmen, soweit nur die durchschnittliche wöchentliche Arbeitszeit gewahrt bleibt. Stattdessen kann durch Absprache der Beamten auch eine Funktionszeit gemäß § 2 Nr. 7 AZV festgelegt werden, so dass der Dienstbetrieb sichergestellt bleibt.

296 Für Mehrarbeit der Beamten, sog. Überstunden, findet sich eine dreistufige Regelung: Grundsätzlich haben Beamte auf der ersten Stufe gemäß § 88 S. 1 BBG ohne Vergütung über die regelmäßige Wochenarbeitszeit hinaus Dienst zu leisten, wenn zwingende dienstliche Gründe dies erfordern und sich die Mehrarbeit auf Ausnahmefälle beschränkt. Übersteigt die Mehrarbeit fünf Stunden im Monat, ist im zweiten Schritt den Beamten gemäß § 88 S. 2 BBG innerhalb eines Jahres eine entsprechende Dienstbefreiung zu gewähren. Kann diese Dienstbefreiung aus zwingenden dienstlichen Gründen nicht erfolgen, kann auf der dritten Stufe für Beamte in der A-Besoldung eine Vergütung nach der Bundesmehrarbeitsvergütungsverordnung gewährt werden. Dabei bestimmt sich die Höhe der Vergütung gemäß § 4 BMVergV nach der Besoldungsgruppe des Beamten.

II. Teilzeitbeschäftigung

297 Während ursprünglich das Beamtenrecht von dem Grundsatz der hauptberuflichen Beschäftigung beherrscht wurde,[2] sind in den letzten Jahren aus arbeitsmarkt-, familien- und sozialpolitischen Gründen vermehrt Möglichkeiten der Teilzeitbeschäftigung[3] vorgesehen worden. Insoweit sind die voraussetzungslose Teilzeit, die familienbedingte Teilzeit und die Altersteilzeit zu unterscheiden.

1. Voraussetzungslose Teilzeit

298 Bei der voraussetzungslosen Teilzeit gemäß § 91 BBG, die v. a. aus arbeitsmarktpolitischen Gründen eingeführt wurde, kann Beamten auf Antrag Teilzeitbeschäftigung bis zur Hälfte der regelmäßigen Arbeitszeit und bis zur jeweils beantragten Dauer, also auch für mehrere Jahre, bewilligt werden, soweit dienstliche Belange nicht entgegenstehen. Dadurch gewinnen die Beamten erheblich an individuellen Möglichkeiten zur Lebensgestaltung. Allerdings wird auch die Besoldung gemäß § 6 BBesG anteilig gekürzt. Nebentätigkeiten können teilzeitbeschäftige Beamte gemäß § 91 II 1 BBG regelmäßig nur in demselben Umfang wie vollzeitbeschäftigte ausüben, wodurch vermieden werden soll, dass Beamte in

---

[2] BVerfG, Beschl. v. 30.3.1977 – 2 BvR 1039/75, 2 BvR 1045/75 –, BVerfGE 44, 249 (262).
[3] *Battis*, Beamtenrecht, in: Ehlers/Fehling/Pünder (Hrsg.), Besonderes Verwaltungsrecht, Bd. 3, 3. Auflage, 2013, § 87 Rn. 140 ff.; *Leppek*, Beamtenrecht, 12. Auflage, 2015, Rn. 49.

Teilzeit gehen und dann durch Nebentätigkeiten mehr Einkommen erzielen als vollzeitbeschäftigte Beamte.

Die Teilzeitbeschäftigung endet regulär mit Ablauf des Beantragungszeitraums. Bereits zuvor kann die zuständige Dienstbehörde die Dauer oder den Umfang der Teilzeit aus zwingenden dienstlichen Gründen gemäß § 91 III 1 BBG beschränken. Umgekehrt kann auch der Beamte eine Reduzierung der Teilzeitbeschäftigung nach § 91 III 2 BBG verlangen, wenn ihm diese im bisherigen Umfang nicht mehr zugemutet werden kann und dienstliche Belange nicht entgegenstehen. **299**

2. Familienpolitische Teilzeit

Bei der wegen des Schutzes von Ehe und Familie gemäß Art. 6 I GG und zur Durchsetzung der tatsächlichen Gleichberechtigung von Frauen und Männern nach Art. 3 II 2 GG eingeführten familienbedingten Teilzeit gemäß § 92 BBG besteht ein Anspruch des Beamten auf Teilzeitbeschäftigung auch mit weniger als der Hälfte der regulären Arbeitszeit bis hin zu einem Urlaub ohne Besoldung, wenn ein Kind unter 18 Jahren zu betreuen oder ein naher Angehöriger zu pflegen ist und dienstliche Belange nicht entgegenstehen. Auch hier ist die Möglichkeit von Nebentätigkeiten nach § 92 III BBG eingeschränkt. Für die vorzeitige Rückkehr auf Verlangen der Dienstbehörde gelten gemäß § 91 III 1; 92 I 3 BBG dieselben Regelungen wie bei der voraussetzungslosen Teilzeitbeschäftigung. Verlangt der Beamte eine vorzeitige Rückkehr, ist er bei der Besetzung von Vollzeitstellen gemäß § 92 IV 2 BBG vorrangig zu berücksichtigen. Damit insbesondere bei beurlaubten Beamten der Kontakt zum Beruf nicht abreißt und der berufliche Wiedereinstieg erleichtert wird, sind ihnen Urlaubs- und Krankheitsvertretungen sowie die Teilnahme an Fortbildungsveranstaltungen gemäß § 92 VI BBG anzubieten. Zudem ist mit beurlaubten Beamten rechtzeitig vor Ablauf der Beurlaubung ein Beratungsgespräch über die Möglichkeiten des zukünftigen Einsatzes zu führen. **300**

Mit der Einfügung des § 92a BBG 2013[4] kann Beamten auf Antrag für die Dauer von längstens 48 Monaten Teilzeitbeschäftigung als Familienpflegezeit zur Pflege eines pflegebedürftigen nahen Angehörigen i. S. d. § 7 III Pflegezeitgesetz in häuslicher Umgebung bewilligt werden, soweit keine dringenden dienstlichen Gründe entgegenstehen, § 92a I BBG. **301**

---

[4] Eingefügt durch Artikel 1 des Gesetzes zur Familienpflegezeit und zum flexibleren Eintritt in den Ruhestand für Beamtinnen und Beamte des Bundes vom 3.7.2013, BGBl. I S. 1978.

3. Altersteilzeit

302 Aus arbeitsmarktpolitischen Gründen können Beamte ab 60 Jahren, schwerbehinderte Beamte oder Beamte in Stellenabbaubereichen auch schon fünf Jahre früher, gemäß § 93 BBG i. V. m. der Beamtenaltersteilzeitverordnung[5] Altersteilzeit für den gesamten Zeitraum bis zum Eintritt in den Ruhestand beantragen. Die Altersteilzeit kann im Teilzeit- oder im Blockmodell[6] bewilligt werden. Im Teilzeitmodell arbeitet der Beamte bis zum Eintritt in den Ruhestand ähnlich wie bei der voraussetzungslosen Teilzeit mit der Hälfte seiner bisherigen Arbeitszeit. Im Blockmodell gemäß § 9 II AZV ist der Beamte in der ersten Beschäftigungsphase zunächst noch vollständig tätig, in der anschließenden Freistellungsphase besteht für ihn aber gar keine Arbeitspflicht mehr. In beiden Fällen erhält der Beamte nur noch eine anteilige Besoldung gemäß § 6 I BBesG sowie einen nichtruhegehaltsfähigen Altersteilzeitzuschlag nach § 6 II BBesG i. V. m. der Altersteilzeitverordnung bzw. nach § 6 III BBesG. Auch hier gelten jeweils die Beschränkungen für Nebentätigkeiten gemäß § 91 II; § 93 VII BBG.

III. Vergleich mit dem Arbeitsrecht

303 Die gesetzlich festgelegte zulässige Höchstgrenze der Wochenarbeitszeit der Bundesbeamten von 44 Stunden ist deutlich höher als die in den meisten Tarifverträgen vorgesehene Wochenarbeitszeit privater Arbeitnehmer von 40 Stunden. Bezieht man allerdings die von § 3 I 1 AZV vorgesehenen 41 Stunden in die Betrachtung ein, relativieren sich die Unterschiede. Allerdings stehen sich die Bundesbeamten bei der Frage von Mehrarbeit erheblich schlechter als private Arbeitnehmer, insbesondere ist das Beamtenrecht von dem fiskalischen Bestreben geprägt, Überstunden möglichst nicht finanziell auszugleichen. Was die Teilzeitarbeit anbelangt, so war das Beamtenrecht dem privaten Arbeitsrecht lange Zeit voraus. Dort ist erst seit kurzem mit § 8 TzBfG[7] ein allgemeiner Anspruch auf Teilzeitarbeit verankert worden. Insgesamt betrachtet ist in Bezug auf die Dienst- bzw. Arbeitszeiten eine zunehmende Angleichung von Beamten- und Arbeitsrecht feststellbar.

---

[5] Verordnung über die Altersteilzeit von Beamtinnen und Beamten des Bundes (BATZV) vom 6.1.2011 (BGBl. I S. 2), die durch Artikel 3 Absatz 1 des Gesetzes vom 3.7.2013 (BGBl. I S. 1978) geändert worden ist.

[6] *Battis*, BBG, § 92 Rn. 12 f.

[7] Gesetz über Teilzeitarbeit und befristete Arbeitsverträge vom 21.12.2000 (BGBl. I S. 1966), zuletzt geändert durch Artikel 23 des Gesetzes vom 20.12.2011 (BGBl. I S. 2854).

IV. Wiederholungs- und Vertiefungsfragen

1) Wo und wie ist die Arbeitszeit von Bundesbeamten geregelt? Werden Überstunden vergütet? (Rn. 293)
2) Besteht ein Anspruch auf Teilzeit? Welche Teilzeitgründe sind zu unterscheiden? (Rn. 297)
3) Welche Unterschiede bestehen zwischen Beamten und Arbeitnehmern in privatrechtlichen Arbeitsverhältnissen in Bezug auf die Arbeitszeit? (Rn. 303)

304

Rechtsprechung zu § 12

BVerfG, Beschl. v. 19.9.2007 – 2 BvF 3/02 –, BVerfGE 119, 247–292 (Teilzeitbeamter, Zwangsteilzeit)
BVerfG, Beschl. v. 30.3.1977 – 2 BvR 1039/75, 2 BvR 1045/75 –, BVerfGE 44, 249–283 (Dienstbezüge, Angemessenheit)

305

Literatur zu § 12

Zur Teilzeitbeschäftigung:
Szalai, Stephan, Beamte in Teilzeit und Versetzung von „Vollzeitbeamten" – Ein Problem nicht nur in Brandenburg, DÖV 2009, 311–319

Zur Beurlaubung:
Nokiel, Werner, Sonderurlaub nach § 13 SUrlV und dessen Widerruf nach § 15 SUrlV, DÖD 2009, 11–13

306

§ 13 Volle Hingabe an den Dienst

307 Ein Beamter schuldet seinem Dienstherrn außerdem volle Hingabe an den Dienst. Er muss vollen persönlichen Einsatz leisten, sich für den Dienst gesund erhalten und fortbilden. Während bei der soeben erörterten Dienstleistungspflicht die Frage des „Wie lange?" des Dienstes im Vordergrund steht, geht es bei der vollen Hingabe an den Dienst um das „Wie?" der Dienstleistung.

I. Voller persönlicher Einsatz

308 Gemäß § 61 I 1 BBG; § 34 S. 1 BeamtStG ist ein Beamter verpflichtet, sich mit vollem persönlichen Einsatz[1] seinem Beruf zu widmen. Er schuldet keine Dienstleistung mittlerer Art und Güte vergleichbar § 243 I BGB, sondern sein subjektives Optimum. Durch die strengen Einstellungsvoraussetzungen (→ Rn. 171) soll zugleich sichergestellt werden, dass dieses persönliche Leistungsvermögen eine durchschnittliche Leistung übertrifft.

309 Im Einzelnen bestimmt sich das Erfordernis des vollen persönlichen Einsatzes des Beamten nach seiner Pflichtstellung, wie sie sich aus seinem Amt im konkret-funktionalen Sinne ergibt, nach der Wahrscheinlichkeit des Eintritts eines drohenden Schadens und nach dem Ausmaß einer drohenden Gefahr.

310 Eine besondere Bedeutung kommt der Pflicht zum vollen persönlichen Einsatz naturgemäß bei Polizisten und Feuerwehrleuten zu. Diese trifft eine besondere Gefahrtragungspflicht, was unter anderem auch ihre Möglichkeit zur Berufung auf den entschuldigenden Notstand gemäß § 35 I 2 StGB einschränkt. So müssen sie zwar ggf. auch eine Gefahr für Leib oder Leben im Einsatz hinnehmen, sie sind aber nicht verpflichtet, das eigene Leben zu opfern.

---

[1] *Leppek*, Beamtenrecht, 12. Auflage, 2015, Rn. 173.

II. Streikrecht?

Sehr umstritten[2] ist, ob mit der vollen Hingabe an den Dienst ein Streikrecht der Beamten vereinbar ist. Zwar besteht kein ausdrückliches gesetzliches Streikverbot für Beamte, doch kollidiert ein Beamtenstreik bereits mit der einfachgesetzlichen Pflichtenstellung der Beamten, die gerade einen jederzeitigen Einsatz für den Dienstherrn fordert. Zudem wird das Streikverbot auch zu den hergebrachten Grundsätzen des Berufsbeamtentums nach Art. 33 V GG zu zählen sein, die von dem Gesetzgeber, aber auch von der Exekutive und Judikative, zu beachten sind. Diese Grundsätze können nicht nur Rechte, sondern auch Pflichten der Beamten begründen. Eine entsprechende Fortentwicklung des Beamtenrechts hin zu einem Streikrecht, wie sie durch Ergänzung des Art. 33 V GG im Zuge der Föderalismusreform I 2006 ausdrücklich vorgesehen wurde, setzte allerdings zumindest eine ausdrückliche gesetzgeberische Entscheidung voraus, an der es bislang fehlt.

311

Diese deutsche Rechtslage gerät allerdings in Konflikt zu der Rechtsprechung des EGMR[3]. Dieser hat in Entscheidungen, die gegen die Türkei ergangen sind, aus Art. 11 EMRK ein Streikrecht auch für Beschäftigte des öffentlichen Dienstes hergeleitet. Dabei hat sich der EGMR bei der Zuerkennung des Streikrechts anders als das deutsche Recht nicht an dem dienst- oder arbeitsrechtlichen Status der Beschäftigten orientiert, sondern an der von ihnen konkret wahrgenommenen Funktion. Wohl konnte ihnen das Streikrecht gemäß Art. 11 II 2 EMRK verwehrt werden, soweit sie klassische Hoheitsaufgaben der Eingriffsverwaltung wahrnehmen, nicht aber in den Fällen der Leistungsverwaltung.

312

Zwar binden diese Entscheidungen des EGMR unmittelbar nur die von ihm verurteilte Türkei, ihnen kommt jedoch eine gewisse Orientierungswirkung auch für Deutschland zu. Wohl steht die EMRK als völkerrechtlicher Vertrag gemäß Art. 59 II GG nur im Range eines einfachen Bundesgesetzes, so dass sie an sich durch ein nachfolgendes Bundesgesetz wie das BeamtStG auch verdrängt werden könnte, doch strebt das völkerrechtsfreundliche Grundgesetz danach, den in einer solchen Verdrängung liegenden Völkerrechtsverstoß möglichst zu vermeiden. Das BVerfG[4] legt zudem angesichts des Art. 1 II GG und des Rechtsstaatsprinzips die Grundrechte des Grundgesetzes möglichst im Einklang mit

313

---

[2] BVerwG, Urt. v. 27.2.2014 – 2 C 1.13 –, BVerwGE 149, 117; BVerwG, Beschl. v. 19.9.1977 – I DB 2.77 –, BVerwGE 53, 330 (331); *Battis*, Beamtenrecht, in: Ehlers/Fehling/Pünder (Hrsg.), Besonderes Verwaltungsrecht, Bd. 3, 3. Auflage, 2013, § 87 Rn. 34 f.; *Leppek*, Beamtenrecht, 12. Auflage, 2015, Rn. 172.
[3] EGMR, Urteil vom 12.11.2008, Demir und Baykara; Urteil vom 21.4.2009, Enerji Yapi-Sol-Sen; Urteil vom 15.9.2009 Kaya und Seyhan; Urteil vom 13.7.2010, Çerikci.
[4] BVerfG, Urt. v. 4.5.2011 – 2 BvR 2333/08, 2 BvR 2365/09, 2 BvR 571/10, 2 BvR 740/10, 2 BvR 1152/10 –, BVerfGE 128, 326 (326 f.) –, Leitsatz 2 und Orientierungssätze 2a bis 2d.

der EMRK aus. Dies könnte dafür sprechen, ein Streikrecht auch für Beamte anzuerkennen. Immerhin gilt Art. 9 III GG ebenso wie andere Grundrechte auch für Beamte, weshalb diese einer Gewerkschaft beitreten können, und zudem schützt dieses Grundrecht grundsätzlich obendrein die Betätigung der Gewerkschaft in Form des Arbeitskampfes.

314 Gleichwohl wird trotz dieser Entscheidungen des EGMR kein Streikrecht deutscher Beamter anzuerkennen sein.[5] Soweit diese Beamten in der klassischen Eingriffsverwaltung der Polizei, Feuerwehr, Finanzverwaltung oder allgemeinen inneren Verwaltung tätig sind, folgt dies bereits aus der gebotenen Wahrung der Funktionsfähigkeit dieser Verwaltungszweige. Aber auch soweit diese Beamten Aufgaben der Leistungsverwaltung wahrnehmen, etwa als Lehrer oder Hochschullehrer, wird ihnen – im Unterschied zu Arbeitnehmern – kein Streikrecht zuzubilligen sein. Auch in diesen Verwaltungsbereichen nehmen sie hoheitliche Aufgaben wahr, etwa bei der Notenvergabe oder der Entscheidung über Versetzungen. Zudem sichern verbeamtete Lehrer die Funktionsfähigkeit der öffentlichen Schulen gemäß Art. 7 GG und verbeamtete Hochschullehrer die Wahrnehmung der Wissenschaftsfreiheit nach Art. 5 III GG ab. Schließlich stellt das Streikverbot ein Kernelement des deutschen Beamtenrechts dar. Dürften auch Beamte streiken, entfiele jeder Grund für deren besondere Rechtsstellung. Wer im öffentlichen Dienst beschäftigt sein, aber auch streiken will, der kann sich nur als Arbeitnehmer vertraglich verpflichten, nicht aber in die besondere Stellung eines Beamten eintreten. Letztlich fehlte für einen Streik der Beamten derzeit auch der erforderliche Tarifpartner, weil bislang die Beamtenbesoldung durch Gesetz festgelegt und nicht durch Tarifvertrag vereinbart wird.

III. Pflicht zur Gesunderhaltung

315 Aus der Pflicht des Beamten zum vollen persönlichen Einsatz folgt seine Pflicht zur Gesunderhaltung[6]. Es wird von einem Beamten erwartet, sich körperlich fit und leistungsfähig zu erhalten und keinen Raubbau mit seiner Gesundheit zu treiben. Zudem besteht für ihn die Pflicht zur Wiederherstellung seiner Gesundheit, etwa durch eine Operation, wenn der ärztliche Heileingriff angezeigt ist, kein milderes Mittel besteht und der Eingriff zumutbar ist. Dafür muss das Interesse des Dienstherrn an der Wiederherstellung der Dienstfähigkeit das Interesse des Beamten an seiner körperlichen Unversehrtheit überwiegen, was sich maßgeblich nach den Erfolgsaussichten des Eingriffs und der Wahrscheinlichkeit von Komplikationen bestimmt.

---

[5] So im Ergebnis auch BVerwGE 149, 117.
[6] *Leppek*, Beamtenrecht, 12. Auflage, 2015, Rn. 174.

IV. Fortbildungspflicht

Gemäß § 61 II BBG und den Parallelregelungen in den Landesbeamtengesetzen sind die Beamten verpflichtet, an Maßnahmen der dienstlichen Qualifizierung zur Erhaltung oder Fortentwicklung ihrer Kenntnisse und Fähigkeiten teilzunehmen.[7] Diese Verpflichtung ist die Konsequenz aus dem hergebrachten Grundsatz der lebenslänglichen Beschäftigung der Beamten. Wenn ein Beamter sein ganzes Berufsleben im Dienst eines Dienstherrn steht, dann muss er auch bereit sein, seine Kenntnisse und Fähigkeiten zu erhalten und zu entwickeln, um den im Laufe der Jahre veränderten Anforderungen gerecht werden zu können. Zudem lässt sich diese Verpflichtung auch aus dem Laufbahnprinzip erklären. Der Aufstieg eines Beamten innerhalb einer Laufbahn oder gar der Wechsel in eine höhere Laufbahn ist nur möglich, wenn der Beamte den gesteigerten Anforderungen an ein höheres Amt gerecht werden kann. Dies setzt aber eine Qualifizierung des Beamten voraus.

316

V. Vergleich mit dem Arbeitsrecht

Die Pflicht zur vollen Hingabe an den Dienst geht über die arbeitsrechtliche Pflicht, eine Dienstleistung mittlerer Art und Güte zu erbringen, deutlich hinaus. Darin spiegelt sich wider, dass ein Beamter auf Lebenszeit beschäftigt wird, seinem Dienstherrn viel enger verbunden ist als ein Arbeitnehmer seinem Arbeitgeber und gewandelten Anforderungen gerecht werden muss. Insofern mag zwar die von einem Beamten geschuldete Dienstzeit nicht mehr wesentlich die Arbeitszeit eines Arbeitnehmers übertreffen, die inhaltlichen Anforderungen während der Dienstzeit gehen aber deutlich darüber hinaus. Trotz der Rechtsprechung des EGMR wird Beamten im Unterschied zu Arbeitnehmern im öffentlichen Dienst gerade kein Streikrecht zuzuerkennen sein.

317

VI. Wiederholungs- und Vertiefungsfragen

1) Was ist unter der Pflicht zu vollem persönlichen Einsatz des Beamten zu verstehen? Inwiefern geht dies über die Pflicht eines Arbeitnehmers in einem privatrechtlichen Arbeitsverhältnis hinaus? (Rn. 308, 317)
2) Steht einem Beamten das Streikrecht zu? Welche neueren Entwicklungen sind zu beachten? (Rn. 311 ff.)

318

---

[7] *Leppek*, Beamtenrecht, 12. Auflage, 2015, Rn. 175.

3) Schulz ist als Beamter im mittleren Dienst in der Registratur eines Landesministeriums beschäftigt und muss häufig weite Wege im Dienstgebäude zu Fuß zurücklegen. Nach einer Hüftverletzung bei einem Motorradunfall verweigert er die zur Genesung nötige Routineoperation aus Angst vor der Vollnarkose und kann daher nur noch kurze Strecken zu Fuß gehen. Verletzt er dadurch seine Pflichten als Beamter? (Rn. 315)

4) Eine kurz vor der Pensionierung stehende Beamtin des Bundesamts für Migration und Flüchtlinge verweigert die Teilnahme an einer Schulung zum neuen elektronischen Flüchtlingsdatenerfassungssystem mit der Begründung, in ihrem Alter müsse man so etwas nicht mehr lernen. Zu Recht? (Rn. 316)

Rechtsprechung zu § 13

EGMR, Urt. v. 12.11.2008 (Demir und Baykara)
EGMR, Urt. v. 21.4.2009 (Enerji Yapi-Sol-Sen)
EGMR, Urt. v. 15.9.2009 (Kaya und Seyhan)
EGMR, Urt. v. 13.7.2010 (Çerikci)
BVerfG, Urt. v. 4.5.2011 – 2 BvR 2333/08, 2 BvR 2365/09, 2 BvR 571/10, 2 BvR 740/10, 2 BvR 1152/10 –, BVerfGE 128, 326–409 (Sicherungsverwahrung)
BVerwG, Urt. v. 27.2.2014 – 2 C 1.13 –, BVerwGE 149, 117–139 (Streikrecht)
BVerwG, Beschl. v. 19.9.1977 – I DB 2.77 –, BVerwGE 53, 330, 331 (Streikrecht)

Literatur zu § 13

Zum vollen persönlichen Einsatz:
Steiner, Harald, Innere Kündigung und beamtenrechtliche Einsatzklausel – Die Nichterfüllung der Beamtenpflicht zum „vollen persönlichen Einsatz im Beruf" durch bewussten Verzicht auf Leistungsbereitschaft, ZBR 2013, 370

Zum Streikrecht:
Aust, Helmut Philipp / Gutmann, Chris, Streikrecht aus Straßburg? Das beamtenrechtliche Streikverbot unter völkerrechtlichem Anpassungsdruck, Jura 2015, 282–291
Battis, Ulrich, Streikrecht für Beamte?, ZBR 2011, 397–400
Gooren, Paul, Das Ende des Beamtenstreikverbots, ZBR 2011, 400–406
Greiner, Stefan, EMRK, Beamtenstreik und Daseinsvorsorge – oder: Was der öffentliche Dienst vom kirchlichen Arbeitsrecht lernen kann, DÖV 2013, 623–630
Hebeler, Timo, Noch einmal! Gibt es ein Streikrecht für Beamte? – Eine neuerliche Bestandsaufnahme auf Grundlage des Urteils des OVG Nordrhein-Westfalen vom 07.03.2012, ZBR 2012, 325–330
Kutzki, Jürgen, Beamte und Streikrecht – eine aktuelle Bestandsaufnahme, DÖD 2011, 169–171
Manssen, Gerrit, Weiterhin kein Streikrecht für deutsche Beamte?, Jura 2015, 835–843
Michaelis, Lars Oliver, Das beamtenrechtliche Streikverbot, JA 2015, 121–125
Nokiel, Werner, Weiterhin kein Streikrecht für Beamtinnen und Beamte, DÖD 2012, 152–157
Polakiewicz, Jörg / Kessler, Adriana, Das Streikverbot für deutsche BeamtInnen, NVwZ 2012, 841–845

§ 14 Sorgsame Amtsführung

Unter der Pflicht zur sorgsamen Amtsführung nach §§ 60 f. BBG; §§ 33 f. BeamtStG lassen sich die verschiedenen einzelnen Pflichten der Beamten zur unparteiischen, parteipolitisch gemäßigten, gerechten, gemeinwohlorientierten, uneigennützigen und verschwiegenen Führung des Amtes zusammenfassen. Diese Pflichten überlappen sich teilweise, heben aber doch jede für sich einzelne Facetten der sorgsamen Amtsführung hervor.

I. Unparteiische Amtsführung

§ 60 I 1 BBG; § 33 I 1 BeamtStG bestimmen, dass die Beamten dem ganzen Volk, nicht einer Partei dienen.[1] Sie haben gemäß § 60 I 2 BBG; § 33 I 2 BeamtStG ihre Aufgaben unparteiisch und gerecht zu erfüllen und ihr Amt zum Wohl der Allgemeinheit zu führen. Diese Bestimmungen knüpfen dabei fast wörtlich an Art. 130 I WRV[2] an. Positiv formuliert zeigt sich darin die enge Verknüpfung des Berufsbeamtentums mit dem Grundsatz der Volkssouveränität nach Art. 20 II 1 GG und dem Demokratieprinzip gemäß Art. 20 I GG. Negativ gewendet kommt darin eine kritische Distanz zu den Parteien zum Ausdruck, die zwar eine Grundhaltung der Weimarer Reichsverfassung darstellte, aber durch Art. 21 GG doch deutlich relativiert worden ist. Letztlich gebieten § 60 I 1 BBG; § 33 I 1 BeamtStG parteipolitische Neutralität und damit verbunden die Bereitschaft der Beamten, jeder demokratisch gewählten Regierung in den Grenzen der Verfassung zur Verfügung zu stehen, unabhängig davon, von welcher Partei sie gestellt wird.

II. Parteipolitische Mäßigung

Während bei dem Gebot der unparteiischen Amtsführung die Führung der Dienstgeschäfte durch den Beamten im Vordergrund steht, zielt das Gebot der

---

[1] *Battis*, Beamtenrecht, in: Ehlers/Fehling/Pünder (Hrsg.), Besonderes Verwaltungsrecht, Bd. 3, 3. Auflage, 2013, § 87 Rn. 117; *Leppek*, Beamtenrecht, 12. Auflage, 2015, Rn. 169.
[2] Art. 130 I WRV lautet: „Die Beamten sind Diener der Gesamtheit, nicht einer Partei."

parteipolitischen Mäßigung³ nach § 60 II BBG; § 33 II BeamtStG neben dem dienstlichen vor allem auf das außerdienstliche Verhalten des Beamten ab. Ein Beamter hat bei seiner parteipolitischen Betätigung die Mäßigung und Zurückhaltung zu wahren, die sich aus der Stellung des Beamtentums gegenüber der Gesamtheit des Volkes und der Rücksicht auf die Pflichten des Amtes ergeben. Danach dürfen Beamte besonnen, sachlich und unvoreingenommen auch parteipolitisch auftreten, sie dürfen dabei aber nicht ihren Amtsbonus für die Verfolgung parteipolitischer Ziele einsetzen. Vor allem aber dürfen sie ihr Amt nicht für parteipolitische Agitation oder sonstige aufheizende Stellungnahmen missbrauchen.

324 Was die Mitgliedschaft von Beamten in politischen Parteien angeht, ist zwischen verfassungskonformen, verfassungsfeindlichen und verfassungswidrigen Parteien zu unterscheiden. Bei verfassungskonformen Parteien ist neben der einfachen Mitgliedschaft auch die Übernahme von Führungsämtern erlaubt. Dem steht insbesondere Art. 137 I GG nicht entgegen, weil er nur die Wählbarkeit, nicht aber die Parteimitgliedschaft betrifft. Bei verfassungsfeindlichen, aber (noch) nicht verbotenen Parteien ist nach der Rechtsprechung des BVerfG⁴ nur die einfache Mitgliedschaft, nicht aber die Ausübung von Leitungspositionen mit der Stellung als Beamter vereinbar. Die Mitgliedschaft in nach Art. 21 II GG; § 13 Nr. 2; §§ 43 ff. BVerfGG für verfassungswidrig erklärten Parteien ist einem Beamten stets verboten.

325 **Übersicht 14-1: Parteimitgliedschaft von Beamten**

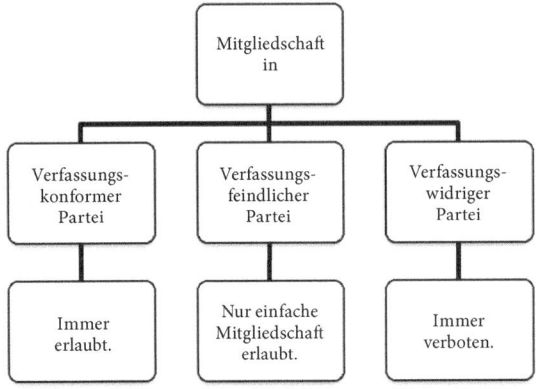

---

³ *Battis*, Beamtenrecht, in: Ehlers/Fehling/Pünder (Hrsg.), Besonderes Verwaltungsrecht, Bd. 3, 3. Auflage, 2013, § 87 Rn. 126 ff.; *Leppek*, Beamtenrecht, 12. Auflage, 2015, Rn. 170.
⁴ BVerfG, Beschl. V. 17.12.2001 – 2 BvR 1151/00 –, NJW 2002, 2774 –, Orientierungssatz 2; BVerfG, Kammerbeschluss v. 7.8.1990 – 2 BvR 2034/89 –, dazu allerdings: EGMR, Urt. v. 26.9.1993 – 7/1994/454/535, NVwZ 1996, 365; BVerwG, Urt. v. 18.5.2001 – 2 WD 42/00, 2 WD 43/00 –, BVerwGE 114, 258 (258 f.); *Reich*, BeamtStG, § 33 Rn. 9.

III. Gerechte Amtsführung

Wenn die Beamten nach § 60 I 2 BBG; § 33 I 2 BeamtStG zudem zu einer gerechten Amtsführung[5] verpflichtet werden, stellt dies keinen Freibrief für individuelle Gerechtigkeitserwägungen des einzelnen Beamten zu Lasten seiner Gesetzesbindung dar. Vielmehr hat grundsätzlich der Gesetzgeber Gerechtigkeitserwägungen anzustellen und der einzelne Beamte diese bei Anwendung des Gesetzes nachzuvollziehen.

326

Die Rechtsanwendung erschöpft sich aber nicht in dem bloßen Gesetzesvollzug. Vielmehr verbleiben Entscheidungsspielräume des einzelnen Beamten bei Anwendung unbestimmter Rechtsbegriffe mit Beurteilungsspielraum auf Tatbestandsseite sowie bei Ausübung von Ermessen auf Rechtsfolgenseite. Sofern sich hier aus der Zweckbestimmung des Gesetzes oder aus der Verfassung keine weiteren Entscheidungsmaßstäbe entnehmen lassen, verbleibt dem rechtsanwendenden Beamten ausnahmsweise Raum für eigene Gerechtigkeitserwägungen.

327

Die klassische Gerechtigkeitsphilosophie unterscheidet dabei zwischen der ausgleichenden[6] und der verteilenden[7] Gerechtigkeit, welche um die Pflichtengerechtigkeit[8] ergänzt werden. Die ausgleichende Gerechtigkeit betrifft Austauschbeziehungen wie gegenseitige Verträge oder die Leistung von Schadensausgleich. Ihre Hauptanwendungsfälle liegen im Privatrecht und sie kann dem hoheitlichen Handeln eines Beamten nur in Ausnahmefällen Orientierung vermitteln. Maßgebend für das öffentliche Recht ist vielmehr die verteilende Gerechtigkeit, welche sich mit der Zuordnung von Gütern und anderen Vorteilen nach Leistung, Bedarf, Status oder anderen Kriterien beschäftigt. Dabei ist darauf zu achten, dass von Grundgesetz wegen für einzelne Bereiche wie Einstellung und Beförderung Kriterien wie das Leistungsprinzip nach Art. 33 II GG vorgegeben sind und andererseits bestimmte Kriterien wie die religiöse Überzeugung gemäß Art. Art. 33 III GG; Art. 140 GG, Art. 136 II WRV für Differenzierungen nicht herangezogen werden dürfen. Letztlich muss sich jeder Rückgriff auf die Grundsätze verteilender Gerechtigkeit vor dem allgemeinen Gleichheitssatz nach Art. 3 I GG rechtfertigen lassen.

328

Die Pflichtengerechtigkeit, welche die Erbringung von Leistungen der Bürger an den Staat betrifft, stellt gleichsam die Kehrseite der verteilenden Gerechtigkeit dar. Auch hier sind vorrangig die gesetzlichen Vorgaben und die verfassungsrechtlichen Wertmaßstäbe zu beachten und nur soweit diese die Entscheidung

329

---

[5] *Battis*, Beamtenrecht, in: Ehlers/Fehling/Pünder (Hrsg.), Besonderes Verwaltungsrecht, Bd. 3, 3. Auflage, 2013, § 87 Rn. 117.
[6] Iustitia particularis commutativa.
[7] Iustitia particularis distributiva.
[8] Iustitia universalis, siehe dazu *Aristoteles*, Nikomachische Ethik, V. Buch, sowie *Thomas von Aquin*, Summa Theologiae, II-II, quaestio 61.

nicht endgültig bestimmen, bleibt noch Raum für Erwägungen der Pflichtengerechtigkeit. So wird beispielsweise die von Finanzbeamten zu vollziehende Steuererhebung ganz maßgebend von dem verfassungsrechtlichen Grundsatz der Gesetzmäßigkeit und Gleichmäßigkeit der Besteuerung beherrscht und nur in diesem Rahmen können noch Steuern aus Billigkeitsgründen gemäß § 163 AO nicht festgesetzt oder gemäß § 227 AO erlassen werden.

IV. Gemeinwohlorientierte Amtsführung

330 Die Beamten werden überdies durch § 60 I 2, 3 BBG; § 33 I 2, 3 BeamtStG zur gemeinwohlorientierten Amtsführung verpflichtet. Sie müssen sich durch ihr gesamtes Verhalten innerhalb und außerhalb des Dienstes zur freiheitlichen demokratischen Grundordnung bekennen. Darunter versteht man eine Ordnung, die unter Ausschluss jeder Gewalt- und Willkürherrschaft die Volkssouveränität, die Bindung der Gesetzgebung an die Verfassung sowie der vollziehenden Gewalt und der Rechtsprechung an Gesetz und Recht, die parlamentarische Verantwortlichkeit der Regierung, das Recht auf Bildung und Ausübung einer parlamentarischen Opposition, die Unabhängigkeit der Gerichte und die im Grundgesetz konkretisierten Menschenrechte anerkennt und schützt. Einfachgesetzlich sind diese Bestandteile der freiheitlichen demokratischen Grundordnung in § 4 II BVerfSchG aufgeführt, der derzeit zutreffend auch den verfassungsrechtlichen Gehalt dieses Begriffs widerspiegelt. Letztlich werden die Beamten damit auf die wesentlichen Bestandteile des Rechtsstaats- und des Demokratieprinzips sowie der Grundrechte verpflichtet. Die Pflicht zur gemeinwohlorientierten Amtsführung überschneidet sich dadurch in weiten Bereichen mit der Pflicht zum Rechtsgehorsam sowie der Verfassungstreuepflicht der Beamten.

V. Uneigennützige Amtsführung

331 Die Beamten sind überdies nach § 61 I 2 BBG; § 34 S. 2 BeamtStG zur uneigennützigen Amtsführung[9] verpflichtet. Während eine Privatperson rechtliche Mittel zur Verfolgung eigennütziger Ziele einsetzt, hat bei Beamten in ihrer dienstlichen Eigenschaft an Stelle dieses privatnützigen Zwecks eine Leerstelle zu klaffen, die durch die verfassungs- und gesetzmäßig vorgegebenen Ziele, so wie sie von der jeweiligen Regierung konkretisiert werden, zu füllen ist. Auf der anderen Seite ergibt sich aus dieser Pflicht zur uneigennützigen Amtsführung auch kein Gebot der Beamten zur Selbstschädigung, sondern nur die Verpflichtung, los-

---

[9] *Leppek*, Beamtenrecht, 12. Auflage, 2015, Rn. 171a.

gelöst von eigenen Interessen zu entscheiden. Dies wird verwaltungsverfahrensrechtlich u. a. dadurch umgesetzt, dass gemäß § 20 VwVfG in einem Verwaltungsverfahren nicht entscheiden darf, wer selbst Beteiligter ist, und überdies nach § 21 VwVfG bei Besorgnis der Befangenheit der Behördenleiter einen Beschäftigten von der Mitwirkung an einem Verwaltungsverfahren ausschließen kann.

VI. Keine Annahme von Vorteilen

Eine besondere Ausprägung des Gebots der uneigennützigen Amtsführung stellt das in § 71 I BBG; § 42 I BeamtStG noch einmal gesondert geregelte Verbot der Annahme von Belohnungen, Geschenken oder sonstigen Vorteilen[10] dar. Dadurch soll schon der Verdacht der Befangenheit oder gar der Bestechlichkeit vermieden werden. Zu beachten ist, dass dieses Verbot auch im Hinblick auf Vorteile für Dritte gilt. Diese können nicht nur der Ehegatte oder andere Angehörige sein, sondern auch der Dienstherr selbst. Dadurch schränkt diese zur Korruptionsbekämpfung gedachte Vorschrift auch die Möglichkeiten des Sponsorings der öffentlichen Hand durch Private erheblich ein. In der Regel wird durch Verwaltungsvorschriften eine Bagatellgrenze für die Annahme geringwertiger Vorteile wie der Einladung zu einem einfacheren Essen im Rahmen gesellschaftlicher Gepflogenheiten festgelegt. **332**

Wird gegen das Verbot der Vorteilsannahme verstoßen, hat der Beamte dem Dienstherrn gemäß § 71 II BBG; § 42 II BeamtStG Auskunft über Art, Umfang und Verbleib des pflichtwidrig Erlangten zu geben und – sofern nicht strafrechtlich der Verfall gemäß §§ 73 ff. StGB angeordnet wurde – dieses dem Dienstherrn nach den Vorschriften des BGB über die Herausgabe einer ungerechtfertigten Bereicherung nach §§ 812 ff. BGB herauszugeben. Die Berufung auf den Wegfall der Bereicherung gemäß § 818 III BGB dürfte dabei regelmäßig nach § 819 II; § 818 IV BGB ausgeschlossen sein. **333**

VII. Achtungswürdiges Verhalten

Gemäß § 61 I 3 BBG; § 34 S. 3 BeamtStG muss das Verhalten von Beamten innerhalb und außerhalb des Dienstes der Achtung und dem Vertrauen gerecht werden, die ihr Beruf erfordert.[11] Diese Pflicht zu achtungswürdigem Verhalten ist **334**

---

[10] *Leppek*, Beamtenrecht, 12. Auflage, 2015, Rn. 171b f.
[11] *Battis*, Beamtenrecht, in: Ehlers/Fehling/Pünder (Hrsg.), Besonderes Verwaltungsrecht, Bd. 3, 3. Auflage, 2013, § 87 Rn. 129; *Leppek*, Beamtenrecht, 12. Auflage, 2015, Rn. 171.

damit nach der jeweiligen Funktion und der statusrechtlichen Stellung des Beamten unterschiedlich streng ausgestaltet.

335 Sofern der Beamte sich im Dienst befindet, verschärft diese Pflicht noch einmal die Anforderungen, die ohnehin durch die Pflicht zum Rechtsgehorsam und die Treuepflicht an den Beamten gerichtet werden. Der Beamte hat nicht nur rein äußerlich die Gesetze und die weiteren rechtlichen Regelungen des Außen-, aber auch des Innenrechts zu befolgen sowie jederzeit innerlich bereit zu sein, für die freiheitliche demokratische Grundordnung einzustehen, sondern er hat darüber hinaus auch seinen Dienst „in würdiger Weise" zu erfüllen. Er muss durch die Art und Weise seiner Diensterfüllung den gebührenden Respekt gegenüber dem Dienstherrn, den Kollegen und den Bürgern zum Ausdruck bringen. So darf er sich nicht in unsachlicher oder abfälliger Weise über die Rechtsordnung, den Dienstherrn oder die Bürger äußern oder auf anderem Wege durch sein Verhalten oder seine äußere Erscheinung den Dienstbetrieb konterkarieren.

336 Im Unterschied zu manch anderen beamtenrechtlichen Pflichten erfasst die Pflicht zu achtungswürdigem Verhalten darüber hinaus auch das außerdienstliche Leben des Beamten. Hier entfaltet diese Pflicht ihre eigentliche Bedeutung, weil außerdienstliche Verhaltensweisen diese Pflicht verletzen können, dadurch auf den Dienst zurückstrahlen und somit letztendlich außerdienstliches Verhalten eine Dienstpflichtverletzung begründen kann. Allerdings ist ein Beamter außerhalb des Dienstes vor allem Grundrechtsträger und daher auch zur freien Entfaltung seiner Persönlichkeit gemäß Art. 2 I GG berechtigt. Daher kann nicht jedes außerdienstliche Fehlverhalten schon einen Verstoß gegen die Pflicht zu achtungswürdigem Verhalten darstellen. Mittlerweile hat sich eine zweistufige Prüfung solch außerdienstlicher Verstöße herausgebildet:

337 Im ersten Schritt hängt es von dem konkreten Pflichtenkreis des Beamten ab, ob seine außerdienstliche Pflichtverletzung auch ein Dienstvergehen darstellen kann. Das außerdienstliche Fehlverhalten muss „einschlägig" sein. So ist eine Trunkenheitsfahrt zwar bei einem Feuerwehrbeamten relevant, nicht aber unbedingt bei einem Finanzbeamten. Umgekehrt weist eine Steuerhinterziehung durch einen Finanzbeamten eher einen dienstlichen Bezug auf als eine vergleichbare Straftat durch einen Feuerwehrbeamten.

338 Im zweiten Schritt sind dann alle Umstände des Einzelfalls heranzuziehen. Dabei sind dann einerseits die Einzelheiten des Fehlverhaltens, andererseits das Amt des Beamten im konkret-funktionalen und statusrechtlichen Sinne zu bedenken. Je enger der Bezug des Fehlverhaltens zu seinem konkreten Aufgabenkreis und je höher seine Stellung in der Beamtenhierarchie ist, desto eher ist auch bei außerdienstlichem Fehlverhalten ein Pflichtverstoß anzunehmen.

VIII. Verschwiegenheitspflicht

Gemäß § 67 I BBG; § 37 I BeamtStG sind die Beamten überdies zur Verschwiegenheit verpflichtet.[12] Sie haben über die ihnen in Ausübung oder bei Gelegenheit ihrer amtlichen Tätigkeit bekanntgewordenen dienstlichen Angelegenheiten Stillschweigen zu bewahren. Dies gilt auch für die Zeit nach Beendigung des Beamtenverhältnisses und über den Bereich eines Dienstherrn hinaus. Insofern gibt es Nachwirkungen der Verschwiegenheitspflicht vergleichbar den nachwirkenden Vertragspflichten im Zivilrecht. Diese Pflicht zur Verschwiegenheit soll die Interessen des Dienstherrn und der an einem Verwaltungsverfahren beteiligten Bürger wahren. **339**

Tatbestandlich existieren von der Verschwiegenheitspflicht gemäß § 67 II BBG; § 37 II BeamtStG drei Ausnahmen: Die Pflicht besteht nicht, soweit Mitteilungen im dienstlichen Verkehr geboten sind. An dieser Stelle öffnet sich das Beamtenrecht zu den Mitteilungspflichten und -befugnissen aus anderen Teilen der Rechtsordnung, insbesondere zu den polizeirechtlichen Mitteilungsmöglichkeiten und der Amtshilfe. Die Pflicht besteht ferner nicht in Bezug auf offenkundige Tatsachen, die im Einklang mit § 291 ZPO als für den Empfänger kundige oder allgemeinkundige Tatsachen bestimmt werden können. Schließlich ist keine Verschwiegenheitspflicht gegeben bei Anzeige des Verdachts einer Korruptionsstraftat nach §§ 331 ff. StGB. **340**

Die Verschwiegenheitspflicht kann mit anderen gesetzlichen und vertraglichen Pflichten, insbesondere mit der Pflicht zur Aussage als Zeuge in einem gerichtlichen Verfahren, in Konflikt geraten. Die beamtenrechtlichen Vorschriften lösen diese Pflichtenkollision in der Weise auf, dass ein Beamter über die der Verschwiegenheit unterliegenden dienstlichen Angelegenheiten nur aussagen darf, wenn ihm eine entsprechende Aussagegenehmigung nach § 67 III BBG; 37 III BeamtStG erteilt wurde, welche disziplinarrechtlich einen Rechtfertigungsgrund darstellt. Diese Aussagegenehmigung ist gemäß § 68 BBG; § 37 IV BeamtStG nur dann zu verweigern, wenn die Aussage dem Wohl des Bundes oder eines Landes Nachteile bereiten oder die Erfüllung öffentlicher Aufgaben ernstlich gefährden oder erheblich erschweren würde. Diese Interessen können indes regelmäßig auch durch den Ausschluss der Öffentlichkeit in einem gerichtlichen Verfahren gemäß § 171b; § 172 GVG gewahrt werden. **341**

---

[12] *Battis*, Beamtenrecht, in: Ehlers/Fehling/Pünder (Hrsg.), Besonderes Verwaltungsrecht, Bd. 3, 3. Auflage, 2013, § 87 Rn. 121; *Leppek*, Beamtenrecht, 12. Auflage, 2015, Rn. 181.

IX. Vergleich mit dem Arbeitsrecht

342 In Bezug auf die Pflicht zur sorgsamen Amtsführung zeigen sich deutliche Unterschiede zwischen dem Beamten- und dem Arbeitsrecht: Arbeitsrechtlich steht es einem Arbeitnehmer außerhalb des öffentlichen Dienstes in den Grenzen des Allgemeinen Gleichbehandlungsgesetzes frei, sich parteiisch zu verhalten. Solch ein Arbeitnehmer kann auch in einer verfassungsfeindlichen Partei Führungspositionen übernehmen, ohne dass sich daraus grundsätzlich Folgen für sein Beschäftigungsverhältnis ergeben. Einen Arbeitnehmer trifft auch keine Verpflichtung zur gerechten Ausübung seiner Arbeit, sondern lediglich zum rechtmäßigen Handeln. So ist er auch nicht umfassend auf das Gemeinwohl verpflichtet, sondern vertraglich im Rahmen der Rechtsordnung auf die Interessen seines Arbeitgebers. Innerhalb dieser vertraglichen Grenzen kann er auch eigene Ziele verfolgen. Fehlverhalten außerhalb des Arbeitsverhältnisses ist arbeitsrechtlich grundsätzlich irrelevant und Pflichten zur Verschwiegenheit müssen arbeitsvertraglich gesondert vereinbart werden.

X. Wiederholungs- und Vertiefungsfragen

343 1) Koller, verbeamteter Referent in einem Landesministerium, ist Mitglied der Partei P und verweigert mit Hinweis auf seine konservative Grundhaltung die Ausarbeitung eines von dem politisch links stehenden Minister initiierten Gesetzesentwurfs zur Aufnahme gleichgeschlechtliche Partnerschaften betreffender Lehrinhalte in die Lehrpläne sämtlicher Grund- und weiterführender Schulen. Zu Recht? (Rn. 322 ff.)

2) Auf einer Informationsveranstaltung zu den neuen Lehrplänen, zu der Koller in seiner Eigenschaft als Referent geladen ist, äußert er sich abfällig über die „links-ökologisch radikalen 68er-Vorstellungen" des Ministers. Darf er das? (Rn. 323)

3) Hacke, Referatsleiterin in einem Landesministerium und Mitglied der rechtsextremen Partei R, beabsichtigt, sich zur neuen R-Landesvorsitzenden in diesem Bundesland wählen zu lassen. Darf sie das? (Rn. 324)

4) Nach sorgfältiger Prüfung der Rechtslage kommt Bauamtsleiter Paulus zu dem Schluss, der Widerspruch eines Nachbarn gegen (die Baugenehmigung für) ein Bauvorhaben sei unbegründet, das Vorhaben bauplanungs- und bauordnungsrechtlich vollumfänglich zulässig. Weil er die maßgeblichen Normen aber für den Nachbarn schwer benachteiligend hält, hilft er dem Widerspruch ab – schließlich sei er zu gerechter Amtsführung verpflichtet und habe Ermessensspielraum. Zu Recht? (Rn. 326)

5) Paulus lehnt eine Ausnahme nach § 31 BauGB i. V. m. § 3 I Nr. 1 BauNVO einzig deshalb ab, weil er selbst in dem reinen Wohngebiet direkt angrenzend zu dem ihn störenden genehmigungspflichtigen Bauvorhaben wohnt. Handelt Paulus pflichtgemäß? (Rn. 326 f., 331)
6) Wie, wenn Paulus nach anfänglicher Ablehnung dem Widerspruch des Bauherrn abhilft, nachdem dieser ihm einen neuen Gasgrill (Wert 1.200 Euro) für seinen Garten gekauft hat? Was sind mögliche beamten-, disziplinar- und strafrechtliche Folgen? (Rn. 332 f., 415, 423 ff., 436 ff.)
7) Ein Beamter des Bundesnachrichtendienstes soll vor einem deutschen Strafgericht zu einer möglichen Folter durch Bundeswehrsoldaten in Afghanistan als Zeuge aussagen. Unter welchen Voraussetzungen ist eine solche Aussage möglich? (Rn. 339 ff.)
8) Inwiefern unterscheidet sich die Pflicht des Beamten zur sorgsamen Amtsführung mit ihren Unterpflichten von den Pflichten eines Arbeitnehmers in einem privatrechtlichen Arbeitsverhältnis? (Rn. 342)

Rechtsprechung zu § 14

EGMR, Urt. v. 26.9.1993 – 7/1994/454/535, NVwZ 1996, 365   **344**
BVerfG, Beschl. V. 17.12.2001 – 2 BvR 1151/00 –, NJW 2002, 2774
BVerfG, Kammerbeschluss v. 7.8.1990 – 2 BvR 2034/89
BVerwG, Urt. v. 18.5.2001 – 2 WD 42/00, 2 WD 43/00 –, BVerwGE 114, 258–291 (Politische Treuepflicht, Soldaten)

Literatur zu § 14

Lindner, Franz Josef, Der Gerechtigkeitsauftrag der Beamten, ZBR 2016, 1–6   **345**
Steiner, Harald, Uneigennützigkeit und Gewissenhaftigkeit – Die Anforderungen zentraler beamtenrechtlicher Pflichtenkategorien, DÖD 2013, 133–139

§ 15 Pflichten in der Beamtenhierarchie

346 Beamte sind im Regelfall nicht vereinzelt tätig, sondern üben ihr Amt innerhalb einer durch das Laufbahnwesen bestimmten Hierarchie in Zusammenarbeit mit anderen Beamten aus. Daraus ergeben sich besondere Pflichten als Vorgesetzter gegenüber nachgeordneten Beamten, als Untergebener gegenüber höhergestellten Beamten und schließlich als Kollege gegenüber Beamten derselben oder einer vergleichbaren Rangstufe.[1]

I. Pflichten der Vorgesetzten

347 Ist ein Beamter in Bezug auf andere Beamte Vorgesetzter i. S. d. § 3 III BBG oder gar Dienstvorgesetzter entsprechend § 3 II BBG, so hat er in Ausprägung der Fürsorgepflicht[2] des Dienstherrn gemäß § 78 BBG; § 45 BeamtStG nachgeordnete Beamten zu informieren, ihnen nur rechtmäßige Weisungen zu erteilen, sie durch Vorbildwirkung anzuleiten und fachlich zu beaufsichtigen. Ein Dienstvorgesetzter hat die ihm nachgeordneten Beamten auch personell zu beaufsichtigen und in regelmäßigen Abständen sowie bei besonderen Anlässen zu beurteilen. Liegen zureichende tatsächliche Anhaltspunkte vor, die den Verdacht eines Dienstvergehens eines Untergebenen begründen, hat der Dienstvorgesetzte gemäß § 17 I 1 BDG die Pflicht, ein Disziplinarverfahren einzuleiten.

348 Umgekehrt hat ein Vorgesetzter auch die Beratung und Unterstützung seiner Untergebenen anzunehmen, ihrer berechtigten Kritik nachzugehen und ihre Anliegen gegenüber seinen Vorgesetzten wahrzunehmen.

349 Schließlich hat ein Vorgesetzter Mobbing, sexuelle Belästigung und andere Formen der Diskriminierung zwischen den ihm unterstellten Beamten zu unterbinden und auf die Lösung dienstlicher Konflikte hinzuwirken.

---

[1] *Leppek*, Beamtenrecht, 12. Auflage, 2015, Rn. 171.
[2] BVerfG, Beschl. v. 15.12.1976 – 2 BvR 841/73 –, BVerfGE 43, 154 (165 f.); BVerwG, Beschl. v. 6.5.1971 – I WB 8.70 –, BVerwGE 43, 215 (215 f.).

II. Pflichten der Untergebenen

Ein untergebener Beamter hat die Weisungen seiner Vorgesetzten nach § 62 I 2 BBG; § 35 S. 2 BeamtStG zu befolgen, Bedenken an der Rechtmäßigkeit dienstlicher Anordnungen in den Grenzen des Remonstrationsrechts nach § 63 II BBG; § 36 II BeamtStG geltend zu machen und seine Vorgesetzten gemäß § 62 I 1 BBG; § 35 S. 1 BeamtStG zu beraten und zu unterstützen.

350

III. Pflichten der Kollegen

Aus der Pflicht der Beamten zum achtungswürdigen Verhalten gemäß § 61 I 3 BBG; § 34 S. 3 BeamtStG ergibt sich ihre Verpflichtung, mit den Kollegen vertrauensvoll bei der Erfüllung der dienstlichen Aufgaben zusammenzuarbeiten. Beamte dürfen andere Kollegen nicht mobben, sexuell belästigen oder in anderer Weise diskriminieren. Es besteht ein wechselseitiges Schädigungsverbot.

351

IV. Vergleich mit den arbeitsrechtlichen Pflichten

Die Pflichten der Vorgesetzten, Untergebenen und Kollegen weisen weitgehende Parallelen zu den entsprechenden arbeitsrechtlichen Pflichten auf, weil sie sich letztlich aus der Stellung in einer Rangordnung mit Weisungsverhältnissen ergeben und solche Hierarchien auch in privaten Unternehmen anzutreffen sind. Allerdings gilt auch hier, dass im Zweifel die Beamten eine stärkere Pflichtbindung trifft.

352

V. Wiederholungs- und Vertiefungsfragen

1) Welche Pflichten treffen den Vorgesetzten im Beamtenrecht? (Rn. 347 ff.)
2) Welche Pflichten des Untergebenen korrelieren damit? (Rn. 350)
3) Welche Pflichten bestehen unter Kollegen? (Rn. 351)
4) Sind Arbeitnehmer in privatrechtlichen Arbeitsverhältnissen gegenüber ihren Vorgesetzten/Untergebenen/Kollegen weniger in der Pflicht? (Rn. 352)

353

Rechtsprechung zu § 15

BVerfG, Beschl. v. 15.12.1976 – 2 BvR 841/73 –, BVerfGE 43, 154–197 (Fürsorgepflicht des Dienstherrn)
BVerwG, Beschl. v. 6.5.1971 – I WB 8.70 –, BVerwGE 43, 215–220 (Dienstliches Bedürfnis)

354

Literatur zu § 15

355 *Mandelartz, Herbert*, Externe Beratung und die Beratungspflicht der Beamten, DVBl. 2008, 209–216

Steiner, Harald, Beratung und Unterstützung – Zentrales beamtenrechtliches Handlungsgebot im Beziehungsfeld zum Vorgesetzten, ZBR 2014, 109–114

§ 16 Äußere Umstände der Diensterfüllung

Um eine optimale Diensterfüllung zu gewährleisten, müssen auch die äußeren Rahmenbedingungen der Dienstleistung des Beamten zweckmäßig und dem Dienst angemessen sein. Diese betreffen v. a. das äußere Erscheinungsbild des Beamten sowie seine Erreichbarkeit für den Dienst.

356

I. Äußeres Erscheinungsbild

Das äußere Erscheinungsbild[1] des Beamten umfasst die von diesem getragene Kleidung sowie seine körperliche Gestaltung.

357

Gemäß § 74 BBG und den Parallelvorschriften in den Landesbeamtengesetzen können Verwaltungsvorschriften über die bei Wahrnehmung des Amtes übliche oder erforderliche Dienstkleidung erlassen werden. Bei Beamten, die wie Polizeibeamte in besonderem Maße Eingriffsbefugnisse ausüben und die deshalb leicht von den Bürgern als solche erkannt werden müssen, kann das Tragen einer Uniform vorgeschrieben werden. Das Vertrauen der Bürger in die Berechtigung der Person zum Tragen der entsprechenden Uniform genießt sogar strafrechtlichen Schutz gemäß § 132a I Nr. 4, II StGB. Bei sonstigen Beamten kann zwar eine der Würde ihres Amtes angemessene Kleidung verlangt werden, in Anbetracht der Grundrechtsträgerschaft der Beamten und der Möglichkeit, sich auch durch Kleidungswahl individuell auszudrücken, sind aber keine zu strengen Anforderungen vorzusehen.

358

Über die Kleidungswahl hinausgehend können den Beamten gestützt auf die Wohlverhaltenspflicht nach § 61 I 3 BBG; § 34 S. 3 BeamtStG auch Vorgaben in Bezug auf ihr sonstiges äußeres Erscheinungsbild gemacht werden. Diese weitergehenden Gebote sind wegen des darin liegenden Eingriffs zumindest in das Grundrecht auf freie Entfaltung der Persönlichkeit nach Art. 2 I GG, ggf. auch in das Grundrecht auf körperliche Unversehrtheit gemäß Art. 2 II 1 GG, nur zulässig, wenn sie zur angemessen, neutralen und sachlichen Repräsentation des je-

359

---

[1] BVerfG, Beschl. v. 27.1.2015 – 1 BvR 471/10, 1 BvR 1181/10 –, BVerfGE 138, 296; BVerfG, Kammerbeschluss v. 10.1.1991 – 2 BvR 550/90 –, NJW 1991, 1477 f.

weiligen Dienstherrn erforderlich sind oder einer erhöhten Gefährdung des Beamten oder Dritter vorbeugen sollen. So kann beispielsweise einem Polizeibeamten wegen der Eigengefährdung das Tragen von Piercings im Gesicht untersagt werden, nicht aber einem Finanzbeamten. Angesichts des Gleichbehandlungsgebots des Art. 3 II 1 GG sind die gleichen Maßstäbe an Beamte und Beamtinnen anzulegen.

II. Erreichbarkeit

360 Damit die ordnungsgemäße Erfüllung der Dienstgeschäfte nicht beeinträchtigt wird, muss sichergestellt sein, dass der Beamte jederzeit erreichbar ist. Dem dienen die Vorschriften über die Wahl der Wohnung sowie die Aufenthaltspflicht.

361 Bei der Wohnungswahl sind vier Stufen zunehmender Vorgaben für den Beamten zu unterscheiden, zwischen denen nach Maßgabe des Verhältnismäßigkeitsgrundsatzes auszuwählen ist: Nach der Grundregel des § 72 I BBG und den Parallelvorschriften in den Landesbeamtengesetzen hat der Beamte eine gut erreichbare Wohnung zu nehmen, so dass er pünktlich und ausgeruht zum Dienst erscheinen kann. Ausnahmsweise kann der Dienstvorgesetzte den Beamten gemäß § 72 II Alt. 1 BBG auch anweisen, eine Wohnung innerhalb einer bestimmten Entfernung von der Dienststelle zu nehmen, wenn die dienstlichen Verhältnisse dies erfordern. Dies kann etwa bei Beamten im Schicht- und Nachtdienst der Fall sein, z.B. wenn zu ungünstigen Dienstzeiten die Dienststelle nicht oder nur schlecht mit dem öffentlichen Personennahverkehr erreichbar ist. In besonders wichtigen Fällen kann dem Beamten auch der Bezug einer Dienstwohnung gemäß § 72 II Alt. 2 BBG vorgeschrieben werden, etwa bei Beamten, die besondere Wach- oder Sicherungsaufgaben erfüllen. Schließlich ist speziell für Bundespolizisten die Möglichkeit der Gemeinschaftsunterkunft nach § 10 BPolBG vorgesehen.

362 Von den Wohnungsvorgaben ist die Regelung der Aufenthaltspflicht nach § 73 BBG und den entsprechenden landesrechtlichen Regelungen zu unterscheiden. Bei besonderen dienstlichen Verhältnissen, etwa einem bevorstehenden Großeinsatz, kann ein Beamter angewiesen werden, sich auch während der dienstfreien Zeit in erreichbarer Nähe des Dienstortes („der nicht identisch mit der Dienststelle sein muss,) aufzuhalten. Diese Rufbereitschaft wird gemäß § 12 AZV indes grundsätzlich nicht als Arbeitszeit des Beamten angerechnet.

Übersicht 16-1: Räumliche Erreichbarkeit des Beamten 363

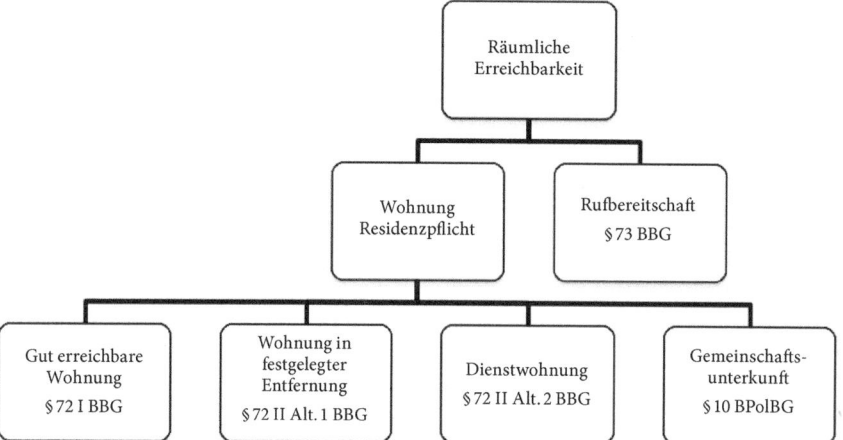

III. Vergleich mit dem Arbeitsrecht

Im Vergleich zum privaten Arbeitsrecht sind die beamtenrechtlichen Vorgaben für die äußeren Umstände der Diensterfüllung deutlich strenger. Privaten Arbeitnehmern darf arbeitsrechtlich nur in engen Grenzen ein bestimmtes äußeres Erscheinungsbild vorgeschrieben werden, weil bei ihnen in geringerem Maße Erkennbarkeit erforderlich ist und sie sich nicht durch Tragen einer Uniform für die Ausübung von Hoheitsbefugnissen legitimieren können. Was die Erreichbarkeit des Arbeitsplatzes betrifft, setzt das Arbeitsrecht grundsätzlich nicht mit bestimmten Residenzpflichten auf der Verhaltensebene an, sondern erst auf der nachgeordneten Sanktionsebene mit der Möglichkeit des Lohnabzugs und ggf. auch der Kündigung bei Zuspätkommen des Arbeitnehmers. 364

IV. Wiederholungs- und Vertiefungsfragen

1) Polizeioberkommissarin Yildirim hat sich ein Kopftuch in den Polizeifarben nähen lassen, dass sie statt der Dienstmütze tragen möchte. Darf sie das? (Rn. 357 ff.) 365
2) Polizeioberrat Huber, wohnhaft im bayerischen Augsburg, hat eine Stelle im Bundespolizeipräsidium in Potsdam angetreten. Muss er nach Potsdam ziehen? (Rn. 360 ff.)
3) Bestehen im privatrechtlichen Arbeitsverhältnis den beamtenrechtlichen Vorschriften vergleichbare Erscheinungsbild- und Erreichbarkeitsverpflichtungen? (Rn. 364)

Rechtsprechung zu § 16

366 BVerfG, Beschl. v. 27.1.2015 – 1 BvR 471/10, 1 BvR 1181/10 –, BVerfGE 138, 296–376 (Glaubens- und Bekenntnisfreiheit, Kopftuch)
BVerfG, Kammerbeschluss v. 10.1.1991 – 2 BvR 550/90 –, NJW 1991, 1477–1478

Literatur zu § 16

367 *Michaelis, Lars Oliver,* Tattoos als Einstellungshindernis für (Polizei-)Vollzugsbeamte, JA 2015, 370–374

§ 17 Vermögensrechtliche Folgen von Pflichtverletzungen

Die vermögensrechtlichen Folgen von Pflichtverletzungen der Beamten sind vielgestaltig.[1] Nach den Haftungskonstellationen ist zwischen Ansprüchen der Bürger, der Kollegen und des Dienstherrn sowie des Beamten selbst zu unterscheiden. Nach den Anspruchsgrundlagen ist zwischen Ansprüchen aus öffentlich-rechtlicher Sonderverbindung, aus mittelbarer Staatshaftung sowie aus Regress zu differenzieren. Nach den Rechtsfolgen schließlich kann v. a. zwischen Schadensersatz- und Entschädigungsansprüchen getrennt werden. Diese Ansprüche sind nur teilweise in den allgemeinen Beamtengesetzen, in den Gefahrenabwehrgesetzen sowie im BGB kodifiziert; im Übrigen ergeben sie sich aus den Grundrechten und dem Rechtsstaatsprinzip sowie in Analogie zu zivilrechtlichen Regelungen. Im Folgenden werden diese Ansprüche überblicksartig dargestellt, wobei für weiterführende Darstellungen auf Werke zum Staatshaftungsrecht zu verweisen ist.

I. Ansprüche der Bürger

Wegen des Fehlverhaltens von Beamten kann Bürgern ein Anspruch auf Schadensersatz aus öffentlich-rechtlicher Sonderverbindung oder aus mittelbarer Staatshaftung zustehen.[2] Daneben kommt ein Entschädigungsanspruch aus enteignungsgleichem Eingriff in Betracht. Schließlich sind sonstige Ansprüche, etwa aus enteignendem Eingriff, zu bedenken.

---

[1] *Battis*, Beamtenrecht, in: Ehlers/Fehling/Pünder (Hrsg.), Besonderes Verwaltungsrecht, Bd. 3, 3. Auflage, 2013, § 87 Rn. 170 ff.; *Leppek*, Beamtenrecht, 12. Auflage, 2015, Rn. 196 ff.

[2] *Battis*, Beamtenrecht, in: Ehlers/Fehling/Pünder (Hrsg.), Besonderes Verwaltungsrecht, Bd. 3, 3. Auflage, 2013, § 87 Rn. 171.; *Leppek*, Beamtenrecht, 12. Auflage, 2015, Rn. 196.

1. Anspruch aus öffentlich-rechtlicher Sonderverbindung

370 Befindet sich ein Bürger in einer öffentlich-rechtlichen Sonderverbindung zu einem Hoheitsträger, etwa aus einem Anstaltsbenutzungsverhältnis oder wegen des Bezugs von Leistungen der Daseinsvorsorge, begründet diese Sonderverbindung auch haftungsrechtlich ein besonderes Näheverhältnis. Verletzt ein Beamter rechtswidrig und schuldhaft eine Pflicht aus dieser Sonderverbindung, insbesondere die Amtspflicht zur Rücksichtnahme auf die Rechtsgüter, Rechte oder Interessen des Bürgers analog § 241 II BGB, und entsteht dem Bürger aus dieser Pflichtverletzung kausal ein Schaden, dann ist der Hoheitsträger, zu dem diese Sonderverbindung besteht, analog § 280 I BGB unter dem Gesichtspunkt der positiven Vertragsverletzung zum Schadensersatz verpflichtet. Das Verschulden des handelnden Beamten wird dem Hoheitsträger dabei analog § 278 BGB zugerechnet.

2. Anspruch auf Schadensersatz aus mittelbarer Staatshaftung

371 Ein Anspruch des Bürgers auf Schadensersatz kann sich auch aus mittelbarer Staatshaftung gemäß § 839 BGB; Art. 34 GG ergeben. Dieser Anspruch hat positive und negative Tatbestandsmerkmale; zudem wird der Anspruch in Bezug auf den Anspruchsgegner übergeleitet.

372 Zunächst setzt dieser im Ausgangspunkt gegen den Beamten gerichtete Anspruch gemäß § 839 I 1 BGB voraus, dass er rechtswidrig und schuldhaft die ihm einem Dritten gegenüber obliegende Amtspflicht verletzt hat. Beamter im Sinne dieser Bestimmung ist neben den im Zusammenhang dieses Werkes interessierenden Beamten im statusrechtlichen Sinne auch jeder andere Beschäftigte des öffentlichen Dienstes sowie Private, soweit sie hoheitlich tätig werden, weshalb man auch von Beamten im haftungsrechtlichen Sinne spricht. Die verletzte Amtspflicht kann in der Pflicht zur Rücksichtnahme auf die Rechte, Rechtsgüter und Interessen des Bürgers bestehen oder ganz allgemein in der Pflicht des Beamten zu rechtmäßigem Verhalten. Der Beamte handelt nicht rechtswidrig, wenn er sich auf Rechtfertigungsgründe berufen kann, wozu v. a. auch die polizeirechtlichen Standardmaßnahmen und die Generalklausel sowie andere Eingriffsbefugnisse zählen. Das Verschulden des Beamten bestimmt sich gemäß § 276 BGB. Aus der rechtswidrigen und schuldhaften Pflichtverletzung muss kausal ein Schaden entstanden sein, was nach der Äquivalenztheorie, ggf. eingeschränkt durch Adäquanzgesichtspunkte, zu bestimmen ist.

373 Die Verpflichtung zum Schadensersatz aus dieser Anspruchsgrundlage ist gemäß § 839 I 2 BGB ausgeschlossen, soweit dem Beamten nur Fahrlässigkeit zur Last fällt und der Verletzte auf anderen Wege Ersatz zu erlangen vermag. Das Gleiche gilt gemäß § 839 II BGB für die spruchrichterliche Tätigkeit, sofern nicht

der Tatbestand der Rechtsbeugung gemäß § 339 StGB erfüllt ist. Schließlich statuiert § 839 III BGB den Vorrang des Primärrechtsschutzes. Hätte der Bürger durch den Gebrauch eines geeigneten Rechtsmittels, z. B. durch Widerspruch und Anfechtungsklage, den Schaden abwenden können, dann kann er nicht stattdessen auf der Sekundärebene Schadensersatz verlangen.

Liegen die positiven Voraussetzungen vor und greifen die negativen Ausschlussgründe nicht ein, wird der zunächst durch § 839 I 1 BGB als haftungsbegründende Norm gegen den Beamten gerichtete Anspruch auf Schadensersatz durch die haftungsverlagernde Norm des Art. 34 S. 1 GG gegen die Körperschaft übergeleitet, in dessen Dienst er steht. So wird aus diesem Amtshaftungsanspruch ein Anspruch aus mittelbarer Staatshaftung. **374**

3. Anspruch aus enteignungsgleichem Eingriff

Bei Fehlverhalten des handelnden Beamten kann dem Bürger auch ein Anspruch auf Entschädigung aus enteignungsgleichem Eingriff zustehen. Dieser Anspruch ist teilweise sondergesetzlich in den Landespolizei- und -ordnungsbehördengesetzen geregelt und im Übrigen aus den Grundrechten, insbesondere aus Art. 14 GG, sowie aus §§ 74; 75 EinlPrALR herzuleiten. Danach ist ein Bürger von dem Dienstherrn für einen Schaden zu entschädigen, den ihm ein Beamter durch eine rechtswidrige hoheitliche Maßnahme zugefügt hat. Dieser Anspruch setzt tatbestandlich kein Verschulden des Beamten voraus, ist aber auch von der Rechtsfolge her nur auf Entschädigung, nicht aber auf Schadensersatz gerichtet. Dies bedeutet, dass ein entgangener Gewinn des Bürgers nach dieser Anspruchsgrundlage regelmäßig nicht ersetzt wird. **375**

4. Sonstige Ansprüche der Bürger

Zu den weiteren Ansprüchen der Bürger zählen der öffentlich-rechtliche Erstattungsanspruch, sonstige Aufopferungsansprüche sowie öffentlich-rechtliche Beseitigungs- und Unterlassungsansprüche. **376**

a) Öffentlich-rechtlicher Erstattungsanspruch

Der öffentlich-rechtliche Erstattungsanspruch ist gerichtet auf die Herausgabe des von dem Hoheitsträger ohne Rechtsgrundlage Erlangten. Er ist aus dem Rechtsstaatsprinzip und den Grundrechten herzuleiten und weist erhebliche Parallelen zu den konditionsrechtlichen Ansprüchen aus §§ 812 ff. BGB auf. **377**

b) Exkurs: Sonstige Aufopferungsansprüche

378 Der Anspruch aus enteignendem Eingriff ähnelt tatbestandlich dem Anspruch aus enteignungsgleichem Eingriff und ist ebenfalls auf Entschädigung als Rechtsfolge gerichtet, verlangt aber im Unterschied zu diesem kein rechtswidriges Verhalten des Beamten, sondern dass dem Anspruchsteller ein Sonderopfer auferlegt wurde, z. B. als gefahrenabwehrrechtlicher Notstandspflichtiger. Da er also gerade keine Pflichtverletzung des Beamten voraussetzt, wird er hier nur im Rahmen eines Exkurses dargestellt.

379 Das Gleiche gilt für sonstige öffentlich-rechtliche Ansprüche aus Aufopferung für das gemeine Wohl, z. B. für die Entschädigung bei Impfschäden gemäß § 60 IfSG. Auch hier wird regelmäßig nur ein Sonderopfer des Betroffenen gefordert, nicht aber rechtswidriges Handeln eines Beamten.

c) Exkurs: Öffentlich-rechtliche Beseitigungs- und Unterlassungsansprüche

380 Neben den Ansprüchen auf Schadensersatz oder Entschädigung stehen die öffentlich-rechtlichen Beseitigungs- und Unterlassungsansprüche, die streng genommen keinen vermögensrechtlichen Inhalt aufweisen, weshalb sie auch hier nur im Rahmen eines Exkurses erörtert werden. Sie sind aus dem Rechtsstaatsprinzip und den Grundrechten herzuleiten und ähneln den negatorischen Abwehransprüchen aus § 1004 BGB. Tatbestandlich setzen sie die schon eingetretene (Beseitigungsanspruch) oder noch drohende (Unterlassungsanspruch) rechtswidrige Beeinträchtigung eines Grundrechts oder eines sonstigen subjektiven öffentlichen Rechts durch Handeln eines Beamten voraus. Auch hier kommen die polizeirechtlichen Standardmaßnahmen und die Generalklausel sowie andere Eingriffsbefugnisse als Rechtfertigungsgründe in Betracht. Verschulden wird nicht gefordert. Als Rechtsfolge besteht ein Anspruch auf Abwehr der Beeinträchtigung.

II. Ansprüche der Kollegen

381 Ein Beamter kann im Dienst auch Pflichten gegenüber Kollegen verletzen, sei es dass er diese diskriminiert, ihre Sachen beschädigt oder sie gar körperlich verletzt. Das Beamtenrecht sieht in solchen Fällen nicht ausdrücklich einen Anspruch auf Schadensersatz vor.

382 Es besteht aber eine Fürsorgepflicht gemäß § 78 BBG; § 45 BeamtStG des Dienstherrn, als dessen Erfüllungsgehilfe analog § 278 BGB der schädigende Beamte tätig geworden ist, gegenüber dem geschädigten Beamten. Deshalb ist zumindest unter den weiteren Voraussetzungen der entsprechenden Anwendung

der § 241 II; § 280 I BGB ein Anspruch gegen den Dienstherrn auf Schadensersatz aus öffentlich-rechtlicher pVV zu bejahen.

Ein Anspruch des geschädigten Beamten auf Schadensersatz aus § 839 BGB, Art. 34 GG scheidet hingegen regelmäßig aus, weil dieser weder in Bezug auf den schädigenden Beamten noch im Hinblick auf den Dienstherrn „Dritter" im Sinne dieser Bestimmungen ist. Der Geschädigte steht ihnen nicht wie ein Bürger gegenüber, sondern befindet sich auf derselben hoheitlichen Seite. 383

III. Ansprüche des Dienstherrn

Als Folge von Pflichtverletzungen können auch Ansprüche des Dienstherrn gegen den pflichtverletzenden Beamten bestehen.[3] Insoweit sind Schadensersatz- und Rückgriffsansprüche zu unterscheiden. 384

1. Eigene Schadensersatzansprüche

Zwischen dem Dienstherrn und dem pflichtverletzenden Beamten besteht eine öffentlich-rechtliche Sonderverbindung. Daraus erwächst die Amtsflicht des Beamten, Rücksicht auf die Rechte, Rechtsgüter und Interessen des Dienstherrn zu nehmen. Verletzt der Beamte rechtswidrig und schuldhaft diese Pflicht und entsteht dem Dienstherrn aus dieser Pflichtverletzung ein Schaden, ist der Beamte dem Dienstherr analog § 241 II; § 280 I BGB zum Schadensersatz verpflichtet. Unter Fürsorgegesichtspunkten wird man diesen Anspruch auf Fälle grober Fahrlässigkeit und Vorsatzes beschränken müssen. 385

Zusätzlich zu diesem vertragsähnlichen Schadensersatzanspruch besteht ein deliktsähnlicher Anspruch auf Schadensersatz aus § 75 I 1 BBG; § 48 BeamtStG. Danach ist ein Beamter, der vorsätzlich oder grob fahrlässig die ihm obliegenden Amtspflichten verletzt hat, dem Dienstherrn, dessen Aufgaben er wahrgenommen hat, zum Ersatz des daraus entstehenden Schadens verpflichtet. Im Unterschied zu dem Anspruch aus § 823 I BGB knüpft dieser Anspruch nicht an die Verletzung eines Rechtsguts, sondern an die Pflichtverletzung an. Insofern ähnelt er eher den Ansprüchen auf Schadensersatz aus § 823 II BGB. Bemerkenswert erscheint auch hier, dass der Anspruch in Fällen nur leichter Fahrlässigkeit nicht besteht. 386

Ein Schadensersatzanspruch des Dienstherrn gegen den Beamten aus § 839 BGB, Art. 34 GG kommt hingegen nicht in Betracht, weil der Dienstherr gegenüber dem Beamten nicht „Dritter" im Sinne dieser Vorschriften ist. 387

---

[3] *Battis*, Beamtenrecht, in: Ehlers/Fehling/Pünder (Hrsg.), Besonderes Verwaltungsrecht, Bd. 3, 3. Auflage, 2013, § 87 Rn. 172.; *Leppek*, Beamtenrecht, 12. Auflage, 2015, Rn. 196 ff.

2. Rückgriffsansprüche

388 Neben dem Ersatz von Eigenschäden des Dienstherrn steht der Rückgriff gegen den Beamten wegen solcher Fremdschäden oder sonstiger Einbußen der Bürger oder anderer Beamter, für die der Dienstherr Ersatz geleistet hat. Insofern ist zwischen dem Regress bei Schadensersatz- und bei Entschädigungsansprüchen zu trennen.

a) Regress bei fremden Schadensersatzansprüchen

389 Hat der Dienstherr einem Bürger aus einer öffentlich-rechtlichen Sonderverbindung oder aus mittelbarer Staatshaftung Schadensersatz geleistet, kann er gegen den pflichtverletzenden Beamten in Fällen des Vorsatzes oder grober Fahrlässigkeit Rückgriff nehmen. Als Anspruchsgrundlagen für den Rückgriff kommen die Pflichtverletzung aus einer öffentlich-rechtlichen Sonderverbindung sowie der Anspruch aus § 75 I 1 BBG; § 48 BeamtStG in Frage. Ein öffentlich-rechtlicher Erstattungsanspruch kommt hingegen nicht in Betracht.

390 So wie der Dienstherr gegen den pflichtverletzenden Beamten seine eigenen Schäden aus öffentlich-rechtlicher Sonderverbindung analog § 241 II; § 280 I BGB geltend machen kann, kann er auch Fremdschäden, die er ausgeglichen hat, ersetzt verlangen. Der Grund dafür ist, dass der Schadensersatzanspruch aus öffentlich-rechtlicher Sonderverbindung anders als ein Anspruch aus § 823 I BGB nicht auf den Ausgleich von Einbußen an Rechtsgütern beschränkt ist, sondern auch den Ersatz reiner Vermögensschäden umfasst.

391 Daneben kann der Dienstherr Rückgriff auch gemäß § 75 I 1 BBG; § 48 BeamtStG nehmen. Auch diese deliktsähnlichen Anspruchsgrundlagen sind nicht auf den Ausgleich der Beeinträchtigung an Rechtsgütern beschränkt, sondern erfassen ebenfalls den Ausgleich reiner Vermögensschäden. Diese Anspruchsgrundlagen erfüllen daher gleichfalls eine Doppelfunktion: Sie sind einerseits Grundlage originärer Schadensersatzansprüche des Dienstherrn gegen den Beamten, andererseits Basis derivativer Regressansprüche.

392 Ein öffentlich-rechtlicher Erstattungsanspruch des Dienstherrn gegen den Beamten wegen Befreiung von einer Verbindlichkeit scheidet hingegen regelmäßig aus. Zwar bestand im Fall des § 839 BGB ursprünglich ein Schadensersatzanspruch des Bürgers direkt gegen den Beamten, dieser Anspruch wird aber bereits von Verfassung wegen gemäß Art. 34 S. 1 GG gegen den Dienstherrn übergeleitet. So besteht überhaupt keine Verbindlichkeit des Beamten mehr, von der der Dienstherr ihn durch Leistung an den Bürger befreien könnte. Vielmehr erfüllt der Dienstherr seine eigene, auf ihn nach Art. 34 S. 1 GG übergeleitete Verpflichtung.

Die gleichen Rückgriffsmöglichkeiten bestehen für den Dienstherrn, wenn er von einem anderen Beamten wegen Verletzung seiner Fürsorgepflicht nach § 78 BBG; § 45 BeamtStG in Anspruch genommen wird. Auch in diesen Fällen kann der Dienstherr aus öffentlich-rechtlicher Sonderverbindung analog § 241 II; § 280 I BGB und aus § 75 I 1 BBG; § 48 BeamtStG gegen den amtspflichtverletzenden Beamten vorgehen.   393

b) Regress bei Entschädigungsansprüchen

Hat der Dienstherr einem Bürger aus enteignungsgleichem Eingriff Entschädigung geleistet, sei es auf der Grundlage der Landesgefahrenabwehrgesetze, sei es auf der Basis des aus den Grundrechten herzuleitenden allgemeinen Aufopferungsanspruchs, so fehlt es an einer besonderen gesetzlichen Rückgriffsregelung. Ein Regress kommt daher nur nach den oben bereits bei Schadensersatzansprüchen erörterten Möglichkeiten der geleisteten Entschädigung als Vermögensschaden aus einer öffentlich-rechtlichen Sonderverbindung oder aus § 78 BBG; § 45 BeamtStG in Betracht. Während die Entschädigungsansprüche aber verschuldensunabhängig sind, setzen die Schadensersatzansprüche gegen den Beamten dessen Vorsatz oder grobe Fahrlässigkeit voraus. Sofern ein solches Verschulden des Beamten nicht besteht oder nicht nachzuweisen ist, scheidet daher ein Rückgriff bei Entschädigungsansprüchen aus.   394

IV. Eigenschäden des Beamten

Seine eigenen Schäden hat der eine Amtspflicht verletzende Beamte grundsätzlich selbst zu tragen. Nur in besonders gelagerten Ausnahmefällen mag sich aus der Fürsorgepflicht des Dienstherrn nach § 78 BBG; § 45 BeamtStG dessen Verpflichtung ergeben, sich an den Schäden des Beamten zu beteiligen. Auch dann aber ist das Mitverschulden des Beamten analog § 254 BGB maßgebend zu berücksichtigen.   395

V. Vergleich mit dem Arbeitsrecht

Mittlerweile haben sich die Bestimmungen über die vermögensrechtlichen Folgen von Pflichtverletzungen durch einen Beamten erheblich den arbeitsrechtlichen Regelungen über die Verursachung von Schäden durch einen Arbeitnehmer bei gefahrgeneigter Arbeit angenähert. Grundsätzlich besteht im Außenverhältnis eine Haftung des Dienstherrn bzw. Arbeitgebers und dieser kann im Innenverhältnis nur bei Vorsatz oder grober Fahrlässigkeit bei dem Beschäftigten   396

Rückgriff nehmen. Auch eigene Schadensersatzansprüche kann ein Arbeitgeber nur unter diesen Verschuldensanforderungen geltend machen.

VI. Wiederholungs- und Vertiefungsfragen

397 1) Welche vermögensrechtlichen Ansprüche kommen im Falle einer Pflichtverletzung des Beamten für den geschädigten Bürger in Betracht? (Rn. 369 ff.)
2) Worin unterscheiden sich der Staatshaftungsanspruch und der Anspruch aus enteignungsgleichem Eingriff? (Rn. 375)
3) Wann kommt ein Aufopferungsanspruch in Betracht? (Rn. 378 f.)
4) Bei einem Fahrsicherheitstraining der Bundespolizei verursacht der Polizeibeamte Hauser grob fahrlässig einen Unfall, bei dem sein Kollege Renner verletzt wird. Kann Renner Schmerzensgeld beanspruchen? Von wem? Kommt ein Staatshaftungsanspruch in Betracht? Kann die Bundesrepublik Deutschland als Dienstherr Regress bei Hauser nehmen, sollte sie Renner entschädigen müssen? Kann sie Schäden am Dienstfahrzeug von Hauser ersetzt verlangen? (Rn. 381 ff.)
5) Bei einer Hubschrauberübung der Bundespolizei wird ohne nachweisbares Verschulden der Polizeibeamten durch Landemanöver das Feld eines Bauern beschädigt, der in der Folge von der Bundesrepublik Deutschland entschädigt wird. Ist ein Regress bei den beteiligten Polizeibeamten möglich? (Rn. 394)
6) Sind Eigenschäden des Beamten ersetzbar? (Rn. 395)
7) Bestehen Parallelen der beamtenrechtlichen Schadensersatzregelungen zur Arbeitnehmerhaftung (innerbetrieblicher Schadensausgleich)? (Rn. 396)

Rechtsprechung zu § 17

398 BVerwG, Urt. v. 28.6.1965 – VIII C 10.65 –, BVerwGE 21, 270–274 (Haftung des Soldaten)
BVerwG, Urt. v. 17.9.1964 – II C 147.61 –, BVerwGE 19, 243–252 (Haftung des Beamten)

Literatur zu § 17

399 *Günther, Hellmuth*, Zur Beamtenhaftung gegenüber dem Dienstherrn, RiA 2012, 247–256
Günther, Jörg-Michael , Zur Haftung beamteter Lehrer beim Verlust von Schulschlüsseln, ZBR 2014, 337–343
Günther, Hellmuth, Zur Rechtsnatur des Ausgleichs unter Beamten, die dem Dienstherrn gesamtschuldnerisch zum Schadensersatz verpflichtet sind, ZBR 2013, 194–198
Repkewitz, Ulrich, Schadensersatzansprüche des Beamten gegen seinen Dienstherrn, RiA 2010, 103–111

§ 18 Strafrechtliche Folgen von Pflichtverletzungen

Bei der strafrechtlichen Ahndung beamtenrechtlicher Pflichtverletzungen offenbart sich ein grundlegender Konflikt zwischen dem Beamten- und dem Strafrecht.[1] Während das Beamtenrecht zahlreiche, auch relativ unbestimmte und zum Teil nur durch die Erfordernisse der konkreten Situation zu präzisierende Pflichten wie die Treuepflicht kennt, ist das Strafrecht auf der anderen Seite durch die aus Art. 103 II GG herzuleitenden besonders strengen Anforderungen an die gesetzliche Bestimmtheit der Strafbarkeit beherrscht. Dies zeigt, dass nicht jede beamtenrechtliche Pflichtverletzung strafrechtlich relevant sein kann, sondern nur besondere, möglichst genau umschriebene Ausschnitte aus Pflichtverletzungen strafrechtlich geahndet werden können. Dabei hat der Gesetzgeber die Straftaten von Beamten in das allgemeine Strafgesetzbuch integriert und anders als mit dem Wehrstrafgesetz für Straftaten von Soldaten kein besonderes Beamtenstrafgesetzbuch geschaffen. 400

Im Folgenden werden zunächst die Besonderheiten des Allgemeinen Teils des StGB in Bezug auf Beamte betrachtet, bevor einzelne Amtsträgerdelikte aus dem Besonderen Teil des StGB überblicksartig dargestellt werden. Nach einem Hinweis auf die Strafen und Nebenfolgen der Straftat eines Beamten wird im Rahmen eines Exkurses der strafrechtliche Schutz der Beamten vor gegen sie gerichtete Straftaten erörtert. 401

I. Allgemeiner Teil

Zentrale Bedeutung für alle durch Beamte begangene Straftaten kommt der Legaldefinition des Amtsträgers in § 11 I Nr. 2 StGB zu. Gemäß lit. a) Alt. 1 dieser Bestimmung sind alle Beamten im statusrechtlichen Sinne Amtsträger[2], unabhängig davon, ob es sich um Beamte auf Lebenszeit, auf Zeit, auf Probe, auf Widerruf oder um Ehrenbeamte handelt. 402

---

[1] *Battis*, Beamtenrecht, in: Ehlers/Fehling/Pünder (Hrsg.), Besonderes Verwaltungsrecht, Bd. 3, 3. Auflage, 2013, § 87 Rn. 175; *Leppek*, Beamtenrecht, 12. Auflage, 2015, Rn. 185 f.
[2] BGH, Urt. v. 9.10.1990 – 1 StR 538/89 –, BGHSt 37, 192 –, NJW 1991, 367.

1. Tatbestandsmäßigkeit

403 Hinsichtlich der Handlungsmodalitäten des Tuns oder Unterlassens gemäß § 13 StGB sowie in Bezug auf die Verwirklichungsstadien einer Straftat nach §§ 22 ff. StGB, also Entschluss, Vorbereitung, Versuch, Vollendung und Beendigung, gelten für Beamte dieselben Vorschriften wie für Nichtbeamte auch.

404 Grundsätzlich sind auf Beamte auch die allgemeinen Regeln über die Beteiligung an Straftaten gemäß §§ 25 ff. StGB anwendbar. Allerdings stellt die Eigenschaft als Amtsträger ein besonderes persönliches Merkmal im Sinne der Klammerdefinition des § 14 I StGB dar. Dies hat zur Folge, dass bei echten Amtsträgerdelikten, die nur von Beamten begangen werden können, die Strafe eines Teilnehmers gemäß § 28 I; § 49 I StGB obligatorisch zu mildern ist. Bei unechten Amtsträgerdelikten, die als Grunddelikt von jedermann, als Qualifikation aber nur von Beamten begangen werden können, ist der beteiligte Nichtbeamte gemäß § 28 II StGB nur aus dem Grunddelikt zu bestrafen.

405 Im Übrigen ist hinsichtlich der Beteiligung an Straftaten zu beachten, dass die Korruptionsdelikte der §§ 331 ff. StGB ein in sich geschlossenes System an Beteiligungsformen aufweisen, welches die allgemeinen Regeln über die Beteiligung nach §§ 25 ff. StGB insoweit verdrängt.

2. Rechtswidrigkeit

406 Auf Beamte sind die allgemeinen Rechtfertigungsgründe, insbesondere Notwehr nach § 32 StGB und rechtfertigender Notstand gemäß § 34 StGB, anwendbar. Soweit spezifisch beamtenrechtliche Regelungen den Beamten zu zurückhaltenderem Vorgehen zwingen, z.B. auch in Notwehrsituationen eine strikte Beachtung des Verhältnismäßigkeitsgrundsatzes fordern, kann deren Verletzung zwar disziplinarrechtliche Folgen nach sich ziehen, aber grundsätzlich nicht die strafrechtliche Rechtfertigung ausschließen (str.[3]). Allenfalls die Gebotenheit der Notwehr nach § 32 I StGB eröffnet hier Raum für abweichende Wertungen.

407 Zu diesen allgemeinen strafrechtlichen Rechtfertigungsgründen treten spezifisch beamtenrechtliche hinzu. Die verwaltungsrechtlichen Eingriffsbefugnisse, insbesondere die Standardmaßnahmen und die Generalklausel nach den Gefahrenabwehrgesetzen, stellen im strafrechtlichen Sinne Rechtfertigungsgründe dar. Übt etwa ein Polizeibeamter rechtmäßig unmittelbaren Zwang gegen einen Störer aus, erfüllt er möglicherweise den Tatbestand einer Körperverletzung im

---

[3] *Erb*, in: Joecks/Miebach (Hrsg,), Münchener Kommentar zum StGB, Band 1, 2. Aufl. 2011, § 32 Rn. 186 ff.; *Neumann*, in: Kindhäuser/Neumann/Paeffgen (Hrsg.), StGB, 4. Auf. 2013, § 34 Rn. 100; Zur Anwendung von Notstandsvorschriften auf Polizeibeamte: BGH, Urt. v. 14.1.1964 – 1 StR 498/63, NJW 1964, 730.

Amt gemäß § 340 StGB, ist aber durch die Regelungen in dem jeweiligen Polizeigesetz über die Verwaltungsvollstreckung gerechtfertigt.

Der bloße Befehl eines Vorgesetzten stellt hingegen keinen Rechtfertigungsgrund dar, wie sich aus den Vorschriften über die Remonstration nach § 63 II BBG; § 36 II BeamtStG (→ Rn. 279 ff.) ergibt. Vielmehr trägt jeder Beamte selbst gemäß § 63 I BBG; § 36 I BeamtStG die volle persönliche Verantwortlichkeit für die Rechtmäßigkeit seiner dienstlichen Handlungen. 408

Auch ein Handeln im Befehlsnotstand ist unter der Werteordnung des Grundgesetzes kaum vorstellbar. Notfalls hat ein Beamter auch erhebliche persönliche Nachteile in Kauf zu nehmen, um nicht rechtswidrig handeln zu müssen. 409

3. Verschulden

Auch auf der Verschuldensebene gelten für Beamte grundsätzlich die allgemeinen Regelungen über die Schuldfähigkeit nach §§ 19 ff. StGB sowie über Entschuldigungsgründe. Im Rahmen des entschuldigenden Notstands nach § 35 StGB ist aber zu beachten, dass die Berufung auf diesen Entschuldigungsgrund gemäß § 35 I 2 StGB für solche Beamte ausgeschlossen ist, die eine besondere Gefahrtragungspflicht trifft. Dazu zählen v. a. Polizei- und Feuerwehrbeamte. 410

Als besonderer beamtenrechtlicher Entschuldigungsgrund tritt die erfolglose Remonstration nach § 63 II 3 BBG; § 36 II 3 BeamtStG hinzu. Werden die Bedenken eines Beamten gegen die Rechtmäßigkeit einer dienstlichen Anordnung sowohl von dem unmittelbaren als auch von dem nächsthöheren Vorgesetzten nicht geteilt, hat der Beamte die Anordnung auszuführen und ist von der eigenen Verantwortung befreit. Da dies aber gemäß § 63 II 4 BBG; § 36 II 4 BeamtStG nicht gilt, wenn das aufgetragene Verhalten die Menschenwürde verletzt oder erkennbar strafbar ist, dürfte davon zumindest der Kernbestand des Strafrechts nicht erfasst werden. 411

4. Strafantrag und Ermächtigung

Soweit eine Straftat nur auf Antrag verfolgt werden kann, regelt das Strafgesetzbuch vereinzelt, z. B. bei der Verletzung des Steuergeheimnisses nach § 355 III 1 StGB, dass die Tat auch auf Antrag des Dienstvorgesetzten verfolgt werden kann. Dann ist die allgemeine Regelung des § 77a StGB zu beachten, die den antragsberechtigten Dienstvorgesetzten bestimmt. 412

Dem Strafantragserfordernis vergleichbar ist die Notwendigkeit der Ermächtigung zur Strafverfolgung, z. B. beim Vertrauensbruch im Auswärtigen Dienst gemäß § 353a II StGB. Für eine solche Ermächtigung gelten gemäß § 77e StGB die Vorschriften über die Antragstellung nach § 77 StGB und die Zurücknahme des Antrags gemäß § 77d StGB entsprechend. 413

II. Einzelne Amtsträgerdelikte

414 Die Amtsträgerdelikte sind zum Teil im 30. Abschnitt des Strafgesetzbuchs „Straftaten im Amt" aufgeführt, zum Teil sind sie über das ganze StGB verstreut.

1. Straftaten im Amt

415 Bei den Delikten des 30. Abschnitts handelt es sich zumeist um echte Amtsträgerdelikte. Dies sind solche, bei denen die Eigenschaft des Beamten als Amtsträger die Strafbarkeit überhaupt erst begründet. Besonders wichtige Fälle sind die Korruptionsdelikte der §§ 331 ff. StGB, die einen eigenen Mikrokosmos der Beteiligungsformen darstellen. §§ 331 und 332 StGB beschäftigen sich mit der Strafbarkeit des Amtsträgers, wobei die Vorteilsannahme nach § 331 StGB die Annahme eines Vorteils durch den Beamten für sich oder einen Dritten selbst bei einer im Übrigen rechtmäßigen Diensthandlung unter Strafe stellt und § 332 StGB erschwerend zusätzlich eine Dienstpflichtverletzung durch den bestechlichen Beamten für eine Bestrafung fordert. Gegenstück zur Vorteilsannahme ist die Vorteilsgewährung nach § 333 StGB und das Pendant zur Bestechlichkeit stellt die Bestechung nach § 334 StGB dar.

416 Die Körperverletzung im Amt gemäß § 340 StGB hingegen stellt als Qualifikation zu der einfachen Körperverletzung nach § 223 StGB ein unechtes Amtsträgerdelikt dar. Zu beachten ist, dass nach § 340 StGB nicht nur Körperverletzungen in Ausübung des Dienstes, sondern auch mit Bezug auf den Dienst bestraft werden, was wiederum zeigt, dass die Rechtsstellung als Beamter die gesamte Person erfasst und nicht nur auf die Dienstzeit beschränkt ist.

417 Speziell im Umfeld der Strafverfolgung bewegen sich die Straftatbestände der Aussageerpressung, der Verfolgung Unschuldiger und der Vollstreckung gegen Unschuldige. Wegen Aussageerpressung nach § 343 StGB werden Amtsträger bestraft, die in einem Straf- oder Disziplinarverfahren Gewalt oder seelische Qual anwenden, um eine Aussage oder deren Unterlassung zu erzwingen. Letztlich wird hier der Verstoß gegen die verbotenen Vernehmungsmethoden nach § 136a StPO pönalisiert. Dieses Delikt kann man wegen der Anknüpfung an das Straf- oder Disziplinarverfahren als echtes Amtsträgerdelikt betrachten oder wegen der eingesetzten Nötigungs- und Gewaltmittel als Qualifikation zur Körperverletzung nach § 223 StGB bzw. zur Nötigung gemäß § 240 StGB und somit als unechtes Amtsträgerdelikt ansehen. Die Verfolgung Unschuldiger gemäß § 344 StGB wird nur bestraft, wenn der Amtsträger absichtlich oder wissentlich handelt; bedingter Vorsatz, dolus eventualis, reicht also nicht aus. Bei der Vollstreckung gegen Unschuldige gemäß § 345 StGB hingegen genügt jede Vorsatzform, gemäß § 345 II StGB ist sogar leichtfertiges Handeln strafbar.

Die Falschbeurkundung im Amt gemäß § 348 StGB erscheint auf den ersten **418** Blick als Qualifikation zu den Urkundendelikten der §§ 267 ff. StGB. Während die allgemeinen Urkundendelikte jedoch die Echtheit von Urkunden, also die Identität von angegebenem und tatsächlichem Aussteller der Urkunde, schützen, hat § 348 StGB die Wahrheit der Urkunde, folglich ihre inhaltliche Richtigkeit, im Blick.

Mit der Erhebung von Abgaben beschäftigen sich die Tatbestände der Gebüh- **419** renüberhebung nach § 352 StGB und der Abgabenüberhebung und Leistungskürzung nach § 353 StGB. Bemerkenswert erscheint, dass eine Abgabenüberhebung nur dann strafbar ist, wenn das rechtswidrig Erhobene nicht zu einer öffentlichen Kasse gebracht wird, mit anderen Worten der Amtsträger sich also selbst bereichert. Werden lediglich die Erträge des Hoheitsträgers rechtswidrig vermehrt, tritt zumindest keine Bestrafung nach dieser Vorschrift ein.

Den Bruch von Geheimnissen bestrafen die Verletzung des Dienstgeheimnis- **420** ses nach § 353b und des Steuergeheimnisses gemäß § 355 StGB. Dabei kann es zu einem Widerstreit zwischen der Vertraulichkeit des öffentlichen Dienstes gemäß Art. 33 V GG und der Pressefreiheit nach Art. 5 I 2 GG kommen. § 353b IIIa StGB löst den Konflikt in der Weise, dass Beihilfehandlungen eines Journalisten nicht strafbar sind, wenn sie sich auf die Entgegennahme, Auswertung oder Veröffentlichung des Geheimnisses beschränken.

Speziell die Hierarchie des öffentlichen Dienstes hat § 357 StGB im Blick. Da- **421** nach wird die Verleitung eines Untergebenen zu einer Straftat durch einen Vorgesetzten bestraft. Diese sog. Konnivenz erfasst die meisten Teilnahmehandlungen der Anstiftung, versuchten Anstiftung und Beihilfe, so dass insoweit der Rückgriff auf §§ 26 f. StGB ausscheidet.

2. Weitere Amtsträgerdelikte

Weitere Amtsträgerdelikte finden sich über das Strafgesetzbuch verstreut. Bei ih- **422** nen handelt es sich in aller Regel um unechte Amtsträgerdelikte, die als Qualifikation nach dem von jedermann zu verwirklichenden Grunddelikt geregelt sind. Beispiele sind die Gefangenenbefreiung nach § 120 II StGB, der Verwahrungsbruch gemäß § 133 III StGB, der sexuelle Missbrauch unter Ausnutzung einer Amtsstellung nach § 174b StGB, die Verletzung der Vertraulichkeit des Wortes gemäß § 201 III StGB, von Privatgeheimnissen nach § 203 II Nr. 1 StGB und des Post- oder Fernmeldegeheimnisses nach § 206 IV StGB, die Nötigung gemäß § 240 IV 2 Nr. 3 StGB, die Strafvereitelung im Amt nach § 258a StGB, der Betrug gemäß § 263 III 2 Nr. 4 StGB und der Subventionsbetrug nach § 264 II 2 Nr. 2 StGB sowie die Urkundenfälschung gemäß § 267 III 2 Nr. 4 StGB.

III. Rechtsfolgen der Straftat eines Beamten

423 Hat ein Beamter eine Straftat begangen, wird im Strafverfahren innerhalb des gesetzlich vorgesehenen Strafrahmens gegen ihn eine Freiheitsstrafe nach §§ 38 f. StGB oder eine Geldstrafe gemäß §§ 40 ff. StGB verhängt.

424 Unabhängig von der Art der begangenen Straftat endet das Beamtenverhältnis mit der Rechtskraft des Urteils gemäß § 41 I 1 BBG; § 24 I 1 BeamtStG, wenn der Beamte wegen einer vorsätzlichen Tat zu einer Freiheitsstrafe von mindestens einem Jahr oder wegen eines Staatsschutzdelikts oder Bestechlichkeit zu einer Freiheitsstrafe von mindestens sechs Monaten verurteilt wurde.

425 Darüber hinaus endet das Beamtenverhältnis gemäß § 41 I 2 BBG; § 24 I 2 BeamtStG auch, wenn die Fähigkeit zur Wahrnehmung öffentlicher Ämter aberkannt wurde. Insoweit sind der zwingende und der in das gerichtliche Ermessen gestellte Verlust zu unterscheiden. Gemäß § 45 I StGB verliert der Beamte zwingend für die Dauer von fünf Jahren die Fähigkeit, öffentliche Ämter zu bekleiden, wenn er wegen eines Verbrechens zu einer Freiheitsstrafe von mindestens einem Jahr verurteilt wird. Aber auch wenn keine solche Verurteilung erfolgte, kann das Gericht gleichwohl gemäß § 45 II StGB dem Beamten für die Dauer von zwei bis fünf Jahren die Amtsfähigkeit aberkennen, soweit das Gesetz es besonders vorsieht, wie dies bspw. in §§ 92a; 101; 109i; 264 VI und 358 StGB geschehen ist.

426 Im Einzelfall kann der Bundespräsident den Beamten gemäß Art. 60 II GG; § 43 BBG begnadigen und den Verlust der Beamtenrechte beseitigen.

IV. Exkurs: Straftaten gegen Beamte

427 Von den Straftaten durch Beamte sind die Straftaten gegen Beamte zu unterscheiden. Grundsätzlich sind die Beamten auch bei ihren dienstlichen Tätigkeiten durch die allgemeinen Straftatbestände geschützt, die jedermann behüten.

428 Darüber hinaus bestehen v. a. in dem Abschnitt „Widerstand gegen die Staatsgewalt" einige wenige materiell-rechtliche Bestimmungen, die speziell den Schutz von Beamten im Dienst bezwecken. Vorrangig sind § 113 StGB, der Widerstand gegen Vollstreckungsbeamte, und § 114 StGB der Widerstand gegen ihnen gleichgestellte Personen, zu nennen. Diese Vorschrift stellt eine Sonderregelung zur Nötigung gemäß § 240 StGB dar. Obwohl durch § 113 StGB zusätzlich zu dem Rechtsgut der Freiheit der Willensentschließung und -betätigung auch noch die staatliche Vollstreckungsgewalt geschützt wird, ist rechtspolitisch fragwürdig gleichwohl nur derselbe Strafrahmen vorgesehen. Andere Bestimmungen in diesem Abschnitt wie die Gefangenenbefreiung nach § 120 StGB und die Gefangenenmeuterei gemäß § 121 StGB oder in dem folgenden Abschnitt über „Straftaten gegen die öffentliche Ordnung" wie die Amtsanmaßung nach § 132 StGB, der

Missbrauch von Titeln, Berufsbezeichnungen und Abzeichen gemäß § 132a StGB, der Verwahrungsbruch nach § 133 StGB, die Verletzung amtlicher Bekanntmachungen gemäß § 134 StGB sowie Verstrickungs- und Siegelbruch nach § 136 StGB haben weniger den Schutz des einzelnen Beamten im Blick als vielmehr die Wahrung staatlicher Autorität. So werden deren Symbole sowie staatliche Herrschaftsverhältnisse besonders geschützt.

Schließlich sind besondere Strafantragsregelungen zu beachten. Bei wenigen Antragsdelikten ist vorgesehen, dass, wenn die Tat gegen einen Beamten begangen wurde, sie nicht nur auf Antrag des verletzten Beamten, sondern auch auf Verlangen des Dienstvorgesetzten gemäß § 77a StGB verfolgt wird. Dies gilt etwa bei den Beleidigungsdelikten gemäß § 194 III StGB sowie der Körperverletzung gemäß § 230 II StGB. Dies ist einerseits Ausdruck der Fürsorgepflicht des Dienstherrn gemäß § 78 BBG; § 45 BeamtStG, der sich auch strafrechtlich schützend vor seinen Beamten stellen soll, andererseits bringt es zum Ausdruck, dass bei solchen Straftaten gegen Beamte oftmals nicht der einzelne Beamte als Individuum ins Visier des Täters gerät, sondern der durch ihn verkörperte Staat. **429**

V. Vergleich mit dem Arbeitsrecht

Hinsichtlich der strafrechtlichen Folgen von Pflichtverletzungen unterscheiden sich das Beamtenrecht und das Arbeitsrecht deutlich. Während für Beamte doch eine ganze Reihe besonderer Amtsträgerdelikte gelten, unterfallen private Arbeitnehmer grundsätzlich nur den allgemeinen Straftatbeständen. **430**

Besonderheiten ergeben sich für sie vor allem dann, wenn sie sich in einer herausgehobenen Stellung, z. B. als Geschäftsführer, befinden und in dieser Position zusätzlichen Pflichten wie einer Vermögensbetreuungspflicht unterliegen, deren Verletzung dann auch strafrechtlich, etwa durch Untreue gemäß § 266 StGB, sanktioniert wird. In diesem Zusammenhang sind auch die „Straftaten gegen den Wettbewerb" gemäß §§ 298 ff. StGB zu beachten, die v. a. den Korruptionsdelikten der §§ 331 ff. StGB nachgebildet sind. **431**

Sind Arbeitnehmer allerdings in einem privatrechtlichen Arbeitsverhältnis im öffentlichen Dienst tätig, dann sind sie gemäß § 11 I Nr. 2 lit. c) StGB dazu bestellt, bei einer Behörde Aufgaben der öffentlichen Verwaltung wahrzunehmen. Damit sind sie in gleicher Weise Amtsträger wie die Beamten gemäß § 11 I Nr. 2 lit. a) StGB. Das Strafrecht ebnet an dieser Stelle also die unterschiedlichen öffentlich-rechtlichen und privatrechtlichen Beschäftigungsverhältnisse im öffentlichen Dienst ein. **432**

VI. Wiederholungs- und Vertiefungsfragen

433
1) Wo ist die Strafbarkeit von Beamten geregelt? Wie ist dies bei Soldaten? (Rn. 400)
2) Was ist hinsichtlich der Teilnahme an einem Amtsträgerdelikt zu beachten? (Rn. 404)
3) Kann sich ein (Polizei-)Beamter auf Notwehr berufen? (Rn. 406)
4) Polizeikommissarin Müller bekommt von ihrem Vorgesetzten zwei Tage vor einer erwarteten Ansammlung von Fußballfans eines für Fangewalt bekannten Fußballclubs am Berliner Hauptbahnhof die Anweisung, im Falle aggressiver Handlungen einzelner „Hooligans" sofort ohne Vorwarnung Tränengas und von ihm besorgte Gummigeschosswaffen gegen die gesamte Menge einzusetzen. Müller zweifelt an der Rechtmäßigkeit dieser Weisung, informiert ihren Vorgesetzten darüber jedoch nicht und setzt sie um; es kommt zu Verletzten auch unter den friedlichen Fans. Im späteren Strafprozess beruft sie sich auf die Weisung als Rechtfertigungsgrund. Zu Recht? (Rn. 408)
5) Was kann bei Antragsdelikten zu beachten sein? Was ist eine Ermächtigung zur Verfolgung der Straftat? (Rn. 412 f.)
6) Wann spricht man von echten, wann von unechten Amtsdelikten? (Rn. 404)
7) Wie unterscheiden sich Vorteilsannahme, Bestechlichkeit, Vorteilsgewährung und Bestechung voneinander? (Rn. 415)
8) Welche weiteren Amtsdelikte, insbesondere im Bereich von Straf-, Bußgeld- und Disziplinarverfahren, gibt es? (Rn. 422)
9) In einem Strafverfahren gegen einen Beamten wegen Bestechlichkeit, § 332 I StGB, bereitet der Strafverteidiger sein Schlussplädoyer vor. Der Beamte hat die Tat vor Gericht gestanden. Was muss der Strafverteidiger in seinem Plädoyer hinsichtlich der Straffolgen beachten? (Rn. 425)
10) In welchem Verhältnis steht der Tatbestand des Widerstands gegen Vollstreckungsbeamte, § 113 StGB, zu dem der Nötigung, § 240 StGB? (Rn. 428)
11) Wie begründet sich das Strafantragsrecht des Dienstvorgesetzten bei bestimmten Straftatbeständen, etwa § 230 II StGB? (Rn. 429)
12) Unterfallen Arbeitnehmer in privatrechtlichen Arbeitsverhältnissen ebenfalls den Amtsträgerdelikten oder vergleichbaren Regelungen? (Rn. 430 ff.)

Rechtsprechung zu § 18

434 BGH, Urt. v. 9.10.1990 – 1 StR 538/89 –, BGHSt 37, 192 –, NJW 1991, 367
BGH, Urt. v. 14.1.1964 – 1 StR 498/63, NJW 1964, 730

Literatur zu § 18

435 *Zu Straftaten gegen Beamte:*
Biletzki, Gregor C., „Beamtenbeleidigung" und ihre Folgen – Die Fürsorgepflicht als Schranke des Strafantragsrechts des Dienstvorgesetzten, ZBR 2007, 151–156

§ 19 Disziplinarrechtliche Folgen von Pflichtverletzungen

Zusätzlich zu den vermögens- und strafrechtlichen Folgen können sich für Beamte auch disziplinarrechtliche Konsequenzen aufgrund von Pflichtverletzungen ergeben.[1] Die entsprechenden Regelungen finden sich für Bundesbeamte im Bundesdisziplinargesetz, für Landesbeamte in dem jeweiligen Landesdisziplinargesetz, zum Teil auch Landesdisziplinarordnung genannt. Diese Bestimmungen gelten jeweils nicht nur für Beamte im aktiven Dienst, sondern auch für Ruhestandsbeamte. Zum einen enthalten diese Disziplinargesetze materielles Recht mit Tatbeständen und Rechtsfolgen von Pflichtverletzungen. Zum anderen findet sich in ihnen das bei der Feststellung solcher Pflichtverletzungen anwendbare Verfahrensrecht, und zwar einerseits Verwaltungsverfahrensrecht als Sondervorschrift zum VwVfG, andererseits Gerichtsverfahrensrecht als Spezialregelung zur VwGO.

Im Folgenden wird zunächst der Hintergrund des Disziplinarrechts erörtert, bevor ein Überblick gegeben wird über die disziplinarisch relevanten Tatbestände, die Disziplinarmaßnahmen und das behördliche und gerichtliche Verfahren, in dem diese verhängt werden. Nach einer Darstellung der vorläufigen Maßnahmen und ihrer gerichtlichen Überprüfung wird schließlich das Verhältnis des Disziplinarverfahrens zum Strafprozess betrachtet.

I. Hintergrund des Disziplinarrechts

Das Disziplinarrecht dient der Wahrung der Funktionsfähigkeit des öffentlichen Dienstes sowie des Ansehens des Amtes im Besonderen und des Beamtentums im Allgemeinen. Gerade angesichts der herausgehobenen Rechtsstellung der Beamten, die regelmäßig auf Lebenszeit ernannt sind, muss die Möglichkeit beste-

---

[1] *Battis*, Beamtenrecht, in: Ehlers/Fehling/Pünder (Hrsg.), Besonderes Verwaltungsrecht, Bd. 3, 3. Auflage, 2013, § 87 Rn. 167 ff.; *Erb*, in: Joecks/Miebach (Hrsg,), Münchener Kommentar zum StGB, Band 1, 2. Aufl. 2011, § 32 Rn. 189 ff.; *Leppek*, Beamtenrecht, 12. Auflage, 2015, Rn. 187 ff.

hen, mit spezifisch dienstrechtlichen Mitteln auf beamtenrechtliche Pflichtverletzungen zu reagieren, was im Extremfall auch die Entfernung aus dem Dienst nach sich ziehen kann.

439 Im Grundgesetz wird die Möglichkeit eines Disziplinarverfahrens in Art. 96 IV; 130 II GG vorausgesetzt. Zudem zählt das Disziplinarwesen zu den hergebrachten Grundsätzen des Berufsbeamtentums nach Art. 33 V GG. Die Gesetzgebungskompetenz des Bundes für das die Bundesbeamten betreffende Bundesdisziplinargesetz ergibt sich aus Art. 73 I Nr. 8 GG. Überdies sind in dem auf der Grundlage von Art. 74 I Nr. 27 GG erlassenen § 47 BeamtStG die Grundzüge für das Disziplinarwesen der Landesbeamten geregelt, die durch die Disziplinargesetze der Länder weiter ausgeformt werden.

440 Auf das Disziplinarrecht sind die strafrechtlichen bzw. strafprozessualen Garantien des Art. 103 GG nicht unmittelbar anwendbar,[2] weil diese sich direkt nur auf das allgemeine Strafverfahren beziehen. Soweit sie aber Ausdruck des allgemeinen Rechtsstaatsprinzips sind, beanspruchen sie auch für das Disziplinarrecht Geltung. Im Einzelnen bedeutet dies, dass vor dem Hintergrund des Art. 103 II GG („nulla poena sine lege") zwar gewisse Abstriche bei den Bestimmtheitsanforderungen im Disziplinarrecht hinzunehmen sind, aber die Verbote des Gewohnheitsrechts, der Analogie und der Rückwirkung zu Lasten des Täters auch hier gelten. Die Verhängung disziplinarrechtlicher Sanktionen neben einer strafrechtlichen Verurteilung des Beamten verstößt auch nicht gegen das Verbot der Doppelbestrafung des Täters gemäß Art. 103 III GG („ne bis in idem"), weil diese Vorschrift sich ausdrücklich nur auf die allgemeinen Strafgesetze bezieht.

441 Das in dieser Weise rechtsstaatlich geprägte Disziplinarrecht der Beamten hat als Vorbild auch anderer disziplinarrechtlicher Regelungen, z. B. bei den Angehörigen verkammerter Berufe, gedient.

II. Dienstvergehen

442 Dienstvergehen können sowohl durch aktive Beamte als auch durch Ruhestandsbeamte begangen werden.

1. Vergehen aktiver Beamter

443 Die zentralen Normen für Dienstvergehen aktiver Beamter sind § 77 I BBG; § 47 I BeamtStG. Diese Bestimmungen unterscheiden zwischen Dienstvergehen innerhalb und außerhalb des Dienstes. Innerhalb des Dienstes liegt ein Dienstver-

---

[2] BVerfG, Beschl. v. 2.5.1967 – 2 BvR 391/64, 2 BvR 263/66 –, BVerfGE 21, 378.

gehen vor, wenn ein Beamter rechtswidrig und schuldhaft[3] die ihm obliegenden Pflichten verletzt. Außerhalb des Dienstes gilt dies nur, wenn die Pflichtverletzung nach den Umständen des Einzelfalles in besonderem Maße geeignet ist, das Vertrauen in einer für ihr Amt oder das Ansehen des Beamtentums bedeutsamen Weise zu beeinträchtigen. In diesem Fall wird der zeitliche Mangel, keine Verletzung im Dienst, durch den Überschuss bei einem anderen Tatbestandsmerkmal, besonders schwere Pflichtverletzung, ausgeglichen.

Sowohl bei Dienstvergehen innerhalb als auch außerhalb des Dienstes handelt es sich jeweils nur um eine generalklauselartige Sanktionsregelung. Grundsätzlich kann jede rechtswidrige und schuldhafte beamtenrechtliche Pflichtverletzung ein Dienstvergehen darstellen. Im Vergleich zu den Straftatbeständen nach dem StGB liegt also eine wesentlich unpräzisere Regelung vor, die rechtsstaatlich nur hinzunehmen ist, weil erhebliche verfahrensmäßige Sicherungen für die Beamten bestehen. **444**

2. Vergehen von Ruhestandsbeamten

Sofern Pflichten, wie die Dienstleistungspflicht, Beamte im Ruhestand nicht mehr treffen, können diese auch keine Pflichtverletzungen begehen, die als Dienstvergehen sanktioniert werden. Allein in Bezug auf die nachwirkenden Dienstpflichten der Verschwiegenheit, der Anzeige von Nebentätigkeiten, des Verbots der Annahme von Vorteilen oder der Wiederherstellung der Dienstfähigkeit und der Folgeleistung bei der erneuten Berufung in das Beamtenverhältnis können nach § 77 II BBG; § 47 II BeamtStG Pflichtverletzungen als Dienstvergehen geahndet werden. Für Landesbeamte können gemäß § 47 II 3 BeamtStG durch Landesrecht weitere Pflichtverletzungen als Dienstvergehen festgelegt werden. **445**

Im Übrigen fingieren § 77 II BBG; § 47 II BeamtStG das Dienstvergehen auch bei einem Verstoß gegen die freiheitliche demokratische Grundordnung oder der Teilnahme an Bestrebungen, den Bestand oder die Sicherheit der Bundesrepublik Deutschland zu beeinträchtigen. **446**

III. Disziplinarmaßnahmen

An den Tatbestand des Dienstvergehens knüpft die Rechtsfolge der Disziplinarmaßnahme an. Dabei sind verschiedene Disziplinarmaßnahmen zu unterscheiden, zwischen denen der Dienstvorgesetzte auszuwählen hat. Die Folgen dieser Disziplinarmaßnahmen können im weiteren Verlauf des Verfahrens auch noch abgeschwächt werden. **447**

---

[3] BVerfG, Beschl. v. 19.2.2003 – 2 BvR 1413/01 –, NVwZ 2003, 1504 ff.

1. Einzelne Disziplinarmaßnahmen

448 Auch bei den Disziplinarmaßnahmen ist zwischen Maßnahmen gegen aktive Beamte und gegen Ruhestandsbeamte zu unterscheiden.

a) Maßnahmen gegen aktive Beamte

449 Gegen aktive Beamte können nach aufsteigendem Schweregrad ein Verweis, eine Geldbuße, die Kürzung der Dienstbezüge, die Zurückstufung oder gar die Entfernung aus dem Beamtenverhältnis verhängt werden.

450 Der Verweis nach § 6 BDG ist der schriftliche Tadel eines bestimmten Verhaltens eines Beamten. Das kritisierte Verhalten ist genau zu beschreiben und nur wenn der Tadel ausdrücklich als „Verweis" bezeichnet wird, handelt es sich um einen solchen. Sonstige missbilligende Äußerungen wie Zurechtweisungen, Ermahnungen und Rügen stellen keinen Verweis[4] und damit auch keine Disziplinarmaßnahme dar, § 6 S. 2 BDG.

451 Die nächstschwerere Disziplinarmaßnahme ist die Geldbuße nach § 7 BDG. Sie kann einmalig bis zur Höhe der monatlichen Dienst- oder Anwärterbezüge des Beamten, bei einem Beamten ohne Bezüge bis zur Höhe von 500 €, auferlegt werden. Durch die Orientierung an den jeweiligen Dienstbezügen stellt die Geldbuße in ähnlicher Weise wie eine Geldstrafe mit der Höhe des Tagessatzes nach § 40 II StGB auf die individuellen Einkommensverhältnisse des Beamten ab.

452 Über die nur einmalige Geldbuße geht die Kürzung der Dienstbezüge gemäß § 8 BDG hinaus. Sie kann gemäß § 8 I 1 BDG für maximal drei Jahre und für bis zu einem Fünftel der Dienstbezüge verhängt werden. Zudem zieht sie eine befristete Beförderungssperre gemäß § 8 IV BDG nach sich. Nach Ablauf des Kürzungszeitraums sind dem Beamten wieder die vollen Dienstbezüge zu zahlen und er kann auch wieder befördert werden.

453 In ihren zeitlichen und finanziellen Wirkungen wird die befristete Kürzung der Dienstbezüge noch von der dauerhaften Zurückstufung gemäß § 9 BDG übertroffen. Die Zurückstufung ist nach § 9 I 1 BDG die Versetzung des Beamten in ein Amt derselben Laufbahn mit geringerem Endgrundgehalt. Sie stellt das Gegenstück zur Beförderung dar. Als Folge der Zurückstufung verliert der Beamte alle Rechte aus seinem bisherigen Amt im statusrechtlichen Sinne und erhält nur die Rechte aus dem neuen, niedriger eingestuften Amt. Er wird so behandelt, als hätte er das höhere Amt niemals innegehabt. Um die Wirkungen der Zurückstufung nicht zu konterkarieren, sieht § 9 III BDG vor, dass der Beamte frühestens fünf Jahre nach Eintritt der Unanfechtbarkeit erneut befördert werden darf.

---

[4] BVerfG, Beschl. v. 20.9.2007 – 2 BvR 1047/06 –, NVwZ 2008, 416 f.

Die härteste Disziplinarmaßnahme gegen aktive Beamte schließlich stellt die **454** Entfernung aus dem Beamtenverhältnis gemäß § 10 BDG dar. Dadurch endet das Dienstverhältnis, und der Beamte verliert alle Rechte aus seinem Amt. Der ehemalige Beamte darf gemäß § 10 VI BDG auch nicht erneut zum Beamten ernannt werden, um die Folgen der Entfernung aus dem Beamtenverhältnis nicht auszuhebeln. Ebenso wenig soll ein anderes Beschäftigungsverhältnis, etwa als Arbeitnehmer im öffentlichen Dienst, begründet werden.

b) Maßnahmen gegen Ruhestandsbeamte

Gegen Ruhestandsbeamte stehen nur zwei mögliche Disziplinarmaßnahmen zur **455** Verfügung, und zwar die Kürzung und die Aberkennung des Ruhegehalts.

Die Kürzung des Ruhegehalts gemäß § 11 BDG ist die bruchteilmäßige Verminderung des monatlichen Ruhegehalts für längstens drei Jahre um höchstens ein Fünftel. Sie entspricht der Kürzung der Dienstbezüge bei einem aktiven Beamten gemäß § 8 BDG. Die Aberkennung des Ruhegehalts gemäß § 12 BDG stellt den Verlust des Anspruchs auf Versorgungsbezüge und aller anderen Rechte aus dem früheren Amt dar. Sie korrespondiert mit der Entfernung aus dem Beamtenverhältnis bei einem aktiven Beamten gemäß § 10 BDG.

Die Möglichkeiten eines Verweises, einer Geldbuße oder einer dauerhaften **456** Herabsetzung des Ruhegehalts auf dasjenige aus dem nächstniedrigeren Amt im statusrechtlichen Sinne sind hingegen gesetzlich nicht vorgesehen.

Übersicht 19-1: Disziplinarmaßnahmen **457**

Verweis § 6 BDG	Geldbuße § 7 BDG	Kürzung der Dienstbezüge § 8 BDG	Zurückstufung § 9 BDG	Entfernung aus dem Beamtenverhältnis § 10 BDG

2. Auswahl zwischen den Disziplinarmaßnahmen

Zwischen den sehr unterschiedlich schwerwiegenden Disziplinarmaßnahmen **458** von dem Verweis bis hin zur Entfernung aus dem Beamtenverhältnis ist in strikter Anwendung des Verhältnismäßigkeitsgrundsatzes nach pflichtgemäßem Ermessen gemäß § 13 I 1 BDG auszuwählen. Dabei sind vergehens-, beamten- und drittbezogene Gesichtspunkte zu berücksichtigen.

459	Ausgangspunkt ist gemäß § 13 I 2 BDG die Schwere des Dienstvergehens. Diese bemisst sich nach der Bedeutung der verletzten Pflicht, dem Gewicht der Pflichtverletzung, dem Verschuldensgrad sowie dem Ausmaß des entstandenen Schadens.
460	Beamtenbezogen ist gemäß § 13 I 3 BDG das Persönlichkeitsbild des Beamten angemessen zu berücksichtigen. So wiegen ein Augenblicksversagen oder ein Handeln in einer persönlichen Sondersituation leichter als eine eingeübte, verfestigte Verhaltensweise.
461	Schließlich soll gemäß § 13 I 4 BDG berücksichtigt werden, in welchem Umfang der Beamte das Vertrauen des Dienstherrn oder der Allgemeinheit beeinträchtigt hat. Dafür sind das Amt des Beamten im statusrechtlichen Sinne, das Auskunft über sein generell in Anspruch genommenes Vertrauen gibt, seine spezielle Pflichtenstellung, wie sie sich aus seinem Amt im konkret-funktionalen Sinne ergibt, sowie die besonderen Umstände des Dienstvergehens, die Rückschlüsse auf das Ausmaß des Vertrauensbruchs ermöglichen, zu berücksichtigen. Hat der Beamte durch ein schweres Dienstvergehen endgültig das Vertrauen des Dienstherrn oder der Allgemeinheit verloren, ist er gemäß § 13 II 1 BDG aus dem Dienst zu entfernen, bzw. einem Ruhestandsbeamten ist das Ruhegehalt gemäß § 13 II 2 BDG abzuerkennen.

3. Abschwächung der Folgen der Disziplinarmaßnahmen

462	Die Folgen einer verhängten Disziplinarmaßnahme werden in den Fällen des Unterhaltsbeitrags, der monatlichen Unterhaltsleistung sowie der Begnadigung abgeschwächt.
463	Bei der Entfernung aus dem Beamtenverhältnis sowie der Aberkennung des Ruhegehalts erhält ein Beamter für die Dauer von sechs Monaten einen Unterhaltsbeitrag gemäß § 10 III BDG; § 12 II BDG. Die Zahlungsmodalitäten regelt § 79 BDG.
464	Bei beiden Maßnahmen kann zusätzlich auch noch auf eine monatliche Unterhaltsleistung gemäß § 80 BDG erkannt werden, wenn der Beamte bei der Aufklärung von Straftaten, insbesondere von Korruptionsdelikten nach §§ 331 ff. StGB, über seinen eigenen Tatbeitrag hinaus mitwirkt. Dies stellt eine Art „Kronzeugenregelung" im Disziplinarrecht dar.
465	Schließlich kann der Beamte ebenso wie im Fall des § 43 BBG gemäß Art. 60 II GG; § 81 BDG begnadigt werden.

IV. Disziplinarverfahren

Weil der Tatbestand des Dienstvergehens so unbestimmt und das Spektrum der disziplinarischen Rechtsfolgen so groß ist, kommt dem Verfahren[5], in dem die Disziplinarmaßnahme verhängt wird, unter rechtsstaatlichen Gesichtspunkten umso größere Bedeutung zu. Dabei sind das behördliche und das gerichtliche Verfahren zu unterscheiden. 466

1. Behördliches Verfahren

Das behördliche Verfahren unterteilt sich in die Phasen der Eröffnung, der Durchführung und des Abschlusses des Verfahrens. Die Disziplinarmaßnahme kann zudem verändert werden und ein Widerspruchsverfahren sich anschließen. 467

a) Eröffnung des behördlichen Verfahrens

Im Regelfall wird das Disziplinarverfahren von Amts wegen gemäß § 17 BDG eröffnet, wenn zureichende tatsächliche Anhaltspunkte für ein Dienstvergehen bestehen. Ausnahmsweise kann das Verfahren auch auf Antrag des betroffenen Beamten gemäß § 18 BDG eröffnet werden, wenn dieser sich selbst von dem Verdacht eines Dienstvergehens reinigen will. Das Disziplinarverfahren kann bis zur Abschlussentscheidung auf neue Handlungen des Beamten gemäß § 19 I BDG ausgedehnt oder bis zum Erlass eines Widerspruchsbescheids auf die gewichtigsten Pflichtverstöße gemäß § 19 II BDG beschränkt werden. 468

b) Durchführung des behördlichen Verfahrens

Das gesamte Disziplinarverfahren ist gemäß § 4 BDG beschleunigt durchzuführen, um die Belastung für den Beamten und den Dienstbetrieb möglichst gering zu halten. Der Beamte ist gemäß § 20 BDG frühzeitig über das gegen ihn laufende Verfahren zu informieren. In dem Verfahren gilt der Amtsermittlungsgrundsatz gemäß § 21 BDG. Wird gegen den Beamten parallel wegen desselben Sachverhalts ein Strafverfahren durchgeführt, ist das Disziplinarverfahren gemäß § 22 I 1 BDG auszusetzen. Zum einen sollen die besseren Erkenntnismöglichkeiten des Strafverfahrens genutzt werden. Zum anderen erübrigt sich gegebenenfalls die weitere Durchführung des Disziplinarverfahrens, wenn bereits das Strafverfahren die Entfernung des Beamten aus dem Dienst zur Folge hat (→ Rn. 454). Im Rahmen des Disziplinarverfahrens besteht in den Grenzen des § 23 BDG eine Bindung an die tatsächlichen Feststellungen aus dem gerichtlichen Verfahren, 469

---

[5] *Battis*, Beamtenrecht, in: Ehlers/Fehling/Pünder (Hrsg.), Besonderes Verwaltungsrecht, Bd. 3, 3. Auflage, 2013, § 87 Rn. 168; *Leppek*, Beamtenrecht, 12. Auflage, 2015, Rn. 192 ff.

nicht aber an das Urteil als solches. Im Übrigen sind im Disziplinarverfahren selbstständig Beweise gemäß §§ 24 ff. BDG zu erheben.

c) Abschluss des behördlichen Verfahrens

470 Das behördliche Disziplinarverfahren endet mit einer Abschlussentscheidung. Diese kann in der Einstellung des Verfahrens, einer Disziplinarverfügung oder der Erhebung der Disziplinarklage liegen.

471 Das Verfahren ist gemäß § 32 BDG einzustellen, wenn ein Dienstvergehen nicht erwiesen ist („Freispruch erster Klasse"), oder wenn das Vergehen zwar erwiesen ist, eine Disziplinarmaßnahme aber nicht angezeigt erscheint („Freispruch zweiter Klasse"), oder bei erwiesenem Vergehen die Disziplinarmaßnahme unzulässig ist („Freispruch dritter Klasse"). In allen drei Fällen fehlt es an einer Belastung des Beamten, so dass dieser keine gerichtliche inhaltliche Überprüfung der Einstellungsentscheidung erreichen kann.

472 Mit einer Disziplinarverfügung gemäß § 33 BDG können nur ein Verweis gemäß § 6 BDG, eine Geldbuße nach § 7 BDG, eine Kürzung der Dienstbezüge gemäß § 8 BDG oder eine Kürzung des Ruhegehalts nach § 11 BDG ausgesprochen werden. Bei der Disziplinarverfügung handelt es sich um einen belastenden Verwaltungsakt, gegen den regelmäßig das Widerspruchsverfahren nach §§ 41 ff. BDG und anschließend die verwaltungsgerichtliche Anfechtungsklage nach § 42 I Alt. 1 VwGO gegeben sind.

473 Die besonders schwerwiegenden Disziplinarmaßnahmen der Zurückstufung gemäß § 9 BDG, der Entfernung aus dem Beamtenverhältnis nach § 10 BDG sowie der Aberkennung des Ruhegehalts gemäß § 12 BDG können hingegen von dem Dienstherrn nicht durch Verwaltungsakt verfügt werden. Hier kommt nur die Erhebung einer Disziplinarklage gemäß § 34 BDG in Betracht (→ Rn. 483).

d) Veränderung der Disziplinarmaßnahme

474 Nach Erlass der Einstellungs- oder Disziplinarverfügung durch den Dienstvorgesetzten ist dieser Bescheid jeweils dem höheren Dienstvorgesetzten gemäß § 35 I 1 BDG unverzüglich zuzuleiten. Dieser kann unter Aufhebung entgegenstehender Regelungen in dem ursprünglichen Bescheid die Maßnahme in den Grenzen des § 35 II, III BDG abmildern oder binnen drei Monaten verschärfen. Dies wahrt zwar die innerdienstliche Hierarchie, erscheint aber unter dem Gesichtspunkt mangelnder Rechtssicherheit für den betroffenen Beamten rechtsstaatlich bedenklich.

475 Ausschließlich vorteilhaft für den Beamten ist hingegen die Regelung in § 36 BDG, wonach selbst eine unanfechtbare Disziplinarverfügung auf seinen Antrag hin aufzuheben ist, wenn in einem wegen desselben Sachverhalts eingeleiteten Straf- oder Bußgeldverfahren unanfechtbar eine Entscheidung ergangen ist, welche bereits dem ursprünglichen Erlass der Disziplinarverfügung entgegengestanden hätte.

e) Widerspruchsverfahren

Gegen eine Disziplinarverfügung muss der betroffene Beamte vor Erhebung der verwaltungsgerichtlichen Klage ein Widerspruchsverfahren nach §§ 41 ff. BDG durchführen. Zwar gilt dabei ausdrücklich ein Verbot der reformatio in peius gemäß § 42 II BDG, allerdings bleibt die Möglichkeit der Veränderung der Disziplinarmaßnahme nach § 35 III BDG unberührt. 476

Hat die oberste Dienstbehörde nicht selbst den Widerspruchsbescheid erlassen, ist ihr dieser zuzuleiten, wobei sie ihrerseits die Disziplinarmaßnahme in den Grenzen des § 43 BDG wiederum abmildern oder binnen drei Monaten verschärfen kann. 477

Vor Erhebung einer Disziplinarklage durch den Dienstherrn ist indes kein behördliches Vorverfahren durchzuführen. 478

2. Gerichtliches Verfahren

In Disziplinarsachen kann der Rechtsweg durch alle drei Instanzen der Verwaltungsgerichtsbarkeit ausgeschöpft werden, wobei zum Teil gerichtsverfassungsrechtliche und prozessuale Besonderheiten zu beachten sind. Auch eine Wiederaufnahme des Verfahrens kommt in Betracht. 479

a) Verfahren vor dem VG

Bei den Verwaltungsgerichten sind gemäß §§ 45 ff. BDG besondere Kammern für Disziplinarsachen zu bilden, die aus drei Berufsrichtern und zwei Beamtenbeisitzern bestehen, wovon einer aus dem Verwaltungszweig und der Laufbahngruppe des Beamten kommen soll, gegen den sich das Disziplinarverfahren richtet. Gäbe es eine solche besondere gerichtsverfassungsrechtliche Regelung nicht, wären entsprechende Beisitzer nicht garantiert. 480

Bei Verfahren in Disziplinarsachen ist zwischen Klagen gegen Disziplinarverfügungen, Disziplinarklagen und dem Fristsetzungsverfahren zu unterscheiden. 481

Eine Klage gegen eine Disziplinarverfügung in Gestalt des Widerspruchsbescheids stellt im Prinzip eine herkömmliche Anfechtungsklage gegen einen belastenden Verwaltungsakt dar. Allerdings besteht die Besonderheit gemäß § 60 III BDG, dass das Verwaltungsgericht im Unterschied zu § 113 I 1 VwGO auch die Zweckmäßigkeit der Disziplinarverfügung zu überprüfen hat. Darin könnte man auf den ersten Blick einen Verstoß gegen das Prinzip der Gewaltenteilung erblicken, indes kommt darin zum Ausdruck, dass das Disziplinarverfahren ein strafähnliches Verfahren darstellt und die Verhängung von Strafen zu den Kernaufgaben der Justiz gehört. Unter Gewaltenteilungsgesichtspunkten erscheint vielmehr die ursprüngliche Verhängung der Disziplinarmaßnahme durch den 482

Dienstvorgesetzten als bedenklich, nicht deren vollumfängliche verwaltungsgerichtliche Überprüfung.

483 Bei einer von dem Dienstherrn erhobenen Disziplinarklage hingegen sind die (verwaltungs-)prozessualen Rollen zwischen dem Dienstherrn und dem Beamten vertauscht. Der Dienstherr tritt als Kläger auf, der Beamte als Beklagter. Die Trennung zwischen Kläger und Richter stellt ein verwaltungsprozessuales Pendant zum strafprozessualen Akkusationsprinzip dar. Die besonderen formellen Anforderungen an die Disziplinarklageschrift ergeben sich aus § 52 BDG als Spezialregelung zu §§ 81 f. VwGO. Nach dem Vorbild der strafprozessualen Nachtragsanklage gemäß § 266 StPO kann auch eine Nachtragsdisziplinarklage gemäß § 53 BDG erhoben werden.

484 Bei dem besonderen Fristsetzungsverfahren gemäß § 62 BDG schließlich kann der Beamte, gegen den zwar ein Disziplinarverfahren eröffnet wurde, das aber nicht binnen sechs Monaten abgeschlossen wurde, bei dem Verwaltungsgericht die gerichtliche Bestimmung einer Frist zum Abschluss des Disziplinarverfahrens beantragen. Wird das Disziplinarverfahren innerhalb der gerichtlich gesetzten Frist nicht beendet, ist es durch gerichtlichen Beschluss gemäß § 62 III BDG einzustellen. Dieses Fristsetzungsverfahren enthält Elemente einer Untätigkeitsklage ähnlich § 75 VwGO und eines Klageerzwingungsverfahrens nach § 172 StPO.

b) Verfahren vor dem OVG

485 Auch bei den Oberverwaltungsgerichten sind gemäß § 51 I BDG besondere Senate für Disziplinarsachen zu bilden, die ebenfalls aus drei Berufsrichtern und zwei Beamtenbeisitzern bestehen, von denen einer dem Verwaltungszweig und der Laufbahngruppe des Beamten angehören soll, gegen den sich das Disziplinarverfahren richtet.

486 Gegen das Urteil des Verwaltungsgerichts über eine Disziplinarverfügung ist wie gegen andere Urteile der Verwaltungsgerichte auch der Antrag auf Zulassung der Berufung nach § 64 II BDG i. V. m. §§ 124; 124a VwGO gegeben. Gegen das Urteil des Verwaltungsgerichts über eine Disziplinarklage hingegen ist stets die Berufungsmöglichkeit an das Oberverwaltungsgericht gemäß § 64 I BDG eröffnet.

c) Verfahren vor dem BVerwG

487 Für das BVerwG bestehen keine gerichtsverfassungsrechtlichen Sonderregelungen, weil dieses Gericht ohnehin in der Besetzung von fünf Berufsrichtern entscheidet und ehrenamtliche Richter nicht mitwirken.

488 Das BVerwG entscheidet über die Revision gegen Urteile der Oberverwaltungsgerichte sowohl über Disziplinarverfügungen als auch über Disziplinarklagen gemäß §§ 69 f. BDG.

d) Wiederaufnahme des Verfahrens

489 Rechtskräftig durch Urteil abgeschlossene Disziplinarverfahren können außerdem in den Grenzen der §§ 71 ff. BDG wiederaufgenommen werden, wenn ein Wiederaufnahmegrund nach § 71 I BDG vorliegt. Dazu zählen insbesondere neue erhebliche Tatsachen oder Beweismittel, ein nachträgliches Geständnis des betroffenen Beamten, Veränderungen strafrechtlicher Entscheidungen, auf denen das Urteil im Disziplinarverfahren beruhte, sowie Pflichtverletzungen im Laufe des früheren gerichtlichen Disziplinarverfahrens.

V. Vorläufige Maßnahmen

490 Auch wenn das Disziplinarverfahren gemäß § 4 BDG beschleunigt durchzuführen ist, müssen doch bis zu dessen endgültiger Entscheidung gegebenenfalls vorläufige Maßnahmen getroffen werden. Auch insofern sind das behördliche und das gerichtliche Verfahren zu unterscheiden.

1. Behördliches Verfahren

491 Von Behördenseite bestehen die Möglichkeiten, dem Beamten die Führung der Dienstgeschäfte zu verbieten, ihn vorläufig des Dienstes zu entheben und die Bezüge einzubehalten.

a) Verbot der Führung der Dienstgeschäfte

492 Gemäß § 66 BBG; § 39 BeamtStG kann einem Beamten die Führung der Dienstgeschäfte aus zwingenden dienstlichen Gründen verboten werden. Dabei handelt es sich um eine Maßnahme der Gefahrenabwehr, nicht aber der Bestrafung des Beamten. So darf eine solche Suspendierung nur erfolgen, falls die weitere Dienstausübung unweigerlich zu erheblichen Nachteilen führte. Dadurch wird das Recht des Beamten auf amtsangemessene Beschäftigung eingeschränkt. Das Verbot erlischt von Gesetzes wegen, wenn nicht binnen drei Monaten gegen den Beamten ein Disziplinarverfahren eröffnet wird. In der Praxis wird regelmäßig der Sofortvollzug des Verbots gemäß § 80 II 1 Nr. 4 VwGO angeordnet.

b) Vorläufige Dienstenthebung

493 Mit Eröffnung des Disziplinarverfahrens kann das Verbot der Führung der Dienstgeschäfte beibehalten werden oder der Beamte auch vorläufig des Dienstes gemäß § 38 I 1 BDG enthoben werden. Dabei handelt es sich im Gegensatz zum Verbot der Führung der Dienstgeschäfte nicht um eine reine Maßnahme der Gefahrenabwehr, sondern um einen strafähnlichen Vorgriff auf das voraussichtliche Ergebnis des Disziplinarverfahrens. Deshalb kann die vorläufige Dienstenthebung grundsätzlich auch nur verfügt werden, wenn in der Hauptsache einem aktiven Beamten die Entfernung aus dem Dienst und einem Ruhestandsbeamten die Aberkennung des Ruhegehalts drohen.

494 Droht lediglich eine mildere Disziplinarmaßnahme, kann ein Beamter gemäß § 38 I 2 BDG nur vorläufig des Dienstes enthoben werden, wenn durch sein Verbleiben im Dienst der Dienstbetrieb oder die Ermittlungen wesentlich beeinträchtigt würden und die vorläufige Dienstenthebung nicht außer Verhältnis zur Bedeutung der Sache und der zu erwartenden Disziplinarmaßnahme steht. In diesem Fall dient die vorläufige Dienstenthebung also im Wesentlichen der Verfahrenssicherung.

495 In ihren Rechtswirkungen geht die vorläufige Dienstenthebung noch über das Verbot der Führung der Dienstgeschäfte hinaus, weil der Beamte so behandelt wird, als sei er bereits aus dem Dienst entfernt.

496 Die vorläufige Dienstenthebung endet gemäß § 39 IV BDG mit dem rechtskräftigen Abschluss des Disziplinarverfahrens. Entweder wird der Beamte endgültig aus dem Dienst entfernt, oder er kehrt – ggf. durch eine andere, mildere Disziplinarmaßnahme belastet – in den Dienst zurück.

c) Einbehaltung von Bezügen

497 Zusätzlich zu der vorläufigen Dienstenthebung können bis zu 50% der Dienstbezüge des aktiven Beamten gemäß § 38 II BDG bzw. bis zu 30% der Versorgungsbezüge des Ruhestandsbeamten nach § 38 III BDG einbehalten werden. Damit wird dem Schwebezustand Rechnung getragen, dass der Beamte einerseits keine Dienstleistungen mehr für den Dienstherrn erbringt, andererseits aber das Beamtenverhältnis noch nicht beendet wurde und grundsätzlich für den Dienstherrn weiterhin eine Alimentationspflicht besteht.

498 Auch die Einbehaltung von Bezügen endet mit dem Abschluss des Disziplinarverfahrens gemäß § 39 IV BDG. Wird der Beamte endgültig aus dem Dienst entfernt oder verliert er durch ein Strafurteil seine Rechte als Beamter, verfallen die einbehaltenen Bezüge gemäß § 40 I BDG. In allen übrigen Fällen sind die einbehaltenen Bezüge gemäß § 40 II BDG nachzuzahlen.

2. Gerichtliches Verfahren

499 Gegen all diese vorläufigen behördlichen Maßnahmen ist wiederum Rechtsschutz vor den Verwaltungsgerichten gegeben. Insofern sind die allgemeinen Verfahren nach der VwGO beim Rechtsschutz gegen das Verbot der Führung der Dienstgeschäfte und das spezifisch disziplinarrechtliche Verfahren nach dem

BDG beim Rechtschutz gegen die vorläufige Dienstenthebung und die Einbehaltung der Dienstbezüge zu unterscheiden.

a) Rechtsschutz gegen das Verbot der Führung der Dienstgeschäfte

Gegen das Verbot der Führung der Dienstgeschäfte kann der Beamte in der Hauptsache Widerspruch nach § 126 II BBG; §§ 68 ff. VwGO und Anfechtungsklage nach § 42 I Alt. 1 VwGO erheben. Wurde das Verbot für sofort vollziehbar erklärt, kann er zusätzlich einen Antrag auf Wiederherstellung der aufschiebenden Wirkung nach § 80 V 1 Alt. 2 VwGO stellen. 500

b) Rechtsschutz gegen die vorläufige Dienstenthebung und die Einbehaltung von Bezügen

Gegen die vorläufige Dienstenthebung nach § 38 I BDG sowie gegen die Einbehaltung von Bezügen gemäß § 38 II, III BDG kann der Beamte einen Antrag auf Aussetzung dieser Maßnahmen nach § 63 BDG stellen. Dieses Verfahren ist dem Eilverfahren nach § 80 V VwGO nachgebildet. Ein gesondertes Hauptsacheverfahren ist hingegen nicht vorgesehen. Dafür besteht auch kein Bedarf, weil die behördlichen Maßnahmen nach § 38 BDG ohnehin nur im Rahmen eines Disziplinarverfahrens ergehen können und gegen die Maßnahmen im Disziplinarverfahren wiederum Rechtsschutz in der Hauptsache gegeben ist. 501

VI. Verhältnis des Disziplinarverfahrens zum Strafverfahren

Im gesamten Disziplinarverfahren sind die Wechselwirkungen[6] mit dem Strafverfahren zu beachten. Es kann danach unterschieden werden, welches Verfahren zuerst beendet wurde. 502

Wurde wegen desselben Sachverhalts bereits ein Strafverfahren gegen den Beamten durchgeführt, sind die strafrichterlichen Feststellungen in den Grenzen des §§ 23; 57 BDG im Disziplinarverfahren bindend. Wurde gegen den Beamten eine Strafe, Geldbuße oder Ordnungsmaßnahme verhängt, dürfen gemäß § 14 BDG gegen ihn nicht noch zusätzlich leichtere Disziplinarmaßnahmen verhängt werden. Selbst eine Kürzung der Dienstbezüge darf nur noch ausgesprochen werden, wenn dies zusätzlich erforderlich ist, um den Beamten zur Pflichterfüllung anzuhalten. 503

Laufen Straf- und Disziplinarverfahren parallel, ist das Disziplinarverfahren bis zum Abschluss des Strafverfahrens gemäß § 22 BDG zunächst auszusetzen. Es soll erst die strafgerichtliche Würdigung des Sachverhalts abgewartet werden, 504

---

[6] *Leppek*, Beamtenrecht, 12. Auflage, 2015, Rn. 189 f.

bevor daran anknüpfend entschieden wird, ob auch noch zusätzlich gegen den Beamten Disziplinarmaßnahmen zu verhängen sind.

505 Wurde indes zuerst das Disziplinarverfahren abgeschlossen, dann kann der Beamte gemäß § 36 BDG die Aufhebung einer Disziplinarverfügung beantragen, wenn diese gemäß § 14 BDG nicht gegen ihn hätte verhängt werden dürfen.

VII. Vergleich mit dem Arbeitsrecht

506 Im Disziplinarverfahren offenbaren sich erhebliche Unterschiede zwischen der Rechtsstellung der Beamten und derjenigen privater Arbeitnehmer. Während Beamte einer besonderen Disziplinargewalt des Dienstherrn zusätzlich zu der Möglichkeit der Bestrafung nach dem allgemeinen Strafrecht unterliegen, fehlt es für Arbeitnehmer an einer besonderen Strafgewalt des Arbeitgebers.

507 Arbeitsrechtlich ist allerdings eine gemeinsame betriebliche Disziplinargewalt von Arbeitgeber und Betriebsrat anerkannt, die bei Verstößen gegen die betriebliche Ordnung zur Verwarnung, zum Verweis und in besonders schweren Fällen gar zur Verhängung einer Geldbuße führen kann.[7] Voraussetzung ist aber stets eine betriebliche Bußordnung, die in der Regel auf Betriebsvereinbarung oder ausnahmsweise auf Tarifvertrag beruht.

508 In der arbeitsrechtlichen Praxis spielt aber die arbeitsvertraglich vereinbarte Vertragsstrafe gemäß §§ 339 ff. BGB wegen Verletzung der Arbeitspflicht eine weitaus größere Rolle.[8] Solche Vertragsstrafenabreden sind zwar wegen § 310 IV 2 BGB nicht nach § 309 Nr. 6 BGB ausgeschlossen, weil die Arbeitspflicht des Arbeitnehmers nach § 888 III ZPO nicht vollstreckbar ist, für den Arbeitgeber aber gleichwohl eine Möglichkeit bestehen muss, den Arbeitnehmer zur Vertragserfüllung anzuhalten. Sie unterliegen aber als allgemeine Geschäftsbedingungen einer Angemessenheitskontrolle nach § 307 BGB.

VIII. Wiederholungs- und Vertiefungsfragen

509 1) Wozu dient das Disziplinarrecht? (Rn. 438 ff.)
2) Polizeikommissarin Müller wird wegen einer Körperverletzung im Amt in einem minder schweren Fall von dem Strafrichter zu einer Geldstrafe verurteilt. In dem sich anschließenden Disziplinarverfahren beruft sie sich auf

---

[7] *Hromadka / Maschmann*, Arbeitsrecht, Bd. 1, 5. Auflage, 2012, § 6, Rn. 152 ff.; *Krause*, Arbeitsrecht, 2. Auflage, 2011, § 15, Rn. 11.

[8] Siehe *Hromadka / Maschmann*, Arbeitsrecht, Bd. 1, 5. Auflage, 2012, § 6, Rn. 149 ff.; *Krause*, Arbeitsrecht, 2. Auflage, 2011, § 15, Rn. 10.

Art. 103 III GG, um eine zusätzliche disziplinarrechtliche Ahndung zu verhindern. Mit Aussicht auf Erfolg? (Rn. 440)
3) Inwiefern ist bei aktiven Beamten zwischen Dienstvergehen inner- und außerhalb des Dienstes zu unterscheiden? (Rn. 443 f.)
4) Wieso dürfen die Regelungen zu den Dienstvergehen generalklauselartig ausgestaltet sein und müssen nicht – wie Straftatbestände – dem Bestimmtheitsgebot, Art. 103 II GG, genügen? Inwiefern gilt Art. 103 II GG dennoch? (Rn. 440)
5) Können Dienstvergehen von Ruhestandsbeamten disziplinarisch geahndet werden? Welche Unterschiede gibt es zu aktiven Beamten? (Rn. 445)
6) Welche Disziplinarmaßnahmen können angewandt werden a) gegen aktive Beamte b) gegen Ruhestandsbeamte? (Rn. 449 ff., 455 ff.)
7) Wonach richtet sich die Auswahl der Disziplinarmaßnahme? (Rn. 458 ff.)
8) Bestehen Milderungsmöglichkeiten? (Rn. 462 ff.)
9) Gegen Polizeiobermeister Kramer soll wegen eines Dienstvergehens disziplinarrechtlich eine Kürzung der Dienstbezüge verhängt werden. Wie läuft das behördliche Verfahren hierzu ab? (Rn. 467 ff.)
10) Welche Rechtsbehelfe stehen Kramer gegen die Disziplinarverfügung zu? (Rn. 476 ff., 479 ff.)
11) Was ändert sich verfahrenstechnisch, wenn Kramer zurückgestuft werden soll? (Rn. 473)
12) Welche Gerichte nehmen die Aufgaben der Disziplinargerichtsbarkeit wahr? (Rn. 480 ff.)
13) Inwiefern unterscheidet sich eine Klage gegen eine Disziplinarverfügung von einer normalen Anfechtungsklage gegen einen Verwaltungsakt? (Rn. 482)
14) Kann gegen eine Einstellungsverfügung Widerspruch erhoben bzw. geklagt werden? (Rn. 471)
15) Was kann der betroffene Beamte unternehmen, wenn das eröffnete Disziplinarverfahren sich länger als sechs Monate hinzieht? (Rn. 484)
16) Das Verwaltungsgericht weist Kramers Klage gegen die gegen ihn ergangene Disziplinarverfügung ab und lässt die Berufung nicht zu. Was kann Kramer tun? Braucht er dazu einen Anwalt? (Rn. 486)
17) Welche vorläufigen Maßnahmen vor und während des Disziplinarverfahrens sind möglich und welche Rechtsschutzmöglichkeiten bestehen gegen diese vorläufigen Maßnahmen? (Rn. 490 ff.)
18) Was ist zu beachten wenn ein Strafverfahren zum selben Sachverhalt
    a) parallel zum Disziplinarverfahren durchgeführt wird,
    b) vorher schon abgeschlossen wurde oder
    c) erst nach Abschluss des Disziplinarverfahrens durchgeführt wird? (Rn. 502 ff.)

19) Stehen dem Arbeitgeber gegen seine in privatem Arbeitsverhältnis Beschäftigen ähnliche Sanktionsmöglichkeiten zu wie dem Dienstherr gegen seine Beamten? (Rn. 506 ff.)

Rechtsprechung zu § 19

BVerfG, Beschl. v. 20.9.2007 – 2 BvR 1047/06 –, NVwZ 2008, 416–417
BVerfG, Beschl. v. 19.2.2003 – 2 BvR 1413/01 –, NVwZ 2003, 1504–1506
BVerfG, Beschl. v. 2.5.1967 – 2 BvR 391/64, 2 BvR 263/66 –, BVerfGE 21, 378–391 (Disziplinare Arreststrafe)

Literatur zu § 19

Herrmann, Gunnar, Grundzüge des beamtenrechtlichen Disziplinarverfahrens, StRR 2014, 4–8
Herrmann, Klaus / Soiné, Michael, Aufklärung von Dienstvergehen außerhalb des Disziplinarrechts?, NVwZ 2012, 845–849
Juncker, Wolfgang, Die Disziplinarmaßnahme im strafrechtlichen Zwielicht, ZBR 2009, 289–296
Juncker, Wolfgang, Zurückstufung – eine fehlgedeutete Disziplinarmaßnahme, ZBR 2011, 188–196
Leuze, Dieter / Ullrich, Janine, Die Auswirkungen des Strafverfahrens auf das Disziplinarverfahren, DÖD 2009, 209–215
Pflaum, Ulrich, Schuldprinzip und Disziplinarrecht, ZBR 2013, 187–193
Radloff, Marion, Die Ordnungsfunktion des Disziplinarrechts in der modernen Verwaltung von heute, RiA 2007, 204–207
Weinmann, Hans-Joachim, Zum Beweisrecht des Bundesdisziplinargesetzes, DÖD 2010, 1–6

Vierter Teil:
Die Rechte der Beamten aus dem Beamtenverhältnis

§ 20 Überblick über die Rechte der Beamten

I. Rechte der Beamten

Als Gegenstück zu den weitreichenden Dienst- und Treuepflichten der Beamten besteht eine umfassende Fürsorgepflicht ihres Dienstherrn ihnen gegenüber, die gleichfalls ihren Grund in dem Beamtenverhältnis findet und auch ausdrücklich gesetzlich in § 78 BBG; § 45 BeamtStG sowie in dem jeweiligen Landesbeamtengesetz geregelt ist. Dabei stehen die wechselseitigen Pflichten nicht wie vertragliche Pflichten in einem synallagmatischen Verhältnis im Einzelfall zueinander, sodass die Erfüllung der Pflicht der einen Seite nur um der Wahrnehmung der Pflicht der anderen Seite willen erfolgte. Vielmehr steht der Gesamtheit der Pflichten der Beamten die Gesamtheit der Pflichten des Dienstherrn gegenüber. 512

Diese Pflichten bestehen jeweils gerade im Interesse der Beamten und räumen diesen subjektive Rechte ein. Aus dem umfassenden Recht der Beamten auf Fürsorge durch den Dienstherrn ergeben sich einzelne vermögenswerte und nicht-vermögenswerte Rechte. Zu den vermögenswerten Rechten der Beamten gehören u.a. das Recht auf Besoldung aktiver Beamter (→ Rn. 518 ff.) bzw. auf Versorgung der Ruhestandsbeamten sowie der Angehörigen von Beamten (→ Rn. 558 ff.). Hinzu treten weitere vermögenswerte Rechte (→ Rn. 592 ff.) etwa auf Beihilfe im Krankheitsfall oder auf Ersatz von Aufwendungen und Schäden. Zu den nicht-vermögenswerten Rechten zählen unter anderem das Recht auf amtsangemessene Beschäftigung (→ Rn. 610 ff), auf eine angemessene Amtsbezeichnung (→ Rn. 623 ff.), auf Nebentätigkeiten (→ Rn. 631), auf Urlaub (→ Rn. 646), auf Schutz gegenüber Dritten (→ Rn. 680) sowie auf Einsicht in die Personalakten (→ Rn. 658 ff.). Daneben können sich weitere vermögenswerte und nicht-vermögenswerte Rechte aus der Fürsorgepflicht des Dienstherrn ergeben (→ Rn. 680). 513

II. Geltendmachung der Rechte der Beamten

Die Beamten können ihre Rechte auf den herkömmlichen, aus dem allgemeinen Verwaltungsrecht bekannten Wegen geltend machen, d.h. durch Stellung eines Antrags, durch Durchführung eines Widerspruchsverfahrens sowie ggf. im Wege der Erhebung einer verwaltungsgerichtlichen Klage, zumeist einer Ver- 514 pflichtungsklage, ausnahmsweise einer allgemeinen Leistungsklage. Eine besondere Klageart ist nicht vorgesehen.

III. Wiederholungs- und Vertiefungsfragen

515 1) Sind die Pflichten des Beamten und des Dienstherren synallagmatisch verknüpft? (Rn. 512)
2) Welche vermögenswerten und nichtvermögenswerten Rechte des Beamten können unterschieden werden? (Rn. 513)
3) Wie kann der Beamte diese Rechte geltend machen? (Rn. 514)

Rechtsprechung zu § 20

516 BVerfG, Beschluss vom 15. Dezember 1976 – 2 BvR 841/73 –, BVerfGE 43, 154–197 (Inhalt der Fürsorgepflicht)
BVerfG, Beschluss vom 30. März 1977 – 2 BvR 1039/75, 2 BvR 1045/75 –, BVerfGE 44, 249–283 (Alimentation)

Literatur zu § 20

517 *Droege, Michael*, Die Alimentation des Verwaltungspersonals – Zur Reichweite der Grundrechtsdogmatik in einer institutionellen Garantie, DÖV 2014, 785–793
Lindner, Josef Franz, Das Alimentationsprinzip und seine offenen Flanken, ZBR 2007, 221–230
Steiner, Harald, Die Rechtestellung des Beamten – Eine strukturrechtliche Analyse der beamtengesetzlichen Beamtenrechte, ZBR 2014, 185–192

§ 21 Anspruch auf Besoldung

Der Anspruch der Beamten auf Besoldung stellt einen hergebrachten Grundsatz des Berufsbeamtentums i. S. d. Art. 33 V GG dar, der zu beachten ist. Dieser Besoldungsanspruch ist eine Ausprägung des Anspruchs auf Fürsorge durch den Dienstherrn, wie er in § 78 BBG; § 45 BeamtStG geregelt ist. Die Besoldung selbst ist gesetzlich geregelt für die Beamten und Richter des Bundes im Besoldungsgesetz des Bundes mit den verschiedenen Besoldungsordnungen als Anlagen sowie für die Beamten der Länder und Kommunen in den Landesbesoldungsgesetzen, für deren Erlass die Länder seit der Föderalismusreform I 2006 gemäß Art. 30; 70 GG zuständig sind, wie sich aus Art. 74 I Nr. 27 GG ergibt. Dabei orientieren sich die Landesbesoldungsgesetze zwar in ihrer Struktur weitgehend an den bundesrechtlichen Regelungen, sehen aber für die einzelnen Besoldungsbestandteile abweichende, meist niedrigere Beträge vor. Kommunale Sonderregelungen der Besoldung sind hingegen nicht möglich. **518**

I. Grundsätze der Besoldung

Die Besoldung der Beamten bestimmt sich nach den Grundsätzen der Gesetzmäßigkeit, der Funktionsgerechtigkeit und der Angemessenheit. Schließlich wird das Besoldungsrecht auch durch weitere Wertungen beeinflusst. **519**

1. Gesetzmäßigkeit der Besoldung

Die Gesetzmäßigkeit der Besoldung ist ein hergebrachter Grundsatz des Berufsbeamtentums, der nach der verfassungsrechtlichen Vorschrift des Art. 33 V GG zu beachten ist und zudem in § 2 BBesG ausdrücklich auch einfachgesetzlich geregelt wird. Die Besoldung der Beamten wird durch Parlamentsgesetz vorgegeben, wobei in engen gesetzlichen Grenzen auch Regelungen durch Rechtsverordnung erfolgen können. Es handelt sich um gebundene Verwaltung, sodass dem jeweiligen Dienstherrn kein Ermessensspielraum gewährt ist. Wegen des Vorbehalts des Gesetzes kann auch keine Regelung durch Verwaltungsvorschriften erfolgen. Ebenso kann die Besoldung nicht zum Gegenstand eines verwaltungs- **520** rechtlichen oder gar eines privatrechtlichen Vertrages gemacht werden. Zudem verbietet § 2 II BBesG ausdrücklich behördliche Zusicherungen nach § 38 VwVfG oder den Abschluss von Vergleichen über eine höhere Besoldung gemäß § 779 BGB; § 106 VwGO. Davon nicht erfasst werden Zusicherungen und Vergleiche, mit denen eine Unsicherheit über die einem Beamten zukommende Besoldung beseitigt werden soll, die aber zu keiner höheren als der gesetzlich vorgesehenen Besoldung führen. Auf der anderen Seite kann ein Beamter auch nicht auf die ihm zustehende Besoldung entsprechend § 397 BGB verzichten, von vermögenswirksamen Leistungen zur privaten Vermögensbildung einmal abgesehen.

521 Diese Ausgestaltung des Besoldungsrechts als zwingendes Gesetz verfolgt mehrere Ziele: Zum einen soll aus der Sicht des Dienstherrn der haushaltsrechtliche Grundsatz der Sparsamkeit und Wirtschaftlichkeit gewahrt und weitergehende finanzielle Forderungen einzelner Beamter abgewehrt werden. Aus der Perspektive der Beamten werden diese vor Druck des Dienstherrn geschützt, aus einer schlechteren Verhandlungsposition heraus auf Bestandteile der Besoldung zu verzichten. Aus dem Blickwinkel des Berufsbeamtentums als Institution stellt die Gesetzmäßigkeit der Besoldung den Ersatz für die fehlende tarifvertragliche Bestimmung der Besoldungshöhe dar, entlastet die Diensterbringung von Verhandlungen um höhere Besoldung, prägt das Alimentationsprinzip systemgerecht aus und gewährleistet die haushaltsrechtliche Planbarkeit der Besoldung.

522 Ausnahmen von dem Verbot der vertraglichen Bestimmung der Besoldungshöhe bestehen in engen Grenzen für verbeamtete Hochschullehrer nach der W-Besoldung.[1] Bei diesen atypischen Beamten soll unter Berücksichtigung der Wissenschaftsfreiheit gemäß Art. 5 III GG nach Einschätzung des Besoldungsgesetzgebers die individuelle Leistung so sehr im Vordergrund stehen, dass Raum für Vereinbarungen über flexible Besoldungsbestandteile wie Leistungszulagen bleiben soll. Zudem sind diese Beamten traditionell in weit höherem Maße als andere Beamte beruflich mobil, weshalb Gesichtspunkten des Gewinnungs- und Bleibeinteresses des Dienstherrn größerer Raum gegeben wird.

2. Funktionsgerechtigkeit der Besoldung

523 Die Besoldung der Beamten muss zudem funktionsgerecht sein, d.h. ihrem Aufgabenkreis entsprechen. Gemäß § 18 S. 1 BBesG wird ausgehend von den damit verbundenen Funktionen der Dienstposten eines Beamten, also sein Amt im konkret-funktionalen Sinne, bewertet und je nach Wertigkeit einem Amt im statusrechtlichen Sinne zugeordnet. Aus diesem Statusamt, nicht aus den wahrgenommenen Aufgaben, ergibt sich dann der Anspruch auf Besoldung.

---

[1] Die Regelung für verbeamtete Hochschullehrer des Bundes findet sich in § 33 BBesG, wonach in den Besoldungsgruppen W 2 und W 3 variable Leistungsbezüge vergeben werden dürfen.

Dabei sind Funktionen gleicher Schwierigkeit gleichen Ämtern im statusrechtlichen Sinne zuzuordnen, während Funktionen unterschiedlicher Komplexität verschiedenen Statusämtern zuzuweisen sind. Eine gewisse Flexibilität zwischen Dienstposten und Statusamt ergibt sich daraus, dass gemäß § 18 S. 2 BBesG ein Dienstposten auch mehreren Ämtern einer Laufbahngruppe zugeordnet werden kann. Passen Aufgabenkreis und Amt im statusrechtlichen Sinne gleichwohl nicht zusammen, ist dies nicht über eine Erhöhung der Besoldung auszugleichen, sondern der betroffene Beamte muss eine Veränderung seines Statusamtes anstreben.

524

3. Angemessenheit der Besoldung

Die Besoldung muss zudem ihrer Höhe nach angemessen sein. Im Unterschied zu privatrechtlich Beschäftigten, bei der letztlich durch Arbeitskämpfe die Höhe der Bezahlung bestimmt wird, kommt bei den einem Streikverbot (→ Rn. 311 ff.), unterliegenden Beamten keine prozedurale, sondern nur eine materiellrechtliche Bestimmung der angemessenen Höhe in Betracht. Dafür hat der Besoldungsgesetzgeber sich einerseits an dem Bedarf der Beamten, andererseits an ihrem jeweiligen Status zu orientieren.

525

Der Bedarf der Beamten bestimmt sich nach den Lebenshaltungskosten für den Beamten und seine Familie. Zwar ist ihnen kein Luxusleben zu gewährleisten, sie dürfen aber auch nicht in eine kärgliche Existenz gedrängt werden. Sie sind an der Entwicklung der allgemeinen wirtschaftlichen und finanziellen Verhältnisse zu beteiligen.[2]

526

Der Status der Beamten bestimmt sich nach ihrem Amt im statusrechtlichen Sinne. Einem Beamten ist ein standesgemäßer Unterhalt zu gewährleisten, was auch in den unteren Besoldungsgruppen einen deutlichen Abstand zu den sozialhilferechtlichen Sätzen gebietet. Die Besoldung muss der Bedeutung des Amtes, der damit verbundenen Verantwortung und der gesellschaftlichen Wertschätzung des Amtes gerecht werden. Höhere Statusämter sind höher, niedrigere Ämter niedriger zu besolden. Die Besoldung innerhalb einer Besoldungsordnung sowie im Vergleich verschiedener Besoldungsordnungen muss „stimmig" sein. Schließlich kann auch der Vergleich zu privatrechtlich Beschäftigten innerhalb und außerhalb des öffentlichen Dienstes gezogen werden, wobei allerdings Einschränkungen zu machen sind, weil diese im Unterschied zu Beamten auch zu den gesetzlichen Arbeitslosen- und Rentenversicherungen herangezogen werden und auch die Rahmenbedingungen ihrer Arbeit abweichen.

527

Den danach verbleibenden Spielraum darf der Besoldungsgesetzgeber ausschöpfen, wobei er sich allerdings nicht allein von fiskalischen Erwägungen lenken lassen darf.

528

---
[2] Vgl. BVerfG, Urteil vom 5.5.2015, 2 BvL 17/09.

4. Wertungsgesichtspunkte

529 Die Anerkennung oder Versagung von Zeiten als Erfahrungszeiten beeinflusst erheblich die dem einzelnen Beamten zustehende Besoldung. Dabei nimmt das Besoldungsrecht auch politische Wertungen auf. Dies zeigt sich vor allem in den gemäß § 30 BBesG nicht zu berücksichtigenden Dienstzeiten, welche vornehmlich die frühere Mitarbeit beim Ministerium für Staatssicherheit oder in anderen Institutionen betrifft, die eine besondere persönliche Nähe zum politischen System der ehemaligen DDR vermuten lassen. Hier findet eine Sanktionierung durch Besoldungsrecht statt.

II. Besoldungsordnungen

530 Das Bundesbesoldungsgesetz enthält als Anlagen, die denselben Rang wie das Gesetz einnehmen, die Besoldungsordnungen A, B, R und W für die Beamten und Richter des Bundes. Darin werden zum einen einzelne Ämter im statusrechtlichen Sinne bestimmten Besoldungsgruppen zugeordnet, zum anderen wird die konkrete Höhe der Besoldung für die jeweilige Besoldungsgruppe festgelegt. Die Landesgesetzgeber sind für die Landesbeamten und -richter in den Landesbesoldungsgesetzen dieser Regelungstechnik gefolgt, haben aber abweichende, meist niedrigere Besoldungshöhen festgelegt.

531 Die Besoldungsordnung A betrifft die ganz überwiegende Zahl der Beamten. In ihr spiegeln sich die verschiedenen Laufbahnen wider. Für Beamte des einfachen Dienstes beginnt die Besoldung in der Gruppe A 2 und geht bis A 5, für Beamte des mittleren Dienstes von A 5 bis A 9, für Beamte des gehobenen Dienstes von A 9 bis A 13 und schließlich für Beamte des höheren Dienstes von A 13 bis A 16. Die Besoldungsordnung A ist durch aufsteigende Endgrundgehälter gekennzeichnet, was bedeutet, dass ein Beamter, selbst wenn er nicht befördert wird, so doch im Laufe der Jahre innerhalb einer Besoldungsgruppe von einer niedrigeren zu einer höheren Besoldungsstufe aufsteigt. Ursprünglich orientierten diese Besoldungsstufen sich an dem jeweiligen Lebensalter eines Beamten, worin der EuGH[3] einen Verstoß gegen das europarechtliche Verbot der Altersdiskriminierung erblickte. Deshalb wurde das Besoldungsgefüge auf Erfahrungszeiten umgestellt. Vollständig angerechnet werden Dienstjahre, eingeschränkt berufliche Erfahrung außerhalb des öffentlichen Dienstes. Im praktischen Ergebnis stellt dies eine Verschlechterung für die Beamten gegenüber dem früheren System dar und erschwert den Wechsel von der Privatwirtschaft in den öffentlichen Dienst.

---

[3] EuGH, Urteil vom 08. September 2011 – C-297/10 und C-298/10, C-297/10, C-298/10 (Altersdiskriminierung im BAT).

Die Besoldungsordnung B betrifft Beamte in herausgehobenen Leitungspositionen, insbesondere innerhalb der Ministerialbürokratie. Im Unterschied zu der Besoldungsordnung A erfolgt hier keine Differenzierung mehr nach der jeweiligen Erfahrungsstufe. **532**

Der Besoldungsordnung R unterfallen die Richter. Diese Besoldungsordnung differenziert in den unteren Besoldungsgruppen R 1 und R 2 in gleicher Weise wie die Besoldungsordnung A nach der jeweiligen Erfahrung des Amtsinhabers, in den höheren Besoldungsgruppen R 3 bis R 10 erfolgt dann ebenso wie bei der B-Besoldung keine Unterscheidung nach Erfahrungszeiten mehr. **533**

Die Besoldungsordnung W betrifft die Hochschullehrer und hat die frühere Besoldungsordnung C abgelöst. Im Vergleich zu der C-Besoldung wurden die Grundgehälter abgesenkt, was durch vermehrte Leistungszulagen ausgeglichen werden sollte, was sich bislang in der Praxis nicht bestätigt hat. **534**

III. Bestandteile der Besoldung

Die Besoldung umfasst das Grundgehalt, weitere Dienstbezüge sowie sonstige Bezüge. **535**

1. Grundgehalt

Das Grundgehalt ist der zentrale Besoldungsbestandteil und muss bereits für sich genommen eine amtsangemessene Alimentation gewährleisten. Es bestimmt sich gemäß § 19 I 1 BBesG nach der Besoldungsgruppe des dem Beamten verliehenen Amtes und – soweit differenziert wird – nach der jeweiligen Erfahrungsstufe. Umfasst ein Amt mehrere Besoldungsgruppen, etwa für Bürgermeister von Gemeinden mit unterschiedlichen Einwohnerzahlen oder für Schuldirektoren mit verschiedenen Schülerzahlen, bestimmt sich das Grundgehalt gemäß § 19 I 2 BBesG nach der Einweisungsverfügung, der insofern nicht nur haushaltsrechtliche, sondern auch besoldungsrechtliche Wirkung zukommt. Die bloße Wahrnehmung eines Dienstpostens ohne die Verleihung eines entsprechenden Statusamtes verschafft hingegen gemäß § 19 II BBesG noch keinen Besoldungsanspruch. **536**

2. Weitere Dienstbezüge

Zusätzlich zum Grundgehalt können weitere Dienstbezüge wie Zuschläge, Zulagen, Leistungsbezüge, Vergütungen oder eine Auslandsbesoldung gewährt werden. **537**

a) Zuschläge

538 Zuschläge knüpfen an die persönliche Situation des Beamten an; weil nicht nur der Beamte, sondern auch seine Familie von dem Dienstherrn zu alimentieren ist. Bedeutendster Fall ist der Familienzuschlag gemäß §§ 39 ff. BBesG, der in der Stufe 1 für verheiratete, verwitwete oder geschiedene Beamte und in den höheren Stufen je nach der Anzahl der Kinder des Beamten gezahlt wird. Sind beide Ehegatten im öffentlichen Dienst tätig und stünde jedem von ihnen der Familienzuschlag zu, wird dieser Zuschlag gemäß § 40 IV BBesG jeweils nur hälftig gewährt. § 17b BBesG stellt seit 2009 verpartnerte Beamte verheirateten Beamten gleich.

b) Zulagen

539 Zulagen sind Besoldungsbestandteile, die für besondere Leistungen des Beamten oder besondere Erschwernisse bei dessen Diensterfüllung gezahlt werden. Sie orientieren sich im Unterschied zu Zuschlägen nicht an der persönlichen Lebenssituation des Beamten, sondern an den Umständen seiner Dienstleistung. Dabei ist zwischen Amts- und Stellenzulagen zu unterscheiden.

540 Amtszulagen können für herausgehobene Positionen vorgesehen werden und sind typischerweise mit dem Endamt einer Laufbahn verknüpft. Sie sind gemäß § 42 II 1 BBesG unwiderruflich und ruhegehaltfähig und gelten gemäß § 42 II 2 BBesG als Bestandteil des Grundgehalts.

541 Stellenzulagen werden gemäß § 42 III 1 BBesG nur für die Dauer der Wahrnehmung eines besonderen Dienstpostens gewährt. Sie sind gemäß § 42 IV BBesG widerruflich und nur bei besonderer gesetzlicher Anordnung ruhegehaltfähig. Zu den Stellenzulagen zählt bspw. die Zulage für die Wahrnehmung befristeter Funktionen nach § 45 BBesG. Hat ein Beamter längere Zeit eine Stellenzulage bezogen und erhält er danach einen neuen Dienstposten ohne Stellenzulage, wird ihm in den Grenzen des § 13 BBesG vorübergehend eine Ausgleichszulage gewährt.

c) Leistungsbezüge

542 Leistungsbezüge stellen an sich einen Fremdkörper in der herkömmlich am Alimentationsprinzip ausgerichteten Beamtenbesoldung dar. Auf der Grundlage der gesetzlichen Ermächtigung in § 42a BBesG wurde die Bundesleistungsbesoldungsverordnung[4] erlassen. Gemäß § 5 BLBV können wiederkehrende Leistungszulagen, nach § 4 BLBV einmalige Leistungsprämien gewährt werden. Zudem kann einem Beamten eine Leistungsstufe gemäß § 27 VI BBesG gewährt werden, wonach ihm schon vorzeitig das Grundgehalt der nächsthöheren Besoldungsstufe gezahlt wird.

---

[4] Verordnung des Bundes über leistungsbezogene Besoldungsinstrumente (Bundesleistungsbesoldungsverordnung – BLBV) vom 23.7.2009, BGBl. I S. 2170.

d) Vergütungen

Vergütungen sind Geldzahlungen, die als Gegenleistung für eine besondere Leistung des Beamten gewährt werden. Auch sie bilden einen Fremdkörper im Besoldungssystem, weil in ihrem Fall nicht der Gesamtheit der Dienstleistungen des Beamten die Gesamtheit der Besoldung gegenübergestellt wird, sondern lediglich die Äquivalenz einer einzelnen Leistung des Beamten und einer einzelnen Gegenleistung des Dienstherrn angestrebt wird. Dabei steht die quantitative Zusatzleistung im Vordergrund. Der wichtigste Fall einer Vergütung ist in der auf der Grundlage von § 48 I BBesG erlassenen Mehrarbeitsvergütungsverordnung[5] geregelt. Danach darf eine Vergütung für „Überstunden" nur gewährt werden, soweit kein Ausgleich durch Dienstbefreiung erfolgen kann.

543

e) Auslandsbesoldung

Die in den §§ 52 ff. BBesG geregelte Auslandsbesoldung wird zum Ausgleich materieller und immaterieller Belastungen zusätzlich zu den Inlandsbezügen gewährt. Bei allgemeiner Verwendung im Ausland werden Auslandsdienstbezüge in Form des Auslandszuschlags nach § 53 BBesG und des Mietzuschusses nach § 54 BBesG gezahlt, bei besonderer Verwendung im Ausland stattdessen im Rahmen humanitärer Maßnahmen der Auslandsverwendungszuschlag nach § 56 BBesG und bei polizeilicher Zusammenarbeit die Auslandsverpflichtungsprämie nach § 57 BBesG.

544

3. Sonstige Bezüge

Sonstige Bezüge sind jährliche Sonderzahlungen, vermögenswirksame Leistungen sowie Anwärterbezüge.

545

a) Jährliche Sonderzahlungen

Jährliche Sonderzahlungen waren das „Urlaubsgeld" in der Mitte des Kalenderjahres und das „Weihnachtsgeld" am Ende des Jahres. Nach Aufhebung des Bundessonderzahlungsgesetzes werden solche Zahlungen an Bundesbeamte nicht mehr geleistet. Auf Landesebene bestehen zum Teil abweichende Regelungen.[6]

546

---

[5] Verordnung über die Gewährung von Mehrarbeitsvergütung für Beamte (BMVergV) i.d.F. vom 4.11.2009, BGBl. I S. 3701.
[6] Eine jährliche Sonderzahlung findet sich z. B. in den Art. 82 ff. BayBesG.

b) Vermögenswirksame Leistungen

547 Vermögenswirksame Leistungen sollen zur Vermögensbildung des Beamten beitragen, nicht aber dem unmittelbaren Konsum dienen. Einzelheiten finden sich in dem Gesetz über vermögenswirksame Leistungen.[7] Wegen der niedrigen Leistungshöhe kommt ihnen nur geringe Bedeutung zu. Im Unterschied zu anderen Besoldungsbestandteilen können Beamte gemäß § 2 III BBesG auf vermögenswirksame Leistungen verzichten.

c) Anwärterbezüge für Beamte auf Widerruf

548 Beamte auf Widerruf im Vorbereitungsdienst, sogenannte „Anwärter" bzw. in Laufbahnen des höheren Dienstes „Referendare", erhalten Anwärterbezüge gemäß §§ 59 ff. BBesG, welche keine Vollalimentation, sondern eine Hilfe zum Bestreiten des Lebensunterhalts darstellen. Hintergrund ist, dass diese Anwärter kein Amt im statusrechtlichen, sondern nur im funktionalen Sinne innehaben, und bei ihnen der Ausbildungszweck die Dienstleistung erheblich überwiegt.

549 Übersicht 21-1: Bestandteile der Besoldung

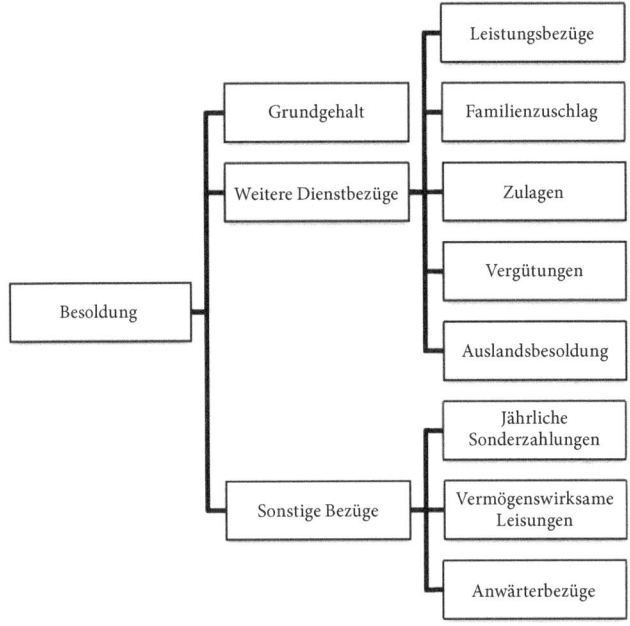

---

[7] Gesetz über vermögenswirksame Leistungen für Beamte, Richter, Berufssoldaten und Soldaten auf Zeit (BBVLG) vom 17.7.1970 i. d. F. der Bkm. vom 16.5.2002, BGBl. I S. 1778.

IV. Geltendmachung der Besoldung

Der Anspruch auf Besoldung aus dem Amt im statusrechtlichen Sinne entsteht mit Aushändigung der Ernennungsurkunde kraft Gesetzes. Als Ausfluss des Alimentationsprinzips ist die Besoldung, die keine Gegenleistung für bereits geleistete Dienste darstellt, grundsätzlich zu Beginn des Monatszeitraums im Voraus zu gewähren.[8] Es ist kein gesonderter Antrag des Beamten erforderlich. Ein besonderer Bewilligungsbescheid ergeht regelmäßig nur, sofern der Rechtsgrund und die Höhe der Besoldung sich nicht unmittelbar aus dem Gesetz ergeben, etwa bei Zulagen, Leistungsprämien oder Vergütungen.

550

V. Überzahlte Besoldung

Wurde die Besoldung überzahlt, ist der überzahlte Betrag gemäß § 12 II BBesG zu erstatten. Dies stellt eine gesetzliche Sonderregelung des allgemeinen ungeschriebenen öffentlich-rechtlichen Erstattungsanspruchs dar, auf den daneben nicht mehr zurückgegriffen werden kann.

551

§ 12 II BBesG bildet eine Rechtsgrundverweisung auf die konditionsrechtlichen Regelungen der §§ 812 ff. BGB, insbesondere auf die Leistungskondiktion nach § 812 I 1 Alt. 1 BGB. Der Beamte hat in diesen Fällen Bezüge als vermögenswerte Rechtsposition erlangt. Dies geschah auch durch bewusste und zweckgerichtete Mehrung seines Vermögens, also durch Leistung, des Dienstherrn. Ein Rechtsgrund für die empfangene Leistung fehlt nur, wenn dem Beamten weder kraft Gesetzes die Bezüge zustanden noch ein entsprechender Bewilligungsbescheid erlassen wurde. Gibt es indes einen solchen Bescheid, muss der rückfordernde Dienstherr diesen zunächst aufheben, bevor er die Rückforderung geltend machen kann.

552

Als Rechtsfolge hat der Beamte die überzahlten Bezüge zu erstatten. Auf den Wegfall der Bereicherung entsprechend § 818 III BGB kann er sich regelmäßig nicht berufen, weil bei diesem öffentlich-rechtlichen Erstattungsanspruch schon grob fahrlässige Unkenntnis nach § 12 II 2 BBesG die Gutgläubigkeit ausschließt, während bei den zivilrechtlichen Kondiktionsansprüchen gemäß § 818 IV; § 819 I BGB nur positive Kenntnis vom fehlenden Rechtsgrund dem Empfänger der Leistung die Berufung auf Entreicherung verwehrt. Zwar kann gemäß § 12 II 3 BBesG aus Billigkeitsgründen von der Rückforderung abgesehen werden, jedoch wird diesem Billigkeitsgebot vor dem Hintergrund des haushaltsrechtlichen Grundsatzes der Sparsamkeit und Wirtschaftlichkeit regelmäßig bereits durch Einräumung von Ratenzahlung an den Empfänger genügt.

553

---

[8] *Leppek*, Beamtenrecht, 12. Auflage, 2015, Rn. 242.

VI. Vergleich mit der Zahlungspflicht des Arbeitgebers

554 In der Besoldung der Beamten manifestiert sich der grundlegende Unterschied zwischen dem Berufsbeamtentum und privaten Arbeitsverhältnissen. Während die Besoldung durch Gesetz festgelegt wird, dominieren im privaten Arbeitsrecht tarif- und individualvertragliche Regelungen. Die Beamtenbesoldung stellt eine Alimentation des Beamten und seiner Familie dar und keine Gegenleistung für erbrachte Leistung. Konsequenterweise orientiert sie sich an Status und Bedarf des Beamten, wobei soziale Gesichtspunkte eine größere Bedeutung als im Arbeitsrecht spielen. Zwar kommt dem Grundgehalt eine überragende Rolle zu, doch haben in den letzten Jahren zunehmend auch leistungsbezogene Elemente in die Beamtenbesoldung Eingang gefunden. Als Alimentation wird die Besoldung im Voraus gewährt und nicht wie Arbeitslohn nachträglich. Wurde Besoldung überzahlt, kann diese leichter zurückgefordert werden als privater Arbeitslohn.

VII. Wiederholungs- und Vertiefungsfragen

555 1) Wie begründet sich die Regelung der Besoldung durch Parlamentsgesetz? Sind (abweichende) vertragliche Vereinbarungen zwischen Dienstherr und Beamtem möglich? (Rn. 520)
2) Was versteht man unter funktionsgerechter, was unter angemessener Besoldung? Inwiefern werden Wertungsgesichtspunkte bei der Besoldung berücksichtigt? (Rn. 523 ff., 525 ff.)
3) Was sind Besoldungsordnungen? (Rn. 530 ff.)
4) Wer unterfällt der Besoldungsordnung A, wer der Besoldungsordnung B? Inwiefern unterscheidet sich erstere von letzterer im Hinblick auf die Berücksichtigung von Erfahrungszeiten? (Rn. 531, 532)
5) Wer unterfällt der Besoldungsordnung R, wer der Besoldungsordnung W? (Rn. 533, 534)
6) Welches sind die Bestandteile der Besoldung? (Rn. 535 ff.)
7) Wie unterscheiden sich Zulagen von Zuschlägen? (Rn. 539 ff.)
8) Werden Überstunden vergütet? (Rn. 543)
9) Erhalten Bundesbeamte Weihnachtsgeld? (Rn. 546)
10) Wann entsteht der Anspruch auf Besoldung? (Rn. 550)
11) Zu welchem ungeschriebenen, mittlerweile aber gewohnheitsrechtlich anerkannten, öffentlich-rechtlichen Anspruch stellt § 12 II BBesG eine Sonderregelung dar? Wie ist die Verweisung auf §§ 812 ff. BGB zu qualifizieren? Unter welchen Umständen kann sich der Beamte auf Entreicherung berufen? (Rn. 552 ff.)

12) Welche grundlegenden Unterschiede ergeben sich zwischen der auf dem Alimentationsprinzip gründenden Beamtenbesoldung und dem Arbeitslohn im privatrechtlichen Arbeitsverhältnis? Gibt es Annäherungen? (Rn. 554)

Rechtsprechung zu § 21

EuGH, Urteil vom 08. September 2011 – C-297/10 und C-298/10, C-297/10, C-298/10 (Altersdiskriminierung im BAT)
BVerfG, Beschluss vom 12. Februar 2003 – 2 BvL 3/00 –, BVerfGE 107, 218–257 (Beamtenbesoldung Ost I)
BVerfG, Urteil vom 06. März 2007 – 2 BvR 556/04 –, BVerfGE 117, 330–356 (Ballungsraumzulage für Beamte)
BVerfG, Beschluss vom 19. Juni 2012 – 2 BvR 1397/09 –, BVerfGE 131, 239–267 (Familienzuschlag für eingetragene Lebenspartnerschaften)
BVerfG, Urteil vom 05. Mai 2015 – 2 BvL 17/09, 2 BvL 18/09, 2 BvL 3/12, 2 BvL 4/12, 2 BvL 5/12, 2 BvL 6/12, 2 BvL 1/14 –, BVerfGE 139, 64–148 (Amtsangemessenheit der Besoldung von Richtern und Staatsanwälten)
BVerfG, Beschluss vom 17. November 2015 – 2 BvL 19/09, 2 BvL 20/09, 2 BvL 5/13, 2 BvL 20/14 (Verfassungsmäßigkeit der A-Besoldung von Beamten)
BVerwG, Urteil vom 13. Juni 1985 – 2 C 56/82 –, BVerwGE 71, 354–359 (Rückforderung von Bezügen durch Verwaltungsakt)
BVerwG, Urteil vom 27. März 2014 – 2 C 50/11 –, BVerwGE 149, 244–254 (Besoldung begrenzt dienstfähiger Beamter)

Literatur zu § 21

Zum Grundgehalt:
Gärditz, Klaus Ferdinand, Das Bruttoprinzip im Recht der Beamtenbesoldung und -versorgung, ZBR 2008, 222–229
Jach, Frank-Rüdiger, Grundsätze amtsangemessener Beamtenbesoldung, RiA 2014, 1–6
Kathke, Leonhard, Probleme mit dem Grundgehalt, RiA 2011, 141–145
Lindner, Josef Franz, Gibt es ein besoldungsrechtliches Homogenitätsprinzip?, DÖV 2015, 1025–1031
Peirick, Christian, Bemessung des Grundgehaltes für Beamte unter Berücksichtigung der verbotenen Diskriminierung nach dem Kriterium des „Alters", DÖD 2010, 93–102
Schübel-Pfister, Isabel, Koordinatensystem für die Richter- und Beamtenbesoldung, NJW 2015, 1920–1922
Stuttmann, Martin, BVerfG zur A-Besoldung: Die Besoldung aller Besoldungsgruppen muss angehoben werden, NVwZ 2016, 184–188
Stuttmann, Martin, Zeitenwende – Die Bestimmung der Minimalbesoldung nach dem BVerfG, NVwZ 2015, 1007–1013
Vetter, Joachim, Besoldung und Versorgung der Beamten und der Richter der Länder, Verfassungsrecht und Verfassungswirklichkeit, LKV 2014, 289–298
Wild, Peter, Das Recht auf amtsangemessene Besoldung bei unverantwortlicher Haushaltspolitik, DÖV 2014, 192–203

Zu weiteren Besoldungsbestandteilen:
Blatt, Henning, Das besoldungsrechtliche Schicksal echter Stellenzulagen in der altersteilzeitlichen Freistellungsphase, ZBR 2010, 184–188
Becker, Andreas / Tepke, Alexia, Ausgestaltungen des beamtenrechtlichen Familienzuschlags im Bund und in den Ländern, ZBR 2016, 27–31
Pfistner, Sebastian, Benachteiligung von Eltern bei der bestehenden Beamtenbesoldung, NVwZ 2008, 1195–1199
Repkewitz, Ulrich, Amtsangemessene Alimentation kinderreicher Beamter – Probleme bei der Vollstreckungsanordnung des Bundesverfassungsgerichts, RiA 2005, 272–275
Sander, Theodor, Grundsatz- und Vollzugsfragen zum besoldungsrechtlichen Familienzuschlag, ZBR 2007, 147–151
Wonka, Julian, Die Verwendungszulage im Besoldungsrecht, RiA 2011, 193–197

Zur Leistungsbesoldung:
Kugele, Dieter, Die Leistungsbesoldung – Entwicklung und Maßstäbe gerichtlicher Kontrolle, ZBR 2007, 331–338
Reich, Andreas, Die besoldungsrechtliche Erfolgskontrolle, DÖV 2014, 821–831

Zum Mehrarbeitsausgleich:
Fülling, Daniel / Wolff, Heinrich Amadeus, Mehrarbeitsausgleich und Krankheit nach bayerischem Beamtenrecht, BayVBl. 2014, 197–201

Zur Besoldung einzelner Beamtengruppen:
Gröpl, Christoph, Amtsangemessene Besoldung im Beamtenrecht – Zugleich Besprechung des Urteils des Bundesverfassungsgerichts vom 14.02.2012 zur W2-Besoldung, RiA 2012, 97–102

§ 22 Anspruch auf Versorgung

Auch die Versorgung der Beamten und ihrer Hinterbliebenen im Ruhestand sowie der aktiven Beamten bei Dienstunfällen ist eine Ausprägung der Fürsorgepflicht des Dienstherrn gemäß § 78 BBG; § 45 BeamtStG und zählt zu den hergebrachten Grundsätzen des Berufsbeamtentums nach Art. 33 V GG. Für die Regelung der Versorgung der Bundesbeamten ist der Bund gemäß Art. 73 I Nr. 8 GG zuständig, der davon unter anderem mit dem Beamtenversorgungsgesetz Gebrauch gemacht hat. Die frühere Bundeszuständigkeit für die Versorgung der Landesbeamten wurde durch die Neufassung des Art. 74 I Nr. 27 GG im Zuge der Föderalismusreform I 2006 aufgehoben, wobei die bundesrechtlichen Regelungen gemäß Art. 125a I 1 GG zwar als Bundesrecht fortgelten, jedoch gemäß Art. 125a I 2 GG als Ausnahme zu Art. 31 GG durch Landesrecht ersetzt werden können. Soweit die Länder eigene versorgungsrechtliche Regelungen erlassen haben, orientieren sie sich in der Grundkonzeption weiterhin an dem Beamtenversorgungsgesetz des Bundes, weichen in der Versorgungshöhe aber teilweise ab.

558

Die Versorgung der Beamten wird in ähnlicher Weise wie die Beamtenbesoldung von bestimmten Grundsätzen beherrscht und fächert sich in zahlreiche verschiedene Formen der Versorgung auf. Dabei stellen sich bei der Versorgung parallele Probleme wie bei der Besoldung in Bezug auf ihre Geltendmachung und etwaige Rückforderung.

559

I. Grundsätze der Versorgung

Die Grundsätze der Versorgung sind in enger Anlehnung an die Grundsätze der Besoldung zu bestimmen, weshalb auf die dortigen Ausführungen (→ Rn. 519 ff.) verwiesen werden kann. Auch bei der Versorgung sind ihre Gesetzmäßigkeit, Funktionsgerechtigkeit und Angemessenheit systemprägend, wobei auch das Versorgungsrecht sich für weitere, an sich alimentationsfremde Wertungen öffnet.

560

1. Gesetzmäßigkeit der Versorgung

561 Die Gesetzmäßigkeit der Versorgung ist als hergebrachter Grundsatz des Berufsbeamtentums nach der verfassungsrechtlichen Vorschrift des Art. 33 V GG zu beachten und zudem in § 3 BeamtVG ausdrücklich auch einfachgesetzlich geregelt. Danach sind das „Ob" und das „Wie" der Versorgung gesetzlich vorgegeben. Es handelt sich um gebundene Verwaltung und Ermessensspielräume bestehen nur in Ausnahmefällen, etwa bei Unterhaltsbeiträgen. Über die Versorgung können weder verwaltungsrechtliche noch privatrechtliche Verträge geschlossen werden. Zudem sind auch keine Zusicherungen oder Vergleiche über eine höhere Versorgung noch ein Verzicht auf Versorgung möglich.

2. Funktionsgerechtigkeit der Versorgung

562 Die Versorgung der Beamten muss des Weiteren funktionsgerecht sein, d.h. grundsätzlich ihrem letztem Amt im statusrechtlichen Sinne entsprechen. Dies wird dadurch erreicht, dass die Höhe der Versorgung eines Ruhestandsbeamten einen individuell nach der Dauer seiner Dienstzeit zu bestimmenden Prozentsatz seiner früheren Besoldung im aktiven Dienst beträgt. Die Funktionsgerechtigkeit der Besoldung setzt sich also in der Funktionsgerechtigkeit der Versorgung fort. Hingegen stellt die Beamtenversorgung im Unterschied zu der gesetzlichen Rente gerade keine Versicherungsleistung dar, deren Höhe sich nach den gezahlten Beiträgen bestimmt.

3. Angemessenheit der Versorgung

563 Auch die Versorgung muss ihrer Höhe nach angemessen sein. Da die Versorgung in gleicher Weise wie die Besoldung keine Gegenleistung im Einzelfall für die Leistung des Beamten ist, sondern eine Ausprägung der Fürsorgepflicht des Dienstherrn darstellt, läge es an sich nahe, dass die Versorgung in derselben Höhe wie die Besoldung zu gewähren wäre. Allerdings wurde bereits in dem traditionsbildenden Zeitraum der hergebrachten Grundsätze des Berufsbeamtentums, v. a. in der Zeit der Weimarer Republik, die Versorgung in geringerer Höhe als die Besoldung gewährt. Dies lässt sich zudem dadurch rechtfertigen, dass der Gesetzgeber bei einem Ruhestandsbeamten typisiert von einem geringeren Bedarf ausgehen darf als bei einem aktiven Beamten. Gleichwohl setzt das verfassungsrechtlich verankerte Alimentationsprinzip der Absenkung der Versorgung Grenzen und gebietet eine Mindestversorgung.

4. Wertungsgesichtspunkte

Vergleichbar dem Besoldungsrecht wird auch das Versorgungsrecht durch an sich alimentationsfremde Gesichtspunkte überlagert. Diese können teils zu einer Erhöhung, teils aber auch zu einer Absenkung der Versorgung führen. Eine deutliche Erhöhung der Versorgung tritt ein, wenn der Beamte in besonderem Maße seine Dienstpflichten erfüllt, dabei einen Dienstunfall erleidet und deshalb in den Ruhestand versetzt wird. Die erhöhte Versorgung dient hier gleichsam als „Belohnung" für die herausragende Pflichterfüllung. Andererseits bleiben im Versorgungsrecht ebenso wie im Besoldungsrecht gemäß § 30 BBesG i.V.m. § 12a BeamtVG frühere Dienstzeiten eines Beamten für das Ministerium für Staatssicherheit und andere besonders systemnahe Tätigkeiten für die ehemalige DDR unberücksichtigt. Hier erfolgt eine „Bestrafung" durch vorenthaltene Alimentation.

564

II. Überblick über die Arten der Versorgung

Im Einzelnen sind die in § 2 BeamtVG aufgeführten Versorgungsarten zu unterscheiden. Der wichtigste Fall ist das Ruhegehalt für Beamte ab Eintritt in den Ruhestand gemäß §§ 4 bis 15a BeamtVG, das ergänzt wird durch die Hinterbliebenenversorgung nach §§ 16 bis 28 BeamtVG sowie den Sonderfall der Bezüge bei Verschollenheit gemäß § 29 BeamtVG. Den weiten Bereich der Unfallfürsorge haben die §§ 30 bis 46a BeamtVG zum Gegenstand. Ein Übergangsgeld bei Entlassung aus dem Dienst sowie den Ausgleich für besondere Altersgrenzen regeln die §§ 47 bis 48 BeamtVG. Daneben bestehen verschiedene weitere Leistungen.[1]

565

III. Ruhegehalt

Das Ruhegehalt berechnet sich gemäß § 14 I BeamtVG als Produkt aus den ruhegehaltfähigen Dienstbezügen eines Beamten multipliziert mit seiner ruhegehaltfähigen Dienstzeit in Jahren und dem Faktor von 1,79375% je Dienstjahr. Das Produkt muss kleiner oder gleich 71,75% der letzten ruhegehaltfähigen Dienstbezüge sein. Folglich wird dieser höchstmögliche Prozentsatz nach 40 Dienstjahren erreicht.

566

---

[1] Erhöhungsbetrag nach § 14 IV 3 BeamtVG; Unterschiedsbetrag nach § 50 I 2, 3 BeamtVG; Leistungen nach §§ 50a bis 50e BeamtVG; Ausgleichsbetrag nach § 50 III BeamtVG; Anpassungszuschlag nach § 69b S. 5 BeamtVG und Einmalzahlung nach §§ 70f. BeamtVG.

1. Ruhegehaltfähige Dienstbezüge

567 Der erste Faktor zur Berechnung der Versorgung sind die ruhegehaltfähigen Dienstbezüge. Dazu zählen gemäß § 5 BeamtVG das Grundgehalt in der jeweils individuell erreichten Besoldungsgruppe und Erfahrungsstufe, der Familienzuschlag sowie sonstige Dienstbezüge, die im Besoldungsrecht als ruhegehaltfähig bezeichnet werden, was insbesondere die Amtszulagen nach § 42 II 1 BBesG betrifft. Ruhegehaltfähig sind außerdem die Leistungsbezüge von Hochschullehrern nach § 33 III BBesG. Stellenzulagen hingegen sind gemäß § 42 IV BBesG nur ruhegehaltfähig, wenn dies ausdrücklich gesetzlich bestimmt ist. Vergütungen indes, bei denen der Charakter als Ersatz von Aufwendungen im Vordergrund steht, sind nicht ruhegehaltfähig.

Tritt ein Beamter wegen Dienstunfähigkeit vorzeitig in den Ruhestand, wird seiner Versorgung ein fiktives Grundgehalt nach der Erfahrungsstufe zu Grunde gelegt, die der Beamte bei regulärem Eintritt in den Ruhestand wegen Erreichens der Altersgrenze hätte erlangen können.

2. Ruhegehaltfähige Dienstzeit

568 Der zweite Faktor bei der Berechnung der dem einzelnen Beamten zustehenden Versorgung ist seine ruhegehaltfähige Dienstzeit gemäß § 6 BeamtVG. Dabei ist vor allem die Zeit von der ersten Berufung in das Beamtenverhältnis bis zum Eintritt in den Ruhestand zu berücksichtigen. War der Beamte in Teilzeit tätig, wird die entsprechende Zeit nur anteilig gerechnet. Diese Dienstzeit wird aus Gründen des Nachteilsausgleichs erhöht um Zeiten des Wehrdienstes. Zudem sollen als Arbeitnehmer im öffentlichen Dienst zurückgelegte privatrechtliche Beschäftigungszeiten berücksichtigt werden. Sonstige Zeiten als Rechtsanwalt oder bei einer gewissen inhaltlichen Nähe der Beschäftigung zum öffentlichen Dienst können in den Grenzen des § 11 BeamtVG berücksichtigt werden.

569 Nicht ruhegehaltfähig sind hingegen Zeiten der Beurlaubung ohne Dienstbezüge sowie in einem Beamtenverhältnis, das durch Verlust der Beamtenrechte in Folge einer strafgerichtlichen Verurteilung gemäß § 41 BBG beendet wurde. Ist der Beamte durch einen Antrag auf Entlassung einer drohenden Entfernung aus dem Dienst zuvorgekommen, ist seine Dienstzeit ebenfalls nicht berücksichtigungsfähig.

3. Maßgeblicher Prozentsatz

570 Als dritter und letzter Faktor wird ein einheitlicher Prozentsatz von 1,79375% je Dienstjahr zu Grunde gelegt.

4. Modifikationen

Das sich danach als Produkt aus ruhegehaltfähigen Dienstbezügen, Dienstjahren und Prozentsatz je Dienstjahr ergebende Ruhegehalt unterliegt noch bestimmten Modifikationen in Form etwaiger Minderungen und Erhöhungen sowie der Beachtung eines Versorgungskorridors.

a) Minderungen und Erhöhungen

Tritt der Beamte vorzeitig in den Ruhestand, verringert sich das Ruhegehalt je Monat vorzeitigen Ruhestands gemäß § 14 III BeamtVG um 0,3%, maximal jedoch um 14,4%. Damit soll ausgeglichen werden, dass ein vorzeitig in den Ruhestand versetzter Beamter seinem Dienstherrn nicht in demselben zeitlichen Umfang wie ein erst bei Erreichen der regulären Altersgrenze in den Ruhestand tretender Beamter zur Dienstleistung zur Verfügung stand, aber – bei gleicher Lebenserwartung – länger als dieser Versorgung erhalten wird.

Andererseits kommt es zu einer vorübergehenden Erhöhung des Ruhegehaltssatzes bis zur Erreichung der Regelaltersgrenze gemäß § 14a BeamtVG, wenn ein Beamter zuvor wegen Dienstunfähigkeit in den Ruhestand versetzt worden ist. Eine erhebliche Erhöhung des Ruhegehaltssatzes um 20% tritt auch in den Fällen des Unfallruhegehalts gemäß § 36 III BeamtVG ein. Dies wird durch einen Wechsel der Bezugsgröße zur Endstufe der übernächsten Besoldungsgruppe noch einmal gesteigert in den Fällen des erhöhten Unfallruhegehalts nach § 37 BeamtVG.

b) Versorgungskorridor

Das sich als Produkt ergebende und gegebenenfalls durch Minderungen und Erhöhungen veränderte Ruhegehalt beträgt in Ausprägung der Fürsorgepflicht des Dienstherrn für jeden Beamten gemäß § 14 IV 1 BeamtVG mindestens 35% seiner ruhegehaltfähigen Dienstbezüge. Zusätzlich zu dieser relativen Untergrenze gibt es noch eine absolute Schwelle gemäß § 14 IV 2 BeamtVG, nach der das Ruhegehalt – unabhängig von der Besoldungsgruppe des Beamten – mindestens 65% der Endstufe der Dienstbezüge der Besoldungsgruppe A 4 ausmacht.

Auf der anderen Seite darf das Ruhegehalt gemäß § 14 I BeamtVG auch nicht den Wert von 71,75% der ruhegehaltfähigen Dienstbezüge überschreiten. Stehen einem Beamten mehrere Versorgungsansprüche zu, werden diese aufeinander angerechnet, um eine Überversorgung zu vermeiden.

Übersicht 22-1: Berechnung des Ruhegehalts

Ruhegehalt = Besoldung x ruhegehaltfähige Dienstzeit x 1,79375% ≤ 71,75%

IV. Andere Arten der Versorgung

577 Neben oder an Stelle des Ruhegehalts des in den Ruhestand getretenen Beamten bestehen weitere Formen der Versorgung. Die wichtigsten Fälle sind die Versorgung der Hinterbliebenen eines Beamten, die Bezüge bei Verschollenheit, die Unfallfürsorge sowie das Übergangsgeld und Ausgleichsleistungen.

1. Versorgung der Hinterbliebenen

578 Die Fürsorgepflicht des Dienstherrn besteht nicht nur gegenüber dem Beamten, sondern auch gegenüber dessen Familie. Solange der Beamte lebt, kommt der Dienstherr dieser Fürsorgepflicht zu Gunsten Dritter durch die Gewährung der Besoldung bzw. Versorgung an den Beamten nach. Stirbt der Beamte, entstehen direkte Versorgungsansprüche seiner Hinterbliebenen gegen den Dienstherrn gemäß §§ 16 ff. BeamtVG. Diese umfassen die vollen Bezüge für die Erben im Sterbemonat des Beamten gemäß § 17 BeamtVG, ein Sterbegeld für den hinterbliebenen Ehegatten und die Abkömmlinge des Beamten in doppelter Höhe der monatlichen Dienstbezüge gemäß § 18 BeamtVG und danach ein Witwengeld in Höhe von 55% des Ruhegehalts gemäß §§ 19 f. BeamtVG. Zudem steht den Kindern eines verstorbenen Beamten ein Waisengeld in den Grenzen der §§ 23 f. BeamtVG zu.

579 Weil diese Regelungen eine vergleichsweise attraktive Versorgung gewährleisten, bestehen ergänzend Vorschriften, die reine Versorgungsehen verhindern sollen, etwa über die Mindestdauer der Ehe oder einen sehr großen Altersunterschied; wobei in diesen Fällen die Witwe einen Unterhaltsbeitrag nach § 22 BeamtVG erhalten kann. Heiratet die Witwe erneut, verliert sie zwar ab der Heirat den Anspruch auf Witwengeld, erhält aber eine Witwenabfindung nach § 21 BeamtVG in Höhe von zwei Jahresbeträgen des Witwengeldes. Diese Regelungen gelten entsprechend für den Witwer einer Beamtin.

2. Bezüge bei Verschollenheit

580 Ist ein Beamter verschollen, stehen ihm gemäß § 29 I BeamtVG weiterhin seine bisherigen Dienstbezüge bis zum Ablauf des Monats zu, in dem die oberste Dienstbehörde feststellt, dass sein Ableben mit Wahrscheinlichkeit anzunehmen ist.

§ 22 Anspruch auf Versorgung

3. Unfallfürsorge

Hat der Beamte einen Dienstunfall erlitten, gebühren ihm Leistungen der Unfallfürsorge nach §§ 30 bis 46 BeamtVG. In § 31 BeamtVG wird der Dienstunfall legal definiert als ein auf äußerer Einwirkung beruhendes, plötzliches, örtlich und zeitlich bestimmbares, einen Körperschaden verursachendes Ereignis, das in Ausübung oder infolge des Dienstes eingetreten ist. Als Rechtsfolge steht ein ganzes Leistungsbündel bereit, und zwar der Ausgleich von Sachschäden und besonderen Aufwendungen gemäß § 32 BeamtVG, die Erstattung von Heilverfahren und Pflegekosten nach §§ 33 bis 34 BeamtVG sowie der Unfallausgleich bei längerer Beeinträchtigung in der Erwerbsfähigkeit nach § 35 BeamtVG. 581

Wird der Beamte in Folge des Dienstunfalls in den Ruhestand versetzt, steht ihm ein Unfallruhegehalt gemäß § 36 BeamtVG zu. Auf die deutliche Erhöhung des allgemeinen Ruhegehaltsatzes um 20% gemäß § 36 III BeamtVG sowie auf die geänderte Bezugsgröße in Form der Endstufe der übernächsten Besoldungsgruppe in den Fällen des erhöhten Unfallruhegehalts nach § 37 I BeamtVG, wenn sich ein Beamter bei Ausübung einer Diensthandlung einer damit verbundenen besonderen Lebensgefahr ausgesetzt und infolge dieser Gefährdung einen Dienstunfall erlitten hat, wurde bereits hingewiesen (→ Rn. 543). 582

Bei früheren Beamten tritt an die Stelle des Unfallruhegehalts ein Unterhaltsbeitrag nach § 38 BeamtVG. Entsprechende Erhöhungen gelten auch für das Witwen- und Waisengeld in den Fällen der Unfall-Hinterbliebenenversorgung nach § 39 BeamtVG. 583

4. Übergangsgeld und Ausgleichsleistungen

Weitere Versorgungsleistungen umfassen das Übergangsgeld für nicht auf eigenen Antrag entlassene Beamte nach § 47 BeamtVG und für politische Beamte gemäß § 47a BeamtVG sowie die Ausgleichsleistungen nach § 48 BeamtVG bei besonderen Altersgrenzen, etwa bei Beamten der Polizei und Feuerwehr, zur Kompensation der finanziellen Nachteile im Vergleich der Versorgung der Ruhestandsbeamten zur Besoldung aktiver Beamter. 584

Übersicht 22-2: Arten der Versorgung 585

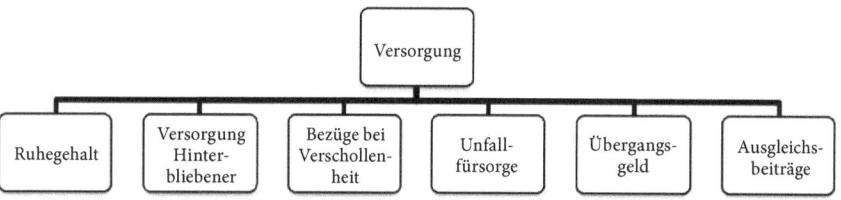

V. Geltendmachung der Versorgung

586 Der Anspruch auf Versorgung entsteht gemäß § 4 II BeamtVG mit dem Beginn des Ruhestandes. Von Amts wegen wird durch Bescheid gemäß § 49 I BeamtVG der Ruhegehaltsatz festgesetzt und auf der Grundlage der gegenwärtig einem aktiven Beamten gewährten Dienstbezüge jeweils der dem Ruhestandsbeamten auszuzahlende Betrag berechnet. Ein gesonderter Antrag des Beamten ist nur in Ausnahmefällen erforderlich, etwa bei der vorübergehenden Erhöhung des Ruhegehaltsatzes nach § 14a IV BeamtVG oder bei der Unfallfürsorge nach §§ 30 ff. BeamtVG.

VI. Überzahlte Versorgung

587 Wurde die Versorgung überzahlt, ist der überzahlte Betrag gemäß § 52 II BeamtVG zu erstatten. Dies stellt in gleicher Weise wie § 12 II BBesG eine gesetzliche Sonderregelung des allgemeinen ungeschriebenen öffentlich-rechtlichen Erstattungsanspruchs dar, auf den daneben nicht mehr zurückgegriffen werden kann. Hinsichtlich der Details des Anspruchs kann auf die Ausführungen zu § 12 II BBesG verwiesen werden (→ Rn. 551 ff.).

VII. Vergleich mit der gesetzlichen Rentenversicherung

588 Vergleicht man die Versorgung der Beamten mit der gesetzlichen Rente von Arbeitnehmern nach SGB VI, zeigt sich ein grundlegender Systemunterschied: Die Versorgung ist Ausfluss des Alimentationsprinzips, nicht des Versicherungsprinzips. Maßgebend ist das von dem Beamten zuletzt bekleidete Amt im statusrechtlichen Sinne, nicht etwa von ihm geleistete Versicherungsbeiträge während seines gesamten Arbeitslebens. Im Gegenzug unterliegt die Beamtenversorgung auch vollständig der Einkommensteuerpflicht, während die gesetzliche Rente erst allmählich in die Steuerpflicht einbezogen wird bei gleichzeitig verbesserter Absetzbarkeit der Versicherungsbeiträge.

VIII. Wiederholungs- und Vertiefungsfragen

589 1) Welche Grundsätze liegen den versorgungsrechtlichen Regelungen des Beamtenrechts zugrunde? Zu welchen Grundsätzen besteht weitgehend Parallelität? (Rn. 560 ff.)
2) Welche Versorgungsbezüge sind zu unterscheiden? (Rn. 565)

3) Wie berechnet sich das Ruhegehalt eines Beamten den Grundzügen nach? (Rn. 566 ff.)
4) Wie werden Familienmitglieder des Beamten mitversorgt
   a) zu Lebzeiten des Beamten und
   b) nach dessen Ableben? (Rn. 578 ff.)
5) Welche Versorgungsregelungen bestehen im Falle eines Dienstunfalls? (Rn. 581 ff.)
6) Wann entsteht der Ruhegehaltsanspruch? (Rn. 586)
7) Welche Regelung gilt im Falle zu viel gezahlter Versorgungsbezüge? Was gilt nicht? Zu welcher besoldungsrechtlichen Regelung besteht Parallelität? (Rn. 587)
8) Welches sind die wesentlichen Unterschiede zwischen beamtenrechtlicher Ruhestandsversorgung und gesetzlicher Rente? (Rn. 588)
9) Studienreferendar Schöller steht kurz vor Abschluss des zweiten Staatsexamens und erwägt einen Berufseintritt entweder als angestellter Lehrer an einer Privatschule oder als verbeamteter Lehrer an einer staatlichen Schule, für beides hat er Angebote. Was muss er beim Vergleich der Bruttogehälter und der zu erwartenden Ruhestandsgehälter beachten? (Rn. 588)

Rechtsprechung zu § 22

BVerfG, Nichtannahmebeschluss vom 28. März 2007 – 2 BvR 1304/05 (Ausschluss der beamtenrechtlichen Versorgung)   590
BVerfG, Nichtannahmebeschluss vom 24. September 2007 – 2 BvR 1673/03, 2 BvR 2267/03, 2 BvR 1046/04, 2 BvR 584/07, 2 BvR 585/07, 2 BvR 586/07 (Bildung einer Versorgungsrücklage)
BVerfG, Nichtannahmebeschluss vom 16. März 2009 – 2 BvR 1003/08 (Anrechnung von Renten auf Beamtenversorgung)
BVerfG, Nichtannahmebeschluss vom 17. Dezember 2012 – 1 BvR 488/10, 1 BvR 1047/10 (Verfassungsmäßigkeit des Systemwechsels in der Zusatzversorgung)
BVerwG, Urteil vom 28. April 2011 – 2 C 55/09 (Anerkennung eines Dienstunfalls)
BVerwG, Beschluss vom 06. Mai 2014 – 2 B 90/13 (Anerkennung als ruhegehaltfähige Dienstzeit)

Literatur zu § 22

Zur Versorgung allgemein: 591
Buchheim, Christin, Die Ruhegehaltfähigkeit von Leistungsbezügen der Professoren, LKV 2015, 193–197
Hebeler, Timo, Die beamtenrechtliche Versorgungsauskunft, DÖD 2015, 301–309
Kathke, Leonhard, Wie viele Gesundheitsrisiken seiner Beamten muss der Dienstherr tragen?, RiA 2014, 197–201
Lenze, Anne, Wie sicher sind verfassungsrechtlich die Pensionen?, NVwZ 2006, 1229–1234

Veltmann, Gerhard, Versorgung von Beamtenehepaaren – doppelt privilegiert oder diskriminiert?, ZBR 2011, 297–303

Zu Dienstunfällen:
Jahnke, Jürgen, § 46 BeamtVG n. F. – Abrundung des Systems der Haftungsprivilegierung bei Arbeits- und Dienstunfall, NZV 2012, 467–47
Reich, Andreas, Dienstunfälle von Richtern und von Beamten, die nicht dem Erfordernis einer Dienstreisegenehmigung unterliegen, RiA 2013, 67–71
Reich, Andreas, Dienstunfall bei strafbarer Handlung auf dem Heimweg, LKV 2014, 193–198

§ 23 Weitere vermögenswerte Rechte

Neben der Besoldung im aktiven Dienst und der Versorgung im Ruhestand stehen den Beamten in Ausprägung der Fürsorgepflicht des Dienstherrn gemäß § 78 BBG; § 45 BeamtStG weitere vermögenswerte Rechte gegen den Dienstherrn zu. Diese sind die Fürsorge im Krankheitsfall, der Ersatz entfernungsbedingter sowie sonstiger Aufwendungen. 592

I. Fürsorge im Krankheitsfall

In Fällen von Krankheit, Pflegebedürftigkeit, Schwangerschaft und Geburt haben Beamtinnen und Beamte zusätzlich zu Besoldung bzw. Versorgung finanzielle Ersatzansprüche für die dadurch entstehenden Kosten gegen ihren Dienstherrn. Rechtsgrundlage ist für Bundesbeamte § 80 BBG i. V. m. der Bundesbeihilfeverordnung, auf die auch für Landesbeamte zumeist in den Beihilfeverordnungen der Länder verwiesen wird. 593

Beihilfeberechtigt sind die Beamten nach § 2 BBhV sowie ihre Ehegatten und Kinder gemäß § 4 BBhV, soweit diese nicht über eigene Einkünfte in nennenswerter Höhe verfügen. 594

Beihilfefähig sind gemäß § 6 I 1 BBhV grundsätzlich nur notwendige und wirtschaftlich angemessene Aufwendungen. Diese werden für Krankheitsfälle in §§ 12 bis 36 BBhV, für Pflegebedürftigkeit in §§ 37 bis 40 BBhV sowie für andere Fälle wie Schwangerschaft und Geburt in den §§ 41 bis 45 BBhV jeweils im Einzelnen näher festgelegt. Die Bundesbeihilfeverordnung wird ergänzt durch zahlreiche Anlagen, die ihre Rechtsnatur teilen, und in denen erstattungsfähige, teilweise erstattungsfähige und nicht erstattungsfähige Therapien, Medikamente und Hilfsmittel festgelegt sind. Selbst wenn danach grundsätzlich eine Erstattung nicht in Betracht kommt, kann doch im Einzelfall in Ausprägung der Fürsorgepflicht des Dienstherrn gemäß § 6 VI BBhV eine Beihilfe zur Milderung einer besonderen Härte gewährt werden. 595

Ein Beihilfeanspruch besteht gemäß § 46 BBhV immer nur in Höhe eines bestimmten Prozentsatzes der Aufwendungen des Beamten. Dies sind regelmäßig 50%, für Kinder eines Beamten 80% und für den Beamten selbst mit zwei Kin- 596 dern 70%. Die übrigen Prozentanteile sowie absolute Eigenbehalte nach § 49 BBhV hat der Beamte selbst zu tragen, in der Regel durch Abschluss einer privaten Krankenversicherung, sonst aus seinen laufenden Bezügen. Die Beihilfe wird gemäß § 51 BBhV nur auf Antrag gewährt, der innerhalb der Ausschlussfrist von einem Jahr nach Rechnungsdatum gemäß § 54 BBhV zu stellen ist.

597 Bundespolizisten gemäß § 70 II BBesG; § 8 I Nr. 1 BBhV sowie vielfach Landespolizisten, Feuerwehrbeamten und Justizvollzugsbediensteten wird an Stelle der Beihilfe Heilfürsorge gewährt. Diese umfasst den vollständigen Ersatz der Krankheitskosten, weil diese Beamtengruppen sich auf Grund ihres erhöhten Unfall- und Krankheitsrisikos nicht oder nur erschwert ergänzend zur Beihilfe privatrechtlich versichern könnten.

II. Entfernungsbedingte Aufwendungen

598 Beamte sind auch im Hinblick auf ihren Tätigkeitsort weisungsgebunden. Verändert sich dieser Ort, kann dem Beamten ein Anspruch auf Ersatz entfernungsbedingter Aufwendungen zustehen. Dabei kann es sich um Reisekosten, Umzugskosten oder Trennungsgeld handeln.

1. Reisekosten

599 Bundesbeamte erhalten gemäß § 81 BBG die notwendigen Kosten einer dienstlich veranlassten Reise vergütet. Einzelheiten sind in dem Bundesreisekostengesetz geregelt. Dem dienstreisenden Beamten steht gemäß § 3 I 1 BRKG ein Anspruch auf Ersatz der dienstlich veranlassten notwendigen Reisekosten zu. Dienstreisen sind gemäß § 2 I 1 BRKG Reisen zur Erledigung von Dienstgeschäften außerhalb der Dienststätte. Die Reisekosten umfassen nach § 1 I BRKG die Erstattung von Fahrt- und Flugkosten gemäß § 4 BRKG bzw. die Wegstreckenentschädigung bei Fahrten mit dem privaten Kraftfahrzeug nach § 5 BRKG, das Tagegeld als Ersatz des Mehraufwandes für Verpflegung gemäß § 6 BRKG, das Übernachtungsgeld nach § 7 BRKG sowie den Ersatz sonstiger notwendiger Kosten nach § 10 BRKG.

600 Das Reisekostenrecht wird von dem Grundsatz beherrscht, dass höchstens die tatsächlichen Aufwendungen ersetzt werden sollen. Dafür sieht das Gesetz umfangreiche Nachweispflichten vor, sofern nicht niedrig bemessene Pauschalsätze greifen. Zudem können bei einem mehr als zweiwöchigen Aufenthalt an demselben auswärtigen Geschäftsort Tagegeld und Übernachtungskosten in den Grenzen des § 8 BRKG gekürzt werden. Auch kann eine abgesenkte Aufwands- oder Pauschvergütung nach § 9 BRKG gewährt werden.

2. Umzugskosten

Beamte erhalten gemäß § 82 BBG auch die notwendigen Kosten für einen Umzug vergütet. Einzelheiten finden sich in dem Bundesumzugskostengesetz. Wird ein Beamter an einen anderen Ort als den bisherigen Dienstort versetzt, ist ihm gemäß § 3 BUKG die Vergütung der Umzugskosten zuzusagen. Wird er nur abgeordnet oder zugewiesen, kann ihm gemäß § 4 BUKG die Vergütung zugesagt werden. In beiden Fällen ergibt sich der Anspruch auf Vergütung nach § 2 BUKG nicht unmittelbar kraft Gesetzes, sondern erst aus der Zusage, die einen begünstigenden Verwaltungsakt darstellt. Die Umzugskostenvergütung umfasst gemäß § 5 BUKG die Beförderungsauslagen für das Umzugsunternehmen gemäß § 6 BUKG, die Reisekosten von der bisherigen zur neuen Wohnung sowie zur Wohnungssuche nach § 7 BUKG, eine Entschädigung für doppelt gezahlte Miete nach § 8 BUKG, den Ersatz von Maklerkosten nach § 9 BUKG sowie eine pauschale Vergütung sonstiger Umzugsauslagen nach § 10 BUKG. Im Übrigen wird auch das Recht der Umzugskosten von dem Grundsatz beherrscht, dass nur tatsächlich entstandene Aufwendungen ersetzt werden. Der Beamte soll finanziell so gestellt werden, wie er stände, wenn es nicht zu einer Ortsveränderung gekommen wäre.

601

3. Trennungsgeld

Werden Beamte an einen anderen Ort als ihren Wohnort oder bisherigen Dienstort abgeordnet, versetzt oder zugewiesen und ziehen sie nicht um, erhalten sie gemäß § 83 BBG die notwendigen Kosten ersetzt, die durch die häusliche Trennung oder in besonderen Fällen entstehen. Dadurch sollen die Kosten getrennter Haushaltsführung, das Beibehalten der Wohnung am bisherigen Wohnort oder das Unterstellen eines Teils der Wohnungseinrichtung gedeckt werden. Ergänzende Regelungen finden sich in der Trennungsgeldverordnung.

602

III. Ersatz sonstiger Aufwendungen

Der Ersatz sonstiger Aufwendungen des Beamten neben der Beihilfe und den entfernungsbedingten Aufwendungen kommt grundsätzlich nur in Betracht, sofern dies gesondert gesetzlich vorgesehen ist. Ausnahmsweise kann sich aber auch direkt aus der Fürsorgepflicht des Dienstherrn ein Anspruch des Beamten auf Aufwendungsersatz ergeben. Voraussetzung dafür ist, dass die Aufwendung erforderlich war und der Dienstherr zu der Maßnahme seine vorherige Zustimmung erteilt hat. In Notfällen besonderer Eilbedürftigkeit kann der Beamte auch ohne vorherige Zustimmung die Aufwendung tätigen.

603

IV. Ersatz von Eigenschäden des Beamten

604 Im Unterschied zu den Aufwendungen als freiwillige Vermögenseinbußen handelt es sich bei Schäden um unfreiwillige Vermögensminderungen. Diese sind erst recht ersatzfähig, wenn schon eine Aufwendung ersatzfähig gewesen wäre. Hat ein Beamter in Ausübung des Dienstes einen eigenen Sachschaden erlitten, kann sich direkt aus der Fürsorgepflicht des Dienstherrn nach § 78 BBG; § 45 BeamtStG ein Anspruch des Beamten auf Ersatz ergeben, selbst wenn die Regelungen über die Beihilfe bei Dienstunfällen nicht eingreifen sollten.

V. Vergleich mit dem Arbeits- und Sozialrecht

605 Was die Fürsorge im Krankheitsfall anbelangt, bestehen für gesetzlich pflichtversicherte Arbeitnehmer grundlegend andere Regelungen. Arbeitnehmer und Arbeitgeber zahlen jeweils zur Hälfte den Beitrag für die gesetzliche Krankenversicherung in Abhängigkeit von der Höhe des Beschäftigungsentgelts des Arbeitnehmers, nicht aber nach dessen persönlichem Krankheitsrisiko.[1]

606 Größere Parallelen bestehen hinsichtlich der entfernungsbedingten Aufwendungen. Soweit es an vertraglichen Sonderregelungen fehlt, steht einem Arbeitnehmer immerhin entsprechend § 670 BGB ein Anspruch auf Ersatz der erforderlichen Reisekosten zu. Die Erstattung von Umzugskosten sowie die Zahlung von Trennungsgeld sind hingegen im Arbeitsrecht nicht gesetzlich vorgesehen und müssen im Einzelfall vereinbart werden. Hintergrund dürfte sein, dass der Leistungsort eines Arbeitnehmers in der Regel vertraglich festgelegt wurde und nur durch eine einvernehmliche Vertragsänderung oder eine Änderungskündigung durch den Arbeitgeber verändert werden kann, während Beamte deutlich leichter versetzt, abgeordnet oder zugewiesen werden können.

VI. Wiederholungs- und Vertiefungsfragen

607 1) Wie ist die Versorgung des Beamten im Krankheitsfall geregelt? (Rn. 593)
2) Gilt dies auch für Familienangehörige? (Rn. 594)
3) Wodurch erklärt sich, dass die meisten Beamten zusätzlich privat krankenversichert sind? Für welche Beamten ist dies in aller Regel nicht erforderlich? (Rn. 596 f.)
4) Inwiefern werden dem Beamten entfernungsbedingte Aufwendungen erstattet? (Rn. 598 ff.)

---

[1] Siehe § 3 SGB V.

5) Kann sich ein Aufwendungsersatzanspruch direkt aus der Fürsorgepflicht des Dienstherrn für seinen Beamten ergeben? (Rn. 603)
6) Unter welchen Voraussetzungen werden dem Beamten Eigenschäden ersetzt? (Rn. 604)
7) Welche Unterschiede bestehen zwischen der Versorgung des Beamten im Krankheitsfall und der eines gesetzlich krankenversicherten Arbeitnehmers? (Rn. 605)
8) Welche Unterschiede zwischen beiden Gruppen von Beschäftigten bestehen beim Ersatz entfernungsbedingter Aufwendungen? (Rn. 606)

Rechtsprechung zu § 23

BVerfG, Stattgebender Kammerbeschluss vom 23. Mai 2005 – 2 BvR 583/05 (Abordnung bei Beamten) **608**
BVerwG, Urteil vom 04. August 1977 – VI A 2.73 –, BVerwGE 54, 248–257 (Voraussetzungen für Trennungsgeld)
BVerwG, Urteil vom 22. September 1993 – 2 C 32/91 –, BVerwGE 94, 163–168 (Schutzpflicht des Dienstherrn)
BVerwG, Urteil vom 03. Juli 2003 – 2 C 36/02 –, BVerwGE 118, 277–288 (Eigenbeteiligung im Beihilferecht)
BVerwG, Urteil vom 12. September 2013 – 5 C 33/12 –, BVerwGE 148, 1–12 (Verfassungswidrigkeit der Heilfürsorgevorschriften der Bundespolizei)
OVG NRW, Urteil vom 14. Dezember 1993 – 6 A 1653/92 (Zerstörung eigener Sache)

Literatur zu § 23

Hommel, Thilo, Systemwechsel im Reisekostenrecht – Neufassung des BRKG zum 1. September 2005, ZfPR 2006, 23–26 **609**
Lümmen, Ditmar, Gesundheitsreform und Entwicklung des Beihilfesystems des Bundes, RiA 2008, 164–173 u. 209–218
Ramm, Arnim, Kostenerstattung für Reisen in Personalratsangelegenheiten, ZfPR 2010, 10–16

§ 24 Amtsangemessene Beschäftigung

610 Jeder Beamte hat Anspruch auf amtsangemessene Beschäftigung, also ein Recht zu arbeiten. Dieser Anspruch ist nicht ausdrücklich gesetzlich geregelt, er zählt aber zu den hergebrachten Grundsätzen des Berufsbeamtentums und wird von den Vorschriften über die Untersagung des Führens der Dienstgeschäfte, § 66 BBG; § 39 BeamtStG, vorausgesetzt.

I. Tatbestandliche Voraussetzungen

611 Tatbestandliche Voraussetzung des Anspruchs auf amtsangemessene Beschäftigung ist, dass der anspruchstellende Beamte Inhaber eines Amtes im statusrechtlichen Sinne ist.

II. Rechtsfolgen des Anspruchs auf amtsangemessene Beschäftigung

612 Als Rechtsfolge hat der Beamte einen Anspruch darauf, seinem Amt im statusrechtlichen Sinne entsprechend beschäftigt zu werden. Sein Amt im konkret-funktionalen Sinne, also sein Dienstposten, ist mit dem Amt im statusrechtlichen Sinne in Einklang zu bringen. Dabei steht dem Beamten kein Anspruch auf einen ganz bestimmten Dienstposten zu, sondern lediglich auf einen Dienstposten dieser Art und Güte, der von seiner Wertigkeit her dem Amt im statusrechtlichen Sinne korrespondiert. Der Dienstherr hat jeden Dienstposten zu bewerten, wobei ihm in Ausübung seines Organisationsermessens ein gewisser Spielraum zukommt. Der Anspruch auf amtsangemessene Beschäftigung erschöpft sich indes nicht darin, dass dem Beamten ein entsprechender Dienstposten zugewiesen wird, sondern es muss auf diesem Dienstposten auch tatsächlich Arbeit zu erledigen sein. Der Beamte darf also nicht „kalt gestellt" werden.

613 Der Anspruch auf amtsangemessene Beschäftigung richtet sich zunächst gegen eine unterwertige Beschäftigung des Beamten. Eine höherwertige Tätigkeit

muss ein Beamter hingegen grundsätzlich ausüben. Notfalls hat er an von seinem Dienstherrn anzubietenden Qualifizierungsmaßnahmen zur Fortentwicklung seiner Kenntnisse und Fähigkeiten gemäß § 61 II BBG und den entsprechenden landesrechtlichen Vorschriften teilzunehmen. Eine äußerste Grenze gegen Überforderung des Beamten zieht auch hier die Fürsorgepflicht des Dienstherrn. Umfasst ein Dienstposten sowohl höherwertigere als auch geringwertigere Tätigkeiten, wird damit in der Regel dem Anspruch auf amtsangemessene Beschäftigung genügt.

III. Grenzen des Anspruchs auf amtsangemessene Beschäftigung

Der Anspruch auf amtsangemessene Beschäftigung stößt an individuelle sowie generelle Grenzen. Im Einzelfall wird der Anspruch eingeschränkt durch das Verbot der Führung der Dienstgeschäfte aus zwingenden dienstlichen Gründen gemäß § 66 BBG; § 39 BeamtStG, welches hauptsächlich der Vorbereitung der Durchführung eines Disziplinarverfahrens dient. Während eines laufenden Disziplinarverfahrens kann ein Beamter gemäß § 38 I BDG vorläufig des Dienstes enthoben werden, wenn als Ergebnis des Verfahrens voraussichtlich auf Entfernung aus dem Beamtenverhältnis oder auf Aberkennung des Ruhegehalts erkannt werden wird oder wenn sein Verbleiben im Dienst den Dienstbetrieb wesentlich beeinträchtigen würde. **614**

Zudem kann einem Beamten zur Vermeidung der Versetzung in den Ruhestand wegen Dienstunfähigkeit gemäß § 44 III BBG; § 26 III BeamtStG unter Beibehaltung seines Amtes im statusrechtlichen Sinne auch eine geringerwertige Tätigkeit übertragen werden, wenn eine anderweitige Verwendung nicht möglich und die Wahrnehmung der neuen Aufgabe unter Berücksichtigung der bisherigen Tätigkeit zumutbar ist. Regelmäßig dürfte danach zumindest die Ausübung eines solchen Dienstpostens zumutbar sein, der an sich einem um eine Besoldungsstufe niedrigeren Amt im statusrechtlichen Sinne zugeordnet ist. Bei Naturkatastrophen oder anderen Notstandslagen ist es einem Beamten zumutbar, vorübergehend auch unterwertig eingesetzt zu werden. **615**

IV. Einfluss der Verwaltungsmodernisierung

Der Anspruch auf amtsangemessene Beschäftigung sichert den bereits ernannten Beamten eine ihrem Amt angemessene Tätigkeit. Deshalb gerät er leicht in Konflikt mit Maßnahmen der Verwaltungsmodernisierung im weiteren Sinne, seien es solche der Flexibilisierung oder der Privatisierung. **616**

617 Als Maßnahme des erleichterten Personaleinsatzes sowie des Personalabbaus über verschiedene Behörden hinweg sind gelegentlich so genannte „Stellenpools" geschaffen worden. Aus Behörden mit einem Überhang an Beschäftigten wurden einzelne Beamte zu dem Stellenpool abgeordnet oder versetzt, um nach einer gewissen Zeit aus diesem Stellenpool zu einer anderen Behörde mit einem Bedarf an Beschäftigten weiterversetzt zu werden. Ein solcher Stellenpool mag zwar als Maßnahme der Personalbewirtschaftung zweckmäßig sein, verfassungsgemäß ist er nur, wenn der Beamte auch während seiner Zuordnung zu dem Pool einen Dienstposten erhält, der seinem Amt im statusrechtlichen Sinne entspricht.

618 In den Fällen der Privatisierung gehen zahlreiche Aufgaben aus dem öffentlichen in den privaten Bereich über, so dass die damit bislang betrauten Beamten an sich ihren Dienstposten verlieren und ihr Dienstherr für sie anderweitige Einsatzmöglichkeiten schaffen muss, was dem auch erstrebten Ziel des Personalabbaus in der öffentlichen Verwaltung zuwiderläuft. Für die besonders bedeutsamen Fälle der Privatisierung der Bundesbahn und der Bundespost wurde daher in Art. 143a I 3; Art. 143b III 1 GG jeweils vorgesehen, dass Bahn- und Postbeamte unter Wahrung ihrer Rechtsstellung und der Verantwortung des Dienstherrn den privatrechtlich organisierten Nachfolgeunternehmen zugewiesen werden können. In der Praxis sind die Nachfolgeunternehmen ihrer Aufgabe, für eine entsprechende amtsangemessene Beschäftigung der ihnen zugewiesenen Beamten zu sorgen, vielfach nicht hinreichend nachgekommen.[1]

V. Vergleich mit dem Anspruch auf Beschäftigung im Arbeitsrecht

619 Nach dem Vorbild des beamtenrechtlichen Anspruchs auf amtsangemessene Beschäftigung ist mittlerweile auch im privaten Arbeitsrecht ein Anspruch des Arbeitnehmers auf Beschäftigung während des Arbeitsverhältnisses zusätzlich zu seinem Vergütungsanspruch anerkannt worden.[2] Dieser Anspruch lässt sich verfassungsrechtlich aus der Berufsfreiheit des Art. 12 GG, zumindest aber aus dem Allgemeinen Persönlichkeitsrecht gemäß Art. 2 I i. V. m. Art. 1 I GG herleiten und wird einfachgesetzlich den §§ 611; 613 BGB i. V. m. §§ 241 II; 242 BGB entnommen. Dadurch wird einem Arbeitnehmer ermöglicht, seine beruflichen Fähigkeiten zu erhalten und weiterzuentwickeln. Im Unterschied zu dem beamtenrechtlichen Anspruch, der strikt nach den Dienstposten für verschiedene Be-

---

[1] Ein Beispiel für ein Verfahren gegen die amtsunangemessene Beschäftigung bei den Nachfolgeunternehmen der Bundespost findet sich in OVG Rheinland-Pfalz, Beschluss vom 14. September 2006 – 10 B 10611/06, NVwZ 2007, 110–112.

[2] Siehe *Dütz/Thüsing*, Arbeitsrecht, 20. Auflage, 2015, Rn. 185; *Zöllner/Loritz/Hergenröder*, Arbeitsrecht, 7. Auflage, 2015, § 19, Rn. 18.

soldungsgruppen differenziert, dürften sich allerdings dem arbeitsrechtlichen Anspruch nicht vergleichbar feine Unterscheidungen entnehmen lassen.

VI. Wiederholungs- und Vertiefungsfragen

1) Polizeirätin Müller wird wegen Personalmangels dauerhaft als Funkstreife bei der Autobahnpolizei eingesetzt (unter Beibehaltung ihrer Amtsbezeichnung, Laufbahn, Laufbahngruppe und Besoldungsgruppe). Kann sie sich dagegen zur Wehr setzen? (Rn. 614 f.)   **620**
2) Welche Herausforderungen ergeben sich durch die Verwaltungsmodernisierung im Hinblick auf den Anspruch auf amtsangemessene Beschäftigung? (Rn. 616 ff.)
3) Besteht ein vergleichbarer Anspruch auch im privatrechtlichen Arbeitsverhältnis? (Rn. 619)

Rechtsprechung zu § 24

BVerfG, Beschluss vom 19. September 2007 – 2 BvF 3/02 –, BVerfGE 119, 247–292 (Verfassungswidrigkeit unfreiwilliger Teilzeitbeschäftigung)   **621**
BVerwG, Urteil vom 03. März 2005 – 2 C 11/04 –, BVerwGE 123, 107–114 (Amtsangemessenheit einer Tätigkeit)
BVerwG, Urteil vom 22. Juni 2006 – 2 C 1/06 (Anspruch auf amtsangemessene Beschäftigung)
BVerwG, Urteil vom 18. September 2008 – 2 C 126/07 –, BVerwGE 132, 40–47 (Verstoß durch Verpflichtung zur Bewerbung)
BVerwG, Urteil vom 24. Februar 2011 – 2 C 50/09 (Verfassungswidrige Teilzeitbeschäftigung)

Literatur zu § 24

Badura, Peter, Die Verantwortung des Bundes für die amtsangemessene Beschäftigung der im Bereich der Deutschen Telekom AG tätigen Beamten, DÖV 2010, 533–542   **622**
Nokiel, Werner, „Vorübergehende" unterwertige Beschäftigung von Beamtinnen und Beamten gemäß § 6 PostPersRG, DÖD 2006, 213–216
Schweiger, Maximilian, Der Anspruch des Beamten auf amtsangemessene Beschäftigung, ZBR 2011, 245–249

§ 25 Amtsbezeichnung

623 Zu den weiteren nicht-vermögenswerten Rechten der Beamten gehört das Recht auf eine angemessene Amtsbezeichnung. Diesem Recht kommt eine wichtige Funktion auch für die Bürger zu, die bei Kontakt mit einer Behörde wissen müssen, mit wem sie es zu tun haben. Im Folgenden wird zunächst der Begriff der Amtsbezeichnung geklärt, bevor der Anspruch auf eine Amtsbezeichnung und das Recht aus einer Amtsbezeichnung unterschieden werden.

I. Begriff der Amtsbezeichnung

624 Die Amtsbezeichnung stellt eine Benennung des Amtes im statusrechtlichen Sinne dar, z. B. Polizeihauptkommissar (A 12), und prägt zusammen mit der Laufbahngruppe und der Besoldungsgruppe dieses Amt. Sie ist kein akademischer Titel, wie z. B. Doktor, selbst wenn Beamte im höheren Dienst regelmäßig einen Universitätsabschluss nachweisen können. Die Amtsbezeichnung ist zu unterscheiden von der Funktionsbezeichnung, die das Amt im konkret-funktionalen Sinne kennzeichnet, z. B. Leiter der Ermittlungsgruppe gegen Einbruchskriminalität. Da Beamte auf Widerruf kein Amt im statusrechtlichen Sinne innehaben, führen sie auch keine Amts-, sondern eine Dienstbezeichnung.

II. Anspruch auf die Amtsbezeichnung

625 Aus den hergebrachten Grundsätzen des Berufsbeamtentums nach Art. 33 V GG ergibt sich ein gegen den Dienstherrn gerichteter Anspruch der Beamten auf eine angemessene Amtsbezeichnung. Der Bundesgesetzgeber hat diesen Anspruch in § 86 BBG anerkannt und festgelegt, dass der Bundespräsident oder eine von ihm bestimmte Stelle die Amtsbezeichnung festsetzt, soweit gesetzlich nichts anderes bestimmt ist. Landesrechtlich sind entsprechende Regelungen getroffen worden, wobei zumeist die Landesregierung als die verantwortliche Stelle benannt wurde. Die festzusetzende Amtsbezeichnung muss wirklichkeitsgetreu sein, der Bedeutung und Verantwortung des Amtes entsprechen sowie die Stellung des Amtes in der Hierarchie der Ämter ausweisen.

III. Anspruch aus der Amtsbezeichnung

Beamte haben das Recht, die ihnen verliehene Amtsbezeichnung nicht nur innerhalb des Dienstes, sondern auch außerhalb desselben zu führen. Wird dies bestritten, können sie analog § 12 BGB dagegen vorgehen. Allerdings kommt ihnen kein Anspruch darauf zu, auch von Dritten mit der Amtsbezeichnung angesprochen zu werden. Beamte im Ruhestand dürfen die Amtsbezeichnung mit dem Zusatz a.D. (= außer Dienst) führen.

626

IV. Vergleich mit dem Arbeitsrecht

Da im privaten Arbeitsrecht keine Ämter im statusrechtlichen Sinne verliehen werden, kann es auch keine Amtsbezeichnungen geben. Funktionsbezeichnungen (z. B. „Abteilungsleiter") sind auch hier üblich, sie werden aber in der Regel nicht wie eine Amtsbezeichnung geführt. Dabei neigt die Praxis dazu, besonders wohlklingende, tendenziell übertriebene Bezeichnungen meist englischen Ursprungs zu vergeben.

627

V. Wiederholungs- und Vertiefungsfragen

1) Oberregierungsrat Hallhuber wird von seinem Dienstherrn untersagt, außerhalb des Dienstes als Oberregierungsrat zu „firmieren". Was kann er tun? (Rn. 626)
2) Hans Kleinert arbeitet als Sachbearbeiter in der Personalabteilung eines privaten Unternehmens. Entgegen dem Willen seines Arbeitgebers lässt er sich Visitenkarten mit der „Amtsbezeichnung" „Senior Manager Human Resources" drucken und möchte diese verwenden. Hat er Anspruch darauf? (Rn. 627)

628

Rechtsprechung zu § 25

BVerfG, Beschluss vom 08. März 1972 – 2 BvR 28/71 –, BVerfGE 32, 373–387 (Amtsbezeichnung der Richter)
BVerfG, Beschluss vom 27. Juni 1974 – 2 BvR 429/72, 2 BvR 641/72, 2 BvR 700/72, 2 BvR 813/72, 2 BvR 9/73, 2 BvR 24/73, 2 BvR 25/73, 2 BvR 47/73, 2 BvR 215/73, 2 BvR 370/73, 2 BvR 388/73, 2 BvR 390/73, 2 BvR 682/73, 2 BvR 693/73 –, BVerfGE 38, 1–22 (Amtsbezeichnung der Richter)

629

BVerfG, Urteil vom 29. Juni 1983 – 2 BvR 720/79, 2 BvR 725/79, 2 BvR 742/79, 2 BvR 1579/79, 2 BvR 1582/79, 2 BvR 826/80, 2 BvR 1168/80 –, BVerfGE 64, 323–366 (Amtsbezeichnung der Professoren)

Literatur zu § 25

Kern, Bernd-Rüdiger, Zum Weiterführen der Amtsbezeichnung „Professor" nach der Entlassung aus dem Beamtenverhältnis, MedR 1998, 242–244

Summer, Rudolf, Die Amtsbezeichnung – hergebrachter Grundsatz des Berufsbeamtentums und statusbestimmendes Regelungselement, PersV 1993, 342–348

Wagner, Fritjof, Die angemessene Amtsbezeichnung, RiA 1984, 78–80

§ 26 Nebentätigkeiten

Obwohl ein Beamter sein Hauptamt mit vollem Einsatz auszuüben hat (→ Rn. 308), steht ihm doch das Recht zu, in den gesetzlichen Grenzen Nebentätigkeiten auszuüben. Dies zeigt, dass der Gesetzgeber auch bei Beamten grundsätzlich nur von einer durchschnittlichen wöchentlichen Arbeitszeit in der Größenordnung von fünf Arbeitstagen ausgeht.[1] Die Rechtsgrundlage für Nebentätigkeiten findet sich für Bundesbeamte in §§ 97 ff. BBG sowie in der Bundesnebentätigkeitsverordnung, für Landesbeamte in § 40 BeamtStG und den entsprechenden landesrechtlichen Regelungen. Im Folgenden wird zunächst der Begriff der Nebentätigkeit geklärt, bevor das Recht des Beamten auf Nebentätigkeit und seine etwaige Pflicht zur Nebentätigkeit behandelt werden. Schließlich werden die Rechtsfolgen einer ausgeübten Nebentätigkeit dargestellt.

631

I. Begriffliche Klärungen

Nebentätigkeiten werden neben dem Hauptamt eines Beamten ausgeübt. Das Hauptamt ist das dem Beamten übertragene Amt im statusrechtlichen Sinne, das sich durch Amtsbezeichnung, Laufbahn, Laufbahngruppe und Besoldungsgruppe auszeichnet. Nebentätigkeit ist gemäß § 97 I BBG der Oberbegriff für das Nebenamt und die Nebenbeschäftigung. Ein Nebenamt ist gemäß § 97 II BBG der nicht zu einem Hauptamt gehörende Kreis von Aufgaben, der auf Grund eines öffentlich-rechtlichen Dienst- oder Amtsverhältnisses wahrgenommen wird. Dafür bedarf es in der Regel einer weiteren Ernennung, wie ursprünglich für das Hauptamt auch. Eine Nebenbeschäftigung hingegen ist gemäß § 97 III BBG jede sonstige, nicht zu einem Hauptamt gehörende Tätigkeit innerhalb oder außerhalb des öffentlichen Dienstes; der Begriff der Nebenbeschäftigung erfüllt also eine Auffangfunktion. An Stelle einer Nebentätigkeit kann einem Beamten ausnahmsweise auch ein zweites Hauptamt als Beamter oder Richter verliehen werden, wie dies z. B. bei Hochschullehrern geschieht, die zu Richtern im Nebenamt ernannt werden.

632

---

[1] Vgl. § 87 BBG, wonach die wöchentliche Arbeitszeit 44 Stunden nicht überschreiten darf.

II. Recht auf Nebentätigkeit

633 Es besteht kein ausdrücklicher gesetzlicher Anspruch des Beamten auf Ausübung einer Nebentätigkeit. Vielmehr scheint die Pflicht des Beamten, sich gemäß § 61 I 1 BBG mit vollem persönlichen Einsatz seinem Beruf zu widmen, einem Anspruch auf Ausübung einer Nebentätigkeit entgegenzustehen. Auch das BVerfG[2] hat in älteren Entscheidungen die Gestattung von Nebentätigkeiten nicht zu den hergebrachten Grundsätzen des Berufsbeamtentums gerechnet.

634 Indes legt die auch im Beamtenverhältnis fortbestehende Stellung des Beamten als Grundrechtsträger nahe, dass dieser zumindest dann Nebentätigkeiten ausüben darf, wenn dadurch sein Hauptamt oder andere dienstliche Belange nicht beeinträchtigt werden. Dies ist bei der Auslegung der gesetzlichen und verordnungsrechtlichen Regelungen zu beachten.

635 Diese unterscheiden in absteigender Reihenfolge zwischen vier Stufen von Nebentätigkeiten: Zunächst gibt es Nebentätigkeiten, die weder von dem Beamten dem Dienstherrn anzuzeigen sind noch einer Genehmigung des Dienstherrn bedürfen. Dazu zählen insbesondere die Verwaltung eigenen Vermögens des Beamten nach § 100 I Nr. 1 BBG sowie seine Tätigkeit in Gewerkschaften oder Berufsverbänden zur Wahrung von Berufsinteressen nach § 100 I Nr. 4 BBG. Anzeige-, aber nicht genehmigungspflichtig sind schriftstellerische, wissenschaftliche, künstlerische oder Vortragstätigkeiten nach § 100 I Nr. 2, II BBG sowie Gutachtertätigkeit von Hochschullehrern nach § 100 I Nr. 3, II BBG und die Tätigkeit in Selbsthilfeeinrichtungen nach § 100 I Nr. 4, II BBG. Verletzt der Beamte bei Ausübung der Nebentätigkeit dienstliche Pflichten, ist die Nebentätigkeit gemäß § 100 IV BBG zu untersagen.

636 Genehmigungspflichtig sind gemäß § 99 I BBG alle übrigen entgeltlichen Nebentätigkeiten sowie besonders herausragende unentgeltlichen Nebentätigkeiten. Dabei ist § 5 BNV zu beachten, wonach in Bagatellfällen die erforderliche Genehmigung allgemein als erteilt gilt. Verboten sind schließlich gemäß § 99 II BBG Nebentätigkeiten, die den Beamten übermäßig belasten, einen Widerstreit mit dienstlichen Interessen befürchten lassen, die künftige Verwendung des Beamten erheblich einschränken oder dem Ansehen der öffentlichen Verwaltung abträglich sein können. Eine erforderliche Genehmigung ist gemäß § 99 IV 1 BBG auf fünf Jahre zu befristen und kann gemäß § 99 IV 2 BBG mit Auflagen und Bedingungen versehen werden. Ergibt sich eine Beeinträchtigung dienstlicher Interessen nach Erteilung der Genehmigung, ist diese gemäß § 99 IV 3 BBG zu widerrufen. Übt der Beamte trotz Widerrufs der Genehmigung die Nebentätigkeit wei-

---

[2] BVerfG, Beschluss vom 30. März 1977 – 2 BvR 1039/75, 2 BvR 1045/75 –, BVerfGE 44, 249 (262); BVerfG, Beschluss vom 25. November 1980 – 2 BvL 7/76, 2 BvL 8/76, 2 BvL 9/76 –, BVerfGE 55, 207 (244).

terhin aus, dürfte eine Untersagung in Ermangelung einer ausdrücklichen gesetzlichen Regelung auf eine entsprechende Anwendung des § 100 IV BBG zu stützen sein. Jedenfalls begeht der Beamte dadurch auch eine Dienstpflichtverletzung.

Für jede Nebentätigkeit, egal ob anzeige- oder genehmigungspflichtig, ist eine weitere Genehmigung gemäß § 101 II BBG erforderlich, soweit der Beamte Einrichtungen, Personal oder Material des Dienstherrn in Anspruch nimmt. **637**

Die Nebentätigkeit kann zum einen unabhängig von dem Hauptamt beendet werden, etwa wenn die Frist nach § 99 IV 1 BBG abgelaufen ist und nicht verlängert wurde. Zum anderen enden die akzessorisch im Zusammenhang mit dem Hauptamt ausgeübten Nebentätigkeiten gemäß § 103 BBG, wenn auch das Beamtenverhältnis im Hauptamt endet. **638**

III. Pflicht zur Nebentätigkeit

Es besteht nicht nur ein Recht des Beamten auf Nebentätigkeit, sondern er ist gemäß § 98 BBG auf Verlangen des Dienstherrn auch verpflichtet, ein Nebenamt oder eine andere Nebenbeschäftigung im öffentlichen Dienst auszuüben, sofern diese Tätigkeit seiner Vorbildung oder Berufsausbildung entspricht und ihn nicht übermäßig in Anspruch nimmt. Dies zeigt die janusköpfige Gestalt der Nebentätigkeit, die dem Beamten nicht nur zusätzliche Entfaltungs- oder Verdienstmöglichkeiten eröffnet, sondern ihn auch entsprechend belasten kann. **639**

IV. Rechtsfolgen der Nebentätigkeit

Als Folge der Nebentätigkeit ergeben sich Ansprüche sowohl des Beamten als auch seines Dienstherrn: Der Beamte hat gegen den Dienstherrn, für den er ein Nebenamt ausübt, bzw. gegen den Arbeitgeber, für den er eine Nebenbeschäftigung wahrnimmt, einen Anspruch auf Besoldung bzw. Entgelt zusätzlich zu der Besoldung aus seinem Hauptamt. Grenzen dieser Vergütung ergeben sich aus § 6 BNV. Wird der Beamte aus einer dienstlich veranlassten Nebentätigkeit in Anspruch genommen, steht ihm gemäß § 102 BBG ein Regressanspruch gegen seinen Dienstherrn zu. **640**

Der Dienstherr hat einen Anspruch gegen den Beamten auf Ablieferung der Vergütung für Nebentätigkeiten, soweit diese bestimmte nach Besoldungsgruppen festgelegte Wertgrenzen überschreitet. Zudem hat der Beamte bei Inanspruchnahme von Einrichtungen, Personal oder Material des Dienstherrn gemäß §§ 10 f. BNV ein angemessenes Entgelt zu entrichten, dessen Höhe nach § 10 II BNV einerseits die Kosten decken, andererseits den Vorteil des Beamten aus- **641** gleichen soll. Übt der Beamte ohne die erforderliche Genehmigung oder trotz Untersagung eine Nebentätigkeit aus, begeht er ein Dienstvergehen, woraus sich die entsprechenden disziplinarischen Rechtsfolgen ergeben.

V. Vergleich mit der Nebenbeschäftigung im Arbeitsrecht

642 Arbeitsrechtlich sind Nebenbeschäftigungen viel eher als im Beamtenrecht zulässig. Denn der Arbeitnehmer schuldet seinem Arbeitgeber in seinem Hauptarbeitsverhältnis lediglich den Einsatz seiner Arbeitskraft während der vertraglich festgelegten Zeit und kann im Übrigen im Rahmen des Arbeitszeitgesetzes darüber frei verfügen. Grenzen ergeben sich aus etwaigen Wettbewerbsverboten wie § 60 HGB sowie aus einer möglichen Beeinträchtigung der Arbeitsleistung im Hauptarbeitsverhältnis.[3] Weitergehende vertragliche Nebenbeschäftigungsverbote können die im Wege der mittelbaren Drittwirkung auch im Arbeitsverhältnis geltende Berufsfreiheit des Arbeitnehmers übermäßig beeinträchtigen.[4]

VI. Wiederholungs- und Vertiefungsfragen

643 1) Wann spricht man von einer Nebentätigkeit, wann von einem Nebenamt, wann von einer Nebenbeschäftigung? (Rn. 632)
2) Besteht ein Recht des Beamten auf Nebentätigkeit? (Rn. 633)
3) Welche Nebentätigkeiten sind genehmigungs- oder anzeigepflichtig, welche genehmigungsfrei? (Rn. 635 f.)
4) Kann auch eine Pflicht zur Nebentätigkeit bestehen? (Rn. 639)
5) Was sind die Rechte und Pflichten des Beamten und des Dienstherrn im Falle genehmigter bzw. nicht untersagter Nebentätigkeit? (Rn. 640 f.)
6) Welche Folgen kann die Ausübung einer nicht genehmigten oder untersagten Nebentätigkeit für den Beamten haben? (Rn. 641)
7) Hat ein Arbeitnehmer in einem privatrechtlichen Beschäftigungsverhältnis mehr Freiheiten hinsichtlich etwaiger Nebentätigkeiten? (Rn. 642)

Rechtsprechung zu § 26

644 BVerfG, Nichtannahmebeschluss vom 28. September 2007 – 2 BvR 1121/06, 2 BvR 1186/06, 2 BvR 1187/06, 2 BvR 1188/06, 2 BvR 1195/06, 2 BvR 1196/06, 2 BvR 1197/06, 2 BvR 1198/06 (Widerruf der Nebentätigkeitsgenehmigung)
BVerfG, Nichtannahmebeschluss vom 16. Januar 2007 – 2 BvR 1188/05 (Ablieferungspflicht für Einkünfte aus Nebentätigkeit)

---

[3] Vgl. *Dütz / Thüsing*, Arbeitsrecht, 20. Auflage, 2015, Rn. 135.
[4] Vgl. *Zöllner / Loritz /Hergenröder*, 7. Auflage, 2015, § 9, Rn. 35.

BVerfG, Nichtannahmebeschluss vom 11. Juni 2008 – 2 BvR 2062/07
BVerwG, Urteil vom 31. März 2011 – 2 C 12/09 (Nebentätigkeit im Beirat eines privaten Unternehmens)
BVerwG, Beschluss vom 17. Juli 2013 – 2 B 27/12 (Disziplinarmaßnahmen bei ungenehmigter Nebentätigkeit)
BVerwG, Urteil vom 26. Juni 2014 – 2 C 23/13 –, BVerwGE 150, 153–162 (Beeinträchtigung dienstlicher Interessen bei Nebentätigkeit)

Literatur zu § 26

Gärditz, Klaus Ferdinand, Wissenschaftliche Nebentätigkeiten im Beamtenrecht – Zugleich eine kritische Bestandsaufnahme der Entwicklung des Nebentätigkeitsrechts im Lichte der Rechtsprechung, ZBR 2009, 145–155 **645**

Günther, Hellmuth, Hergebrachte Grundsätze des Berufsbeamtentums zum Nebentätigkeitsrecht?, ZBR 2012, 187–195

Günther, Hellmuth, Zur Herkunft der aktuellen Nebentätigkeitsnormen im öffentlichen Dienstrecht, DÖD 2012, 157–162

Günther, Hellmuth, Zum Nebentätigkeitsverbotsgrund der überschrittenen Vergütungsgrenze, RiA 2012, 140–147

Kämmerling, Guido, Hauptamt und Nebentätigkeit – Abgrenzungsprobleme bei kommunaler Gremientätigkeit, ZBR 2012, 12–17

Kämmerling, Guido, Sonderurlaub und Nebentätigkeit im Spannungsfeld zwischen Berufsfreiheit und Dienstrecht, ZBR 2009, 191–196

Schnelle, Eva Marie / Hopkins, Richard, Ausgewählte Probleme des Nebentätigkeitsrechts, NVwZ 2010, 1333–1338

Wagner, Erwin, Die Vortragstätigkeit im Beamtenrecht, DÖD 2007, 106–107

§ 27 Urlaub

646 Die Beurlaubung stellt eine Ausnahme von der Pflicht des Beamten zur Dienstleistung dar. Insofern bezeichnet der „Urlaubsanspruch" streng genommen den Anspruch auf Freistellung von einer Pflicht. Nach dem Urlaubszweck sind der reguläre Erholungsurlaub, der Sonderurlaub und die Beurlaubung ohne Besoldung zu unterscheiden. Wird der Urlaub nicht genommen, kommt eine Abgeltung in Betracht.

I. Erholungsurlaub

647 Der Erholungsurlaub ist für Bundesbeamte in § 89 BBG i. V. m. der Erholungsurlaubsverordnung geregelt. Danach besteht grds. ein Anspruch auf Erholungsurlaub unter Fortgewährung der Besoldung in Höhe von 30 Arbeitstagen gemäß § 5 EUrlV im Kalenderjahr als Urlaubsjahr nach § 1 EUrlV. Die Arbeitswoche umfasst grundsätzlich fünf Arbeitstage. Leistet der Beamte regelmäßig an sechs Tagen pro Woche Dienst oder ist er teilzeitbeschäftigt, ist der Urlaubsanspruch entsprechend umzurechnen. Für jeden Monat des Dienstverhältnisses in dem Kalenderjahr steht dem Beamten ein Anspruch in Höhe eines Zwölftels des Jahresurlaubs zu. Ein Anspruch auf zusätzlichen Erholungsurlaub besteht für Beamte mit Dienst zu wechselnden Zeiten oder mit Nachtdienst gemäß § 12 EUrlV, für Beamte der Feuerwehr und andere Beamte in besonderen Verwendungen nach § 14 EUrlV sowie für Beamte in Auslandsverwendung gemäß § 16 EUrlV i. V. m. der Heimaturlaubsverordnung. Der von dem Beamten beantragte Urlaub ist gemäß § 2 I EUrlV zu erteilen, sofern die ordnungsgemäße Erledigung der Dienstgeschäfte gewährleistet ist.

648 Wird ein Beamter während seines Urlaubs dienstunfähig krank, besteht schon wegen der Krankheit keine Dienstleistungspflicht, von der durch einen Urlaubsanspruch noch freigestellt werden könnte. Folgerichtig sieht § 9 EUrlV vor, dass Zeiten der Krankheit während des Urlaubs nicht auf den Erholungsurlaub anzurechnen sind.

Ausnahmsweise kann der Urlaub des Beamten gemäß § 8 I EUrlV widerrufen werden, wenn bei dessen Abwesenheit die ordnungsmäßige Erledigung der Dienstgeschäfte nicht mehr gewährleistet werden kann. Auf Antrag des Beamten kann aus wichtigen Gründen nach § 8 II EUrlV auch der bereits genehmigte oder angetretene Urlaub verlegt werden, wenn dies mit dienstlichen Erfordernissen vereinbar ist und die Arbeitskraft des Beamten dadurch nicht gefährdet wird. 649

Grundsätzlich soll der Urlaub im laufenden Kalenderjahr gemäß § 7 I EUrlV genommen werden. Ist dies nicht möglich, z. B. wegen einer Erkrankung oder bei Widerruf, kann der Urlaub ins nächste Jahr übertragen werden. Soweit europarechtliche Vorgaben nicht entgegenstehen, verfällt der nicht genommene Urlaub nach zwölf bzw. 15 Monaten nach Ende des Urlaubsjahres gemäß § 7 II, III EUrlV. 650

II. Sonderurlaub

Zusätzlich zu dem regulären Erholungsurlaub besteht die Möglichkeit des Sonderurlaubs für die in der Sonderurlaubsverordnung genannten staatsbürgerlichen, gewerkschaftlichen, kirchlichen, sportlichen, sozialen oder Fortbildungszwecke nach §§ 5 bis 20 SUrlV. Außerdem kommt Sonderurlaub aus besonderen persönlichen Gründen nach §§ 21 f. SUrlV in Betracht. Dabei ist jeweils danach zu unterscheiden, ob eine gebundene („muss", „ist zu"), eine intendierte („soll") oder eine Ermessensentscheidung („kann") des Dienstherrn vorliegt, sowie ob der Urlaub mit oder ohne Fortzahlung der Bezüge gewährt wird. 651

III. Beurlaubung ohne Besoldung

Eine längerfristige Beurlaubung ohne Besoldung kann auf Antrag des Beamten in zwei Konstellationen erfolgen, und zwar zum einen gemäß § 95 I BBG in Bereichen, in denen ein außergewöhnlicher Bewerberüberhang besteht, und zum anderen gemäß § 95 II BBG in Sektoren, in denen Stellen abgebaut werden sollen. In beiden Fällen dominieren arbeitsmarkt- bzw. fiskalpolitische Belange, nicht aber die Interessen des beantragenden Beamten. Auch diese Beurlaubung darf nur bei entsprechender Beschränkung der Möglichkeiten für Nebentätigkeiten gemäß § 95 III 1 bis 3 BBG erfolgen. Eine Rückkehr aus dem Urlaub kann gemäß § 95 III 4 BBG zugelassen werden, wenn dem Beamten die Fortsetzung des Urlaubs nicht zugemutet werden kann und dienstliche Belange nicht entgegenstehen. 652

IV. Abgeltung des Urlaubsanspruchs

653 Scheidet ein Beamter aus dem aktiven Dienst aus, etwa wegen Eintritts in den Ruhestand, und kann er krankheitsbedingt seinen Urlaub nicht mehr nehmen, stellt sich die Frage nach einer finanziellen Abgeltung des Urlaubsanspruchs. Für Bundesbeamte besteht mittlerweile eine Abgeltungsregelung in § 10 EUrlV. Sofern es für Landesbeamte noch an einer entsprechenden Regelung fehlt, wendet der EuGH[1] die Arbeitszeitgestaltungsrichtlinie[2] unmittelbar an und billigt auch diesen Beamten einen Anspruch auf finanzielle Abgeltung des nicht genommenen Jahresurlaubs zu.

V. Vergleich mit dem Arbeitsrecht

654 Der beamtenrechtliche Erholungsurlaub von sechs Wochen nach § 5 I EUrlV übertrifft deutlich die vier Wochen Mindesturlaub nach § 3 BUrlG, allerdings werden durch Tarifvertrag vielfach umfangreichere Urlaubsansprüche der Arbeitnehmer festgelegt. Die finanzielle Urlaubsabgeltung hat sich durch die Rechtsprechung des EuGH mittlerweile den Regelungen für Arbeitnehmer angenähert.

VI. Wiederholungs- und Vertiefungsfragen

655 1) Wo und wie (Grundzüge) ist der Erholungsurlaub der Bundesbeamten geregelt? (Rn. 647 ff.)
2) Die Deutsche Bahn AG erwägt, zahlreiche Beamte aus dem Winterurlaub zurückzuholen, da andernfalls angesichts eines plötzlichen Temperatursturzes und erhöhten Wartungsbedarfs der Züge der Bahnbetrieb massiv gefährdet ist. Ist dies nach BBG i. V. m. EUrlV grundsätzlich möglich? Könnte sie auch ihre privaten Arbeitnehmer zurückholen? (Rn. 649)
3) Unter welchen Voraussetzungen kann bzw. muss Sonderurlaub, unter welchen eine Beurlaubung ohne Besoldung gewährt werden? (Rn. 651 ff.)
4) Wie ist zu verfahren, wenn ein Beamter aus dem Dienst ausscheidet und krankheitsbedingt seinen Urlaub nicht mehr nehmen kann? (Rn. 653)

---

[1] EuGH, Urteil vom 03. Mai 2012 – C-337/10, NVwZ 2012, 688–690.
[2] Art. 7 II Richtlinie 2003/88/EG des Europäischen Parlaments und des Rates vom 4. November 2003 über bestimmte Aspekte der Arbeitszeitgestaltung.

5) Welche Unterschiede bestehen zwischen Beamten und Arbeitnehmern in privatrechtlichen Beschäftigungsverhältnissen hinsichtlich der Urlaubsregelungen? (Rn. 654)

Rechtsprechung zu § 27

BVerfG, Nichtannahmebeschluss vom 15. Mai 2014 – 2 BvR 324/14 (Abgeltung von über den unionsrechtlichen Mindesturlaub hinausgehenden Urlaub) **656**
BVerwG, Urteil vom 31. Januar 2013 – 2 C 10/12 (Urlaubsabgeltungsanspruch)
BVerwG, Urteil vom 19. November 2015 – 2 C 3/15 (Urlaubsabgeltungsanspruch)

Literatur zu § 27

Zur Abgeltung des Urlaubsanspruchs: **657**
Hartmann, Nicole, Urlaubsabgeltungsansprüche von Beamten im Lichte des europäischen Rechts, DÖD 2011, 228–231
Maaß, Jürgen, Finanzielle Abgeltung eines Urlaubsanspruchs der Beamten, RiA 2012, 238–246
Müller, Jürgen, Anspruch auf Urlaubsabgeltung auch für langzeiterkrankte Beamte bei Eintritt in den Ruhestand, DÖD 2010, 177–183
Zeißig, Rolf / von Keitz, Kostja, Anspruch auf Abgeltung nicht genommenen Erholungsurlaubs für in den Ruhestand versetzte Beamte, ZBR 2011, 119–123

§ 28 Beurteilung und Personalakten

658 Beamte werden regelmäßig dienstlich beurteilt und haben Anspruch auf Erteilung eines Zeugnisses, wobei Beurteilungen und Zeugnisse jeweils in die Personalakte aufgenommen werden.

I. Dienstliche Beurteilung

659 Eine dienstliche Beurteilung ist die Einschätzung der Eignung, Befähigung und fachlichen Leistung eines Beamten. Sie ist ein Mittel der Personalbewirtschaftung und grundgesetzlich geboten, weil das Leistungsprinzip des Art. 33 II GG nicht nur für die erstmalige Berufung in ein Beamtenverhältnis, sondern auch für jeden weiteren Aufstieg bereits ernannter Beamter innerhalb einer und zwischen den Laufbahnen gilt. Daher sind Beamte jedenfalls bei einer Bewerbung um ein Beförderungsamt (→ Rn. 209 ff.), beim Wechsel des Dienstpostens oder bei vergleichbaren dienstlichen oder persönlichen Anlässen zu beurteilen[1], im Übrigen zumindest regelmäßig alle drei Jahre[2].

660 Die Rechtsgrundlagen dienstlicher Beurteilungen der Bundesbeamten liegen in § 21 BBG sowie in den §§ 48 ff. BLV. Weitere Einzelheiten des Beurteilungsverfahrens regeln gemäß § 50 I 2 BLV die obersten Dienstbehörden, i.d.R. also die Ministerien gemäß § 3 I BBG, in ihren entsprechenden Beurteilungsrichtlinien als Verwaltungsvorschriften. Es besteht eine Pflicht des jeweiligen Dienstvorgesetzten, § 3 II BBG, zur Beurteilung, der ein Recht des einzelnen Beamten auf Beurteilung entspricht.[3]

661 In formeller Hinsicht sind an einer Beurteilung gemäß § 50 I 1 BLV mindestens zwei Beurteiler zu beteiligen. Die Beurteilung ist gemäß § 50 III BLV in vollem Wortlaut dem Beamten zu eröffnen und mit ihm zu besprechen. Ihm ist nach § 50 IV BLV ein Notenspiegel mitzuteilen, um ihm die Einordnung der eigenen Leistung in das Gesamtspektrum der Leistungen zu ermöglichen. Die Beurtei-

---
[1] So genannte „Anlassbeurteilung" gemäß § 48 I Alt. 2 BLV.
[2] So bezeichnete „Regelbeurteilung" gemäß § 21 S. 1 BBG; § 48 I Alt. 1 BLV.
[3] Vgl. § 48 BLV.

lung ist, ebenso wie eine etwaige Gegenäußerung des Beamten, zu den Personalakten zu nehmen.

Inhaltlich sind in einer dienstlichen Beurteilung die fachliche Leistung des Beamten nachvollziehbar darzustellen sowie Eignung und Befähigung einzuschätzen, § 49 I BLV. Bei der Beurteilung der fachlichen Leistung sind gemäß § 49 II BLV insbesondere die Arbeitsergebnisse, die praktische Arbeitsweise und das Arbeitsverhalten, bei Beamten, die bereits Vorgesetzte sind, auch das Führungsverhalten zu beurteilen. Die Eignung und Befähigung sind jeweils nach ihrem Ausprägungsgrad einzuschätzen. Die Beurteilung schließt mit einem Gesamturteil („Note") und einem Vorschlag für die weitere dienstliche Verwendung, § 49 III 1 BLV, und kann auch Aussagen über die Eignung für die nächsthöhere Laufbahn enthalten. **662**

Bei der dienstlichen Beurteilung einer Vielzahl von Beamten ist gemäß § 50 I 1 BLV ein einheitlicher Maßstab unter Berücksichtigung der Anforderungen des Amtes zu Grunde zu legen. Um eine Inflation besonders guter Noten zu vermeiden, soll gemäß § 50 II 1 BLV der Anteil der Beamten einer Besoldungsgruppe, die die Höchstnote erhalten, 10% nicht überschreiten. Die zweithöchste Note soll an maximal weitere 20% der Beamten vergeben werden, wobei im Interesse der Einzelfallgerechtigkeit sogar noch eine Überschreitung um jeweils 5 Prozentpunkte möglich ist. **663**

Eine solche dienstliche Beurteilung soll nach der Rechtsprechung des BVerwG[4] keinen Verwaltungsakt darstellen, weil ihr der Regelungscharakter fehle, vielmehr soll es sich um die Darstellung eines Sachverhalts handeln. Auch wenn diese Rechtsprechung angesichts der doch im Hinblick auf mögliche Beförderungen erheblichen Folgen einer Beurteilung nicht überzeugt, schränkt sie den Rechtsschutz der Betroffenen gleichwohl nicht übermäßig ein, weil nach § 126 II BBG auch gegen sonstige Maßnahmen zunächst ein Widerspruchsverfahren durchzuführen ist und anschließend vor dem Verwaltungsgericht Klage erhoben werden kann. **664**

Bei der Kontrolle einer dienstlichen Beurteilung kann das Verwaltungsgericht nur überprüfen, ob der Sachverhalt vollständig erfasst wurde, die Verfahrensvorschriften eingehalten und allgemein anerkannte Bewertungsmaßstäbe angewandt wurden und keine sachfremden Erwägungen die Entscheidung beeinflusst haben. Stellt das Verwaltungsgericht einen Verstoß fest, kann es die Beurteilung nur aufheben, nicht aber durch eine eigene Beurteilung des klagenden Beamten ersetzen. **665**

---

[4] BVerwG, Urteil vom 09. November 1967 – II C 107.64 –, BVerwGE 28, 191 (192); BVerwG, Urteil vom 13. November 1975 – II C 16.72 –, BVerwGE 49, 351 (353).

II. Zeugnis

666 Gemäß § 85 BBG ist einem Beamten auf Antrag ein Zeugnis zu erteilen, wenn er daran ein berechtigtes Interesse hat oder das Dienstverhältnis beendet wird. Dabei ist zu unterscheiden zwischen dem einfachen Zeugnis, das nur die Art und Dauer der von dem Beamten wahrgenommenen Ämter ausweist, und dem qualifizierten Zeugnis, das darüber hinaus auch Auskunft gibt über die ausgeübte Tätigkeit und die erbrachten Leistungen. Auch ein solches Zeugnis wird in die Personalakte aufgenommen. Die praktische Bedeutung des Anspruchs auf Zeugniserteilung ist vergleichsweise gering, weil ein Beamter ein viel größeres Interesse an für sein Fortkommen günstigen Beurteilungen hat und ein Dienstverhältnis nur selten beendet wird.

III. Personalakten

667 Es zählt zu den allgemeinen Grundsätzen des Berufsbeamtentums nach Art. 33 V GG, dass über die Beamten Personalakten geführt werden. Seit der Anerkennung des Rechts auf informationelle Selbstbestimmung als Ausprägung des Allgemeinen Persönlichkeitsrechts nach Art. 2 I; 1 I GG sowie der Grundrechtsträgerschaft auch der Beamten (→ Rn. 108 ff.) wird das Recht der Personalakten zunehmend auch grundrechtlich überwölbt. Dies erklärt die vergleichsweise hohe Regelungsdichte in den §§ 106 ff. BBG sowie in den in Ausfüllung des § 50 BeamtStG ergangenen landesrechtlichen Regelungen. Das Personalaktenrecht wird von mehreren inhaltlichen Grundsätzen beherrscht, die zudem verfahrensmäßig gesichert werden.

1. Grundsätze des Personalaktenrechts

668 Der zentrale Grundsatz des Personalaktenrechts ist das Gebot der Zweckbindung der Personalakte. Die Personalakte darf keine umfassende Datensammlung über den Beamten darstellen, sondern gemäß § 106 III 1 BBG nur für Zwecke der Personalwirtschaft und Personalverwaltung verwendet werden. Dies betrifft sowohl die Aufnahme von Unterlagen in die Personalakte als auch deren Aufbewahrung und Entfernung wie die Einsichtnahme in die Personalakte. Besondere Schutzvorschriften gelten bei automatisierter Verarbeitung der Personaldaten gemäß § 114 BBG.

669 Dabei muss die Personalakte vertraulich sein. Andere Beschäftigte als der betroffene Beamte sowie Dritte dürfen über den Inhalt der Personalakte nur so viel Kenntnis erlangen, wie dies für Aufgaben der Personalverwaltung und Personalwirtschaft unbedingt nötig ist. Dabei dürfen in engen Grenzen zur Erfüllung ihrer Aufgaben auch Gleichstellungs- und Datenschutzbeauftragte in die Akte Einsicht nehmen.

Der Grundsatz der Einheit der Personalakte nach § 106 I 1 BBG besagt, dass für jeden Beamten genau eine Personalakte geführt wird. Diese enthält gemäß § 106 I 4 BBG alle Unterlagen, die mit dem Beamten und seinem Dienstverhältnis in einem unmittelbaren Zusammenhang stehen. Die Personalakte kann in eine Grundakte und Teilakten gegliedert werden, wobei Beihilfeakten wegen der darin enthaltenen medizinischen Informationen über den Beamten gemäß § 108 BBG zwingend als Teilakte zu führen sind, damit nur die damit unmittelbar befassten Beschäftigten darin Einblick erhalten können. Kein Bestandteil der Personalakte sind hingegen gemäß § 106 I 6 BBG Prüfungs-, Sicherheits- und Kindergeldakten. **670**

Die Personalakte muss des Weiteren vollständig sein, d. h. alle Unterlagen in Beziehung auf den Beamten und sein Dienstverhältnis, aber auch nur diese, enthalten. Dieser Grundsatz wird begrenzt durch den Entfernungsanspruch des Beamten nach § 112 BBG. **671**

Die Personalakte muss so klar sein, dass ein sachkundiger Leser sich in überschaubarer Zeit einen Überblick verschaffen können muss. Zu diesem Zweck muss die Grundakte gemäß § 106 II 4 BBG auch ein vollständiges Verzeichnis aller Teil- und Nebenakten enthalten. **672**

Aus dem Grundsatz der Wahrheit der Personalakte ergibt sich, dass die Akte nur zutreffende Aussagen enthalten darf und dem Beamten ein Anspruch auf Beseitigung unzutreffender Unterlagen zusteht.[5] **673**

Schließlich muss die Personalakte beständig sein. Sie muss über das Lebensende des Beamten hinaus und ggf. bis zum Ende der Versorgung seiner Angehörigen zur Verfügung stehen, wobei sich aus § 113 BBG angemessen lange Aufbewahrungsfristen ergeben. **674**

2. Verfahrensmäßige Sicherungen

Diese Grundsätze des Personalaktenrechts werden verfahrensmäßig gesichert: Dem Beamten und seinem Bevollmächtigten steht nach § 110 BBG jederzeit ein Anspruch auf Einsicht in die Personalakte zu. Er ist nach § 109 BBG vor der Aufnahme von ihm nachteiliger Unterlagen in die Personalakte anzuhören, wobei in den Grenzen des § 112 BBG solche Unterlagen wieder aus der Akte zu entfernen sind. Schließlich werden die Vorlage der Akte und die Auskunftserteilung an Dritte durch § 111 BBG eng beschränkt. **675**

---

[5] *Leppek*, Beamtenrecht, 12. Auflage, 2015, Rn. 234.

IV. Vergleich mit dem Arbeitsrecht

676 Zwar werden auch im privaten Arbeitsrecht Arbeitnehmer beurteilt, doch dürfte in den meisten Unternehmen eine so flächendeckende und regelmäßige Beurteilung wie diejenige der Beamten im öffentlichen Dienst nicht gebräuchlich sein. Eine umso größere Rolle spielt die Erteilung eines einfachen oder qualifizierten Zeugnisses nach § 630 BGB; § 109 GewO, weil Arbeitnehmer wesentlich häufiger ein Arbeitsverhältnis beenden als dass ein Beamter aus seinem Dienstverhältnis ausscheidet. Soweit Personalakten geführt werden, sind die Bestimmungen des Datenschutzes zu beachten, v. a. die spezielle Regelung über die Datenverarbeitung für Zwecke des Beschäftigungsverhältnisses in § 32 BDSG sowie die allgemeine Regelung in § 28 BDSG über die Datenerhebung für eigene Geschäftszwecke, auf die daneben nur noch ausnahmsweise zurückgegriffen werden kann.[6] Ein Arbeitnehmer hat einen Anspruch auf Gegendarstellung nach § 83 II BetrVG und kann im Anwendungsbereich des Bundesdatenschutzgesetzes nach § 35 BDSG, im Übrigen nach § 1004 BGB i. V. m. Art. 2 I; 1 I GG Sperrung, Berichtigung und Löschung ihm nachteiliger Eintragungen in die Personalakte verlangen.

V. Wiederholungs- und Vertiefungsfragen

677 1) Wann spricht man von Anlass-, wann von Regelbeurteilung? (Rn. 659)
2) Welchen formellen und inhaltlichen Anforderungen muss eine Beurteilung gerecht werden? (Rn. 659)
3) Stellt eine Beurteilung einen anfechtbaren Verwaltungsakt dar? Welche Rechtsbehelfe sind gegeben? Ist eine uneingeschränkte gerichtliche Überprüfung der Beurteilung möglich? (Rn. 664)
4) Was besagt das Gebot der Zweckbindung der Personalakte? (Rn. 668 ff.)
5) Welche weiteren Grundsätze des Personalaktenrechts bestehen? (Rn. 670 ff.)
6) Welche verfahrensmäßigen Sicherungen bestehen zugunsten des Beamten? (Rn. 675)
7) Sind auch im Bereich privatrechtlicher Arbeitsverhältnisse Bestimmungen zur Personalaktenführung zu beachten und welche Rolle spielt dort das Arbeitszeugnis im Vergleich zum Dienstzeugnis im Beamtenrecht? (Rn. 676)

Rechtsprechung zu § 28

678 BVerwG, Urteil vom 27. Februar 1959 – VI C 235/57 –, BVerwGE 8, 192–197 (Erteilung und Zurücknahme eines Zeugnisses)

---

[6] Vgl. *Dütz / Thüsing*, Arbeitsrecht, 20. Auflage, 2015, Rn. 307.

BVerwG, Urteil vom 26. Januar 1961 – II C 45.59 –, BVerwGE 12, 29–34 (Anspruch auf Zeugniserteilung)
BVerwG, Urteil vom 31. Januar 1980 – 2 C 5/78 –, BVerwGE 59, 355–361 (Voraussetzungen für die Entfernung von Vorgängen aus der Personalakte)
BVerwG, Beschluss vom 29. Januar 2013 – 1 WB 60/11 (Vergleich dienstlicher Beurteilungen bei Auswahlentscheidung)
BayVerfGH, Entscheidung vom 04. Juli 2005 – Vf. 85-VI-02 (Verhältnis von Regel- und Anlassbeurteilung)

Literatur zu § 28

Zu Beurteilungen: 679
Günther, Hellmuth, Dienstliche Beurteilung und Assessment-Center – Relation der Instrumente zur Bestenauslese im Kontext von Beförderungen, RiA 2013, 57–66
Günther, Hellmuth, Dienstliche Beurteilungen und weitere Instrumente der Beförderungsvorauswahl, RiA 2014, 101–108
Leppin, Angelika, Schadensersatz wegen Nichtbeförderung und Inzidentkontrolle dienstlicher Beurteilungen vor dem Hintergrund aktueller Rechtsprechung, NVwZ 2007, 1241–1246
Mühlhausen, Peter / Reus, Andreas, Die Verwirkung des Anspruchs auf Erteilung eines Dienstzeugnisses, ZBR 2012, 117–121
Nokiel, Werner, Dienstliche Beurteilungen von Beamtinnen und Beamten, DÖD 2013, 284–291
Wolff, Heinrich Amadeus, Die Aktualität der dienstlichen Beurteilung, ZBR 2016, 7–14

Zu Personalakten:
Schumacher, Paul, Einsicht von Abgeordneten in Personalakten? Zu den Grenzen des Akteneinsichtsrechts nach Art. 56 III und IV der Brandenburgischen Landesverfassung, LKV 2007, 529–533

§ 29 Fürsorgepflicht des Dienstherrn

680 Die Fürsorgepflicht des Dienstherrn gegenüber dem Beamten zählt zu den hergebrachten Grundsätzen des Berufsbeamtentums nach Art. 33 V GG und ist einfachgesetzlich in § 78 BBG; § 45 BeamtStG verankert. Diese Fürsorgepflicht erfüllt verschiedene Funktionen und ist je nach ihrem Inhalt von dem Dienstherrn auf unterschiedliche Weise zu erfüllen. Verweigert der Dienstherr die Erfüllung, stehen dem Beamten ergänzende Ansprüche zu.

I. Funktionen der Fürsorgepflicht

681 Die Fürsorgepflicht des Dienstherrn ist eine Generalklausel, die sich vorrangig auf die Rechte des Beamten, aber auch auf seine Pflichten auswirkt sowie allgemein die Rechtsanwendung durch den Dienstherrn beeinflussen kann.

682 Was die Rechte des Beamten anbelangt, so bildet die Fürsorgepflicht zum einen die Grundlage für die bereits ausdrücklich gesetzlich oder durch Rechtsverordnung geregelten Rechte. Insoweit kommt der Fürsorgepflicht lediglich eine Reservefunktion zu. Würden die ausdrücklich gewährleisteten Rechte aufgehoben, ergäbe sich unmittelbar aus der Fürsorgepflicht doch eine vergleichbare Rechtslage. Zum anderen verstärkt die Fürsorgepflicht bereits anderweitig gewährleistete Rechte. Diese bestehen zwar bereits dem Grunde nach, reichen aber im Einzelfall ihrem Umfang nach nicht aus, was insbesondere bei vermögenswerten Rechten der Fall sein kann, z. B. bei der Gewährung von Beihilfe bei besonderen Belastungen des Beamten (→ Rn. 593 ff.). Schließlich kann die Fürsorgepflicht auch neue Rechte des Beamten begründen, die bislang noch nicht einmal dem Grunde nach gesetzlich geregelt sind, z. B. den Schutz vor Mobbing.

683 Die Fürsorgepflicht kann aber auch die Pflichten des Beamten ihrem Umfang oder ihrem Inhalt nach beschränken. So hat der Dienstherr den Beamten vor quantitativer oder qualitativer Überforderung zu schützen. Zudem kann sich aus der Fürsorgepflicht auch ein Anspruch des Beamten auf Wahrnehmung seiner Pflichten ergeben, was insbesondere bei dem Anspruch auf amtsangemessene Beschäftigung (→ Rn. 610 ff.) eine Rolle spielt.

Allgemein bildet die Fürsorgepflicht des Dienstherrn eine Leitlinie bei der Rechtsanwendung, sei es bei der Interpretation unbestimmter Rechtsbegriffe, sei es bei der Ermessensausübung. Es ist jeweils in den Grenzen des rechtlich Möglichen und unter Berücksichtigung gleich- oder höherrangiger anderer Wertungen eine für den Beamten wohlwollende Entscheidung zu treffen.

684

II. Erfüllung der Fürsorgepflicht

Wegen ihrer Vielgestaltigkeit kann die Erfüllung der Fürsorgepflicht durch den Dienstherrn nur exemplarisch dargestellt werden: Nach der von dem Dienstherrn geschuldeten Handlungsmodalität kommen ein Tun, z. B. weitere finanzielle Leistungen an den Beamten, ein Unterlassen, z. B. keine zusätzliche Belastung des Beamten, oder ein Dulden, z. B. der Erledigung von Privatangelegenheiten in geringfügigem Umfang durch den Beamten in der Dienststelle, in Betracht. Nach dem Adressaten der in Ausübung der Fürsorgepflicht vorgenommenen Maßnahme des Dienstherrn lassen sich Handlungen gegenüber dem zu schützenden Beamten selbst, gegenüber seinen Kollegen, z. B. disziplinarisches Einschreiten bei Mobbing, oder gegenüber Dritten, z. B. Stellung von Strafanträgen, unterscheiden. Der Dienstherr hat sich schützend vor seinen Beamten zu stellen und diesen bei der Rechtsverfolgung zu unterstützen.[1]

685

III. Folgen der Nichterfüllung der Fürsorgepflicht

Kommt der Dienstherr seiner Fürsorgepflicht nicht nach, hat der Beamte gegen ihn einen verschuldensunabhängigen Anspruch auf Erfüllung der Pflicht, den er gegebenenfalls auch mit einer Leistungsklage vor dem Verwaltungsgericht einklagen kann. Ist eine Erfüllung, etwa wegen Zeitablaufs, nicht mehr möglich, steht dem Beamten ein verschuldensabhängiger Anspruch auf Schadensersatz nach § 839 BGB; Art. 34 S. 1 GG und gegebenenfalls Schmerzensgeld gemäß § 253 II BGB zu, den er vor dem Landgericht mit einer Leistungsklage zu verfolgen hat. Damit führt letztlich dieser Anspruch auf der Sekundärebene die einzelnen Aspekte der Fürsorgepflicht dann doch als monetären Ersatzanspruch zusammen.

686

---

[1] Vgl. *Leppek*, Beamtenrecht, 12. Auflage, 2015, Rn. 214 ff.; *Battis*, Beamtenrecht, in: Ehlers/Fehling/Pünder (Hrsg.), Besonderes Verwaltungsrecht, Bd. 3, 2013, § 87, Rn. 132 ff.

IV. Vergleich mit der Fürsorgepflicht des Arbeitgebers

687 Im Arbeitsverhältnis als vertraglicher Rechte- und Pflichtenbeziehung zwischen Arbeitgeber und Arbeitnehmer besteht zwar auch eine wechselseitige Pflicht beider Seiten zur jeweiligen Rücksichtnahme auf die Rechte, Rechtsgüter und Interessen des jeweils anderen Teils gemäß § 241 II BGB, den Arbeitgeber trifft aber keine so stark ausgeprägte Fürsorgepflicht für seinen Arbeitnehmer wie den Dienstherrn für seinen Beamten. Dies folgt daraus, dass das Arbeitsverhältnis, wenngleich es auch ein Dauerschuldverhältnis darstellt, letztlich nur eine vertragliche Beziehung ist, nicht aber die Beteiligten in demselben Maße wie das beamtenrechtliche Dienstverhältnis als ganze Person erfasst. Praktisch bedeutet dies, dass auch im privaten Arbeitsrecht der Arbeitgeber zwar den Arbeitnehmer vor Schaden bewahren muss, diesem aber über die vertraglich vereinbarten Leistungen und die gesetzliche Entgeltfortzahlung im Krankheitsfall gemäß § 3 I EntgFG hinaus keine Zahlungsansprüche wegen besonderer Bedürftigkeit gegen den Arbeitgeber zustehen.

V. Wiederholungs- und Vertiefungsfragen

688 1) Welche Funktionen erfüllt die Fürsorgepflicht des Dienstherrn? (Rn. 681 ff.)
2) Durch welche Handlungen und gegenüber wem kann die Fürsorgepflicht erfüllt werden? (Rn. 685)
3) Wie kann die Fürsorgepflicht gerichtlich durchgesetzt werden? (Rn. 686)
4) Besteht eine vergleichbare Fürsorgepflicht im privaten Arbeitsrecht? (Rn. 687)

Rechtsprechung zu § 29

689 BVerfG, Beschluss vom 15. Dezember 1976 – 2 BvR 841/73 –, BVerfGE 43, 154–197 (Inhalt der Fürsorgepflicht)
BVerfG, Stattgebender Kammerbeschluss vom 23. Mai 2005 – 2 BvR 583/05 (Fürsorgepflicht bei Abordnung)
BVerwG, Urteil vom 24. Januar 2013 – 5 C 12/12 –, BVerwGE 145, 315–325 (Aufwandsentschädigung)
BVerwG, Beschluss vom 03. November 2014 – 2 B 24/14 (Voraussetzungen für Schadensersatz eines Beamten gegen den Dienstherren)
OVG Münster, Urteil vom 01. Februar 1988 – 1 A 2475/86 (Voraussetzungen für Gewährung von Rechtsschutz im Rahmen der Fürsorgepflicht)
OVG Münster, Urteil vom 14. November 2012 – 1 A 1579/10 (Reisekostenvergütungsanspruch aus Fürsorgepflicht)
VGH München, Beschluss vom 12. März 2014 – 6 ZB 12.470 (Schadensersatz bei Mobbing)

Literatur zu § 29

Bochmann, Günter, Mobbing und die hergebrachten Grundsätze des Berufsbeamtentums, ZBR 2003, 257–266

Günther, Hellmuth, Zum Verfassungsort der Fürsorgepflicht des Dienstherrn gegenüber Beamten, ZBR 2013, 14–20

Häde, Ulrich, Beamtenrechtliche Fürsorgepflicht und Rechtsschutzkosten, BayVBl 1999, 673–680

Ritgen, Klaus, Fürsorgepflicht und Dienstwohnung – zum Schutz der Angehörigen eines Beamten, ZBR 1996, 386–391

Schnellenbach, Helmut, Die Fürsorgepflicht des Dienstherrn in der Rechtsprechung des Bundesverfassungsgerichts, VerwArch 2001, 2–26

Schwan, Hartmut, Mobbing und Fürsorgepflicht im Beamtenverhältnis, ThürVBl 2006, 25–34

Steiner, Harald, Neue Fürsorgepflichten des Dienstherrn nach § 79 BBG – Die Dynamik der beamtenrechtlichen Fürsorge, PersV 2007, 510–520

Steiner, Harald, Behördenkonflikte und Fürsorgepflicht des Dienstherrn – Die Konfliktlösungsfunktion des § 79 BBG, RiA 2007, 255–260

Summer, Rudolf, Neue Aspekte zur Fürsorgepflicht – Einerseits Entzauberung, andererseits weitere Anwendungen, ZBR 1998, 151–154

690

Fünfter Teil:
Die Mitwirkung der Beamten an der Willensbildung der Behörde

§ 30 Mitbestimmung der Beamten

Nach der klassischen Vorstellung des Beamtentums sind die Beamten Weisungsempfänger, weshalb ihre Mitwirkung an der Willensbildung der Behörde zunächst als Fremdkörper erscheint. Gleichwohl haben sich nach dem Vorbild des kollektiven Arbeitsrechts mittlerweile auch Formen der Mitbestimmung im öffentlichen Dienst entwickelt. Im Folgenden werden zunächst die verfassungsrechtlichen Vorgaben dieser Mitbestimmung aufgezeigt, bevor die einzelnen Organe der Mitbestimmung und deren Zuständigkeiten einschließlich der Folgen unterbliebener Mitbestimmung dargestellt werden. **691**

I. Verfassungsrechtliche Vorgaben der Mitbestimmung

Die Mitbestimmung im öffentlichen Dienst zählt nicht zu den hergebrachten Grundsätzen des Berufsbeamtentums gemäß Art. 33 V GG, weil im traditionsbildenden Zeitraum keine Mitbestimmung etabliert wurde. Zwar sah Art. 130 III WRV vor, dass die Beamten nach näherer reichsgesetzlicher Bestimmung besondere Beamtenvertretungen erhalten, zu einem solchen Reichsgesetz über die Beamtenvertretungen ist es aber nie gekommen. **692**

Seit der Anerkennung der Grundrechtsträgerschaft der Beamten legt aber zumindest das Allgemeine Persönlichkeitsrecht des Art. 2 I; 1 I GG nahe, dass auch die Beamten Einfluss auf die Gestaltung der Rahmenbedingungen ihres beruflichen Wirkens erhalten sollten, da sie immerhin einen erheblichen Teil ihres Lebens in der Dienststelle verbringen und dies ihre Lebensumstände maßgeblich prägt. Aus der Koalitionsfreiheit des Art. 9 III GG jedoch lässt sich nur herleiten, dass auch Beamte Mitglied einer Gewerkschaft werden dürfen und diese Gewerkschaft sich auch im Rahmen von Personalvertretungen betätigen darf. Hingegen folgt aus Art. 9 III GG kein Anspruch auf Errichtung von Organen der Mitbestimmung der Beamten. **693**

Das Demokratieprinzip des Art. 20 I GG, das gemäß Art. 79 III GG einen noch höheren Rang als einzelne Grundrechte der Beamten einnimmt, begrenzt indes die Mitbestimmung im öffentlichen Dienst. Da jede hoheitliche Handlung gegenüber den Bürgern letztlich auf den Willen des Staatsvolkes zurückzuführen **694** sein muss, bedarf es einer ununterbrochenen Legitimationskette vom Volk über das Parlament, den Regierungschef und den fachlich zuständigen Minister und die Dienstvorgesetzten hin zu dem letztlich handelnden Amtswalter. Diese Legitimationskette würde unterbrochen, wenn die Beamten selbst durch Organe der Mitbestimmung unabhängig von der Entscheidung ihrer Vorgesetzten und des Ministers Einfluss ausüben könnten auf den Inhalt von Maßnahmen gegenüber den Bürgern. Deshalb kann aus verfassungsrechtlichen Gründen eine Mitbestimmung der Beamten nur den innerdienstlichen Bereich, nicht aber das Tätigwerden im Außenverhältnis betreffen.

II. Organe der Personalvertretung

695 Das Recht der Mitbestimmung im öffentlichen Dienst ist für die Bundesbeamten im Wesentlichen im Bundespersonalvertretungsgesetz (BPersVG) geregelt. Danach sind grundsätzlich drei verschiedene Organe der Mitbestimmung zu unterscheiden, die allerdings nicht auf allen Behördenebenen anzutreffen sind. Zudem bestehen besondere Stellen für Jugendliche und Auszubildende.

696 Auf der untersten Ebene der einzelnen Dienststelle ist die Personalversammlung gemäß §§ 48 bis 52 BPersVG als Versammlung aller Beschäftigten der Dienststelle vorgesehen. Zudem besteht der in §§ 12 bis 47 BPersVG geregelte Personalrat. Dieser wird zwar getrennt von der Gruppe der Beamten und der Gruppe der Arbeitnehmer in der Behörde gewählt, dann aber als ein einheitliches Organ gebildet, so dass der Leiter der Dienststelle nur mit einem Personalvertretungsorgan zusammenzuarbeiten hat. Zudem gibt es für die Jugendlichen und Auszubildenden in der Dienststelle eine Jugend- und Auszubildendenversammlung gemäß § 63 BPersVG sowie eine Jugend- und Auszubildendenvertretung gemäß §§ 57 bis 62 BPersVG.

697 Auf der Mittelstufe der Verwaltung werden ein von Beamten und Arbeitnehmern getrennt gewählter Bezirkspersonalrat gemäß §§ 53–54 BPersVG sowie eine Bezirksjugend- und Auszubildendenvertretung nach § 64 BPersVG gebildet. Eine gemeinsame Versammlung aller Beschäftigten der Mittelstufe ist hingegen nicht gesetzlich vorgesehen.

698 Schließlich ist auf der Ebene der obersten Dienstbehörde, also des Ministeriums, ein Hauptpersonalrat gemäß §§ 53–54 BPersVG sowie eine Hauptjugend- und Auszubildendenvertretung nach § 64 BPersVG zu bilden. Zudem ist nur hier eine Schlichtungsstelle zur Bewältigung von Konflikten zwischen dem Leiter einer Dienststelle und der Personalvertretung zu errichten, die auch für Streitigkeiten auf den nachgeordneten Ebenen zuständig ist. Diese Einigungsstelle besteht gemäß § 71 I 2 BPersVG aus drei Beisitzern, die von der obersten Dienstbehörde bestellt werden, weiteren drei Beisitzern, die von dem Hauptpersonalrat be-

stimmt werden, und einem unparteiischen Vorsitzenden, auf dessen Person sich beide Seiten einigen müssen. Kommt es zu keiner Einigung, bestellt der Präsident des Bundesverwaltungsgerichts gemäß § 71 I 4 BPersVG den Vorsitzenden. Eine gemeinsame Versammlung aller Beschäftigten eines Verwaltungszweiges ist indes auch hier nicht vorgesehen.

III. Beteiligung der Personalvertretung

Was die Beteiligung der Personalvertretung an dienstlichen Entscheidungen anbelangt, sind in aufsteigender Reihenfolge vier Stufen der Mitwirkung zu unterscheiden. 699

Am schwächsten ist die Beteiligung bei der Wahrnehmung dienstlicher Aufgaben ausgeprägt. Hier steht wegen des Demokratieprinzips der Personalvertretung überhaupt keine Mitwirkung zu. 700

In den Fällen des § 72 BPersVG, insbesondere bei der Erhebung von Disziplinarklagen gegen Beamte oder deren vorzeitiger Versetzung in den Ruhestand gemäß § 78 BPersVG sowie der Kündigung von Arbeitnehmern nach § 79 BPersVG, wirkt der Personalrat zwar mit und kann Einwendungen erheben, die endgültige Entscheidung trifft dann aber die übergeordnete Dienststelle nach § 72 IV BPersVG. 701

Bei der sogenannten modifizierten Mitbestimmung nach § 69 IV 3 BPersVG, die sich vor allem auf andere Personalangelegenheiten der Beamten sowie sonstige allgemeine Fragen des Dienstbetriebs nach § 76 BPersVG bezieht, kann der Personalrat zwar die Einigungsstelle anrufen, diese gibt aber nur eine nicht bindende Empfehlung ab, von der die oberste Dienstbehörde abweichen kann. 702

In den Angelegenheiten der qualifizierten Mitbestimmung nach § 69 I BPersVG schließlich, v. a. bei den Personalangelegenheiten der Arbeitnehmer und den allgemeinen Fragen des Dienstbetriebs gemäß § 75 BPersVG, kann der Personalrat die Einigungsstelle anrufen, die endgültig entscheidet. 703

704 Übersicht 30-1: Beteiligung der Personalvertretung

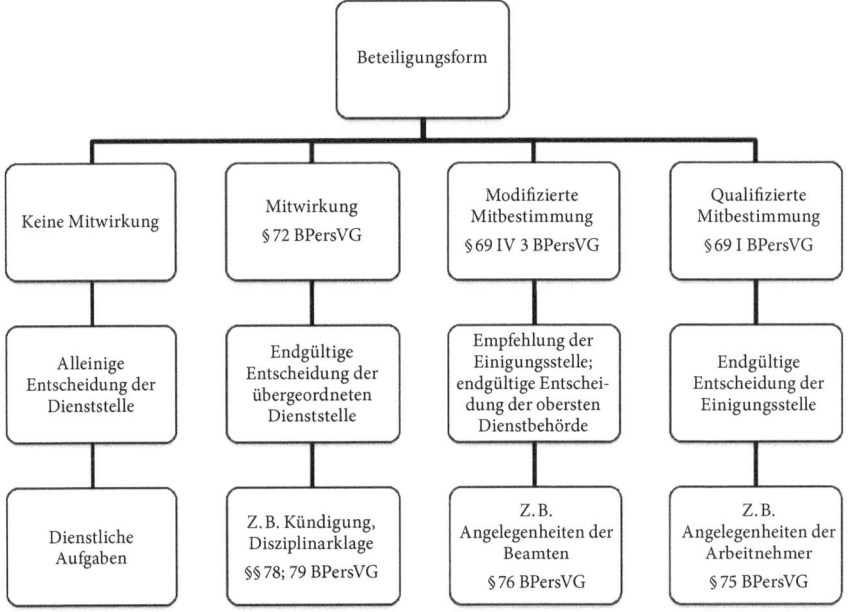

IV. Rechtsfolgen unterbliebener Beteiligung

705 Ist der Personalrat entgegen den eben geschilderten Vorschriften nicht beteiligt worden, hängen die Rechtsfolgen von der Stufe der Mitwirkung ab. Für den Fall der unterbliebenen Beteiligung des Personalrats bei Kündigungen von Arbeitnehmern sieht § 79 IV BPersVG allein aus diesem Grund die Unwirksamkeit der Kündigung vor. Im Übrigen fehlt es an ausdrücklichen gesetzlichen Regelungen der Fehlerfolgen, insbesondere greift § 45 VwVfG nicht ein, weil der Personalrat weder ein „Beteiligter" i. S. d. § 45 I Nr. 3 VwVfG noch ein „Ausschuss" gemäß § 45 I Nr. 4 VwVfG ist.[1] Die unterbliebene Mitwirkung des Personalrats kann also nicht durch Nachholung geheilt werden. Vielmehr bleibt in diesen Fällen die Maßnahme des Dienstherrn rechtswidrig, allerdings nicht zwingend nichtig.

706 Der Personalrat kann die Verletzung seiner Mitwirkungsrechte gemäß § 83 II BPersVG im Beschlussverfahren nach §§ 80–98 ArbGG vor den Verwaltungsgerichten geltend machen. Zuständig sind gemäß § 84 BPersVG besondere Fachkammern des VG bzw. Fachsenate des OVG für Personalvertretungssachen, an denen jeweils ehrenamtliche Richter aus dem entsprechenden Verwaltungszweig beteiligt sind.

---

[1] Vgl. BVerwG, Urteil vom 24. November 1983 – 2 C 9/82 –, BVerwGE 68, 189–197.

V. Vergleich mit der arbeitsrechtlichen Mitbestimmung

Im Vergleich zu der arbeitsrechtlichen Mitbestimmung des Betriebsrates nach dem BetrVG bleiben die Mitwirkungsrechte des Personalrates nach dem BPersVG dahinter zurück. Dies ist zwingende Folge des Demokratieprinzips, das eine über das vom Staatsvolk gewählte Parlament vermittelte Legitimation hoheitlicher Maßnahmen gebietet und nicht zulässt, dass die öffentliche Verwaltung sich selbst legitimiert.

707

VI. Wiederholungs- und Vertiefungsfragen

1) Welche verfassungsrechtlichen Vorgaben bestehen hinsichtlich der Mitbestimmung im öffentlichen Dienst? (Rn. 692 ff.)
2) Welche Personalvertretungsorgane bestehen auf Bundesebene? (Rn. 695 ff.)
3) Warum steht der Personalvertretung bei der Wahrnehmung dienstlicher Aufgaben kein Mitwirkungsrecht zu? (Rn. 700)
4) Welche Mitwirkungsrechte stehen der Personalvertretung zu? (Rn. 699 ff.)
5) Welche Rechtsfolgen zeitigt eine unterbliebene Beteiligung der Personalvertretung? Welcher Rechtsweg ist gegeben und welche prozessualen Vorschriften kommen zur Anwendung? (Rn. 705 ff.)
6) Wie erklärt sich, dass die Mitwirkungsrechte der Beamten hinter denen privater Arbeitnehmer zurückbleiben? (Rn. 707)

708

Rechtsprechung zu § 30

BVerfG, Beschluss vom 19. Dezember 1994 – 2 BvL 8/88 –, BVerfGE 91, 367–389 (Auswirkungen des personalvertretungsrechtlichen Gruppenprinzips)
BVerfG, Beschluss vom 24. Mai 1995 – 2 BvF 1/92 –, BVerfGE 93, 37–85 (Zulässigkeit und Grenzen von Mitbestimmung)
BVerwG, Beschluss vom 18. Januar 1990 – 6 P 8/88 (Begriff der Dienststelle)
BVerwG, Beschluss vom 16. September 1994 – 6 P 32/92 –, BVerwGE 96, 355–368 (Mitbestimmung bei Versetzung)
BVerwG, Beschluss vom 24. April 2002 – 6 P 3/01 –, BVerwGE 116, 216–226 (Initiativrecht des Personalrats)
BVerwG, Beschluss vom 18. Juni 2002 – 6 P 12/01 (eingeschränkte Mitbestimmung)
BVerwG, Beschluss vom 15. November 2006 – 6 P 1/06 –, BVerwGE 127, 142–155 (Mitbestimmung bei Versetzung)
BVerwG, Beschluss vom 24. November 2015 – 5 P 13/14 (Mitbestimmungstatbestand des § 76 I Nr. 1 BPersVG)

709

Literatur zu § 30

710 *Günther, Hellmuth*, Kann und darf der Personalrat zu Beamtenrechtsverfahren beigeladen werden, in denen auch um Mitwirkungsregeln gestritten wird?, PersV 2006, 173 – 177

Steiner, Harald, Die Funktionsfähigkeit der öffentlichen Verwaltung: Grenze und Grundlage des Personalvertretungsrechts, PersV 2015, 84–98

Steiner, Harald, Das Handlungsgebot der vertrauensvollen Zusammenarbeit zwischen den Interessenvertretungen in der Dienststelle, DÖD 2012, 265–270

Steiner, Harald, Die Pflichtenstellung des Personalrats und des Dienststellenleiters – Eine strukturrechtliche Analyse der personalvertretungsgesetzlichen Personalrats- und Dienststellenleiterpflichten, Teil 1, DÖD 2014, 289–294, Teil 2, DÖD 2015, 1–7

Widmaier, Ulrich, Aktuelle Rechtsprechung zu personalvertretungsrechtlichen Streitigkeiten, DVBl. 2015, 667–675

§ 31 Beauftragte

Neben der Mitwirkung über den Personalrat können bestimmte Beamtengruppen auch über die Wahl von Beauftragten Einfluss auf die Willensbildung der Behörde gewinnen. Insofern sind die Gleichstellungsbeauftragte sowie die Vertrauensperson für Schwerbehinderte zu betrachten.

711

I. Gleichstellungsbeauftragte

Die Rechtsgrundlage für die Wahl der Gleichstellungsbeauftragten liegt in §§ 19 ff. Bundesgleichstellungsgesetz[1]. Danach ist das Wahlrecht in zweierlei Hinsicht beschränkt: Zum einen dürfen nur die weiblichen Beschäftigten einer Dienststelle diese Beauftragte wählen, zum anderen muss zwingend eine Frau gewählt werden.[2] Diese Begrenzung sowohl des aktiven als auch des passiven Wahlrechts lässt sich aus der Herkunft der Gleichstellungsbeauftragten aus der Institution der Frauenbeauftragten erklären, überzeugt aber angesichts ihrer Aufgaben, die auch den Schutz von Männern vor geschlechtsbezogener Diskriminierung betreffen können, nicht mehr.[3]

712

Die Gleichstellungsbeauftragte gehört der Personalverwaltung an[4], ist unmittelbar der Dienststellenleitung zugeordnet[5] und in ihren fachlichen Aufgaben weisungsfrei tätig[6]. Sie darf wegen ihrer Tätigkeit weder benachteiligt noch bevorzugt werden und ist vor Kündigung, Versetzung und Abordnung wie ein Mitglied des Personalrates geschützt.[7] Sie ist von anderen Dienstgeschäften entsprechend zu entlasten[8] und hat Anspruch auf die notwendige sachliche Aus-

713

---

[1] Gesetz zur Gleichstellung von Frauen und Männern in der Bundesverwaltung und in den Unternehmen und Gerichten des Bundes (Bundesgleichstellungsgesetz – BGleiG) vom 24.04.2015, BGBl. I S. 642, 643.
[2] § 19 I 5 BGleiG.
[3] Eine andere Ansicht vertritt u. a. *Erzinger*, NVwZ 2016, 359–362.
[4] § 24 I 1 BGleiG.
[5] § 24 I 1 BGleiG.
[6] § 24 II 1 BGleiG.
[7] § 28 I, IV BGleiG.
[8] § 28 II BGleiG.

stattung zur Wahrnehmung ihrer Aufgaben[9]. Dazu zählen v. a. die Überwachung und die Förderung des Vollzugs des Bundesgleichstellungsgesetzes sowie des Allgemeinen Gleichbehandlungsgesetzes[10], aber auch die Beratung und Unterstützung in Einzelfällen[11]. Zu diesem Zweck wirkt sie bei allen personellen, organisatorischen und sozialen Maßnahmen ihrer Dienststelle mit, welche die Gleichstellung von Frauen und Männern, die Vereinbarkeit von Familie und Erwerbstätigkeit sowie den Schutz vor sexueller Belästigung am Arbeitsplatz betreffen.[12] Sie kann gegen eine Maßnahme einen Einspruch mit aufschiebender Wirkung einlegen[13] und bei letztlich fehlgeschlagener Einigung mit der Dienststellenleitung das Verwaltungsgericht anrufen[14].

II. Vertrauensperson der Schwerbehinderten

714 Die schwerbehinderten Beschäftigten einer Dienststelle wählen gemäß §§ 93 ff. SGB IX auf vier Jahre eine Vertrauensperson, die allerdings nicht selbst schwerbehindert sein muss[15]. Diese Vertrauensperson darf ebenso wie die Gleichstellungsbeauftragte wegen ihrer Tätigkeit weder benachteiligt noch begünstigt werden.[16] Beschäftigungsrechtlich ist sie ebenfalls in gleicher Weise wie ein Personalratsmitglied geschützt.[17] Auch ihr ist die erforderliche Freistellung für die Wahrnehmung ihrer Aufgaben zu gewähren.[18]

715 Sie hat die Eingliederung schwerbehinderter Menschen in die Dienststelle zu fördern, deren Interessen zu vertreten und ihnen beratend und helfend zur Seite zu stehen.[19] Sie ist vor Entscheidungen des Dienstherrn, die Schwerbehinderte betreffen, anzuhören[20] und darf an den Sitzungen des Personalrates mit beratender Stimme teilnehmen[21]. Zudem kann sie mindestens einmal jährlich eine Versammlung der schwerbehinderten Beschäftigten einberufen.[22] Von der Vertrau-

---

[9] § 29 I BGleiG.
[10] § 25 I BGleiG.
[11] § 25 II Nr. 3 BGleiG.
[12] § 25 II Nr. 2 BGleiG.
[13] § 33 BGleiG.
[14] § 34 I 1 BGleiG.
[15] § 94 III SGB IX.
[16] § 96 II SGB IX.
[17] § 96 III SGB IX.
[18] § 96 IV SGB IX.
[19] § 95 I 1 SGB IX.
[20] § 95 II SGB IX.
[21] § 95 IV SGB IX.
[22] § 95 VI SGB IX.

ensperson für Schwerbehinderte zu unterscheiden ist der vom Dienstherrn selbst zu bestellende Beauftragte für Schwerbehinderte nach § 98 SGB IX.

III. Vergleich mit den Beauftragten in der Privatwirtschaft

Hinsichtlich der Vertrauensperson der Schwerbehinderten gibt es erhebliche Parallelen zwischen dem Recht der Beamten und der Arbeitnehmer, weil die Regelungen des Sozialgesetzbuchs IX für beide Gruppen von Beschäftigten sowohl bei öffentlichen Dienstherrn bzw. Arbeitgebern als auch bei privaten Arbeitgebern gleichermaßen gelten. Im Recht der Gleichstellungsbeauftragten hingegen offenbaren sich deutliche Unterschiede zwischen dem öffentlichen Dienstrecht und dem privaten Arbeitsrecht. Zwar sind selbstverständlich auch im privaten Arbeitsrecht jede geschlechtsbezogene Diskriminierung und sexuelle Belästigungen verboten, doch sind private Arbeitgeber nicht von Gesetzes wegen verpflichtet, Gleichstellungsbeauftragte zu bestellen.

716

IV. Wiederholungs- und Vertiefungsfragen

1) Wer kann zur Gleichstellungsbeauftragten gewählt werden und was sind deren Aufgaben? (Rn. 712)
2) Wer kann zur Vertrauensperson für Schwerbehinderte gewählt werden und was sind deren Aufgaben? (Rn. 714)
3) Inwiefern unterscheiden sich diese Personen bei öffentlichen Dienstherren von denen bei privaten Arbeitgebern? (Rn. 716)

717

Rechtsprechung zu § 31

BVerwG, Beschluss vom 7. April 2011 – 2 B 79/10 (Anhörung der Schwerbehindertenvertretung)
BVerwG, Beschluss vom 30. Mai 2012 – 6 B 6/12 (Einspruch der Gleichstellungsbeauftragten)
BVerwG, Urteil vom 28. Februar 2013 – 2 C 62/11 (Beteiligungs- und Mitwirkungsrechte der Gleichstellungsbeauftragten)

718

Literatur zu § 31

Buchheim, Christin, Fiktive Nachzeichnung der beruflichen Entwicklung der Gleichstellungsbeauftragten, LKV 2015, 487–492
Erzinger, Lisa, Männer als Gleichstellungsbeauftragte im öffentlichen Dienst, NVwZ 2016, 359–362

719

Heumann, Friedrich Wilhelm, Die Arbeit der Gleichstellungsbeauftragten in den gemeinsamen Einrichtungen (Jobcenter), ZfPR 2016, 51–58

Horstkötter, Inge, Paradigmenwechsel bei der Gleichstellung, PersR 2016, Nr. 1, 23–26

Kugele, Dieter, Das neue Bundesgleichstellungsgesetz, ZfPR 2015, 80–87

Steiner, Harald, Schwerbehindertenvertretung und Gleichstellungsbeauftragte als Interessenvertreter in der Dienststelle – Die äußeren und inneren Elemente ihrer Organisationsstruktur, DÖD 2011, 145–151

Stiegler, Barbara, Männer als Gleichstellungsbeauftragte, PersR 2016, Nr. 1, 8–13

Weiß, Hans-Dietrich, Beteiligung der Gleichstellungsbeauftragten an behördlichen BDG-Disziplinarverfahren nach dem neuen Bundesgleichstellungsgesetz 2015, PersV 2016, 44–50

**Sechster Teil:
Rechtsschutz im Beamtenrecht**

§ 32 Überblick über die Rechtsschutzmöglichkeiten

Die vorstehend dargestellten Rechte der Beamten können, wie sich aus dem Grundgesetz ergibt, auch gerichtlich und außergerichtlich geltend gemacht werden. Dabei sind verschiedene Rechtsbehelfe zu unterscheiden.

I. Verfassungsrechtliche Grundlagen

Die umfassende Rechtsschutzgarantie des Art. 19 IV GG gilt ebenfalls für die Beamten, denn es dürfen auch innerhalb des öffentlichen Dienstes keine rechtsfreien Räume bestehen. Vielmehr können auch Beamte im Vorverfahren und gerichtlich gegen die sie betreffenden Maßnahmen vorgehen, seien es Verwaltungsakte wie eine Versetzung, seien es innerdienstliche Weisungen wie eine Umsetzung oder sonstige rechtserhebliche oder tatsächliche Handlungen, Duldungen oder Unterlassungen des Dienstherrn. Das Verfahren bestimmt sich dabei nach der VwGO, für deren Erlass der Bund nach Art. 74 I Nr. 1 GG zuständig ist.

Zusätzlich sind für Beamte wie für Bürger auch nichtförmliche Rechtsbehelfe gegeben, da das Petitionsrecht nach Art. 17 GG auch für sie gilt. Schließlich kann das Begnadigungsrecht gemäß Art. 60 II GG auch in beamtenrechtlichen Angelegenheiten ausgeübt werden.

Was die von einem Beamten als Amtswalter gegen Dritte zu treffenden Maßnahmen anbelangt, kann er deren Rechtmäßigkeit im Rahmen des Remonstrationsrechts nach § 63 II, III BBG; § 36 II, III BeamtStG innerdienstlich überprüfen lassen. Eine gerichtliche Kontrolle steht ihm hingegen nicht zu, weil er selbst durch die Maßnahmen gegen einen Dritten nicht in eigenen Rechten verletzt wird. Es ist dann vielmehr Sache des Dritten, sich wegen einer Verletzung seiner Rechte gerichtlich gegen die Maßnahme zu wehren.

II. Arten der Rechtsbehelfe

724 Was die Rechtsbehelfe in Beamtensachen anbelangt, sind – wie bereits angedeutet – förmliche (→ Rn. 730 ff.) und nichtförmliche (→ Rn. 764 ff.) Rechtsbehelfe des Beamten zu unterscheiden. Die Rechtsbehelfe sind vorrangig auf Erfüllung der Pflichten des Dienstherrn gerichtet, nachrangig bei deren Nichterfüllung auch auf Schadensersatz. Hinzu treten spezielle Verfahren in Personalvertretungsangelegenheiten (→ Rn. 769).

725 Eigene Rechtsbehelfe des Dienstherrn sind grundsätzlich nicht erforderlich, weil der Dienstherr gegenüber dem Beamten hoheitlich handeln und diesen damit in die Position des Klägers drängen kann. Besonderheiten bestehen aber im strafähnlichen Disziplinarverfahren, weil dort im Sinne der prozessualen Trennung der Rollen von Ankläger und Richter die schwereren disziplinarrechtlichen Sanktionen auf Antrag des Dienstherrn nur durch das Verwaltungsgericht als Disziplinargericht verhängt werden können (→ Rn. 479 ff.).

III. Vergleich mit den arbeitsgerichtlichen Rechtsbehelfen

726 Im Vergleich zu den arbeitsgerichtlichen Rechtsbehelfen zeigen sich in beamtenrechtlichen Streitigkeiten deutlich andere Schwerpunkte: Zum einen sind Rechtsbehelfe gegen Entlassungen in ihrer Bedeutung angesichts der Ernennung der Beamten auf Lebenszeit nicht mit der Kündigungsschutzklage im Arbeitsrecht vergleichbar, zum anderen ist auch die Bedeutung der kollektiven Rechtsstreitigkeiten viel geringer, weil im Beamtenrecht zwar Dienstvereinbarungen als Gegenstück zu Betriebsvereinbarungen, nicht aber Tarifverträge abgeschlossen werden können. Stattdessen dominieren Streitigkeiten um die Veränderung des Dienstverhältnisses sowie um weitere finanzielle Leistungen des Dienstherrn wie die Beihilfe (→ Rn. 593 ff.).

IV. Wiederholungs- und Vertiefungsfragen

727 1) Gelten die Art. 19 IV und 17 GG auch für Beamte? Was folgt daraus? (Rn. 721 ff.)
2) Welche Arten von Rechtsbehelfen können unterschieden werden? Worauf sind sie vorrangig gerichtet? (Rn. 724)
3) Wieso stehen dem Dienstherrn grundsätzlich keine eigenen Rechtsbehelfe zur Verfügung? (Rn. 725)
4) Inwiefern sind die Schwerpunkte beim Rechtsschutz im privaten Arbeitsrecht andere als im Beamtenrecht? (Rn. 726)

Rechtsprechung zu § 32

BVerfG, Stattgebender Kammerbeschluss vom 03. März 2014 – 1 BvR 3606/13 (Art. 19 IV GG bei Konkurrentenstreitigkeiten) **728**

BVerwG, Urteil vom 27. November 2014 – 2 C 24/13 –, BVerwGE 150, 366–382 (Weisungsbefugnis und Remonstration)

Literatur zu § 32

Baßlsperger, Maximilian, Verwaltungsakt und vorprozessualer Rechtsschutz im Beamtenrecht, ZBR 2005, 192–205 **729**

Herrmann, Klaus, Verwaltungsgerichtlicher Rechtsschutz bei Berufungsvereinbarungen, LKV 2011, 49–58

Kenntner, Markus, Rechtsstruktur und Gestaltung von Konkurrentenstreitigkeiten um die Vergabe öffentlicher Ämter, ZBR 2016, 181–199

Nokiel, Werner, Rechtsschutz im Beamtenverhältnis der Bundesbeamtinnen und Bundesbeamten, Teil 1, RiA 2008, 16–23, Teil 2, RiA 2008, 56–62

§ 33 Förmliche Rechtsbehelfe

730 Bei den förmlichen Rechtsbehelfen ist in Beamtenangelegenheiten zwischen dem außergerichtlichen Vorverfahren, dem gerichtlichen Hauptsacheverfahren und gerichtlichen Eilverfahren zu unterscheiden. Eine besondere Bedeutung kommt dem beamtenrechtlichen Konkurrentenstreit zu.

I. Vorverfahren

731 Bekanntermaßen ist vor Erhebung der Anfechtungsklage gegen einen Verwaltungsakt oder der Verpflichtungsklage auf Erlass eines Verwaltungsaktes jeweils ein Widerspruchsverfahren nach §§ 68 ff. VwGO durchzuführen. In beamtenrechtlichen Streitigkeiten werden diese Bestimmungen über das Vorverfahren ergänzt durch § 126 II BBG für Bundesbeamte sowie § 54 II BeamtStG für Landesbeamte.

732 Danach ergeben sich drei Besonderheiten: Zum einen ist vor der Erhebung jeder Klage ein Vorverfahren nach §§ 68 ff. VwGO durchzuführen. Dies bedeutet, dass ein Beamter auch gegen Weisungen oder Realakte, die mit einer Leistungs- oder Feststellungsklage anzugreifen sind, zunächst Widerspruch erheben muss. Eine ohne Durchführung eines solchen Vorverfahrens gleichwohl erhobene Leistungs- oder Feststellungsklage wäre unzulässig. Zum anderen ist in Abweichung von § 68 I 2 Nr. 1, II VwGO ein Widerspruchsverfahren auch dann durchzuführen, wenn die Maßnahme von der obersten Dienstbehörde, also einem Ministerium, getroffen wurde. Schließlich ist in Abänderung von § 73 I 2 VwGO in § 126 III 1 BBG; § 54 III 1 BeamtStG bestimmt, dass den Widerspruchsbescheid die oberste Dienstbehörde erlässt, die aber diese Kompetenz in Fällen ohne eigene Beteiligung durch allgemeine Anordnung nach § 126 III 2, 3 BBG; § 54 III 2, 3 BeamtStG wiederum auf nachgeordnete Behörden übertragen kann.

II. Hauptsacheverfahren

Auch im beamtenrechtlichen Hauptsacheverfahren ergeben sich einige kleinere Besonderheiten bei der Zulässigkeit und Begründetheit einer Klage. 733

1. Zulässigkeit

a) Rechtsweg

In Bezug auf den Rechtsweg enthalten sowohl § 126 I BBG als auch § 54 I BeamtStG aufdrängende Sonderzuweisungen und legen fest, dass für alle Klagen der Beamten, Ruhestandsbeamten, früheren Beamten und deren Hinterbliebenen aus dem Beamtenverhältnis der Verwaltungsrechtsweg eröffnet ist. Diese Rechtswegzuweisung wird auch auf Klagen auf Begründung des Beamtenverhältnisses sowie aus einem vermeintlichen Beamtenverhältnis erstreckt. Auf die allgemeine Rechtswegzuweisung nach § 40 I 1 VwGO zu den Verwaltungsgerichten ist daneben nicht mehr zurückzugreifen. Ein sachlicher Unterschied ist damit allerdings nicht verbunden. Erhebt der Beamte hingegen ein Anspruch auf Schadensersatz gegen seinen Dienstherrn gemäß § 839 BGB; Art. 34 GG darf nach Art. 34 S. 3 GG der ordentliche Rechtsweg zu den Zivilgerichten nicht ausgeschlossen werden, der gemäß § 13 GVG zu den Landgerichten nach § 71 II Nr. 2 GVG eröffnet wird. 734

b) Statthafte Rechtsschutzform

Die statthafte Rechtsschutzform bestimmt sich auch in beamtenrechtlichen Streitigkeiten nach dem Begehren des Klägers gemäß § 88 VwGO. Es hängt von der Rechtsnatur der angegriffenen oder begehrten Maßnahme des Klägers ab, welcher Klageart er sich zu bedienen hat. 735

So kommt eine Anfechtungsklage nach § 42 I Alt. 1 VwGO bspw. gegen eine Versetzung gemäß § 28 BBG; § 15 BeamtStG oder gegen eine Zuweisung nach § 29 BBG sowie gegen jeden anderen den Beamten belastenden Verwaltungsakt in Betracht. Mit einer Verpflichtungsklage gemäß § 42 I Alt. 2 VwGO kann ein dem Beamten günstiger Verwaltungsakt erstritten werden, z. B. die Anerkennung eines Dienstunfalls gemäß §§ 31; 49 I BeamtVG. Mit einer Fortsetzungsfeststellungsklage entsprechend § 113 I 4 VwGO kann die Rechtmäßigkeit bereits erledigter erlassener oder begehrter Verwaltungsakte überprüft werden, z. B. einer Abordnung nach § 27 BBG; § 14 BeamtStG nach Ablauf der Abordnungsfrist. Die von § 111 VwGO vorausgesetzte Leistungsklage kann in ihrer Ausprägung als Vornahmeklage bspw. dazu dienen, eine Umsetzung oder eine andere Dienstpostenbewertung zu erstreiten. Als Unterlassungsklage kann sie z. B. der Abwehr 736 einer Umsetzung dienen. Die Feststellungsklage kann als positive Feststellungsklage gemäß § 43 I Var. 1 VwGO u. a. zur Feststellung berücksichtigungsfähiger Zeiten als Erfahrungszeiten beim Grundgehalt gemäß § 28 BBesG dienen. Eine negative Feststellungsklage gemäß § 43 I Var. 2 VwGO kann bspw. erhoben werden, um die fehlende Genehmigungsbedürftigkeit einer Nebentätigkeit festzustellen. Mit einer Nichtigkeitsfeststellungsklage gemäß § 43 I Var. 3 VwGO kann z. B. die Nichtigkeit einer Ernennung gemäß § 13 BBG; § 11 BeamtStG geltend gemacht werden.[1] Mit einer verwaltungsgerichtlichen Normenkontrolle nach § 47 I Nr. 2 VwGO i. V. m. dem jeweiligen Landesausführungsgesetz zur VwGO schließlich können in den meisten Ländern auch beamtenrechtliche Rechtsverordnungen überprüft werden, z. B. die Nebentätigkeitsverordnung des Landes.

c) Feststellungsinteresse und Klagebefugnis

737 Was das Feststellungsinteresse gemäß § 43 I VwGO bei der positiven, negativen und Nichtigkeitsfeststellungsklage bzw. die Antragsbefugnis nach § 47 II VwGO bei der verwaltungsgerichtlichen Normenkontrolle und die Klagebefugnis entsprechend § 42 II VwGO bei den übrigen Klagearten anbelangt, ergeben sich bei beamtenrechtlichen Streitigkeiten keine Besonderheiten. Als Adressat einer belastenden Maßnahme ist ein Beamter stets klagebefugt. Ein möglicher Anspruch auf eine Verbesserung seiner Rechtsstellung, welcher die Klagebefugnis bei der Verpflichtungsklage oder bei der Leistungsklage als Vornahmeklage zu begründen vermag, kann sich aus den hergebrachten Grundsätzen des Berufsbeamtentums nach Art. 33 V GG ergeben, die auch eine den einzelnen Beamten individuell schützende Richtung aufweisen.[2] Da Beamte auch Grundrechtsträger sind (→ Rn. 108 ff.), kann sich auch aus den Grundrechten das Feststellungsinteresse bzw. die Klagebefugnis herleiten lassen.

d) Vorverfahren

738 Ein Vorverfahren ist nicht nur bei Anfechtungs- und Verpflichtungsklagen gemäß §§ 68 ff. VwGO durchzuführen, sondern nach § 126 II BBG; § 54 II BeamtStG auch vor der Erhebung jeder anderen Klage. Dies gilt allerdings nicht bei der als Antragsverfahren ausgestalteten verwaltungsgerichtlichen Normenkontrolle nach § 47 I VwGO.

---

[1] Dies kann für einen Beamten von Interesse sein, falls bei Erfolg seiner Klage ein vorangegangenes anderes Beamtenverhältnis durch die Ernennung nicht beendet wurde.
[2] BVerfG, Beschluss vom 04. Juni 1969 – 2 BvR 429/65 –, BVerfGE 26, 72–78; BVerfG, Beschluss vom 27. Juni 1974 – 2 BvR 429/72, 2 BvR 641/72, 2 BvR 700/72, 2 BvR 813/72, 2 BvR 9/73, 2 BvR 24/73, 2 BvR 25/73, 2 BvR 47/73, 2 BvR 215/73, 2 BvR 370/73, 2 BvR 388/73, 2 BvR 390/73, 2 BvR 682/73, 2 BvR 693/73 –, BVerfGE 38, 1 (12).

e) Form und Frist

Hinsichtlich der Schriftform der Klageerhebung nach §§ 81 f. VwGO ergeben sich keine Besonderheiten. Was die Klagefrist anbelangt, ist allerdings zu beachten, dass nicht nur Anfechtungs- und Verpflichtungsklagen gemäß § 74 VwGO fristgebunden sind, sondern auch jede andere Klageart, weil ja stets ein Widerspruchsverfahren vorausgehen muss und gegen den Widerspruchsbescheid nur binnen der Monatsfrist des § 74 VwGO das Verwaltungsgericht angerufen werden kann. Bei der verwaltungsgerichtlichen Normenkontrolle wiederum gilt die Jahresfrist des § 47 II 1 VwGO.

739

f) Allgemeines Rechtsschutzbedürfnis

Hinsichtlich des allgemeinen Rechtsschutzbedürfnisses gelten die herkömmlichen Regeln auch in beamtenrechtlichen Streitigkeiten. Das allgemeine Rechtsschutzbedürfnis fehlt nur dann, wenn die Rechtsverfolgung durch den Beamten mutwillig erscheint, der erstrebte Rechtsschutz für ihn von keinerlei Interesse ist oder ein einfacherer Weg zur Verfügung steht. Zwar kann von einem Beamten regelmäßig erwartet werden, dass er vor Klageerhebung die erforderlichen Anträge für den Erlass eines begünstigenden Verwaltungsaktes stellt, allein die Möglichkeit außergerichtlicher Rechtsbehelfe (→ Rn. 764 ff.) schließt aber das Rechtsschutzbedürfnis für die Klageerhebung nicht aus.

740

2. Begründetheit

Was die Begründetheit beamtenrechtlicher Klagen angeht, ergeben sich keine Besonderheiten gegenüber den allgemeinen verwaltungsprozessualen Regelungen. So ist bspw. eine Anfechtungsklage gemäß § 113 I 1 VwGO begründet, soweit der angefochtene Verwaltungsakt rechtswidrig ist und der Beamte dadurch in seinen Rechten verletzt wird. Ebenso ist eine Verpflichtungsklage gemäß § 113 V VwGO begründet, soweit dem Beamten ein Anspruch auf Erlass des begehrten Verwaltungsaktes (S. 1) oder zumindest ein Anspruch auf eine ermessensfehlerfreie Entscheidung darüber (S. 2) zusteht.

741

III. Vorläufiger Rechtsschutz

Auch der vorläufige Rechtsschutz in beamtenrechtlichen Verfahren weist kaum Besonderheiten auf. Es kommen sechs verschiedene Verfahrensarten in Betracht:
Regelfall dürfte der Antrag auf Anordnung der aufschiebenden Wirkung eines Widerspruchs oder einer Anfechtungsklage gemäß § 80 V 1 Alt. 1 VwGO gegen einen kraft Gesetzes sofort vollziehbaren Verwaltungsakt sein, z. B. gegen eine

742

743

Abordnung gemäß §§ 27; 126 IV BBG; §§ 14; 54 IV BeamtStG oder gegen eine Versetzung nach §§ 28; 126 IV BBG; §§ 15; 54 IV BeamtStG. Wurde die sofortige Vollziehung eines Verwaltungsaktes, z. B. des Verbots der Führung der Dienstgeschäfte gemäß § 66 BBG; § 39 BeamtStG von dem Dienstherrn nach § 80 II 1 Nr. 4, III VwGO gesondert angeordnet, kann der Beamte einen Antrag auf Wiederherstellung der aufschiebenden Wirkung nach § 80 V 1 Alt. 2 VwGO stellen. Missachtet der Dienstherr die aufschiebende Wirkung eines Widerspruchs oder einer Anfechtungsklage, z. B. gegen eine Zuweisung nach § 29 BBG, für die § 126 IV BBG nicht gilt, kommt ein Antrag auf Feststellung der aufschiebenden Wirkung analog § 80 V 1 VwGO in Betracht.

744 Handelt es sich in der Hauptsache indes um keine Anfechtungsklage, kann eine einstweilige Anordnung beantragt werden. Wendet sich der Beamte mit einer Leistungsklage als Unterlassungsklage gegen eine Handlung des Dienstherrn, die keinen Verwaltungsakt darstellt, z. B. gegen eine Umsetzung, bestimmt sich der einstweilige Rechtsschutz zur Wahrung des status quo nach der Sicherungsanordnung gemäß § 123 I 1 VwGO. Ist in der Hauptsache indes eine Verpflichtungsklage, z. B. auf Versetzung gemäß § 28 BBG, oder eine Leistungsklage als Vornahmeklage, z. B. auf Umsetzung, zu erheben, ist eine Regelungsanordnung zur Veränderung des status quo gemäß § 123 I 2 VwGO zu beantragen. Als Ergänzung der verwaltungsgerichtlichen Normenkontrolle gemäß § 47 I VwGO, z. B. gegen eine Landesrechtsverordnung zu Nebentätigkeiten, kommt schließlich im vorläufigen Rechtsschutz der Erlass einer einstweiligen Anordnung nach § 47 VI in Betracht.

745 Übersicht 33-1: Förmliche Rechtsbehelfe

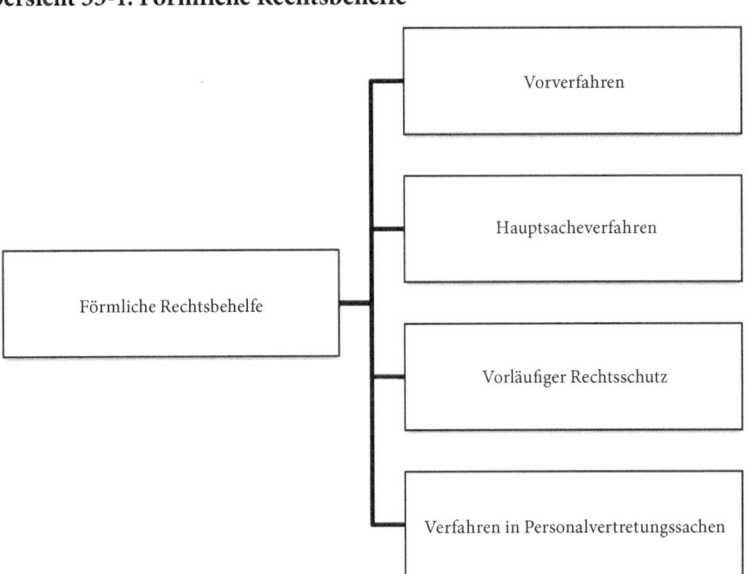

IV. Der beamtenrechtliche Konkurrentenstreit

Einen besonders wichtigen Fall des beamtenrechtlichen Rechtsschutzes stellt der sogenannte Konkurrentenstreit dar. Dabei handelt es sich um keine besondere Klage- oder Antragsart nach der VwGO, sondern um eine häufig wiederkehrende Fallkonstellation, bei der zwei oder mehr Bewerber um die Ernennung als Beamter oder um eine Beförderung streiten, welche mit den nicht darauf zugeschnittenen verwaltungsgerichtlichen Rechtsbehelfen bewältigt werden muss. Im Einzelnen sind zwei Ausprägungen dieses Konkurrentenstreits zu unterscheiden, und zwar die Streitigkeiten *vor* oder *nach* Ernennung des ausgewählten Bewerbers.

1. Streit vor Ernennung

Wurde der ausgewählte Bewerber noch nicht ernannt, stehen dem unterlegenen Konkurrenten Rechtsbehelfe sowohl in der Hauptsache als auch im vorläufigen Rechtsschutz zur Verfügung.

a) Klagen in der Hauptsache

In der Hauptsache kann der unterlegene Bewerber seinen Anspruch auf Ernennung bzw. Beförderung oder zumindest seinen Bewerbungsverfahrensanspruch[3] auf fehlerfreie Entscheidung darüber mit einer Verpflichtungsklage nach § 42 I Alt. 2 VwGO verfolgen. Für eine Anfechtungsklage gemäß § 42 I Alt. 1 VwGO gegen die Ernennung des ausgewählten Bewerbers bleibt indes kein Raum, weil noch kein anfechtbarer, den unterlegenen Bewerber belastender, den ausgewählten Bewerber begünstigender Verwaltungsakt vorliegt.

b) Anträge im vorläufigen Rechtsschutz

Im vorläufigen Rechtsschutz scheitert ein Antrag des unterlegenen Bewerbers auf Erlass einer Regelungsanordnung gemäß § 123 I 2 VwGO auf eigene Ernennung an dem Verbot der Vorwegnahme der Hauptsache. Er kann aber den Erlass einer Sicherungsanordnung nach § 123 I 1 VwGO beantragen, mit der dem Dienstherrn als Antragsgegner aufgegeben wird, den ausgewählten Bewerber bis zum Abschluss des Verfahrens in der Hauptsache noch nicht zu ernennen, um auf diesem Wege die Planstelle noch offen zu halten, was u. a. Voraussetzung für eine eigene Ernennung des unterlegenen Bewerbers ist. Ein Antrag nach § 80 V 1 VwGO scheidet hingegen schon deshalb aus, weil noch überhaupt keine Ernennung bzw. Beförderung als Verwaltungsakt vorliegt, gegen die in der Hauptsache mit Widerspruch und Anfechtungsklage vorzugehen wäre.

---
[3] Siehe dazu BVerwG, Beschl. v. 22.11.2012 – 2 VR 5/12, NVwZ-RR 2013, 267.

2. Streit nach Ernennung

750 Anders stellt sich die prozessuale Situation sowohl hinsichtlich der Klage in der Hauptsache als auch im Verfahren des vorläufigen Rechtsschutzes dar, sobald der ausgewählte Bewerber bereits ernannt wurde.

a) Klagen in der Hauptsache

751 Was das Begehren des unterlegenen Bewerbers in der Hauptsache betrifft, so kann eine von ihm erhobene Verpflichtungsklage nach § 42 I Alt. 2 VwGO keinen Erfolg mehr haben, weil die zur Verfügung stehende Planstelle bereits durch Ernennung des ausgewählten Bewerbers vergeben wurde und eine besetzbare Planstelle eine der Voraussetzungen für eine Ernennung des unterlegenen Bewerbers ist.

752 Eine Nichtigkeitsfeststellungsklage gemäß § 43 I Var. 3 VwGO gerichtet auf Feststellung der Nichtigkeit der Ernennung des ausgewählten Bewerbers kann nur Erfolg haben, wenn einer der Nichtigkeitsgründe des § 13 BBG; § 11 BeamtStG vorliegt, was zumeist nicht der Fall sein wird.

753 Eine Anfechtungsklage nach § 42 I Alt. 1 VwGO gegen die Ernennung des ausgewählten Bewerbers als diesen begünstigenden, den unterlegenen Bewerber belastenden Verwaltungsakt erscheint zwar auf den ersten Blick nach allgemeinen verwaltungsprozessualen Regeln als möglich. Auch wird man eine Klagebefugnis des unterlegenen Bewerbers nach § 42 II VwGO bejahen können, weil ein untrennbarer rechtlicher Zusammenhang zwischen seiner Nichternennung und der Entscheidung des Dienstherrn über die Auswahl und Ernennung des ausgewählten Bewerbers besteht. Indes scheitert eine solche Anfechtungsklage nach ständiger verwaltungsgerichtlicher Rechtsprechung[4] an dem Grundsatz der Ämterstabilität, der gemäß Art. 33 V GG als hergebrachter Grundsatz des Berufsbeamtentums Verfassungsrang genießt. Danach soll ein besonderes Vertrauen in die Rechtswirksamkeit einmal vorgenommener Ernennungen bestehen, und diese sollen lediglich in den in § 13 BBG; § 11 BeamtStG genannten Fällen nichtig sein. Einer gleichwohl erhobenen Anfechtungsklage soll es am allgemeinen Rechtsschutzbedürfnis fehlen, weil das Klageziel, die Anfechtung der Ernennung, aus rechtlichen Gründen nicht mehr erreicht werden kann.

754 Für den unterlegenen Bewerber soll daher vor dem Verwaltungsgericht nur noch eine Fortsetzungsfeststellungsklage entsprechend § 113 I 4 VwGO auf Feststellung der Rechtswidrigkeit der Ernennung möglich sein, um die Geltendmachung eines Schadensersatzanspruchs nach § 839 BGB, Art. 34 S. 1 GG vorzubereiten, der dann vor dem Landgericht nach §§ 13; 71 II Nr. 2 GVG zu verfolgen wäre.

---

[4] BVerwG, Urteil vom 09. März 1989 – 2 C 4/87, DVBl. 1989, 1150; BVerwG, Urteil vom 21. August 2003 – 2 C 14/02 –, BVerwGE 118, 370–379.

Im Ergebnis führt diese Rechtsprechung dazu, dass der Dienstherr es in der Hand hat, den Rechtsschutz des unterlegenen Bewerbers zu unterlaufen und diesen auf einen bloßen Schadensersatzanspruch zu verweisen, wenn er nur schnell genug den ausgewählten Bewerber ernennt. Daher macht die neuere Rechtsprechung des BVerwG davon eine wichtige Ausnahme in den Fällen der sogenannten Rechtsschutzverhinderung.[5] Teilt der unterlegene Bewerber dem Dienstherrn mit, dass er um Rechtsschutz nachsuchen werde, und ernennt der Dienstherr gleichwohl den ausgewählten Bewerber, bevor der unterlegene Konkurrent alle Möglichkeiten gerichtlichen Rechtsschutzes einschließlich der Anrufung des BVerfG ausschöpfen konnte, hat der Dienstherr also seine Wartepflicht missachtet, verletzt er die Grundrechte des unterlegenen Bewerbers aus Art. 19 IV; 33 II GG. In einem solchen Fall steht nach dem BVerwG der Grundsatz der Ämterstabilität aus Art. 33 V GG hinter dem Grundrecht auf wirksamen Rechtsschutz nach Art. 19 IV GG zurück. Eine Anfechtungsklage des unterlegenen Bewerbers bleibt trotz der Ernennung des ausgewählten Bewerbers weiterhin zulässig. Sie ist aber nur begründet, wenn durch die Ernennung des ausgewählten Bewerbers auch der Leistungsgrundsatz des Art. 33 II GG verletzt wurde. Dann führt sie zu einer Aufhebung der Ernennung ex nunc.

755

b) Anträge im vorläufigen Rechtsschutz

Was den vorläufigen Rechtsschutz nach bereits erfolgter Ernennung angeht, ist auch hier zwischen dem Normalfall und der besonderen Lage bei Rechtsschutzverhinderung zu unterscheiden.

756

Herkömmlich kann ein Antrag auf Erlass einer Regelungsanordnung nach § 123 I 2 VwGO auf Ernennung des Antragstellers keinen Erfolg haben, weil nach Besetzung der Planstelle mit dem ausgewählten Bewerber in der Hauptsache mangels freier Planstelle kein Anspruch auf Ernennung mehr gegeben ist und zudem eine im Eilverfahren ausgesprochene Ernennung die Hauptsache vorwegnähme. Ein Antrag auf Erlass einer Sicherungsanordnung nach § 123 I 1 VwGO auf Unterlassung der Ernennung des ausgewählten Bewerbers käme nach Vornahme der Ernennung zu spät. Auch ein Antrag nach § 80 V 1 VwGO, sei es auf Anordnung, sei es auf Wiederherstellung der aufschiebenden Wirkung der Anfechtungsklage, schiede aus, weil eine Anfechtungsklage mangels allgemeinem Rechtsschutzbedürfnis unzulässig ist.

757

Liegt ein Fall der Rechtsschutzverhinderung im Sinne der neueren Rechtsprechung des BVerwG vor, steht einer Regelungsanordnung nach § 123 I 2 VwGO auf eigene Ernennung des unterlegenen Bewerbers immer noch das Verbot der Vorwegnahme der Hauptsache entgegen. Auch eine Regelungsanordnung nach § 123 I 2 VwGO auf Rücknahme der Ernennung des erfolgreichen Bewerbers

758

---

[5] BVerwG, Urteil vom 04. November 2010 – 2 C 16/09 –, BVerwGE 138, 102–122.

nähme jedenfalls die Anfechtungsklage in der Hauptsache vorweg. Einer Sicherungsanordnung gemäß § 123 I 1 VwGO auf Unterlassung der Ernennung fehlt das Rechtsschutzbedürfnis, weil die Ernennung bereits erfolgt ist. Schließlich mangelt es auch einem Antrag nach § 80 V; § 80a I Nr. 2, III VwGO auf Aussetzung der Vollziehung der Ernennung am Rechtsschutzbedürfnis, weil die Ernennung mit der Aushändigung der Ernennungsurkunde nach § 10 II BBG; § 8 II BeamtStG bereits vollzogen ist.

3. Verfahrensrechtliche Konsequenzen

759 Aus der Rechtsprechung des BVerwG zur Rechtsschutzverhinderung ergeben sich verfahrensrechtliche Konsequenzen für das behördliche Stellenbesetzungsverfahren: Der Dienstherr hat allen Bewerbern das Ergebnis des Auswahlverfahrens vor der Ernennung mitzuteilen und jedem unterlegenen Bewerber die Möglichkeit der Einsicht in den Besetzungsbericht zu gewähren. Sodann hat der Dienstherr abzuwarten, ob ein unterlegener Bewerber um Rechtsschutz nachsucht. Missachtet der Dienstherr diese verfahrensrechtlichen Anforderungen, droht die gerichtliche Aufhebung der Ernennung ungeachtet des Grundsatzes der Ämterstabilität.

V. Vergleich mit den arbeitsgerichtlichen Rechtsbehelfen

760 Im arbeitsgerichtlichen Verfahren bestehen, wie bereits angedeutet, andere Schwerpunkte. Es dominiert die Kündigungsschutzklage nach § 4 KSchG als Feststellungsklage, dass ein Arbeitsverhältnis durch eine Kündigung nicht aufgelöst wurde. Dabei kommt der finanziellen Kompensation durch eine Abfindung, sei es nach Durchführung eines Kündigungsschutzprozesses gemäß §§ 9 bis 11 KSchG, sei es zur Vermeidung eines solchen Prozesses gemäß § 1a KSchG, eine viel stärkere Bedeutung zu als etwaigen Schadensersatzansprüchen im Beamtenrecht nach § 839 BGB; Art. 34 GG. Ein dem Konkurrentenstreit vergleichbares Verfahren ist vor den Arbeitsgerichten nicht anzutreffen, weil es keine Planstellen für private Arbeitnehmer gibt, deren Besetzung dann auch noch durch den Grundsatz der Ämterstabilität perpetuiert würde.

VI. Wiederholungs- und Vertiefungsfragen

761 1) Welche Besonderheiten bestehen beim Widerspruchsverfahren in beamtenrechtlichen Streitigkeiten? (Rn. 731 ff.)

2) Welcher Rechtsweg ist für beamtenrechtliche Streitigkeiten gegeben? Gilt dies auch für Staatshaftungsansprüche? (Rn. 734)
3) Welche weiteren Besonderheiten ergeben sich in Zulässigkeit und Begründetheit des jeweiligen Hauptsacherechtsbehelfs und im einstweiligen Rechtsschutz? (Rn. 735)
4) Was versteht man unter einem beamtenrechtlichen Konkurrentenstreit? (Rn. 746 ff.)
5) Welche Klageart kommt bei einem solchen Streit vor Ernennung des Konkurrenten in Betracht? Inwieweit kommt ein Antrag nach § 123 VwGO in Frage? (Rn. 749)
6) Wieso kommen nach Ernennung des Konkurrenten grundsätzlich weder eine Verpflichtungs- noch eine Anfechtungsklage des übergangenen Bewerbers in Betracht? Wann und inwiefern besteht eine Ausnahme? Kommt im Falle der Ausnahme auch einstweiliger Rechtsschutz in Frage? (Rn. 751 ff.)
7) Welche Konsequenzen ergeben sich daraus für das behördliche Stellenbesetzungsverfahren? (Rn. 759)
8) Inwiefern bestehen hinsichtlich des Rechtsschutzes Unterschiede zwischen Beamtenrecht und privatem Arbeitsrecht? (Rn. 760)

Rechtsprechung zu § 33

BVerfG, Stattgebender Kammerbeschluss vom 03. März 2014 – 1 BvR 3606/13 (Eilrechtsschutz bei Konkurrentenstreitverfahren) **762**
BVerfG, Nichtannahmebeschluss vom 04. Februar 2016 – 2 BvR 2223/15 (Konkurrentenstreitverfahren)
BVerfG, Nichtannahmebeschluss vom 02. Mai 2016 – 2 BvR 120/16
BVerwG, Urteil vom 04. November 2010 – 2 C 16/09 –, BVerwGE 138, 102–122
BVerwG, Beschluss vom 22. November 2012 – 2 VR 5/12 –, BVerwGE 145, 112–122 (Bewerbungsverfahrensanspruch)
BGH, Urteil vom 06. April 1995 – III ZR 183/94 –, BGHZ 129, 226–236 (Amtshaftungsprozess wegen Vereitelung der Konkurrentenklage)

Literatur zu § 33

Zum Rechtsschutz im Überblick: **763**
Nokiel, Werner, Rechtsschutz im Beamtenverhältnis der Bundesbeamtinnen und Bundesbeamten, Teil 1, RiA 2008, 16–23, Teil 2, RiA 2008, 56–62

Zum vorprozessualen Rechtsschutz:
Baßlsperger, Maximilian, Verwaltungsakt und vorprozessualer Rechtsschutz im Beamtenrecht, ZBR 2005, 192–205

Zum Rechtsweg:
Terhechte, Jörg Philipp, Rechtswegzuweisungen im Sog der Föderalismusreform – Zum Verhältnis von § 126 BRRG und § 54 BeamtStG, NVwZ 2010, 996–1000

Zum Konkurrentenstreit:
Battis, Ulrich, Neukonzeption des beamtenrechtlichen Konkurrentenstreits (BVerwGE 138, 102), DVBl. 2013, 673–677
Brinktrine, Ralf, Konkurrentenstreitverfahren im Beamtenrecht, Jura 2015, 1192–1205
Geiger, Harald, Die Konkurrentenklage im Verwaltungsprozessrecht, BayVBl. 2010, 519–525
Günther, Hellmuth, Beiladung im vorläufigen Rechtsschutz der Beförderungskonkurrenz, ZBR 2006, 117–120
Günther, Hellmuth, Neue Balance von Leistungsprinzip, Statusamtsstabilität und Bewerberrechtsschutz, RiA 2011, 49–55
Günther, Hellmuth, Verfahrenssicherheit im beamtenrechtlichen Konkurrentenstreit, RiA 2008, 1–5
Hoof, Karsten, Die Freihaltung bzw. Schaffung sogenannter dritter, streitunbefangener Stellen im beamtenrechtlichen Konkurrentenstreit, ZBR 2007, 156–163
Hoof, Karsten, Schadensersatzpflicht des unterlegenen Bewerbers in beamtenrechtlichen Stellenbesetzungsverfahren nach erfolglosem Antrag auf einstweiligen Rechtsschutz, DÖV 2005, 234–243
Hoof, Karsten, Die Streitwertfestsetzung in beamtenrechtlichen Konkurrentenverfahren, ZBR 2007, 338–346
Kenntner, Markus, Rechtsstruktur und Gestaltung von Konkurrentenstreitigkeiten um die Vergabe öffentlicher Ämter, ZBR 2016, 181–199
Laubinger, Hans-Werner, Die Konkurrentenklage im öffentlichen Dienst – eine unendliche Geschichte, ZBR 2010, 289–302, 332–340
Lindner, Josef Franz, Darf der Dienstherr im beamtenrechtlichen Konkurrentenstreit die Gründe für die Auswahlentscheidung erstmals vor Gericht vortragen?, NVwZ 2013, 547–550
Munding, Christoph-David, Die beamtenrechtliche Konkurrentenklage im Wandel der Rechtsprechung von BVerwG und BVerfG, DVBl. 2011, 1512–1520
Rennert, Klaus, Erweiterte erstinstanzliche Zuständigkeiten des BVerwG im richterlichen Konkurrentenstreit, DVBl. 2015, 481–482
Schenke, Wolf-Rüdiger, Neuestes zur Konkurrentenklage, NVwZ 2011, 321–327
Wernsmann, Rainer, Die beamtenrechtliche Konkurrentenklage – Zum Ausgleich von Ämterstabilität und effektivem Rechtsschutz, DVBl. 2005, 276–285
Wieland, Frank / Seulen, Anna, Durchbrechung der Ämterstabilität bei Rechtsschutzvereitelung, DÖD 2011, 69–74
Wieland, Frank /Tiedtke, Andreas, Die „Freihalteerklärung" im Konkurrentenstreitverfahren – praktische Relevanz und prozessuale Bedeutung, DÖD 2011, 221–228

Zum vorläufigen Rechtsschutz:
Günther, Hellmuth, Etwaiger Bewährungsvorsprung des rechtswidrig ausgewählten Beförderungsbewerbers als Anordnungsgrund?, DÖD 2006, 6–14
Leuze, Dieter, Anmerkungen zum vorläufigen Rechtsschutz für Beamte, DÖD 2009, 6–10
Leuze, Dieter, Replik auf Palmen / Emschermann / Milde, DÖD 2009, 173 ff.
Palmen, Manfred / Emschermann, Benedikt / Milde, Birgitta, Personalrechtliche Probleme bei der Reform der Versorgungsverwaltung in NRW – zugleich eine Erwiderung auf Leuze, DÖD 2009, 6 ff., DÖD 2009, 173–179

§ 34 Nichtförmliche Rechtsbehelfe

Neben den förmlichen Rechtsbehelfen, die letztendlich in ein verwaltungsgerichtliches Verfahren einmünden, stehen die zahlreichen nichtförmlichen Rechtsbehelfe. Diese können nach ihrer Rechtsgrundlage, ihrem Inhalt und ihren Adressaten unterschieden werden.

764

I. Anträge

Ausdrücklich ist in § 125 I 1 Alt. 1 BBG geregelt, dass Beamte Anträge stellen dürfen. Ein Antrag ist das Verlangen eines bestimmten künftigen Verhaltens des Dienstherrn. Ein Antrag kann die Geltendmachung eines Rechts des Beamten zum Gegenstand haben oder darüber hinausgehen. Sofern der Antrag eine Rechtsposition des Beamten betrifft, etwa auf Erstattung von Krankheitskosten im Rahmen der Beihilfe, hat der Dienstherr unter Anwendung der gesetzlichen Regelungen darüber zu entscheiden. Betrifft der Antrag aber ein Verhalten des Dienstherrn, auf das der Beamte keinen Anspruch hat, ist der Antrag als „Bitte" i. S. d. Petitionsrechts des Art. 17 GG zu betrachten, über die der Dienstherr unter Beachtung seiner Fürsorgepflicht eine ermessensfehlerfreie Entscheidung zu treffen hat. Anträge sind gemäß § 125 I 2 BBG auf dem Dienstweg zu stellen, d. h. über den unmittelbaren Vorgesetzten des Beamten gemäß § 3 III BBG.

765

II. Beschwerden

Im Unterschied zu Anträgen betreffen die in § 125 I 1 Alt. 2 BBG geregelten Beschwerden nicht künftiges Verhalten des Dienstherrn, sondern vergangenes. Eine Beschwerde ist die Kritik an vergangenem Verhalten des Dienstherrn verbunden mit der Aufforderung, dieses Verhalten zu ändern bzw. die Folgen dieses früheren Verhaltens auszugleichen. Der grundrechtliche Hintergrund der Beschwerden ist ebenfalls das Petitionsrecht gemäß Art. 17 GG. Dieses Petitionsrecht ist für Beamte im Unterschied zu Soldaten nach Art. 17a GG nicht eingeschränkt. Auch Beschwerden sind gemäß § 125 I 2 BBG auf dem Dienstweg vorzubringen.

766

Richtet sich die Beschwerde indes gegen den unmittelbaren Vorgesetzten selbst, kann sie gemäß § 125 II BBG als Sprungbeschwerde auch bei dessen Vorgesetzten erhoben werden. Der Beschwerdeweg reicht gemäß § 125 I 3 BBG bis zur obersten Dienstbehörde, also letztlich bis zu dem jeweiligen Fachministerium.

III. Petitionen

767 Neben den ausdrücklich in § 125 BBG geregelten dienstinternen Anträgen und Beschwerden können Beamte gemäß Art. 17 GG Petitionen auch unmittelbar an die jeweilige Volksvertretung richten, wobei der Bundestag gemäß Art. 45c GG und diesem folgend auch die Landtage jeweils besondere Petitionsausschüsse eingerichtet haben. Es besteht ein Anspruch auf Entgegennahme der Petition und Bescheidung derselben, nach im Vordringen begriffener Auffassung auch auf eine sachliche Begründung der Entscheidung. Hingegen gibt es keinen Anspruch darauf, dass der Petition auch entsprochen wird.[1]

IV. Gegenvorstellung

768 Eine Gegenvorstellung ist ein nicht ausdrücklich gesetzlich geregelter formloser Rechtsbehelf, der an die ursprünglich entscheidende Stelle gerichtet ist und die Aufhebung, die Änderung oder den Erlass einer Maßnahme begehrt.[2] Erhebt ein Beamter nach Verstreichen der Widerspruchsfrist einen „Widerspruch", liegt es nahe, diesen als Gegenvorstellung zu deuten und als solche zu entscheiden. Da einer Gegenvorstellung Rechte Dritter aus einer früheren Entscheidung entgegenstehen können oder der Dienstherr sich auf die Bestandskraft von Bescheiden berufen kann, ist sie allerdings nur selten von Erfolg gekrönt.

V. Anrufung des Personalrates

769 Ein Beamter kann gemäß § 68 I Nr. 3 BPersVG auch den Personalrat anrufen und Anregungen und Beschwerden vorbringen. Sofern diese berechtigt erscheinen, soll der Personalrat durch Verhandlungen mit dem Leiter der Dienststelle auf deren Erledigung hinwirken. Im Unterschied zu den anderen hier erörterten formlosen Rechtsbehelfen steht also bei der Anrufung des Personalrats die konsensuale Erledigung des Vorbringens des Beamten im Vordergrund.

---

[1] *Kunig*, Das Recht des öffentlichen Dienstes, in: Schoch, Friedrich (Hrsg.), Besonderes Verwaltungsrecht, 2013, Kapitel 6, Rn. 180.

[2] *Leppek*, Beamtenrecht, 12. Auflage, 2015, Rn. 263.

VI. Anrufung von Beauftragten

Beamte können sich außerdem an Beauftragte wenden und auf sie selbst oder Dritte betreffende Missstände im Aufgabenbereich des Beauftragten hinweisen. So kann ein Beamter gemäß § 21 BDSG bei dem Datenschutzbeauftragten die fehlerhafte Bearbeitung personenbezogener Daten rügen oder eine Beamtin gemäß § 25 II Nr. 3 BGleiG die Gleichstellungsbeauftragte zur Unterstützung im Einzelfall bei der Beseitigung von Benachteiligung oder der Vereinbarkeit von Familie und Erwerbstätigkeit anrufen.

770

VII. Gnadengesuche

Vor allem im Bereich des Disziplinarrechts spielt zudem die Möglichkeit eines Gnadengesuchs eine Rolle. Gemäß Art. 60 II GG übt der Bundespräsident für den Bund das Begnadigungsrecht aus, das er gemäß Art. 60 III GG auch auf andere Behörden übertragen kann. Durch eine Begnadigung können die Rechtsfolgen eines dienstrechtlichen Pflichtverstoßes eines Beamten abgeschwächt oder sogar ganz aufgehoben werden. So kann bspw. eine Entfernung aus dem Beamtenverhältnis gemäß § 10 BDG zu einer bloßen Zurückstufung nach § 9 BDG gemildert werden. Ein Beamter hat lediglich einen Anspruch auf Anrufung des Bundespräsidenten, nicht aber auf eine sachliche Begründung von dessen Entscheidung oder gar auf eine antragsgemäße Begnadigung. Die Begnadigung im Einzelfall ist von der Amnestie für eine Vielzahl von Fällen abzugrenzen, die nur durch Gesetz erfolgen kann.

771

Übersicht 34-1: Nichtförmliche Rechtsbehelfe

772

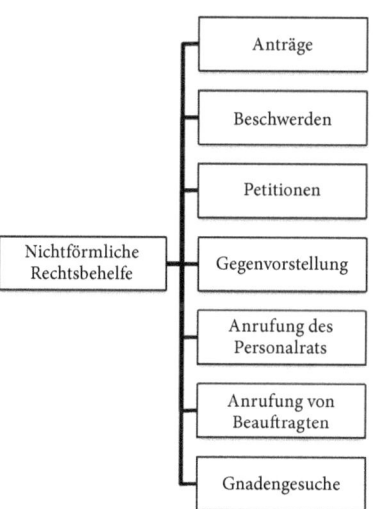

VIII. Vergleich mit den nichtförmlichen Rechtsbehelfen im Arbeitsrecht

773 Auch im privaten Arbeitsrecht bestehen nichtförmliche Rechtsbehelfe: Ein Arbeitnehmer kann sich jederzeit mit Bitten oder Beschwerden an den Arbeitgeber wenden. Besteht ein Betriebsrat, kann der Arbeitnehmer diesen gemäß § 84 BetrVG anrufen, woraufhin der Betriebsrat mit dem Arbeitgeber über die Berechtigung der Beschwerde zu verhandeln hat. Soweit innerhalb des Unternehmens Beauftragte bestellt sind, kann der Arbeitnehmer sich im Rahmen von deren Aufgabenkreis jeweils auch an sie wenden. Petitionen zur Volksvertretung nach Art. 17 GG kommen zwar grundsätzlich auch in Bezug auf Missstände im privaten Arbeitsrecht in Betracht, da die Volksvertretung aber keine vergleichbaren Einflussmöglichkeiten auf private Unternehmen besitzt wie auf die von ihr abhängige öffentliche Verwaltung, ist der praktische Nutzen solcher Petitionen gering zu veranschlagen. Das Begnadigungsrecht nach Art. 60 II, III GG schließlich betrifft nur die Verhängung staatlicher Sanktionen, nicht aber arbeitsrechtliche Folgen von Pflichtverletzungen, soweit diese nicht durch staatliche Gerichte verhängt wurden.

IX. Wiederholungs- und Vertiefungsfragen

774 1) Wie unterscheiden sich Antrag und Beschwerde? (Rn. 765 f.)
2) Was ist eine Gegenvorstellung? (Rn. 768)
3) Was wird mit einem Gnadengesuch bezweckt? Wie unterscheidet sich die Begnadigung von der Amnestie? (Rn. 771)
4) Welche weiteren nichtförmlichen Rechtsbehelfe gibt es im Beamtenrecht? (Rn. 767, 769, 770)
5) Welche nichtförmlichen Rechtsbehelfe existieren im privaten Arbeitsrecht und inwiefern zeigen sich Parallelen zum Beamtenrecht? (Rn. 773)

Rechtsprechung zu § 34

775 BVerfG, Beschluss vom 22. April 1953 – 1 BvR 162/51 –, BVerfGE 2, 225–232 (Umfang des Petitionsrechts)
BVerwG, Urteil vom 27. Mai 1982 – 2 C 50/80 (Rechtsschutz gegen ablehnende Gnadenentscheidung)

Literatur zu § 34

776 *Debius, Alfred G.,* Die behördlichen Beauftragten für Datenschutz und Informationsfreiheit, DÖV 2012, 917–924
Király, Andrei, Der Beamte als Whistleblower. Die Zulässigkeit von Korruptionsanzeigen nach den jüngsten Gesetzesänderungen, DÖV 2010, 894–897
Weiß, Hans-Dietrich, Eingeschränkte Gnadenbefugnis des Bundespräsidenten gegenüber Bundesbeamten bei landesdisziplinargerichtlicher Entscheidung, ZRP 2014, 117–121

**Siebenter Teil:
Ausblick**

§ 35 Zukunft des Beamtenrechts

Abschließend soll auf die Zukunft des Beamtenrechts eingegangen werden, das vor den Herausforderungen der Privatisierung, Fragmentierung und Europäisierung sowie der Annäherung an das Arbeitsrecht bei gleichzeitiger Schwächung seiner geistigen Grundlagen steht. **777**

I. Privatisierung

Die Privatisierung hat sowohl in ihrer in den 90er Jahren des vergangenen Jahrhunderts in großem Umfang begonnenen Organisationsprivatisierung staatlicher Unternehmen und Behörden als auch in der Handlungsformenprivatisierung erhebliche Auswirkungen auf das Beamtenrecht gezeigt. **778**

Durch die formelle Organisationsprivatisierung der Bundesbahn und die sowohl formelle als auch materielle Privatisierung der Bundespost hat sich mittelfristig die Zahl der Bundesbeamten deutlich verringert, weil in diesen Bereichen keine neuen Beamten mehr ernannt wurden. Allerdings mussten für die vorhandenen Beamten auch nach der Privatisierung passende Dienstposten bei den nunmehr privatisierten Unternehmen gefunden werden, weil diesen Beamten weiterhin ein Anspruch auf amtsangemessene Beschäftigung zusteht. Dies hat erheblich zur Herausbildung des Rechtsinstituts der Zuweisung (→ Rn. 205 ff.) beigetragen und auf diesem Wege dem Beamtenrecht neue Impulse verliehen. **779**

Selbst wenn es zu keiner Organisationsprivatisierung kommt, kann die öffentliche Verwaltung doch bei Fortbestand der öffentlich-rechtlichen Organisationsform vor allem im Bereich der Leistungsverwaltung – zum Teil aber auch darüber hinaus – in privatrechtliche Handlungsformen ausweichen. Soweit Lehrer nur noch in einem privatrechtlichen Arbeitsverhältnis angestellt werden, stärkt dies das private Arbeitsrecht auf Kosten des öffentlich-rechtlichen Beamtenrechts. Sofern Rechtsreferendare nicht mehr als Beamte auf Widerruf verbeamtet werden, sondern in einem öffentlich-rechtlichen Ausbildungsverhältnis eigener Art beschäftigt werden, entwickelt sich neben dem Beamtenrecht ein „Nebendienstrecht". **780**

II. Fragmentierung

781 Das bis zur Föderalismusreform I aus dem Jahr 2006 deutschlandweit nahezu einheitliche Beamtenrecht entwickelt sich seither länderspezifisch immer weiter auseinander, nachdem die Länder angefangen haben, von den ihnen eingeräumten Gesetzgebungskompetenzen in den Bereichen der Besoldung, Versorgung und Laufbahnen der Landesbeamten zunehmend Gebrauch zu machen. Dies hat sich zwar bislang vorwiegend in einer unterschiedlichen Höhe der Besoldung und Versorgung widergespiegelt, mittlerweile aber beginnen die Länder, auch inhaltlich eigene Akzente zu setzen, etwa bei der Abschaffung des Familienzuschlags.

III. Europäisierung

782 Auf der anderen Seite gerät das Beamtenrecht auch durch die wachsende Europäisierung der Rechtsordnung unter Druck. Der Einfluss des Europarechts auf das Beamtenrecht wächst, v. a. durch die Arbeitnehmerfreizügigkeit in ihrer Auslegung durch den EuGH.[1] Dabei zeigt auch der EGMR wenig Verständnis für die Besonderheiten des deutschen Beamtenrechts, wie die derzeitige Entwicklung des Streikverbots für Beamte demonstriert.[2] Das Dienstrecht der EU-Beschäftigten hingegen hat bislang noch keine besonderen Rückwirkungen auf das deutsche Beamtenrecht hervorgerufen, vielmehr erscheint es selbst vor allem als Produkt des deutschen und des französischen Beamtenrechts.

IV. Annäherung an das Arbeitsrecht

783 Als Folge der Privatisierung und der Europäisierung gewinnt zum einen das private Arbeitsrecht auf Kosten des Beamtenrechts an Raum, zum anderen nähert sich das Beamtenrecht insbesondere bei den weiteren vermögensrechtlichen Rechten jenseits von Besoldung und Versorgung, wie der finanziellen Entschädigung für nicht genommenen Urlaub, dem Arbeitsrecht weiter an.

784 Diese Annäherung ist aber keine Einbahnstraße, sondern das Arbeitsrecht wird seinerseits auch vom Beamtenrecht beeinflusst. Dies zeigt sich besonders deutlich bei dem Anspruch auf amtsangemessene Beschäftigung, der in einem Beschäftigungsanspruch der Arbeitnehmer sein Pendant findet, sowie bei dem Anspruch der Beschäftigten auf Teilzeitarbeit, der zunächst nur für Beamte bestand und nunmehr auch Arbeitnehmern gesetzlich eingeräumt wird.

---

[1] EuGH, Urteil vom 10. September 2014, C-270/13, Celex-Nr. 62013CJ0270.
[2] EGMR, Urteil vom 21. April 2009 – 68959/01.

Diese Konvergenz wird dadurch unterstützt, dass im öffentlichen Dienst vielfach Beamte und Arbeitnehmer zusammenarbeiten und unterschiedliche Regelungen für beide Gruppen von Beschäftigten in der Praxis kritisiert werden. Besonders deutlich wird dies im Personalvertretungsrecht, wo zwingend für beide Gruppen ein einheitlicher Personalrat zu bilden ist.

V. Schwächung der geistigen Grundlagen

Schließlich soll auf die Schwächung der geistigen Grundlagen des Beamtenrechts hingewiesen werden. Seine wesentlichen Grundentscheidungen stammen aus dem 19. Jahrhundert und erscheinen manchen Betrachtern als Fremdkörper in der Rechtsordnung. Die Betonung der Pflichten vor den Rechten und die Ausgestaltung eines ganzen Rechtsgebiets nahezu ohne Rückgriff auf die Handlungsform des Vertrages wirken möglicherweise anachronistisch. Das Verständnis für den Vorrang des Dienens vor dem Verdienen ist – stellenweise auch in der Beamtenschaft selbst – verloren gegangen.

Zugleich ist das Beamtenrecht durch Art. 33 V GG in seinen wesentlichen Grundzügen unmittelbar verfassungsrechtlich abgesichert, so dass der einfache Gesetzgeber erst nach einer Grundgesetzänderung darauf Zugriff gewinnen könnte. Diese starke Bindung des Gesetzgebers erscheint indes vor dem Hintergrund des Demokratieprinzips dringend geboten. Denn nur durch ein parteipolitisch neutrales, weisungsabhängiges und dabei aber streng an Gesetz und Recht orientiertes Berufsbeamtentum ist die Umsetzung der Entscheidungen einer demokratisch legitimierten Regierung zu gewährleisten. Die Beamten sind insofern von Fürstendienern über Staatsdiener zu Volksdienern geworden.

VI. Wiederholungs- und Vertiefungsfragen

1) Was versteht man unter Organisationsprivatisierung, was unter Handlungsformenprivatisierung? Welche Auswirkungen zeitigen diese Privatisierungen auf das Beamtenrecht? (Rn. 778 ff.)
2) Inwiefern kann von einer Fragmentierung des Beamtenrechts gesprochen werden? (Rn. 781)
3) Welche europarechtlichen Einflüsse auf das Beamtenrecht können beobachtet werden? (Rn. 782)
4) Inwiefern sind Konvergenzen von Beamtenrecht und privatem Arbeitsrecht zu verzeichnen? (Rn. 783 ff.)
5) Ist das Beamtenrecht in seiner heutigen Ausgestaltung noch zeitgemäß? (Rn. 786 ff.)

Rechtsprechung zu § 35

789 EGMR, Urteil vom 21. April 2009 – 68959/01 (Streikrecht für öffentliche Beschäftigte)
EuGH, Urteil vom 10. September 2014, C-270/13, Celex-Nr. 62013CJ0270 (Begriff des Arbeitnehmers gem. Art. 45 AEUV)

Literatur zu § 35

790 *Battis, Ulrich / Grigoleit, Klaus Joachim / Hebeler, Timo,* Entwicklung des Beamtenrechts in den Jahren 2010–2015, NVwZ 2016, 194–201
Demmke, Christoph, Beamtenrechtsreformen in Europa – Aktuelle Entwicklungen und empirische Erfahrungen, ZBR 2010, 109–123
Hebeler, Timo, Rechtsprechungsanalyse – Zentrale Entwicklungen im Beamtenrecht, Verw 2014, 549–572
Hebeler, Timo / Sitzer, Adina / Tews, Julia, Ökonomisierung des öffentlichen Dienstrechts – eine Bestandsaufnahme, PersV 2012, 44–50
Janssen, Albert, Die zunehmende Privatisierung des deutschen Beamtenrechts als Infragestellung seiner verfassungsrechtlichen Grundlagen, ZBR 2003, 113–132
Klaß, Franziska, Die Fortentwicklung des deutschen Beamtenrechts durch das europäische Recht, 2014.
Lorse, Juergen, Das neue Dienstrecht zwischen Anspruch und Wirklichkeit. Aktuelle Entwicklungstendenzen des Beamtenrechts, ZBR 2013, 79–88
Schönrock, Sabrina, Die Zuweisung von Beamten an privatisierte Einrichtungen, ZBR 2002, 306–312
Steiner, Harald, Beamteneid mit EU-Formel – Die Ausrichtung des Diensteids für Bundesbeamte auf das Unionsrecht, PersV 2013, 207–213

Sachverzeichnis

Die Zahlen verweisen auf die jeweiligen Randnummern.

Aberkennung des Ruhegehalts 455
Abgabenüberhebung und Leistungskürzung 419
Abgeordnete
- Bundestag 3
- Kreistag 62
- Landtag 3
Abordnung 200 f.
Absolutismus 10
achtungswürdiges Verhalten 334 ff.
Alimentation *siehe* Grundgehalt
Alimentationsprinzip 97 *siehe auch* Fürsorgepflicht
Allgemeines Persönlichkeitsrecht 693
Altersdiskriminierung 129, 531
Altersteilzeit 302
Amt 53 ff.
- im abstrakt-funktionalen Sinn 56
- im konkret-funktionalen Sinn 57
- im organisatorischen Sinn 58
- im statusrechtlichen Sinn 49, 54 f.
- Verleihung eines Amtes 178
Ämterstabilität 753
Amtsbezeichnung 623 ff.; *siehe auch* Amt im statusrechtlichen Sinn
Amtsführung
- gemeinwohlorientierte 330
- gerechte 326 ff.
- sorgsame 321 ff.
- uneigennützige 331
- unparteiische 322
Amtshaftung 20 *siehe auch* Staatshaftung
Amtsträgerbegriff 402
Amtsträgerdelikte 38, 414 ff.
Annäherung an das Arbeitsrecht 783 ff.
Anträge 765

Anwärterbezüge für Beamte auf Widerruf 548
Arbeitnehmer im öffentlichen Dienst 81
Arbeitnehmerfreizügigkeit 128, 162
Arbeitszeit *siehe* hauptamtliche Tätigkeit
Aufgabenkreis *siehe* Amt im konkret-funktionalen Sinn
Aufopferungsansprüche 378 f.
Aufwandsentschädigung 47
Ausgleichsleistungen 584
Auslandsbesoldung 544
Aussageerpressung 417
Aussagegenehmigung 341
äußere Umstände der Diensterfüllung 356 ff.
äußeres Erscheinungsbild 357 ff.
Ausübung hoheitlicher Befugnisse 88

Bahnbeamte 91
- Gesetzgebungskompetenz 116
- *siehe auch* Privatisierung
Bayerische Regelungen 12
Beamte
- auf Lebenszeit 42
- auf Probe 44
- auf Widerruf 43
- auf Zeit 45
- Bundesbeamte 40
- Definition 1
- Ehrenbeamte 47
- Kommunalbeamte 40
- Landesbeamte 40
- politische Beamte 46
Beamtenbegriff 35 ff.
- haftungsrechtlicher 37, 372
- strafrechtlicher 38
- statusrechtlicher 36
Beamtenrecht
- Begriff 1 ff.
- geistige Grundlagen 786 f.

Sachverzeichnis

– Geschichte 9 ff.
– Zukunft 777 ff.
Beamtenrechtsrahmengesetz 24, 120
Beamtenstatusgesetz 40, 75, 119 f.
Beamtenverhältnis 71 ff., 138 ff.
– Beendigung 231 ff.
– Begriff 138 f.
– Begründung *siehe* Ernennung
– mehrere 141 f.
– subordinationsrechtliches 72
– Veränderung 198 ff.
Beauftragte 711 ff.
– Anrufung 770
– in der Privatwirtschaft 716
Befähigung 104, 150
Beförderung 173, 209 ff.
– Beförderungssperre 211
Beförderungsamt 210
Behörde im funktionalen Sinn 63
Beihilfe 97, 593 ff.
Bereitschaftsdienst 294
Berufsbeamtentum 88
Beschäftigung, amtsangemessene 610 ff.
– Anspruch auf amtsangemessene Beschäftigung 610
– Einfluss der Verwaltungsmodernisierung 616 ff.
– Grenzen 614 f.
– Rechtsfolgen 612 f.
– tatbestandliche Voraussetzungen 611
Beschwerden 766
Besoldung 518 ff.,
– Angemessenheit 525 ff.
– Anspruch auf 518
– Bestandteile 535 ff
– Funktionsgerechtigkeit 523 f.
– Geltendmachung 550
– Gesetzmäßigkeit 520 ff.
– Grundsätze der 519 ff.
– überzahlte 551 ff.
– Wertungsgesichtspunkte 529
Besoldungsbestandteile 535 ff.
Besoldungsgruppe 530 f.
Besoldungsordnungen 530 ff.
besonderes Gewaltverhältnis 109
Betriebsverhältnis 72
Betrug 422
Beurlaubung ohne Besoldung 652
Beurteilung, dienstliche 659 ff.
– Begriff 659
– Form 661
– Inhalt 662
– Maßstab 663
– Rechtsgrundlagen 660
– Rechtsnatur 664
– Rechtsschutz 664 f.
Bewährung in der Probezeit 167
Bewerbungsverfahrensanspruch 157
Bundesbeamtengesetz 24, 40
Bundesdatenschutzbeauftragter 3
Bundespräsident 3, 287, 426, 625, 771
Bundesrepublik Deutschland 24
Bürgermeister 62

DDR 25
Demokratieprinzip 67, 322, 330, 694, 787
Deutsche Mittelstaaten 13
Deutscher 162 ff.
Deutsches Reich 15 f.
Dienstbezüge *siehe* Besoldung
Dienstherr 64
– Dienstherrnfähigkeit 64
– Dienstvorgesetzter 69
– Organe 66 ff.
– Pflichten *siehe* Fürsorgepflicht
– Vorgesetzter 67 f.
Dienstkleidung 358
Dienstleistungspflicht 292 ff.
Dienstpflicht 71
Dienstpflichtverletzung 336, 415, 636
Dienstposten 60, 612 f.
Dienstreise 599
Dienstunfall 581
Dienstvergehen 442 ff.
– aktiver Beamter 443 f.
– Ruhestandsbeamter 445 f.
Dienstwohnung 361
Disziplinarklage 473, 483
Disziplinarmaßnahmen 447 ff.
– Abschwächung der Folgen 462 ff.
– Auswahl 458 ff.
Disziplinarrecht 436 ff.
– Hintergrund 438 ff.
Disziplinarverfahren 466 ff.
– Abschluss des behördlichen Verfahrens 470 ff.
– Durchführung des behördlichen Verfahrens 469

Sachverzeichnis

- Eröffnung des behördlichen Verfahrens 468
- gerichtliches Verfahren 479 ff.
- Veränderung der Disziplinarmaßnahme 474 f.
- Verfahren vor dem BVerwG 487 f.
- Verfahren vor dem OVG 485 f.
- Verfahren vor dem VG 480 ff.
- Verhältnis zum Strafverfahren 502 ff.
- Widerspruchsverfahren 476 ff.
- Wiederaufnahme des Verfahrens 489

Disziplinarverfügung 472
Doppelbestrafung, Verbot der 440

Eidespflicht 287
Eignung 104, 149
Einbehaltung von Bezügen 497 f., 501
Eingangsamt 50, 171, 174
Eingriffsverwaltung 89
Einigungsstelle 698
Einstellung des Beamten 171
Einstellung des Disziplinarverfahrens 471
Einweisung in eine Planstelle 61
Endamt 50, 174, 210
Endgrundgehalt 173, 200, 201, 258
enteignender Eingriff 378
enteignungsgleicher Eingriff 375
Entfernung aus dem Beamtenverhältnis/ Dienst 247, 454
Entlassung 232 ff.
- kraft Gesetzes 233 ff.
- Entlassungsbescheid 237 ff.
- Sonderregelungen 241 ff.

Erfahrungsstufe 536, 567
Erfahrungszeiten 529, 531
Erholungsurlaub 647 ff.
Ermessen 327, 425, 458, 561, 612, 651, 684
Ernennung 139, 147
- Auswahl 148 ff.
- Fallgruppen 170 ff.
- fehlerhafte 181 ff.
- formelle Voraussetzungen 160
- inhaltliche Voraussetzungen 161 ff.
- intendierte Rücknahme 184
- Nichternennung 191
- nichtige 188 ff.
- obligatorische Rücknahme 183
- Rechtsfolgen 177 ff.
- rücknehmbare 182 ff.

Ernennungsurkunde 1, 36, 160
Erreichbarkeit des Beamten 360 ff.
EU-Beamte 131 ff.
Europäisierung 782

fachliche Leistung 104, 151
Fachrichtung 52
Falschbeurkundung im Amt 418
Familienzuschlag *siehe* Zuschläge
Föderalismusreform I 27, 40, 50, 93, 120, 122, 518, 558, 781
Föderalismusreform II 28
Fortbildungspflicht 316
Fortentwicklung des Beamtenrechts 28, 208, 311
Fragmentierung 781
Frauenförderung 153
freie Entfaltung der Persönlichkeit 336, 359
freiheitliche demokratische Grundordnung 284, 330
- Eintreten für die 165
Fristsetzungsverfahren 484
Führungsamt 225 f.
Funktionsvorbehalt 88 ff.
Funktionszeit 295
Fürsorgepflicht 97, 680 ff.
- Erfüllung 685
- Folgen der Nichterfüllung 686
- Funktionen 681 ff.

Gebührenüberhebung 419
Gefangenenbefreiung 422
Gegenvorstellung 768
Geldbuße 451
Gemeindevertreter 62
Gerechtigkeit 328 f.
- ausgleichende 328
- Pflichtengerechtigkeit 329
- verteilende 328
Geschäftsverteilungsplan 199
Geschlechtergleichberechtigung 152 ff.
Gesetzgebungskompetenz 114 ff.
- ausschließliche 115 ff.
- konkurrierende 118 ff.
- Landesgesetzgebungskompetenz 122
Gesunderhaltungspflicht 315
Gleichstellungsbeauftragte 712 f.
Gleitzeit 295
Gnadengesuche 771

Grundgehalt 536
Grundpflichten *siehe* Dienstpflicht, Treuepflicht
Grundrechtseinschränkung 111
Grundrechtsgeltung 108 ff.
Grundrechtsträger 336, 358, 634
Grundverhältnis 72

haftungsbegründende Norm 374
haftungsverlagernde Norm 374
Hauptberuflichkeit 95, 293 ff.
Hauptsacheverfahren 733 ff.
– allgemeines Rechtsschutzbedürfnis 740
– Begründetheit 741
– Feststellungsinteresse 737
– Form und Frist 739
– Klagebefugnis 737
– Rechtsweg 734
– statthafte Rechtsschutzform 735 f.
– Vorverfahren 738
– Zulässigkeit 734 ff.
Heilfürsorge 597
hergebrachte Grundsätze des Berufsbeamtentums 92 ff.
– nicht anerkannte 98
– pflichtenbestimmende 96
– rechtegewährleistende 97
– rechtsinstitutsprägende 95
Hochschullehrer, verbeamtete 286, 522, 534
hoheitliche Aufgaben 314

innerdienstliche Maßnahme 199

Jugend- und Auszubildendenversammlung 696
Jugend- und Auszubildendenvertretung 696 ff.

Kernarbeitszeit 295
Kirchenbeamte 82
Klage gegen Disziplinarverfügung 482
Koalitionsfreiheit 693
kommunale Wahlbeamte 45
Konkurrentenstreit 746 ff.
– Hauptsacheverfahren 748, 751 ff.
– nach Ernennung 750 ff.
– verfahrensrechtliche Konsequenzen 759
– vor Ernennung 747 ff.
– vorläufiger Rechtsschutz 749, 756 ff.

Konnivenz 421
körperliche Unversehrtheit 359
Körperverletzung im Amt 416
Korruptionsdelikte 415
Kürzung der Dienstbezüge 452
Kürzung des Ruhegehalts 455

Laufbahn 49 f.
Laufbahngruppe 54
Laufbahnprinzip 49 f., 171, 316
Laufbahnprüfung 43, 49
Laufbahnwechsel 174 f., 217
Leistungsbezüge 542
– Leistungsprämie 542
– Leistungsstufe 542
– Leistungszulage 522, 542
Leistungskondiktion *siehe* überzahlte Besoldung
Leistungsprinzip 95
Leistungsverwaltung 89
Leitungsämter 44

Mehrarbeit *siehe* Überstunden
Meinungsfreiheit 112
Minister 80
Mitbestimmung der Beamten 691 ff.
– verfassungsrechtliche Vorgaben 692 ff.
– *siehe auch* Personalvertretung

Nachkriegszeit 22 f.
Nachtdienst 294
Nationalsozialismus 21
Nebenamt *siehe* Nebentätigkeit
Nebenbeschäftigung *siehe* Nebentätigkeit
Nebentätigkeit 631 ff.
– Anzeigepflicht 635
– Begriff 632
– Genehmigungspflicht 636
– Pflicht zur 639
– Recht auf 633 ff.
– Rechtsfolgen 640 f.
– Stufen von Nebentätigkeiten 635 f.
ne bis in idem 440
Nötigung 422

oberste Dienstbehörde 70
öffentliches Dienstrecht 2
öffentlich-rechtliche Beseitigungs- und Unterlassungsansprüche 380

öffentlich-rechtlicher Erstattungsanspruch 377
öffentlich-rechtliche Sonderverbindung 370
öffentlich-rechtliches Dienst- und Treueverhältnis *siehe* Beamtenverhältnis
ordentlicher Rechtsweg 734
Organ 62
Organwalter 62
örtliche Folgepflicht 221

Parlamentarische Staatssekretäre 3
parteipolitische Mäßigung 323 f.
Paulskirchenverfassung 14
Personalaktenrecht 667 ff.
- Beständigkeit 674
- Einsicht 675
- Entfernungsanspruch 671
- Grundsätze 668 ff.
- Klarheit 672
- verfahrensmäßige Sicherung 675
- Vertraulichkeit 669
- Vollständigkeit 671
- Wahrheit 673
- Zweckbindung 668
Personalrat 696
- Anrufung 769
- Bezirks- 697
- Haupt- 698
Personalversammlung 696
Personalvertretung
- Beteiligung 699 ff.
- Organe 695 ff.
- Rechtsfolgen unterbliebener Beteiligung 705 f.
persönliche Rechtsstellung des Beamten 41 ff. *siehe auch* Beamte
Petitionen 767
Pfarrer 82
Pflichten der Beamten 266 ff.
- Folgen von Pflichtverletzungen 271
- der Kollegen 351
- der Untergebenen 350
- der Vorgesetzten 347 ff.
Pflichtverletzung, disziplinarrechtliche Folgen 436 ff. *siehe auch* Disziplinarrecht
Pflichtverletzung, strafrechtliche Folgen 400 ff.
- Besonderheiten im Allgemeinen Teil 402 ff.
- Rechtswidrigkeit 406 ff.
- Strafantrag und Ermächtigung 412 f.
- Tatbestandsmäßigkeit 403 ff.
- Verschulden 410 f.
Pflichtverletzung, vermögensrechtliche Folgen 368 ff.
- Ansprüche der Bürger 369 ff.
- Ansprüche der Kollegen 381 ff.
- Ansprüche des Dienstherrn 385 ff.
- Eigenschäden des Beamten 395
Planstelle 61
politische Parteien 324
Postbeamte 91
- Gesetzgebungskompetenz 116
- *siehe auch* Privatisierung
Preußisches Allgemeines Landrecht 11
Privatisierung 618, 778 ff.
Probezeit 44, 48, 167, 225 f., 243

Qualifikation 154
Quoten 154

Recht auf informationelle Selbstbestimmung 667
Rechte der Beamten 512 f.
- Geltendmachung 514
Rechtsbehelfe
- Arten 724 f.
- förmliche 730 ff.
- nichtförmliche 764 ff.
Rechtsbindung 99 ff.
Rechtsgehorsam 276 ff. *siehe auch* Rechtsbindung
Rechtsquellen 5
Rechtsschutz
- verfassungsrechtliche Grundlagen 721 ff.
- *siehe auch* Rechtsbehelfe
Rechtsschutzverhinderung 755, 758
Rechtsverordnungen 74 f., 117
Rechtsweggarantie 12, 16
Referendare 224
Regressansprüche des Dienstherrn 389 ff., 394
Reichsbeamtengesetz 16
Reisekosten 599 f.
religiöses Bekenntnis 17, 105
Remonstration 279 ff.
Richter 78
Rückernennung 213 ff.

Rückforderung *siehe* Besoldung, überzahlte
Rufbereitschaft 294
Ruhegehalt 566 ff.
– Erhöhung 573
– maßgeblicher Prozentsatz 570
– Minderung 572
– ruhegehaltfähige Dienstbezüge 567
– ruhegehaltfähige Dienstzeit 568 f.
– Versorgungskorridor 574 f.
Ruhen des Beamtenverhältnisses 219 f.
Ruhepausen 294
Ruhestand 248 ff.
– einstweiliger 256 ff.
– Eintritt in den 249 ff.
– Hinausschieben der Altersgrenze 255
– Versetzung in den 252 ff.

Schichtdienst 294
schwerbehinderte Bewerber 155
sexueller Missbrauch unter Ausnutzung einer Amtsstellung 422
Soldaten 79
Sonderstatusverhältnis 110
Sonderurlaub 651
Sonderzahlungen, jährliche 546
Sonderzuweisung, aufdrängende 734
Sparsamkeit und Wirtschaftlichkeit 521
Staatsdiener 11, 787
Staatshaftung 102, 20, 37
– Schadensersatz aus mittelbarer 371 ff.
Staatssekretäre 80
Stellenpool 617
Sterbegeld 578
Straftat eines Beamten 423 ff.
Straftaten gegen Beamte 427 ff.
– Strafantragsregelungen 429
– Widerstand gegen Vollstreckungsbeamte 428
Straftaten im Amt *siehe* Amtsträgerdelikte
Strafvereitelung im Amt 422
Streikrecht 311 ff., 96
– Rechtsprechung des EGMR 312 ff.
Subventionsbetrug 422

Teilzeitbeschäftigung 297 ff.
– familienpolitische 300 f.
– Altersteilzeit 302
– voraussetzungslose 298 f.

Trennungsgeld 602
Treuepflicht 71, 283 ff.
– Verfassungstreuepflicht 330

Übergangsgeld 584
Übernahme politischer Ämter 260
Übernahme 218
Überstunden 296
Übertritt *siehe* Übernahme
Umsetzung 199
Umwandlung 172
Umzugskosten 601
Unfallfürsorge 581 ff.
– Dienstunfall 581
– Unfallruhegehalt 582
Urkundenfälschung 422
Urlaub 646 ff.
– Abgeltung des Urlaubsanspruchs 653
– Urlaubsgeld 98
– Widerruf 649

Verbot der Führung der Dienstgeschäfte 492, 500
Vereinigungsfreiheit 20
Verfassungstreuepflicht 330
Verfolgung Unschuldiger 417
Vergütungen 543
Verhalten
– außerdienstlich 284, 323, 336 ff.
– innerdienstlich 284
Verhältnismäßigkeitsgrundsatz 361, 406, 458
Verleitung eines Untergebenen zu einer Straftat 421
Verletzung der Vertraulichkeit des Wortes 422
Verletzung des Post- und Fernmeldegeheimnisses 422
Verletzung von Dienst- und Steuergeheimnissen 420
Verletzung von Privatgeheimnissen 422
Verlust der Beamtenrechte 246
vermögenswerte Rechte 592 ff.
– Ersatz sonstiger Aufwendungen 603
– Ersatz von Eigenschäden des Beamten 604
– Fürsorge im Krankheitsfall 593 ff.
vermögenswirksame Leistungen 547
Versammlungsfreiheit 112

Verschollenheit, Bezüge bei 580
Verschulden 372
Verschwiegenheitspflicht 339 ff.
- Ausnahmen 340
- Pflichtenkollision 341
Versetzung 202 ff.
Versorgung 558 ff.
- Angemessenheit 563
- Anspruch auf amtsangemessene 178
- Arten der 565
- der Hinterbliebenen 578 f.
- Funktionsgerechtigkeit 562
- Geltendmachung 586
- Gesetzmäßigkeit 561
- überzahlte 587
- Wertungsgesichtspunkte 564
Vertrauensperson für Schwerbehinderte 714 f.
Verwahrungsbruch 422
Verwaltungsakt 72, 138, 160, 200, 202, 209, 235, 472, 721
Verwaltungsvorschriften 99, 276, 358, 660
Verweis 450
Volkssouveränität 165, 322, 330
volle Hingabe an den Dienst 307 ff.
- voller persönlicher Einsatz 308 ff.
Vollstreckung gegen Unschuldige 417
Vorbildung 166
Vorgesetzter *siehe* Dienstherr
vorläufige Dienstenthebung 493 ff., 501

vorläufige Maßnahmen 490 ff.
- behördliches Verfahren 491 ff.
- gerichtliches Verfahren 499 ff.
vorläufiger Rechtsschutz 742 ff.
Vorteile, keine Annahme 332 f.
Vorverfahren 731 f.

Wehrbeauftragter 3
Weihnachtsgeld 98
Weimarer Republik 17 ff.
Weisungen 72
- Weisungsgebundenheit 72
Wiedervereinigung 26 f.
Wissenschaftsfreiheit 522
Wohnungswahl 361

Zeugnis 666
Zugang zum öffentlichen Dienst 103 ff.
- gebotene Kriterien 104
- kriegsbedingte Sonderregelung 107
- regionaler Proporz 106
- verbotene Kriterien 105
Zukunft des Beamtenrechts 777 ff.
Zulagen 539 ff.
- Amtszulage 540
- Stellenzulage 541
Zurückstufung 453
Zuschläge 538
Zusicherung 158, 520
Zuweisung 205 ff.